부동산 권리분석 오늘부터 1일

부동산 **권리분석** 오늘부터1일

개정2판 3쇄 인쇄   2024년 1월 12일
개정2판 3쇄 발행   2024년 1월 18일

지은이 김재범
펴낸이 유해룡
펴낸곳 ㈜스마트북스
출판등록 2010년 3월 5일 | 제2021-000149호
주소 서울시 영등포구 영등포로5길 19, 동아프라임밸리 1007호
편집전화 02)337-7800 | **마케팅전화** 02)337-7810 | **팩스** 02)337-7811
원고투고 www.smartbooks21.com/about/publication
홈페이지 www.smartbooks21.com

ISBN 979-11-90238-88-5   13320

부동산 **권리분석**

김재범 지음

오늘부터1일

스마트북스

경매사건 10,000건 분석, 1,000건 진행

특급 경매 전문가의 땀과 노하우를 만나보세요

『경매공부의 바다에 빠져라』가 출간된 지 9년이 지났다. 출판사의 기획의도도 그러했지만, 한순간 반짝하는 책보다는 오랜 기간 두고두고 읽힐 수 있는 책이 되기를 바란 만큼, 출간 후 지난 9년은 꽤 좋은 일의 연속이었다.

부동산 경매에 대해 궁금했던 것들을 조목조목 빼곡하게 적은 수첩을 들고 내 사무실까지 먼 길을 마다 않고 찾아와주는 독자가 한둘이 아니었고, 인쇄를 거듭하며 경매 정통파 입문서로 알아주는 스테디셀러가 되었으니, 저자로서 크나큰 행복이 아닐 수 없다.

경매 현장에 무게 중심을 둔 책

사실 『부동산 권리분석 오늘부터 1일』을 쓰면서 이 책의 성격을 어떻게 잡아야 할지 고민했다. 이 책은 먼저 출간된 『경매공부의 바다에 빠져라』의 속편이 아니며, 두 책은 완전히 다르다. 물론 법이라는 것이 수필이나 시처럼 보는 사람에 따라 달리 해석될 수 있는 것이 아니다 보니 결론은 같다. 그러나 『부동산 권리분석 오늘부터 1일』은 예전 책보다 실무에 훨씬 무게 중심을 두었다. 『경매공부의 바다에 빠져라』도 그렇지만, 권리분석 책도 입소문으로 권리분석 분야의 스테디셀러로 자리매김했으면 한다.

경매사건 10,000건 중 알짜배기를 뽑았다

『경매공부의 바다에 빠져라』는 경매 입문서로서 독자의 이해를 돕기 위해 가공된 사례를 다루었지만, 이번 책에서는 실제의 경매사건을 다루었다. 설명하는 내용에 맞는 사례들을 찾기 위해 10,000건이 넘는 경매사건을 검색했고, 작업 시간의 절반 이상을 경매사건의 검색과 분석에 쏟아부었다.

그뿐만 아니라 경매투자자들이 권리분석 현장에서 접하고 확인해야 하는 정보들, 즉 법원의 문건접수내역이나 등기부등본, 매각물건명세서, 부동산 현황조사서, 토지이용계획확인서들도 확인하여 풍부하게 실었다.

권리분석 외우지 말고, 원리 이해하면 쉽다

부동산 권리분석은 그리 간단하지 않다. 총 1,118개의 조문으로 구성된 우리나라의 민법이 개인 간의 분쟁을 해결하기 위해 규정하고 있는 것은 크게 두 가지이다. 바로 재산과 가족관계에 관련된 규정뿐이다. 돈과 피. 그것이 개인 간에 발생하는 분쟁의 원인 중에서 국가가 개입해 해결해 줄 수 있는 것인 셈인데, 민법에는 그중에서도 재산에 관한 규정이 더 많다.

민법에 이처럼 재산에 관한 규정이 많은 이유가 분명히 있을 것이다. 개인 간에 발생하는 재산 분쟁의 형태는 다양하고 복잡하다. 결국 각각의 법 규정들이 만들어진 취지를 알아야 부동산 권리분석을 정확히 할 수 있다는 말이다.

그런데 부동산이나 법과 관련된 일을 하는 사람이 아니라면 그 많은 규정과 판례를 모두 이해하기란 쉽지 않다. 그러나 부동산 권리분석을 하려면, 그리고 그 결과에 따라 수천, 수억원, 수십억원의 자금을 투자하려면 반드시 알아야 할 것들이 있다. 바로 부동산 권리와 관련된 수많은 규정과 판례를 관통하는 원리이다.

그래서 『부동산 권리분석 오늘부터1일』은 권리분석의 기본적인 지식과 경험은 물론, 부동산 권리분석의 토대인 민법을 관통하는 원리를 설명한다. 외우지 말자. 이해하면 적용이 더 쉽고 정확하다. 아울러 이 책은 전문가도 간과하기 쉬운 함정들을 실제 경매사건을 살펴보며 최대한 자세하게 설명하는 데 중점을 두었다.

경매 진행 1,000건의 노하우

부동산 경매 전문가로 인정받기까지 나는 참 운이 좋았다. 24년 전 우연한 기회에 부동산 경매를 알게 되었고, 아직 초보티도 채 벗지 못하고 있던 어느 날 강의 제안을 받았다. 그렇게 시작한 경매 강의를 지금까지 꾸준히 하고 있다.

국내 최대 경매 사이트인 지지옥션에서 전담강사로 강의를 했으며, 현재는 그간의 경험을 토대로 레이옥션의 대표이자 대표 컨설턴트, 대표 강사로 일하고 있다. 경매 컨설턴트로서 기업과 개인의 의뢰를 받아 직접 진행한 경매사건이 1,000건이 훌쩍 넘으며, 아파트, 빌라부터 수백억 대의 토지, 공장까지 다양한 경매사건을 진행하느라 눈코 뜰 새 없이 바쁘니 그저 감사할 따름이다.

한편, 알고 있는 것을 나누고 싶다는 생각으로 개설한 인터넷 카페도 부동산 권리분석 카페로는 벌써 수년째 1위에 올라 있고, 한번 거래했던 고객들은 여전히 나를 찾는다. 게다가 이 책의 두 번째 개정판을 앞두고 있으니 운이 따르지 않았다면 어려웠을 것이다.

책 출간의 소중한 기회를 권해주신 남승표 기자님과 ㈜스마트북스의 유해룡 대표님께 진심으로 감사의 말씀을 전하고 싶다.

2022년 9월

김재범

부동산 권리분석 오늘부터 1일
한눈에 보기

① 부동산 권리분석, 기초부터 차근차근

부동산 권리분석의 기초지식을 꽉꽉 채워 넣었습니다. 등기부등본, 매각물건명세서, 부동산현황조사서, 토지대장, 지적도, 건축물대장, 토지이용계획확인원 등 부동산 권리분석의 기초를 정석으로 익혀보세요.

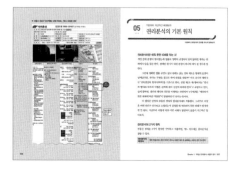

② '사례 밀착형' 권리분석 입문서

경매공부는 '암기'가 아닙니다. 판사의 판결이 '판례'로 남듯, 경매사건도 수많은 사례를 남깁니다. 이 사례들이 모이고 정리되어 이론의 기틀이 됩니다.
이 책에서는 부동산 경매 현장에서 일어난 실제 사례를 적재적소에 배치했습니다. 독자가 억지로 외우려 하지 않아도, 머릿속에 상황이 저절로 그려지므로 오래 기억할 수 있으며, 다양한 경매물건의 핵심을 꿰뚫는 통찰력이 생길 것입니다.

③ 풍부한 그림 자료, 삽화로 쉽게

부동산 경매의 다양한 개념, 권리분석 방법을 풍부한 삽화로 쉽게 이해할 수 있도록 했습니다. 또한 실제 경매 아파트, 다세대주택, 빌라, 상가, 토지 등의 자료 사진을 실어 현장감을 더했습니다. 여러분의 경매 실력을 한층 높여줄 것입니다.

경매사건 10,000건 분석, 1,000건 직접 진행, 특급 경매 전문가의 땀과 노하우를 만나보세요.

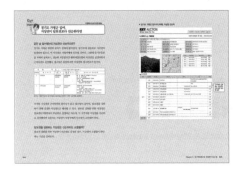

④ 10,000건이 넘는 경매사건의 핵심

법원의 문건접수내역이나 등기부등본, 매각물건명세서, 부동산현황조사서, 토지이용계획확인원처럼 실제 입찰을 위한 권리분석 과정에서 필요한 것들도 확인해 수록했습니다. 방대한 경매사건 권리분석의 노하우를 만나보세요.

⑤ 정통파 권리분석 입문서

말소기준권리 등 쉬운 편법이 난무하지만, 경매 권리분석은 어디까지나 법 규정과 판례, 그리고 그것들이 만들어진 취지를 이해해야 올바르게 할 수 있습니다.

경매 권리분석의 1인자인 김재범 저자가 탄탄한 법률지식과 경험을 바탕으로, 경매 경험자들도 간과하기 쉬운 함정들을 실제 자세히 설명합니다.

⑥ 김재범의 권리분석 특강 QR코드 수록

저자의 권리분석 특강 동영상은 총 8개의 강의, 140분으로 구성되어 있으며, 복습과 심화학습이 가능합니다. 이 책의 특집 3에 강의 목록과 QR코드가 있습니다. 20년 경력, 특급 경매 전문가의 실전 노하우를 만나보세요.

머리말 특급 경매 전문가의 땀과 노하우를 만나보세요   004
부동산 권리분석 오늘부터1일 한눈에 보기   008

부동산 권리분석, 어렵지 않다   1 Chapter

01 권리분석은 왜 필요한가?   020
권리분석이란? | 안전한 부동산 경매를 하려면 권리분석부터 |
의외로 높은 수익을 얻을 수도 있다

사례_잘못된 경매로 빌라 소유권을 잃은 직장인 박종훈 씨   022
사례_빌라 경매로 큰 이익을 본 임성주 씨   022

02 채권과 물권은 무엇인가?   023
사례_채권이라는 장수에게 물권이라는 갑옷을 입혀라   023
채권이란 | 물권이란 | 물권과 채권의 차이 | 물권과 채권은 상반되는 개념일까?

03 권리분석은 쉽다─말소기준권리   027
말소기준권리란 | 말소기준권리에는 어떤 것이 있나?

사례_서울시 도봉구 방학동 아파트, 낙찰받아도 될까?   028
현장분석_충남 서산의 아파트, 왜 입찰을 피해야 하나?   030

04 말소기준권리, 정말 믿어도 될까?   032
말소기준권리는 왜 이리 인기가 있을까? | 말소기준권리로 모든 경우를 설명할 수 없다 |
말소기준권리가 제대로 된 이론이 아닌 이유

현장분석_서울시 강남구 압구정동 32평 현대아파트, 포기한 이유   035

05 권리분석의 기본 원칙   037
권리분석이란 예측 못한 피해를 막는 것 | 부동산 권리분석의 2가지 원칙 | 돈이 목적인 권리
와 처분 | 돈이 목적이 아닌 권리와 처분 | 권리분석에도 규칙이 있다

사례_서울시 은평구 수색동 32평 경매 아파트, 선의의 피해자는 누구?   040

등기부등본으로 권리분석 하는 법 2
Chapter

01 자주 접하는 저당권, 근저당권   044
저당권이란 | 근저당권은 저당권과 무엇이 다를까? | 근저당권에도 종류가 있다—한정근저
당권과 포괄근저당권 | 저당권 및 근저당권의 효력은? |
저당권 및 근저당권은 모두 소멸되나?

사례_근저당권이 설정된 봉식 씨의 아파트   044
사례_서울시 노원구 중계동 28평 경매 아파트, 누가 얼마나 배당받을까?   047

02 토지 경매에서 중요한 지상권, 지역권   049
지상권은 왜 필요한가? | 지상권의 효력은? | 지상권은 무조건 인수될까? | 지상권과 지역권
은 어떻게 다를까?

여기서 잠깐_토지 경매사건, 반드시 토지이용계획확인서를 확인하라   057
현장분석_대구시 북구 연경동 임야, 지상권이 선순위라면?   054
현장분석_전북 완주군 농지 1484평, 지상권이 왜 없어질까?   058
현장분석_충남 아산시 도고면 농지, 근저당권과 같이 설정된 지상권은?   061
현장분석_경기도 가평군 임야, 지상권이 담보권보다 선순위라면?   064

03 입찰자라면 꼭 알아야 할 전세권   71
전세권이란? | 전세권의 효력은? | 낙찰되면 전세권은 소멸될까? | 낙찰자는 전세권자에게
보증금만 반환하면 될까? | 전세권 만료 시점을 살펴보자 | 전세권의 인수와 소멸 | 미배당
보증금은 인수될까, 소멸될까?

현장분석_경기도 고양시 덕양구 아파트, 전세권이 후순위라면?   074
현장분석_서울시 강서구 등촌동 노인복지주택, 전세권이 선순위라면?   076
현장분석_서울시 강북구 수유동 다세대주택, 전세권자가 배당을 원하면?   079
현장분석_서울시 용산구의 아파트, 전세권자가 경매 신청자라면?   081

04 경매물건에 가등기가 있는 경우   085
가등기는 왜 필요한가? | 소유권이전청구권 가등기의 효력은? | 담보가등기란? | 가등기의
남용 | 낙찰되면 가등기는 인수될까, 소멸될까? | 소유권가등기와 담보가등기는 어떻게 구별
할까? | 소유권가등기의 인수, 소멸은 이렇게 | 전세권과 소유권이전청구권 가등기는 다르다
| 가등기는 언제 완료되는가?

현장분석_경북 경주시의 농지, 가등기가 후순위라면?   091

현장분석_경기도 광주시 임야, 선순위 가등기 권리자가 배당을 요구했다면?   094

현장분석_전북 정읍시 농지, 가등기가 선순위라면?   096

현장분석_서울시 강남구 압구정동 현대아파트, 완료된 소유권가등기?   100

05 경매 주택에 환매특약등기가 있어요   103

환매특약등기란? | 환매특약등기의 효력은 언제까지? | 환매특약등기와 소유권이전청구권
가등기의 차이점 | 환매 가격과 기간은 반드시 표시한다 | 환매특약등기는 낙찰 후 인수될
까? | 환매특약등기와 근저당권 중 무엇이 우선할까?

사례_봉팔 씨의 5억원 주택, 팔았다가 다시 사들일 수 있을까?   103

여기서 잠깐_환매특약등기를 인수해도 손해 보지 않은 경매사건의 예   107

권리가 아닌 등기상의 보전처분   3 Chapter

01 가압류 경매 물건 분석하기   110

가압류에 대한 오해 | 가압류는 어떤 경우에 필요한가? | 가압류란? | 가압류는 왜 필요한
가? | 낙찰되면 가압류는 인수될까, 소멸될까? | 전소유자의 가압류는 어떻게 될까? | 실제
판례에 의한 가압류 인수 여부는?

02 가처분은 왜 가압류보다 무서울까?   117

가처분이란? | 가처분 권리 분석하기 | 사기로 빼앗긴 소유권이 다른 사람에게 이전되었다
면? | 선의는 어떻게 입증할까? | 가처분의 효력을 발휘할까? | 의사 표시의 무효 또는 취소
를 위한 가처분 | 가처분등기 경매 물건, 포기해야 할까? | 가처분 경매사건의 안전성을 확인
하는 방법 | 사해행위의 취소를 위한 가처분 | 사해행위란? | 사해행위의 성립요건 | 가처분
등기의 권리분석, 완벽히 할 수 있을까?

현장분석_경기도 파주시 농지, 선순위 가처분등기는?   121

현장분석_서울시 강서구 화곡동 아파트, 후순위 가처분 등기는?   123

현장분석_서울시 성동구 아파트, 사해행위 취소가 걸려 있는데 포기해야 할까?   132

현장분석_서울시 강남구 개포동 다세대주택의 사해행위 취소 가처분   136

현장분석_서울시 동대문구 답십리동 근린주택, 근저당권에 대한 사해행위 취소 가처분   138

현장분석_경기도 광명시 하안동 다가구주택, 건물 철거와 관련된 가처분은?   140

03 가처분등기와 비슷한 예고등기   144

예고등기란? | 가처분등기와 예고등기의 차이점
현장분석_경기도 이천시 아파트, 예고등기는 인수될까?　　　　146

까다로운 임차인 권리분석 마스터하기 4 Chapter

01 임차인을 위한 주택임대차보호법　　　　150
임차인을 위한 법 | 주택임대차보호법은 어디까지 적용될까? | 인적범위 | 물적범위 | 주거용 건물의 일부가 주거 이외의 목적으로 사용되는 경우 | 일시 사용을 위한 임대차

02 강력한 임차인의 대항력　　　　153
대항력이란? | 대항력은 어떻게 생길까? | 주민등록이 대항력의 요건이 될까? | 대항력의 효력은? | 낙찰 후 임차권은 인수될까? | 대항력 있는 임차권, 대항력 없는 임차권 | 임차인의 전입신고일을 확인하자 | 임차인의 대항력 발생 시점은? | 임차권의 양도 · 양수 및 전대차 | 임대차 양도 사실을 확인하려면?

사례_세대합가의 경우, 대항력은 언제 구비될까?　　　　161
현장분석_서울시 노원구 상계동 아파트, 매각으로 소멸되는 임차권　　　　157
현장분석_서울시 도봉구 창동 아파트, 부부 사이의 임대차　　　　166
현장분석_서울시 강서구 화곡동 다세대주택, 전입신고일과 근저당권의 등기 접수일이 같다면?　　168

03 확정일자에 의한 임차인의 우선변제권　　　　170
보증금을 한 번 더 보장해 주는 우선변제권 | 확정일자란? | 확정일자는 언제부터, 어떤 효력을 발휘할까? | 우선변제권의 발생 시점은? | 확정일자와 근저당권 설정일이 같다면? | 우선변제 요건을 언제까지 유지해야 할까?

현장분석_경기도 화성시 향남읍 아파트, 우선변제를 받은 임차인에게 부당이득이 성립할까?　174
현장분석_서울시 송파구 풍납동 아파트, 임차인의 배당은?　　　　176
현장분석_인천시 강화군 다세대주택, 우선변제권은 소멸될까?　　　　180
현장분석_경기도 가평군 빌라, 낙찰자가 잔금을 납부하지 않은 이유는?　　　　183

04 임차인의 최우선변제권　　　　185
최우선변제권이란? | 얼마나 보장해 줄까? | 최우선변제권은 어떻게 적용될까? | 소액보증금의 범위 변경에 따른 경과 조치란? | 근저당권 설정 후 주거용 건물로 용도가 변경되면? | 보장금액의 제한 | 임차권 분리의 제한

사례_가족이 각각 소액임차인이 된다면?   190

현장분석_서울시 은평구 신사동 다세대주택, 임차권등기 후 소액임차인이 전입했다면?   192

현장분석_인천시 서구 가좌동 다세대주택, 임차인이 보장받는 금액은?   195

05 까다롭지만 꼭 알아둘 임차권등기   198
임차권 권리분석이 혼란스러운 이유 | 임차권등기는 어떻게 해야 할까? | 임차권등기의 효력은? | 낙찰 후 임차권등기는 인수될까, 소멸될까?

현장분석_서울시 관악구 신림동 오피스텔, 임차권등기의 효력은?   203

06 임차인 보호 규정 한눈에 보기   207
민법 규정에 의해 임차인을 보호하다 | 주택임대차보호법이 탄생하다 | 공시 방법의 한계를 뛰어넘다 | 민법의 규정에 의해 임차권등기를 보완하다

07 상가건물임대차보호법 한눈에 보기   211
상가건물임대차보호법의 대상은? | 보증금의 범위가 주택과 다르다 | 월차임의 환산 | 상가건물 임차인의 대항력은 주택 임차인과 같다 | 상가건물의 우선변제권도 인정해 줄까? | 최우선변제권도 인정될까?

현장분석_인천시 강화도 상가, 최우선변제권은?   216

등기부에는 등기되지 않는 권리들 5
Chapter

01 등기부에는 등기되지 않는 권리에는 무엇이 있을까?   220
말소기준권리 이론에서는 특수권리라고 한다 | 특수한 권리가 아닌 명확한 권리들

02 담보물권의 한 종류, 유치권   222
유치권이란? | 유치권은 어떻게 성립할까? | 유치권은 어떤 효력이 있을까? | 임차인이 유치권을 주장한다면? | 임대차보증금을 반환해 달라고 하는 경우 | 권리금을 반환해 달라고 하는 경우 | 인테리어 비용을 반환해 달라고 하는 경우 | 원상회복 특약이 있는 경우 | 공사대금 채권은 언제 소멸될까? | 효력 발생 순위와 상관없이 유치권을 인정하는 법률적 근거는? | 상사유치권이란? | 경매 부동산의 유치권은 어떻게 해결해야 할까? | 유치권자를 만나라 | 유치권 변제 금액을 흥정하라 | 부동산에 관한 유치권은 폐지될 예정 | 유치권이 악용되기 쉬운 이유 | 유치권이 걸린 경매는 입찰하기 어렵다

사례_현실과 이론이 너무 다른 유치권   229

현장분석_경기도 파주시 아파트, 유치권이 성립할까?　　　233
현장분석_경남 사천시 아파트, 유치권은 소멸될까?　　　236

03 등기하지 않고 성립하는 법정지상권　　　240

법정지상권이란? | 법정지상권에는 어떤 것이 있을까? | 법정지상권은 지상권과 효력이 같을까? | 법정지상권이 성립하려면? | 경매로 인한 법정지상권과 관습적 법정지상권의 차이점 | 토지 낙찰 후 지상 건물은 어떻게 해야 할까? | 법정지상권의 여러 사례 | 공동 소유 토지의 법정지상권 | 공동 소유 건물의 법정지상권 | 경매 토지의 나무나 농작물은 어떻게 될까?

여기서 잠깐_법정지상권에 따른 건물철거소송　　　255
현장분석_서울시 강남구 도곡동 대지, 법정지상권이 성립할까?　　　256
사례_토지와 건물에 저당권이 설정된 후 건물이 신축된 경우　　　258
현장분석_서울시 용산구 서빙고동 대지, 신축 미등기건물이 있다면?　　　260
사례_토지에 저당권이 설정된 후 건물을 재축, 신축한 경우　　　263
현장분석_서울시 강서구 화곡동 대지, 법정지상권이 성립될까?　　　266
현장분석_서울시 송파구 방이동 토지와 주택, 구분소유적 공유라면?　　　273

04 영원히 인정되는 분묘기지권　　　276

분묘기지권이란? | 분묘기지권은 무조건 성립할까? | 분묘기지권은 언제까지 인정될까? | 분묘기지권은 어디까지 인정될까? | 묘를 제외하고도 활용할 만한 토지가 충분할 때

현장분석_경기도 가평군 토지, 무덤이 있다면?　　　279

부분마다 소유권이 있는 집합건물의 경매 6 Chapter

01 집합건물이란?　　　　　　　　　　　　　　　　　284
집합 건물의 전유부분, 공유부분

02 대지사용권과 대지권등기　　　　　　　　　　　　285
대지사용권이란? | 대지사용권은 전유부분의 처분에 따른다 | 대지권미등기란?

03 전유부분의 등기부에서 확인할 수 없는 토지별도등기　　288
토지별도등기란? | 토지별도등기 여부는 기재된다 | 토지별도등기가 득이 되는 경우

현장분석_서울시 종로구 원서동 다세대주택, 토지별도등기는?　　　　290

04 낙찰자가 부담할 수도 있는 집합건물의 연체 관리비　　　293
사례_연체관리비를 다 내야 할까?　　　　　　　　　　　293

낙찰자에게 공용부분 관리비를 청구할 수 있다 | 낙찰자가 연체관리비를 모두 부담하게
되는 이유 | 가스, 수도, 전기 등의 미납 요금 처리법

05 사회복지법인, 학교법인, 의료법인 소유 부동산　　　　296
처분에 관해 허가받아야 한다 | 매각불허가에 따른 입찰 보증금의 반환 여부

사례_서울시 영등포구 신길동 다세대주택, 절대 입찰하면 안 될까?　　　298

입찰할 때 배당 꼼꼼히 점검하기 7 Chapter

01 배당의 기본 원칙과 권리의 배당 순서　　　　　　302
왜 입찰자가 배당을 알아야 할까? | 배당에도 원칙이 있다 | 배당할 때 권리의
우선순위는 어떻게 분석해야 할까?

현장분석_서울시 은평구 갈현동 아파트, 선순위 물권과 후순위 물권의 배당은?　　306
현장분석_서울시 노원구 상계동 아파트, 선순위 물권과 후순위 채권의 배당은?　　308

현장분석_서울시 구로구 궁동 연립, 선순위 채권과 후순위 물권의 배당은?　　310

현장분석_서울시 은평구 불광동 다세대주택, 선순위 채권과 후순위 채권의 배당은?　　313

02 체납 세금의 배당　　315

국세와 지방세, 당해세와 일반세? | 체납 세금의 배당 순위는? | 당해세와 일반세의
배당 순위는 왜 다를까? | 상속세와 증여세는 당해세인가? |

특집 1 임대차 권리분석 집중 사례

현장분석_서울시 강서구 화곡동 다세대주택, 보증금 인상분은 반환해야 할까?　　320

현장분석_대구시 중구 봉산동 근린상가, 일부에만 설정된 전세권은?　　324

현장분석_서울시 서대문구 홍제동 아파트, 무상임대차확인서가 있다면?　　327

현장분석_서울시 성북구 성북동 단독주택, 전세권자가 임차인으로서의 배당만 요구한다면?　　330

현장분석_서울시 중랑구 면목동 다세대주택, 위험해 보이지만 안전한 경매사건　　333

현장분석_서울시 강서구 화곡동 다세대주택, 보증금 증액 시점이 명확하지 않아도 괜찮을까?　　335

현장분석_서울시 은평구 갈현동 다세대주택, 낙찰대금 외의 부담금은?　　338

현장분석_서울시 동대문구 장안동 아파트, 임차인이 누구인지 모른다면?　　341

현장분석_서울시 동작구 본동 다세대주택, 배당요구종기 이후의 배당요구는?　　343

현장분석_서울시 양천구 목동 다세대주택, 전입신고/전세권/근저당권의 날짜가 같다면?　　346

현장분석_서울시 중랑구 면목동 주상복합아파트, 등기상의 주소와 전입신고한 주소가 다르다면?　　349

특집 2 부동산 권리분석 종합 사례

현장분석_경기도 파주시 근린상가, 진입도로가 포함될까?　　354

현장분석_서울시 광진구 구의동 다세대주택, 경매개시결정등기후 근저당권이 설정되었다면?　　357

현장분석_서울시 광진구 자양동 다세대주택, 근저당권 설정 후 소유권이전을 했다면　　361

현장분석_서울시 강서구 화곡동 다세대주택, 중복 경매사건은?　　363

특집 3 부동산 권리분석 유튜브 동영상　　367

1

Chapter

부동산 권리분석,
어렵지 않다

김샘의 유튜브 특강 포인트

제1강 말소기준권리

- 말소기준권리란?
- 매각물건명세서
- 인수와 소멸의 기본 원리
- 말소기준권리 적용 사례

권리분석에 첫발을 내딛는 당신에게

권리분석은 왜 필요한가?

경매뿐 아니라 전세, 일반 거래에도 꼭 필요한 권리분석을 만나보자.

권리분석이란?

누구나 살면서 부동산 거래를 한다. 수백억원짜리 건물을 사든, 월세 계약을 맺든, 성인이라면 언젠가 부동산 거래를 하게 되어 있다.

원룸, 아파트, 공장, 땅, 공원의 국유지까지 모든 부동산에는 권리가 설정되어 있다. 부동산에 설정되는 권리는 종류가 매우 다양하다. 예를 들어 흔히 아파트에 전세를 얻으면 그 아파트에서 2년 동안 세 들어 살 수 있는 임차권을 취득하거나 전세권을 설정한다. 그리고 한 아파트에도 전세권, 임차권, 근저당권 등 다양한 권리가 설정될 수 있다.

부동산 거래를 할 때 부동산 권리에 문제가 있는지 분석하는 것을 '권리분석'이라고 한다. 그런데 부동산 상의 권리는 쉽게 파악하기 어려운 경우도 많다. 특히 경매 부동산은 여러 명의 다양한 이해관계가 얽힐 때가 많다.

부동산 경매의 권리분석은 현재 설정된 권리가 낙찰 후 낙찰자에게 인수되는지, 혹은 소멸되는지를 파악하는 것이다. 우리가 굳이 일반 매매가 아닌 경매를 고집하는 이유는 싸게 사서 이익을 얻기 위해서다. 그런데 권리분석을 잘못하면 일반 매매로 사는 것보다 오히려 더 큰 비용과 노력을 들이게 된다. 예를 들어 낙찰자가 낙찰대금 말고도 추가 비용을 내야 하는 등 그 부담을 고스란히 떠안는 경우도 있다. 그러므로 부동산 관련 사고를 미리 막으려면 반드시 입찰 전에 권리분석을 철저히 해야 한다.

소멸
근저당권
전세권
가압류

지상권
전세권
가처분 인수

권리분석, 알아두어야 재산을 지킬 수 있다

필자는 수년 전부터 부동산 및 경매 인터넷 카페를 운영하고 있다. 20년 동안 경매를 한 경험을 나누고 싶다는 생각에서, 매일 올라오는 질문은 특별한 일이 없는 한 24시간 내로 답변해 준다는 원칙을 지키고 있다. 그래서인지 화려한 카페는 아니지만 찾는 사람들이 꽤 많다. 그런데 안타까운 경우를 자주 보곤 한다.

필자가 운영하는 '부동산 경매와 권리분석' 카페(http://cafe. naver.com/kimjaebum)

"전세로 사는 아파트가 경매로 넘어간대요. 전세금을 날릴지도 모른다는데, 방법이 없을까요?"

그래서 질문자에게 자료를 받아 살펴봐도 방법이 없는 경우가 있다. 어떤 신혼부부는 아파트 전세금 1억 3,000만원을 고스란히 날리기도 했고, 원룸 보증금 1,000만원을 날린 23세 대학생도 있는 등 비슷한 사연들이 곧잘 올라온다. 부동산 권리분석의 기초 지식만 제대로 알았더라도 이런 일은 일어나지 않았을 텐데 말이다.

부동산 권리분석은 수십억원을 투자하는 경매 고수에게나 필요한 것이 아니다. 우리 모두가 꼭 알아야 할 가장 필수적인 삶의 지식이다. 항상 강조하지만, 투자로 수익을 얻는 것보다 현재의 자산을 지키는 일이 중요하다. 내가 땀 흘려 번 돈을 지키기 위해서라도 부동산 권리분석은 꼭 공부해야 한다.

안전한 부동산 경매를 하려면 권리분석부터

부동산 경매를 처음 접하는 사람도 "경매로 아파트를 낙찰받으면 임차인의 보증금을 물어줘야 한다면서요?"라고 질문하곤 한다. 경매로 부동산을 취득하는 과정에 위험이 도사리고 있다는 사실쯤은 이미 누구나 아는 상식이 된 것이다. 그러나 조심해야 할 대상은 임차인뿐만이 아니다.

잘못된 경매로 빌라 소유권을 잃은 직장인 박종훈 씨

직장인 박종훈 씨는 결혼을 앞두고 신혼집을 경매로 취득했지만, 가처분 등기에 대한 분석을 간과한 것이 화근이 되어 낙찰받은 빌라의 소유권을 잃었다. 법원에 납부한 낙찰대금을 돌려받기 위해 소송을 진행하고 있지만 적어도 6개월 이상이 걸릴 것이고, 승소하더라도 납부한 낙찰대금을 전부 돌려받는다는 보장도 없다. 결혼식을 한 달 앞둔 박씨는 결국 처가 살이로 신혼생활을 시작할 수밖에 없는 처지가 되었다.

의외로 높은 수익을 얻을 수도 있다

 빌라 경매로 큰 이익을 본 임성주 씨

서울 강서구의 한 빌라를 경매로 취득한 임성주 씨는 꼼꼼한 권리분석으로 큰 이익을 얻었다.

이 경매사건에는 전입신고일자가 등기상 최선순위 근저당권보다 빠른 임차인이 있어서 낙찰자가 임차인의 보증금을 모두 반환해 주어야 할 것처럼 보였다. 그러나 임씨는 이 빌라가 경매로 인해 이미 소유권이 한 번 이전되었고, 임차인은 그 전부터 거주하고 있었다는 사실을 확인했다.

임씨가 소유권이전일자와 근저당권설정일자 등을 종합적으로 분석해 본 결과, 이 사건의 임차인은 근저당권설정일자보다 먼저 전입신고를 했지만 이미 앞선 경매사건에서 그 효력을 잃었던 것이다.

그러므로 낙찰자에게 권리가 인수되지 않는다는 결론을 얻은 임씨는 시세보다 훨씬 저렴한 가격으로 이 빌라를 낙찰받을 수 있었다. 이처럼 꼼꼼한 권리분석만으로도 의외의 수익을 얻을 수 있는 경우는 생각보다 많다.

02

가장 기본적인 용어의 정의부터

채권과 물권은 무엇인가?

초보자라면 약간 어려울 수 있는 내용이다. 뒤에서 실제 사례로 풀어 설명하니,
여기에서는 개념만 익히고 지나가도 된다.

 채권이라는 장수에게 물권이라는 갑옷을 입혀라

시세 5억원짜리 아파트를 소유한 도균은 친구인 민우에게 이자를 넉넉히
쳐줄 테니 1억원을 빌려달라고 부탁했다. 고민하던 민우는 공인중개사
친구를 찾아가 사정을 설명하고 물어보았다.

"아파트 시세가 5억원이니, 돈을 안 갚으면 강제경매에 붙이면 되겠지?"
그러자 친구는 그의 생각과는 다른 이야기를 해주었다.

"그것만으로는 돈을 받지 못할 수도 있어. 돈을 못 받아 강제경매를 신청
하려 해도, 그 이전에 아파트를 팔아버렸다면 경매를 신청할 수 없거든.
또 소유권이 이전되지 않았더라도, 그 아파트를 담보로 돈을 빌려준 사람
들의 채권액이 아파트의 가격보다 많으면 빌려준 돈을 돌려받지 못할 수
도 있어. 그러니까 미리 그 아파트에 근저당권을 설정하는 것이 좋아."

근저당권을 설정하면, 매매나 증여 등으로 소유권이 다른 이에게 이전되
어도 임의경매를 신청할 수 있다. 또 채무자가 여러 사람에게 돈을 빌렸
더라도 근저당권 설정 순위에 따라 다른 채권자들보다 먼저 채권을 행사
할 수 있다.

부동산에 설정된 권리는 크게 채권과 물권으로 나눌 수 있다. 이것을 확실히
알아야 권리분석을 좀더 정확하게 할 수 있다.

채권이란?

채권이란 채권자가 채무자에게 특정한 행위를 청구할 수 있는 권리다.

보통 채권을 '돈 받을 권리'로만 아는 사람들이 많은데, 금전적으로 액수를 정할 수 없는 것도 채권의 대상이 된다(민법 제373조).

봉식 씨가 아파트를 나부자에게 양도하는 매매계약을 맺었다고 하자. 이때 봉식 씨가 나부자에게 매매대금을 달라고 할 수 있는 매매대금지급청구권과, 나부자가 봉식 씨에게 소유권을 이전해 달라고 할 수 있는 소유권이전청구권 모두 채권이다.

채권은 자유계약의 원칙에 따라 종류와 내용에 제한이 없다. 채권자와 채무자의 약정이 있다면 그 내용에 따라 채권과 채무가 발생한다. 다만 채권의 목적이 되는 행위는 실천할 수 있는 것이어야 한다. 그러니 밤하늘의 별을 따주기로 한 채권은 성립할 수 없다. 또한 법에 어긋나지 않고 사회적으로 타당해야 한다. 예를 들어 다른 사람을 폭행해 주기로 한 약정은 법적으로 효력이 없다.

물권이란?

물권이란 말 그대로 특정한 물건을 직접 지배하여 이익을 얻는 배타적인 권리다. 일상생활에서 자주 볼 수 있는 물권 중의 하나가 전세권이다.

봉식 씨가 마포구 성산동의 28평 빌라에 대해 전세 계약을 맺고 임대인의 협조를 얻어 등기부에 전세권을 설정하면, 2년 동안 그 빌라에서 살 수 있고 그가 사는 동안에는 누구도 전세권을 설정할 수 없다. 누구도 그 집에서 나가라고 할 수 없는 배타적 권리를 가지게 된 것이다.

물권은 법률로 종류와 효력이 규정되어 있다. 그러므로 아무나 새로 물권을 만들 수 없고, 법이 정한 물권만 인정된다. 이것을 '물권 법정주의'라고 한다. 민법에 따른 점유권·소유권·유치권·질권·저당권·지상권·지역권·전세권이 물권에 속하며, 상법과 기타 특별법, 관습법이 인정하는 물권도 있다.

물권과 채권의 차이를 알아보자

첫째, 물권의 대상은 말 그대로 물건, 즉 부동산이다. 부동산 자체가 권리의 대상이 된다는 말이다. 반면 채권은 특정한 사람의 행위를 대상으로 한다.

예를 들어 전세권은 다른 사람의 부동산을 사용하고 이익을 얻을 수 있는 물권이다. 반면 임차권은 임차인이 임차한 부동산을 임대차의 목적대로 사용할 수 있도록 임대인에게 협조를 청구할 수 있는 채권이다.

둘째, 물권은 절대적 지배권으로서 권리내용의 실현을 위해 타인의 행위를 필요로 하지 않고 권리자 스스로 물건으로부터 일정한 이익을 얻지만, 채권은 상대적 청구권으로서 권리 내용의 실현을 위해서는 채무자의 행위(협조)를 필요로 한다.

가령 임차권은 채권이기 때문에 채무자(임대인)의 협력 행위를 기초로 임대차의 목적물을 사용·수익할 수 있지만, 물권인 전세권은 전세권설정자(임대인)의 협조로 등기부에 등기되는 순간 효력이 발생되어 그 이후로는 임대인의 협력 행위 없이도 전세권의 존속기간 중에 당연히 사용·수익할 수 있다.

셋째, 물권은 배타적인 권리다. 따라서 한 부동산에 서로 양립할 수 없는 물권이 2개 이상 동시에 설정될 수 없다. 가령 재팔 씨가 아파트의 소유권을 100% 가지고 있다면, 동시에 다른 사람이 이 아파트의 소유권을 가질 수는 없다. 반면 채권은 배타성이 없는 권리라서 한 부동산에 같은 성격의 채권이 동시에 여러 개 있을 수 있다. 다만 물권이라고 하더라도 근저당권처럼 설정순위에 따라 서로 충돌하지 않고 권리행사가 가능하다면 하나의 부동산에 여러 개가 설정될 수 있다. 재팔 씨의 아파트에 새마을금고가 5,000만원의 근저당권을 설정했더라도, 다른 은행에서도 2,000만원의 근저당권을 설정할 수 있다는 말이다.

넷째, 물권은 특정한 대상이 아닌 모든 사람에게 주장할 수 있다.

예를 들어 갑순이가 빌라에 전세권을 설정했다면, 나중에 이 빌라가 팔려서 주인이 바뀌더라도 새 주인에게 전세금을 돌려달라고 주장할 수 있다.

반면에 채권은 특정한 채무자에게만 주장할 수 있기 때문에 채권인 임차권은 새로운 소유자에게 그 효력을 주장할 수 없다. 새로운 소유자는 임대차계약의 당사자가 아니라서 임차권이라는 채권의 채무자가 아니기 때문이다(임대차보호법의 규정에 적용을 받는 임대차는 예외).

물권과 채권은 상반되는 개념일까?

채권
물권
채권을 강화한 것

"물권의 반대는 무엇인가요?"라고 물으면, 대부분 망설이지 않고 '채권'이라고 대답한다. 그런데 채권은 채무의 반대말이다.

많은 사람들이 채권과 물권을 서로 반대되는 개념으로 생각한다. 물권과 채권을 서로 비교하며 그 차이점을 암기하는 방식으로 공부하기 때문이다. 그렇지만 물권은 채권의 반대 개념이 아니며, 채권을 강화해 준다.

아파트 전세 계약을 맺고 주인에게 전세금을 주면 임차권을 얻는다. 임차권은 부동산을 사용할 수 있는 권리로, 임대인인 집주인과 임대차계약을 맺음으로써 발생하는 채권이다. 이때 임차인이 임대인의 협조를 얻어 등기부에 전세권을 설정하면 임차인은 임차권이라는 채권과는 별도로 전세권이라는 물권을 취득한다.

채권과 물권이 조금 어렵게 느껴지는가? 10여 년간 수천 명에게 경매를 가르쳐왔지만, 대체로 이 부분을 어렵게 생각한다. 뒤에서 다시 차근차근 다룰 테니, 여기에서는 이런 것이 있다는 정도로만 이해하고 넘어가자.

03 >>> | 권리분석의 핫 아이템, 말소기준권리
권리분석은 쉽다 ─ 말소기준권리

말소기준권리만 알면 권리분석은 모두 끝난다고들 하는데, 정말 그런지 살펴보자.

말소기준권리란?

우리가 굳이 시간과 노력을 들여 경매를 하는 이유는 부동산을 '싸게' 사기 위해서다. 그런데 적어도 몇 천만원은 남을 것이라고 생각해서 용감하게 입찰하여 낙찰을 받았는데, 아뿔싸! 권리분석을 잘못해서 오히려 몇 천만원을 물어주게 생겼다면? 그럴 바에는 원하는 지역의 공인중개사무소를 찾아다니며 급매 물건을 사는 편이 훨씬 낫다. 경매 물건은 급매 물건보다 싸게 사야 의미가 있다. 그러므로 경매에 참여할 때는 안전한 물건인지가 중요하다.

경매 권리분석에서는 어떤 권리가 낙찰 후에 낙찰자에게 인수되느냐가 중요하다. 어떤 권리는 낙찰 후 낙찰자에게 인수되고, 어떤 권리는 소멸된다. 1억원의 전세권이 설정되어 있더라도, 경매 후 소멸되는 권리라면 입찰자는 걱정할 필요가 없다. 그런데 경매 후 낙찰자에게 전세권이 인수된다면, 입찰가를 그만큼 낮게 써야 한다.

권리분석은 쉽지 않다. 그래서인지 말소기준권리를 이용한 권리분석 방법이 인기가 있다. 말소기준권리란 경매 부동산의 모든 권리에 대해 인수와 소멸(말소) 여부를 판단하는 '기준'이 되는 특정 권리를 말한다.

　　따라서 경매되는 부동산에 설정되어 있는 여러 권리들 중에서 말소기준권리만 찾아낼 수 있다면 권리분석은 간단

하게 끝난다. 말소기준권리보다 선순위 권리는 낙찰자에게 인수되고 말소기준권리와 그 이후 순위의 권리들은 모두 소멸하기 때문에, 부동산에 설정되어 있는 여러 권리들의 개별적인 특성이나 효력을 이해하지 못하는 초보자들도 쉽게 권리분석을 할 수 있다는 것이다.

　　말소기준권리는 출처와 근거가 명확하지 않고 신뢰성이 떨어지는 이론이기는 하지만, 부동산 경매의 '정석'으로 통용되는 방법이기도 하다. 그러니 비판은 뒤로 미루고 우선 그 내용부터 살펴보자.

말소기준권리에는 어떤 것이 있나?

말소기준권리가 되는 권리로는 어떤 것들이 있는지 살펴보자. 말소기준권리는 그냥 외우는 것이 좋다.

▼ 말소기준권리가 되는 권리들

> (근)저당권
> (가)압류
> 담보가등기
> 배당요구를 하거나 경매를 신청한 전세권자
> 경매개시결정등기

경매에 오른 부동산에 말소기준권리가 될 수 있는 권리가 2개 이상 있다면, 순위가 가장 빠른 권리가 말소기준권리가 된다. 실제 사례를 살펴보자.

【사례】 서울시 도봉구 방학동 아파트, 낙찰받아도 될까? 서울북부4계 2017타경11186

서울시 도봉구 방학동의 33평 아파트가 경매에 나왔다. 감정평가금액은 3억 4,800만원이고, 아직은 1회도 유찰되지 않아 최저매각가격이 감정가와 같다. 경매로 살 만한 물건일까? 일단 등기부등본부터 열람해 보자.

순위	권리자	권리 내용	설정일자	기타	인수/소멸
1	강OO	소유권	1995년 1월 19일		
2	중소기업은행 방학동	근저당권	2013년 2월 18일		
3	도봉세무서	압류	2015년 4월 7일		
4	의정부지법	근보전처분	2015년 4월 7일		
5	서울시 도봉구	압류	2017년 4월 27일		
6	UI제십차유동화전문	임의경매	2017년 11월 10일		

우선 이 사건에서 말소기준권리가 될 수 있는 권리로 근저당권 1건과 압류 2
건, 임의경매개시등기가 있다. 이중에서 등기 순위가 가장 앞선 중소기업은행
의 근저당권이 이 경매사건의 말소기준권리가 된다.

순위	권리자	권리 내용	설정일자	기타	인수/소멸
1	강OO	소유권	1995년 1월 19일		
2	중소기업은행 방학동	근저당권	2013년 2월 18일		소멸
3	도봉세무서	압류	2015년 4월 7일		소멸
4	의정부지법	보전처분	2015년 4월 7일		소멸
5	서울시 도봉구	압류	2017년 4월 27일		소멸
6	UI제십차유동화전문	임의경매	2017년 11월 10일		소멸

말소기준권리 이후 순위의 모든 권리는 경매 후에 소멸된다. 따라서 이 아파트
는 매각 후에 낙찰자에게 인수되는 권리가 없다. 권리분석 상 하자가 없는 경
매 물건이고, 낙찰받아도 안전하다고 할 수 있다. 단, 말소기준권리보다 먼저
설정되어 있더라도 강OO의 소유권은 낙찰대금을 완납하는 동시에 당연히 낙
찰자에게 이전되는 것이어서 인수와 소멸을 판단하는 권리분석의 대상이 아니
라는 점을 기억해 두자.

충남 서산의 아파트, 왜 입찰을 피해야 하나?

말소기준권리로 분석할 경우

충청남도 서산시의 신축 중인 아파트 2개 동이 경매로 나왔다. 유찰을 거듭해 최저매각가격은 49%까지 차감되었으며 매각을 앞두고 있다. 가처분, 근저당권, 가압류 등 여러 권리가 걸려 있는데, 만약 이 아파트에 입찰한다면 낙찰자에게 인수되는 권리는 무엇이고, 소멸되는 권리는 무엇일까? 이 사건을 말소기준권리 이론에 따라 권리분석을 해보자.

이 사건의 등기부등본에는 가처분등기와 근저당권, 가압류등기가 설정되어 있고, 이중에서 말소기준권리가 될 수 있는 것은 근저당권과 가압류, 경매개시등기다. 또한 설정 순위가 가장 빠른 정리금융공사의 근저당권이 이 경매사건의 말소기준권리이다.

순위	권리자	권리명	접수일	기타	인수/소멸
1	정리금융공사	가처분	2008년 5월 23일		인수
2	비케이산업개발	소유권	2009년 4월 23일		
3	정리금융공사	근저당	2009년 6월 3일		소멸
4	오순종	근저당	2009년 6월 9일		소멸
5	주식회사유씨엔	가압류	2009년 6월 19일		소멸
6	원풍건설	가처분	2009년 6월 22일		소멸
7	케이알앤씨	임의경매	2016년 7월 20일		소멸

말소기준권리

따라서 말소기준권리인 근저당권과 가압류등기, 경매개시결정등기(임의), 원풍건설의 가처분등기는 모두 낙찰자가 잔금을 지급하면 효력이 소멸된다. 낙찰자는 소유권이전등기와 함께 이 권리들을 등기부에서 말소해 줄 것을 법원에 신청하면 된다.

그러나 말소기준권리인 정리금융공사의 근저당권보다 먼저 등기된 정리

▼ 충남 서산시의 신축아파트, 무엇이 말소기준권리인가?

REY AUCTION
■ Real Estate for You

관심물건 | 상담신청 | 법원정보 | 🖨 인쇄

🔺 **2016타경 5776**　　　　　　　　　　　　　　서산지원 5계 전화 : (041)660-0695

소 재 지	충남 서산시 음암면 ▉▉▉ 원풍세린 ▉▉▉ 1층 101호 [일괄]102호, 103호, 104호, 105호, 외117				
경매구분	기일입찰	채 권 자	계▉▉앤씨	매 각 기 일	매각물건
용　도	아파트	채무/소유자	▉▉이산업개발	접 수 일	2016-06-30
감 정 가	7,935,680,000	청 구 액	4,800,000,000	경매개시일	2016-07-20
최 저 가	3,888,483,000 (49%)	토지총면적	11,586 ㎡ (3504.65평)	배당종기일	2016-10-18
입찰보증금	10% (388,848,300)	건물총면적	8,474 ㎡ (2563.42평)	조 회 수	금일3 공고후7 누적13

6차	2018-05-01	4,001,000,000 (50.4%) (입찰1명)
5차	2018-03-27	5,554,976,000　유찰
4차	2018-03-27	7,935,680,000　유찰
	2018-01-09	3,878,132,000　변경
3차	2017-12-05	5,540,189,000　유찰
2차	2017-10-31	7,914,556,240　유찰
	2017-09-05	5,585,938,000　변경
1차	2017-07-18	7,979,912,000　유찰

🔺 **등기권리**

구분	권리명	접수일	권리자	금액	기타	소멸
집합	가처	2008-05-23	정리금융공사		2008 카합 1607 서울중앙 ▉▉▉ 산업개발가등가처	
	소유	2009-04-23	▉▉이산업개발		전소유자:▉▉건설	
	근저	2009-06-03	정리금융공사	4,800,000,000	말소기준권리	소멸
	근저	2009-06-09	오▉▉	4,500,000,000		소멸
	가압	2009-06-19	주식회사유▉▉	640,000,000	2009 카합 196 대전 서산	소멸
	가처	2009-06-22	▉▉건설		2009 카합 195 대전 서산	소멸
	임의	2016-07-20	▉▉앤씨	청구금액: 4,800,000,000	2016타경5776	소멸

말소 기준권리

참고사항	·유치권　·先가처분　·입찰외　·대지권미등기　·법정지상권

금융공사의 가처분등기는 매각으로 효력이 소멸되지 않는다. 따라서 낙찰자는 이 가처분등기의 부담이 소유권에 얼마나 영향을 미칠지 판단해봐야 한다. 가처분 뒤에 숨어 있는 위험은 후에 다시 설명하기로 한다.

　　말소기준권리는 이처럼 이해하기가 쉽다. 말소기준권리가 될 수 있는 권리만 외운 후, 가장 선순위인 것을 고르고 그 이후의 권리들은 낙찰과 동시에 소멸한다고 보면 된다.

　　그런데 정말 말소기준권리만으로 모든 권리분석을 쉽게 할 수 있을까? 너무 쉬운 방법에 빠져서 돈을 잃거나 좋은 기회를 놓치는 경우는 없을까? 다음에는 이 문제에 대해 살펴보자.

편리한 만큼 조심해야 하는 말소기준권리

말소기준권리, 정말 믿어도 될까?

말소기준권리 이론은 단순하고 명쾌한 만큼 함정도 있다.
왜 조심해야 하는지 살펴보자.

말소기준권리는 왜 이리 인기가 있을까?

일반적으로 경매 부동산을 권리분석할 때 '말소기준권리 이론'이 정석인 것처럼 널리 알려져 있다. 그러나 이 이론은 출처가 분명하지 않고, 현행법이나 판례에서는 비슷한 용어조차 찾아볼 수 없다. 그런데도 경매에서는 말소기준권리라는 말이 어김없이 등장한다. 왜 그럴까?

권리분석은 간단하지가 않다. 그런데 말소기준권리는 이해하기 쉽기 때문에, 경매를 쉽게 배우려는 대중과 그들을 대상으로 하는 상술의 니즈(needs)가 맞아떨어지면서 권리분석의 정석이 되어버린 셈이다.

워낙 말소기준권리 이론의 인기가 높아서 이를 모르고는 권리분석에 대해 이야기하기 어려울 정도다. 그러므로 말소기준권리 이론을 정확히 알고 문제점을 살펴보는 것도 권리분석을 이해하는 데 효율적인 방법이다.

물론 말소기준권리 이론에도 예외는 있다. 말소기준권리보다 후순위의 등기 중에도 낙찰과 동시에 효력이 소멸되지 않고 낙찰자에게 고스란히 인수되는 권리가 있다는 말이다.

일반적으로 예고등기, 건물 철거를 목적으로 한 가처분등기, 전소유자의 가압류는 순위를 불문하고 소멸되지 않는다는 것이 통설이다. 그 이유는 권리분석을 찬찬히 공부하면서 다시 살펴보자. 사실 말소기준권리 이론을 이용한 권리분석은 암기에 지나지 않는다고 생각한다.

말소기준권리로 모든 경우를 설명할 수 없다

말소기준권리를 이용한 권리분석은 쉽고 분명하다. 그렇지만 왜 말소기준권리 이후 순위의 모든 권리들이 낙찰자에게 인수되지 않고 소멸하는지, 왜 근저당권은 말소기준권리가 될 수 있는데 지상권은 말소기준권리가 될 수 없는지 등을 설명해 주지는 않는다. 그저 기계적으로 적용할 뿐이다. 왜 그럴까?

사실 경매 권리분석 방법을 말소기준권리 이론으로 설명하는 사람들조차 그 이유를 모르기 때문이다. 아니, 정확히 말하면 말소기준권리 이론은 편법에 불과하므로 합리적인 이유가 있을 리 없다. 그들도 그렇게 권리분석을 배웠으므로 아무 의심 없이 가르치고 있을 뿐이다.

과연 종이 한 장, 단 10분의 설명으로 끝나는 말소기준권리 이론으로 권리분석을 완벽하게 끝낼 수 있을까? 근저당권, 가압류, 가처분, 가등기의 정의와 특성, 효력을 모르고도 그 권리의 인수와 소멸을 예측할 수 있을까? 설령 그것이 가능하더라도, 허술한 편법으로 얻은 결과를 믿고 큰돈을 투자해도 후회하지 않을까?

말소기준권리가 제대로 된 이론이 아닌 이유

법은 크게 공법과 사법으로 나뉜다. 공법은 국가와 개인 간의 문제를, 사법은 개인과 개인 간의 문제를 규정한 법률이다. 사법에는 가장 기본이 되는 민법이 있고, 이와는 별도로 각종 특별법과 절차법 등이 있다.

개인과 개인 간의 문제는 민법에 따라 해결하는 것이 원칙이며, 예외나 특례가 필요한 경우 별도의 특별법을 적용한다. 그리고 민법을 적용할 때 필요한 절차는 각종 절차법에 따른다.

부동산 경매는 절차법 중에서도 민사집행법에 따라 진행된다. 부동산 경매는 개인 간의 금전적 분쟁을 해결하기 위한 것이다. 그러므로 부동산 경매의 권리분석은 그 상위법인 민법의 기본 취지를 이해해야 한다. 민법의 기본 취지는 '분쟁 해결'이다. 즉 개인 간의 분쟁을 '억울함이 없도록' 해결하는 것이 민법의 목적인 셈이다.

예전에 필자는 말소기준권리 이론에 대해 아예 강의하지 않았다. 하자가 많은 권리분석 방법을 가지고 학생들에게 혼란을 주고 싶지 않았기 때문이다. 그랬더니 다른 곳에서 수강한 학생들이 "도대체 부동산 경매를 누구한테 배웠기에 말소기준권리도 모르냐?"며 필자에게 강의를 들은 학생들을 무시하는 일이 생겼다.

그래서 말소기준권리 이론을 강의하면서 철저히 분석하고 어떤 문제점이 있는지 설명했다. 본질을 이해하지 못한 편법은 항상 위험을 내포한다. 무슨 일이든 "왜?"라는 질문을 끊임없이 던지지 않으면 그 본질을 이해할 수 없다. 그러므로 말소기준권리 이론이라는 편법이 탄생한 배경과 문제점을 이해하려면 우선 권리분석의 정석을 이해해야 한다.

서울시 강남구 압구정동 32평 현대아파트, 포기한 이유

서울시 강남구 압구정동의 현대아파트가 경매로 나왔는데, 어찌 된 일인지 7회나 유찰되어 최저매각가격이 감정가의 21%까지 떨어졌다. 시세에 비해서는 상상할 수도 없을 만큼 싼 가격이었다.

그동안 2번이나 낙찰이 되었는데, 첫 번째 낙찰자 신씨도, 두 번째 낙찰자인 이씨도 입찰보증금 수천만원의 손해를 감수하고는 결국 잔금을 지급하지 않고 포기했다. 이들이 거금을 포기하면서까지 잔금을 내지 않고 이 아파트를 인수하지 않은 이유는 무엇일까?

말소기준권리 이론으로 권리분석을 한 결과

먼저 등기부에 설정된 권리 중에서 말소기준권리를 찾아보자.

말소기준권리가 될 수 있는 권리는 가압류 4건, 압류 5건, 강제경매개시결정등기 1건이다. 이 중에서 설정 순위가 가장 빠른 외환신용카드의 가압류가 말소기준권리가 된다. 그 이후의 모든 권리는 매각과 함께 소멸된다. 말소기준권리의 설정일자보다 늦게 전입신고를 한 임차권도 낙찰자에게 인수되지 않는다.

수천만원을 손해 보면서도 낙찰을 포기한 이유

그런데 문제는 말소기준권리보다 먼저 설정된 박씨의 가등기, 변씨의 전세권은 매각 후에도 소멸하지 않고 낙찰자에게 그대로 인수된다는 점이다. 이 아파트를 낙찰받으면 변씨에게 전세보증금 1억 4,000만원을 돌려주어야 한다. 그래도 시세보다 아주 싼 가격에 낙찰받았으니 보증금은 문제가 되지 않을 것이다. 문제가 되는 것은 박씨의 가등기다. 낙찰을 받았더라도 박씨가 가등기에 의한 본등기로 소유권을 취득하면, 낙찰자는 소유권을 잃게 된다. ^{가등기에 대해서는 85쪽 참조}

그래서 수천만원을 손해 보면서도 낙찰을 포기했던 것이다.

▼ 서울시 강남구 압구정동 32평 아파트, 7회나 유찰된 경우

🐘 지지옥션　　중앙5계 2008-22437 압구정동 아파트

소 재 지	서울 강남구 압구정동 ●●● 현대 ●●●동 ●층 ●●●호 [도로명주소]		
경매구분	강제(기일)	채 권 자	용●●
용 도	아파트	채무/소유자	김●●	낙 찰 일 시	14.04.22 (243,271,000원)
감 정 가	1,450,000,000 (08.08.13)	청 구 액	89,178,080	다 음 예 정	
최 저 가	243,270,000 (17%)	토지총면적	57.99 ㎡ (17.54평)	경매개시일	08.07.31
입찰보증금	20% (48,654,000)	건물총면적	84.98 ㎡ (25.71평)[32평형]	배당종기일	08.10.13
조 회 수	·금일 2 │ 공고후 713 │ 누적 5,553	·5분이상 열람 금일 0 │ 공고후 153 │ 누적 668		조회통계

소재지/감정서	물건번호/면 적(㎡)	감정가/최저가/과정	임차조사	등기권리
135-110 서울 강남구 압구정동 ●●● 현대 ●●●동 ●층 ●●●호 ●감정평가서정리 -도로명주소:서울 강남구 압구정로29 길 57 -차량진출입자유 -인근압구정로버스 (정)소재 -압구정역(3호선)도 보5분이내 -일반대중교통사정 양호 -인근학교,대형유통 시설,압구정로변등 각종생활편의시설 이용편리 -대규모아파트단지 밀집 -단지내도로통해동 축현대길접합 -도로접함 -건축선지정(도로경 계선에서3m 후퇴) -열병합지역난방 -도시지역 -3종일반주거지역 -아파트지구 -일반미관지구 -도시기타용도지역 지구 (건축허가제한지 역) -대공방어협조구역 2008.08.13 정우감 정	물건번호: 단독물건 대지 57.9916/22442.8 (17.54평) 22442.8(51.871/20074.11) 건물 84.98 (25.71평) 방3, 화장실1 15층-87.05.06보존 계단식	감정가 1,450,000,000 ·대지 580,000,000 (40%) (평당 33,067,275) ·건물 870,000,000 (60%) (평당 33,838,973) 최저가 243,270,000 (16.8%) ●경매진행과정 ① 1,450,000,000 2013-02-19 유찰 ② 20%↓ 1,160,000,000 2013-03-26 유찰 ③ 20%↓ 928,000,000 2013-04-30 유찰 ④ 20%↓ 742,400,000 2013-06-04 유찰 ⑤ 20%↓ 593,920,000 2013-07-09 유찰 ⑥ 20%↓ 475,136,000 2013-08-13 유찰 ⑦ 20%↓ 380,109,000 2013-09-24 낙찰 낙찰자 신●● 응찰수 1명 낙찰액 416,500,000 (28.72%) 허가 2013-10-01 납부기한 2013-11-08 (대금미납) ⑦ 380,109,000 2013-12-03 낙찰 낙찰자 이●● 응찰수 1명 낙찰액 385,000,000 (26.55%) 허가 2013-12-10 납부기한 2014-01-10 (대금미납)	●법원임차조사 변●● 확정 1997.01.10 주거/전부 등기부상 이●선 전입 2006.10.16 주거 점유기간 미상 여동생:이●준 조사서상 이●준 전입 2006.10.16 확정 2007.02.05 배당 2008.09.03 (보) 20,000,000 (월) 1,200,000 주거/전부 점유기간 2005.12.15- *2회 방문하였으나 폐문부 재이고, 방문한 취지 및 연 락처를 남겼으나 아무런 연 락이 없으므로 주민등록 전 입된 세대만 임차인으로 보 고함. 총보증금:20,000,000 총월세금:1,200,000 ●지지옥션세대조사 전입 10.06.28 이성주 주민센터확 인:2013.02.27	소유권 김●● 1987.05.06 가등기 박●● 1996.12.24 소유권이전가등기 전세권 변●● 1997.01.10 140,000,000 존속기 간:1998.10.19 [말소기준권리] 가압류 외환신용카드 종로 1998.05.13 22,028,185 가압류 한빛은행 카드전자팀 1999.02.03 10,207,095 압 류 서울시강남구 2000.06.07 가압류 용●● 2004.02.09 70,000,000 압 류 국민건강보험공단 강남북부지사 2004.02.17 가압류 최●● 2007.01.25 139,155,000 강 제 용●● 2008.07.31 *청구액:89,178,080원 압 류 국민건강보험공단 서초남부지사 2011.02.21 압 류 서울시강남구 2013.02.25 압 류 국민건강보험공단 서초남부지사 2013.07.10 등기부채권총액 381,390,280원 열람일자: ●●●●.●●.23

말소기준권리

말소기준권리가 될 수 있는 것

기본부터 차근차근 배워보자

권리분석의 기본 원칙

이제부터 권리분석의 정석을 하나씩 알아보자.

권리분석이란 예측 못한 피해를 막는 것

개인 간에 분쟁이 벌어졌는데 법률로 명확히 규정되어 있지 않다면 대개는 판례에서 답을 찾곤 한다. 판례란 판사가 내린 판결이 하나의 예가 된 경우를 말한다.

그런데 명확한 법률 규정도 없고 판례도 없는 전혀 새로운 형태의 분쟁이 일어났다면, 판사는 무엇을 참고로 하여 판결을 내릴까? 바로 민사의 대원칙인 '신의성실의 원칙(신의칙)'을 기준으로 한다. 민법 제2조 제1항에서는 "권리의 행사와 의무의 이행은 신의에 좇아 성실히 하여야 한다"고 규정하고 있다. 쉽게 말하면, 권리의 행사와 의무를 이행하는 과정에서 누구에게든 "예측하지 못한 피해에 따른 억울함"이 발생하면 안 된다는 뜻이다.

이 원칙은 당연히 부동산 경매의 권리분석에도 적용된다. 그러므로 낙찰 후 어떤 권리가 인수되고 소멸되는지 결정할 때 '예측하지 못한 피해'가 발생하면 안 된다. 지금부터 어떻게 하면 이런 피해가 발생하지 않을지 차근차근 알아보자.

권리분석의 2가지 원칙

부동산 경매는 2가지 원칙만 기억하고 적용하면, 어느 경우에든 권리분석을 잘할 수 있다.

권리분석의 제1원칙	경매 부동산에서 돈이 목적인 권리나 처분은 매각 후 소멸되고, 그밖의 것은 인수된다.

돈이 목적인 권리와 처분

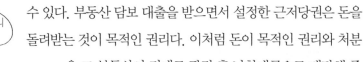

부동산의 모든 권리와 처분은 돈이 목적인 것과 돈이 목적이 아닌 것으로 나눌 수 있다. 부동산 담보 대출을 받으면서 설정한 근저당권은 돈을 돌려받는 것이 목적인 권리다. 이처럼 돈이 목적인 권리와 처분은 그 부동산이 경매로 팔린 후 낙찰대금으로 배당해 주면 그 목적이 충족된다. 설령 경매 후 배당해 줄 돈이 부족해서 배당받지 못한 사람이 있더라도 더 이상 권리를 인정해 줄 필요가 없다. 그러므로 돈이 목적인 권리와 처분은 매각 후 그 효력이 소멸된다.

돈이 목적이 아닌 권리와 처분

경매는 부동산을 강제로 팔아서 현금화하는 절차이므로 매각대금으로 배당은 해줄 수 있지만, 돈 이외의 목적은 충족시켜 줄 수 없다. 예를 들어 부동산의 임대 및 근저당권 설정 등의 행위를 금지하는 가처분은 부동산이 경매로 매각되더라도 원래 가처분등기의 목적이 충족되었다고 할 수 없다. 그래서 돈이 목적이 아닌 권리나 처분은 부동산이 경매로 매각되더라도 효력이 없어지지 않고 낙찰자에게 인수된다.

권리분석의 제2원칙	권리분석의 제1원칙을 적용할 때, 선의의 제3자가 피해를 입으면 안 된다.

권리분석의 제1원칙에서 돈이 목적인 권리나 처분은 매각 후 소멸되고, 그 밖의 것은 인수된다고 배웠다. 그런데 2개 이상의 권리나 처분이 서로 충돌할 때는 어떻게 할까? 이때 권리분석의 제2원칙이 적용된다. 권리분석의 제2원칙이란 제1원칙을 적용했을 때 선의의 피해자가 생겨서는 안 된다는 것이다. 자, 이제 구체적인 사례를 통해 권리분석의 원칙을 자세히 살펴보자.

【사례】 서울시 영등포구 당산동 32평 경매 아파트, 선의의 제3자는 누구?

등기 순위	권리자	권리 내용
1	김삼순	소유권
2	KDB산업은행	근저당(돈)
3	박교수	가처분(행위)

KDB산업은행은 김삼순 씨에게 서울시 영등포구 당산동 32평 아파트를 담보로 돈을 빌려주고 근저당권을 설정했다. 그후 박교수는 김씨의 아파트에 임대나 근저당 행위를 금지하는 가처분등기를 했다. 만약 이 아파트가 경매로 넘어갔다면, 매각 후 KDB산업은행과 박교수의 권리는 어떻게 될까?

권리분석의 제1원칙을 적용한 결과

먼저 권리분석의 제1원칙을 적용해 보자. KDB산업은행의 근저당권은 빌려준 돈을 돌려받는 것이 목적이므로 경매 매각 후 소멸된다. 그러니 낙찰자가 이 은행에 돈을 줄 필요는 없다. 그런데 박교수의 가처분등기는 임대나 근저당권 설정을 금지하는 목적으로 등기된 것이므로 경매 후에도 낙찰자에게 인수된다. 여기까지가 제1원칙을 적용한 결과다.

권리분석의 제2원칙을 적용한 결과

이제 제1원칙을 적용한 결과를 그대로 반영하더라도 억울한 피해를 보는 사람은 없는지 살펴보자. 임대도 할 수 없고 근저당권도 설정하지 못하는 아파트를 살 사람은 없다. 경매가는 한없이 떨어질 것이고, 은행은 빌려준 돈을 못 받을 수도 있다.

   KDB산업은행은 이 아파트를 담보로 돈을 빌려줄 때, 나중에 박교수라는 사람이 가처분 신청을 할 것이라는 사실을 알지 못했고, 알 수도 없었다. 고의적이라든가, 과실이 있다고 볼 만한 여지가 없다는 의미다. 이런 경우 은행의 행위는 '선의'가 되고, 은행은 박교수에게 '선의의 제3자'가 된다. 만약 박교수의 가처분등기로 인해 KDB산업은행이 빌려준 돈을 제대로 돌려받지 못한다면 억울한 피해자가 되는 셈이다.

반면 박교수는 가처분등기를 할 때, 은행의 근저당권이 설정되어 있다는 것을 알 수 있었다. 몰랐다면 실수로, 또는 고의로 등기부등본을 확인하지 않은 것이다. 이런 경우 박교수의 행위는 '악의'가 되고, 은행의 근저당권으로 인해 피해를 보더라도 그는 선의의 피해자가 아니다. 그러므로 경매 매각 후 가처분등기는 낙찰자에게 인수된다는 본질(제1원칙)에도 불구하고 자신의 가처분등기가 소멸되더라도 억울하다고 할 수 없다.

그러면 법이 누구를 보호할지 명확해진다. 이런 경우에는 선의인 KDB산업은행의 피해를 막기 위해 경매 매각 후 박교수의 가처분등기가 소멸되어 낙찰자에게 인수되지 않는다. 이처럼 제1원칙을 적용했을 때, 억울한 피해를 보는 사람이 생기면 이를 보호하는 기능을 하는 것이 권리분석의 제2원칙이다.

【사례】 서울시 은평구 수색동 32평 경매 아파트, 선의의 피해자는 누구?

등기 순위	권리자	권리 내용
1	김삼순	소유권
2	박교수	가처분(행위)
3	우신새마을금고	근저당(돈)

이번에는 서울시 은평구 수색동 32평 아파트의 권리분석을 해보자. 앞의 사례와 달리, 가처분등기가 먼저 된 후 우신새마을금고가 근저당권을 설정했다. 이 경우에는 우신새마을금고가 가처분등기로 인해 이 아파트 경매에서 큰 손해를 입더라도 '선의의 제3자'가 아니다. 등기부등본만 제대로 확인했다면, 이 아파트에 이미 가처분등기가 있다는 것을 알 수 있었기 때문이다.

권리분석의 제1원칙을 적용한 결과
박교수의 가처분등기는 돈이 목적인 권리나 처분이 아니므로, 경매 매각 후에도 낙찰자에게 인수된다. 그러나 우신새마을금고의 근저당권은 돈이 목적인 권리이므로 결코 낙찰자에게 인수되지 않는다. 여기까지가 제1원칙을 적용한 결과다.

그런데 이처럼 가처분등기가 낙찰자에게 인수된다면 아무도 이 경매에 입찰하지 않거나, 가처분을 인수하는 부담만큼 낮은 금액으로 입찰할 것이다. 그렇게 되면 우신새마을금고가 빌려준 돈을 회수하는 데 큰 지장이 생길 수밖에 없다.

권리분석의 제2원칙을 적용한 결과

그러나 우신새마을금고는 근저당권을 설정할 당시 박교수의 가처분이 이미 선순위로 설정되어 있음을 확인할 수 있었으므로 선의의 피해자가 아니다. 따라서 앞서 도출된 제1원칙의 적용 결과를 그대로 반영하더라도 "제1원칙을 적용함에 있어 선의의 피해가 발생하면 안 된다"는 제2원칙에 위배되지 않는다.

권리분석에도 규칙이 있다

무수히 많은 경우를 분석해 보았더니 권리분석에도 일정한 규칙이 있었다. 돈이 목적인 권리는 순위를 불문하고 소멸하고, 돈이 목적이 아닌 권리는 선순위라면 인수되고 후순위라면 소멸된다. 물론 예외는 있지만, 나중에 다룰 것이다.

▼ 권리분석의 규칙

	선순위	후순위
돈이 목적인 권리	소멸	소멸
돈이 목적이 아닌 권리	인수	소멸

앞으로 권리분석의 제1원칙과 제2원칙은 지겨울 만큼 등장할 테니, 어렵게 느껴지더라도 걱정할 필요는 없다. 어차피 한 번에 이해될 만큼 쉽지 않으니, 이 시점에서 명확히 이해하지 못했더라도 괜찮다.

2

Chapter

등기부등본으로
권리분석 하는 법

김샘의 유튜브 특강 포인트

제2강 지상권

- 지상권의 인수와 소멸
- 선순위 지상권
- 후순위 지상권
- 담보권 강화를 위한 지상권

제3강 가등기

- 소유권이전청구권 가등기
- 담보가등기
- 가등기권자에 대한 법원의 최고
- 가등기의 인수와 소멸

01

저당권이란?

자주 접하는 저당권, 근저당권

경매 부동산의 등기부등본에서 내용을 확인하고 분석할 수 있는 권리들 중에
저당권에 대해 알아보자.

저당권이란?

저당권은 돈을 빌려주는 대신, 담보로 제공된 부동산에 대해 후순위 채권자보다 먼저 돈을 돌려받을 수 있는 권리다. 채권자는 채무자가 돈을 갚지 않으면 큰 손해를 보므로, 돈을 빌려줄 때 채무자 소유의 부동산을 담보로 잡기도 한다. 부동산 등기부 상에 저당권을 설정하는 것이다. 이렇게 저당권을 설정해 놓으면 돈을 못 받았을 때 저당권에 의해 법원에 경매를 신청할 수 있다. 또 채권자가 여럿일 경우, 다른 후순위 채권자들보다 우선적으로 배당을 받을 수 있다(이러한 권리를 '우선변제권'이라 한다).

이때 담보의 목적이 되는 부동산은 반드시 돈을 빌리는 당사자(채무자)의 소유일 필요는 없다. 제3자의 부동산을 담보로 삼을 수도 있는데, 이것이 흔히 말하는 '보증'이다. 즉 삼순 씨가 봉식 씨를 위해 자기 소유의 부동산을 담보로 제공할 수 있다는 말이다. 이때 삼순 씨는 물건으로 담보를 제공한 보증인이라는 의미로 '물상보증인'이라 한다.

근저당권은 저당권과 무엇이 다를까?

 근저당권이 설정된 봉식 씨의 아파트

봉식 씨는 아파트를 담보로 저당권을 설정하고 은행에서 5,000만원을 대출하려 한다. 그런데 앞으로 봉식 씨의 채권은 수시로 변할 수 있다. 생활

이 어려워져 이자를 못 낸다면 채권액이 5,000만원 이상으로 늘어날 것이다. 물론 원금과 이자를 착실히 갚는다면 채권액은 줄어들 것이다. 은행 입장에서는 채권액이 변할 때마다 저당권을 말소하고 다시 설정하거나, 감액 또는 증액하여 등기하는 것이 여간 번거롭지 않다. 이런 불편을 해소하는 것이 근저당권이다.

근저당권도 저당권 중 하나로, 채무자와의 계속적인 거래 계약 등에 의해 발생할 수 있는 장래의 채권을 일정한 한도 내에서 담보하는 저당권이다.

    은행이 채권액을 확정하는 '저당권' 대신 채권 최고액을 6,500만원으로 하는 '근저당권'을 설정한다면, 채권액이 증가하거나 감소해도 근저당권을 새로 설정하거나 변경하지 않아도 되어 편리하다.

    근저당권의 채권 최고액은 말 그대로 최고액이다. 그러므로 실제의 채권액은 채권 최고액에 미치지 못하거나 이를 넘을 수도 있다. 실채권액이 채권 최고액에 미치지 못한다면 실채권액에 한해 우선변제권이 인정되고, 실채권액이 채권 최고액을 초과하면 채권 최고액을 한도로 우선변제권이 인정된다.

실제로 은행 등 대부분의 채권자는 저당권보다는 근저당권을 선호한다. 대개 은행에서는 부동산 담보 대출로 1억원을 빌려줄 경우 120~130%에 해당하는 1억 2,000만원~1억 3,000만원을 근저당권으로 설정한다. 채무자가 이자를 갚지 않을 경우에 대비하는 것이다.

근저당권에도 종류가 있다 — 한정근저당권과 포괄근저당권
근저당권은 한정근저당권과 포괄근저당권으로 나눌 수 있다. 한정근저당권은 채권을 특정한 근저당권이고, 포괄근저당권은 채권을 특정하지 않고 장래에 발생하는 모든 채권을 담보하는 근저당권이다.

    예를 들어 은행이 삼순 씨에게 돈을 빌려주면서 아파트에 근저당권을 설정했다고 하자. 그런데 삼순 씨가 담보 대출도 갚지 못하고, 그 은행의 카드대금도 연체했다. 이때 은행이 한정근저당권을 설정했다면, 부동산 담보 대출의 원금과 이자, 손해배상금 등만 받을 수 있다. 반면 포괄근저당권을 설정했다면, 연체된 카드대금까지 우선변제권을 주장하여 배당받을 수 있다. 그러므로 은행은 대부분 포괄근저당권을 설정하고 돈을 빌려준다.

그러면 한정근저당권과 포괄근저당권은 어떻게 구분할까? 저당권과 근저당권은 등기부등본에 표기되지만, 한정근저당권과 포괄근저당권은 구별하지 않고 모두 '근저당권'이라고만 표시된다. 다만, 근저당권 설정 계약서에 장래의 불특정 채권을 모두 피담보채권으로 한다는 특약이 있으면 포괄근저당권이다.

▼ 등기부등본의 근저당권 설정 예

【 을 구 】	(소유권 이외의 권리에 관한 사항)			
순위 번호	등기 목적	접수	등기 원인	권리자 및 기타 사항
1	근저당권 설정	2013년 2월 19일 제5030호	2013년 2월 17일 설정 계약	채권 최고액 금 48,000,000원 채무자 윤○○ 서울특별시 송파구 잠실동 27 아파트 ○○-○○ 근저당권자 주식회사 ○○은행 서울특별시 중구 을지로1가 ○○-○ (을지로3가 지점)

저당권 및 근저당권의 효력은?

저당권과 근저당권은 어떤 효력이 있을까? 둘의 효력은 같다. 경매에서 자주 보게 되는 근저당권을 설명해 보겠다.

근저당권은 경매신청권이 있다. 채무자가 빚을 갚지 않으면, 근저당권을 근거로 바로 부동산 경매를 신청할 수 있다.

또한 우선변제권도 있다. 그래서 경매에서 다른 채권자보다 우선하여 배당을 받을 수 있다. 한 부동산에 여러 개의 저당권이 있다면, 배당 순서는 저당권 설정 등기 순서에 따른다. 따라서 후순위 저당권자는 선순위 저당권자가 배당을 받고 남은 돈이 있어야 배당을 받을 수 있다.

근저당권은 우선변제권이 있어요.

다른 후순위 채권보다 먼저 돈을 돌려받아요.

저당권 및 근저당권은 모두 소멸되나?

경매 부동산의 (근)저당권은 매각 후에 모두 소멸된다(민사집행법 제91조). (근)저당권은 빌려준 돈을 받기 위한 권리이므로, 매각 후 배당을 받으면 그 목적이 달성되는 셈이다. 따라서 모든 (근)저당권은 매각과 동시에 효력이 소멸되고, 낙찰자는 등기상의 (근)저당권을 말소해 달라고 요청할 수 있다.

만약 경매 매각 후에도 돈을 모두 돌려받지 못하면, (근)저당권은 어떻게 될까? 강부자 씨가 삼순 씨의 아파트에 1억원의 근저당권을 설정하고 8,000만원을 빌려주었는데, 낙찰가가 7,000만원이었다고 하자. 이 경우 강씨가 1,000만원을 손해 보더라도, 근저당권은 소멸되고 낙찰자에게 인수되지 않는다. 실제로 채권액을 전부 배당받았는지 여부와는 무관하게 일단 경매로 부동산이 매각되면 모든 저당권은 소멸된다.

한푼도 못 돌려받았는데. 흑흑….

간혹 (근)저당권이 설정된 후에 부동산의 소유권이 이전되기도 한다. 그러나 (근)저당권은 물권이므로, 일단 설정되면 그후로 다른 권리가 설정되거나 변경되더라도 아무런 영향을 받지 않는다. 따라서 경매 절차에서 배당을 받을 수 있다. 그리고 배당 후에는 낙찰자에게 인수되지 않는다.

근저당권은 매각 후 소멸

【사례】 서울시 노원구 중계동 28평 경매 아파트, 누가 얼마나 배당받을까? 북부3계 2013타경20823

서울시 노원구 중계동의 28평 아파트가 경매에 나왔다. 감정평가액은 3억 1,000만원인데 1회 유찰되어 최저매각액이 2억 4,800만원이었다. 등기상의 권리를 살펴보니 근저당권 2건과 압류 1건이 있고, 가장 선순위의 농협이 근저당권에 의해 경매를 신청했다.

그런데 마포세무서의 압류는 아파트 소유자의 체납세액이 아니라, 2순위 근저당권자인 이씨의 체납세액을 징수하기 위해 근저당권에 대해 등기된 것이었다. 이 경우에 세무서는 낙찰금에서 배당받는 것이 아니라 이씨 몫의 배당금에서 체납세액만큼 배당받는다.

이 사건의 낙찰 금액이 2억 7,000만원이라고 가정하고, 배당액을 계산해 보자.

순위	종류	권리자	권리 금액	배당액	잔여 배당 재원
1	경매 비용			약 300만원	2억 6,700만원
2	근저당권	농협중앙회	2억 4,000만원	2억 4,000만원	2,700만원
3	근저당권	이○○	1억 2,000만원	2,700만원	0

우선 매각대금 2억 7,000만원에서 경매 비용이 지급되고 2억 6,700만원이 남는다(경매 비용은 무엇인지, 누구에게 지급되는지는 '배당'을 공부할 때 살펴볼 것이다). 그다음으로 1순위 근저당권자인 농협중앙회에 2억 4,000만원이 배당되고, 남은 2,700만원이 근저당권자인 이씨에게 배당된다. 물론 이씨의 배당금 중 체납세액에 해당하는 금액은 마포세무서가 받는다. 이렇게 배당이 종결되면 채권액을 모두 배당받은 농협중앙회의 근저당권은 당연히 소멸된다.

그렇지만 채권액 1억 2,000만원 중 일부인 2,700만원밖에 배당받지 못한 이씨의 근저당권도 소멸될까?

　결론부터 말하면 '그렇다'. 근저당권이 소멸하지 않고 낙찰자에게 인수된다면, 낙찰자는 낙찰대금을 모두 납부하고도 이씨가 배당받지 못한 9,300만원을 추가로 지급해야 한다. 결국 3억 6,300만원에 취득하는 셈이다. 감정가가 3억 1,000만원인 아파트를 5,000만원이나 더 주고 취득할 사람은 아무도 없다.

　아파트가 낙찰되지 않는다면 배당 재원이 확보되지 않기 때문에 선순위의 근저당권자인 농협중앙마저도 채권액을 회수할 방법이 없다. 따라서 이씨의 근저당권은 채권액을 전부 배당받지 못하더라도 매각으로 소멸된다. 그래서 은행은 선순위로 근저당권이 설정된 부동산에 대해서는 후순위로 돈을 빌려주려 하지 않는다.

　경매 부동산 상의 모든 (근)저당권은 매각과 동시에 소멸하며, 어떠한 경우라도 낙찰자에게 그 부담(채무)이 인수되는 경우가 없다는 사실을 기억하자.

02

지상권과 지역권은 무엇인가?

토지 경매에서 중요한 지상권, 지역권

경매 부동산의 등기부등본에서 내용을 확인하고 분석할 수 있는 권리들 중에
지상권과 지역권에 대해 알아보자.

지상권은 왜 필요한가?

지상권이란 타인의 토지에 자기의 건물이나 기타 공작물, 수목을 소유하기 위
해 그 토지를 사용하는 물권을 말한다(민법 제279조).

가령 봉팔 씨가 공장이 필요하게 되었다고 하자. 공장을 건축할 만한 토지가
없다면 토지 소유주인 미도 씨에게 빌려서 공장을 건축할 수 있을 것이다. 이
경우 봉팔 씨가 미도 씨와 토지임대차계약을 체결하여 공장을 건축한다면 봉
팔 씨의 토지 사용권은 임차권에 속한다. 임차권은 채권이라서 배타적인 권리
가 아니다. 즉 봉팔 씨와 미도 씨 사이에만 한정된 권리이므로 제3자에게 권리
를 주장할 수 없는 것이 원칙이다.

그런데 미도 씨의 토지 소유권이 나부자에게 이전되면 봉팔 씨와 새로운 토지
소유자 나부자 사이에 분쟁이 발생할 수 있다. 다만 봉팔 씨가 공장을 완공하
여 소유권보존등기까지 마쳤다면 그 임대차는 제3자에게도
효력이 있다. 그러나 임대차 기간이 만료되기 전이라도 등기
한 공장이 멸실되거나 낡아서 못 쓰게 되면 제3자에 대한 효
력이 사라진다. 또 공장을 다른 사람에게 팔 경우에는 토지 소
유자의 동의를 얻어야 하는 등 입지가 불안정하다.

이렇게 불안정한 봉팔 씨의 입지를 견고히 하기 위해 설정하

건물주
봉팔 씨

지상권
설정

땅주인
미도 씨

는 권리가 지상권이다. 봉팔 씨와 미도 씨가 지상권설정계약을 체결하고 미도 씨 소유의 토지 등기부에 지상권을 설정하면, 봉팔 씨는 토지 사용에 관한 물권을 확보하게 되어 자신의 권리를 배타적으로 행사할 수 있다. 이때 봉팔 씨는 지상권자가 되고, 미도 씨는 지상권설정자가 된다.

▼ 등기부등본의 지상권 설정 예

【 을 구 】	(소유권 이외의 권리에 관한 사항)			
순위 번호	등기 목적	접수	등기 원인	권리자 및 기타 사항
1	지상권 설정	2012년 5월 19일 제62413호	2012년 5월 19일 설정 계약	목 적 수목 및 건물 기타 공작물의 소유 범 위 토지 전부 존속 기간 2012년 5월 19일부터 만 30년 지 료 없음 지상권자 서울○○협동조합 서울특별시 강서구 등촌동 ○○−○ (우장산역 지점)

지상권의 효력은?

토지사용권

지상권자는 지상권설정계약에서 정한 목적에 속하는 범위에서 지상권 설정자의 토지를 사용할 권리를 가진다. 지상권은 물권이므로 절대적이고 배타적이다. 그러므로 지상권자는 제3자에게 지상권을 양도하거나 지상권이 유지되는 동안에 그 토지를 임대할 수 있고, 토지의 소유자가 바뀌더라도 새로운 토지 소유자에게 지상권을 주장할 수도 있다.

지상권의 존속 기간

봉팔 씨가 미도 씨의 토지에 자기의 건물을 소유하기 위해 지상권설정계약을 맺는데, 그 기간을 1년으로 정한다면 어떻게 될까? 건축하는 데는 상당한 비용이 드는데, 고작 1년간 사용하기 위해 건축하고 철거한다면 봉팔 씨뿐만 아니라 국가 경제에도 손해다. 그래서 민법에서는 지상권의 최단 존속 기간을 규정하여 강제한다.

[지상권의 최단 존속 기간]
1. 석조, 석회조, 연와조 또는 이와 유사한 견고한 건물이나 수목의 소유를 목적으로 하는 때에는 30년
2. 전호 이외의 건물의 소유를 목적으로 하는 때에는 15년
3. 건물 이외의 공작물의 소유를 목적으로 하는 때에는 5년

지상권설정계약에서 존속 기간을 별도로 약정하지 않은 경우는 물론이고, 최단 존속 기간보다 짧게 쌍방이 합의했더라도, 지상권은 최단 존속 기간 동안 유지된다.

계약갱신청구권과 지상물매수청구권

박교수가 나부자의 토지에 지상권을 설정하고 상가건물을 건축하여 임대 사업을 하다가 건물이 현존한 상태에서 기간이 만료되었다고 가정하자. 존속 기간이 만료되는 동시에 토지를 사용할 수 있는 권리가 사라졌다고 해서 건물을 철거해야 한다면 경제적인 손실을 입게 될 것이다. 그래서 민법에서는 지상물이 현존하는데 지상권의 존속 기간이 만료된 경우, 지상권자인 박교수에게 2가지 특별한 권리를 인정해 준다.

하나는 계약갱신청구권으로, 지상권자(건물 소유자)가 지상권설정자(토지 소유자)를 상대로 지상권설정계약을 갱신해 줄 것을 청구할 수 있는 권리를 말한다. 박교수는 나부자를 상대로 "아직 상가건물을 헐어버리기에는 아까운 상태이니 지상권설정계약을 갱신해 달라"고 청구할 수 있다는 말이다.

그렇다면 나부자는 박교수의 청구에 무조건 따라야 할까? 나부자는 원치 않으면 박교수의 청구를 거절할 수 있다. 대신 계약 갱신을 거절할 경우, 박교수는 "계약을 갱신해 주지 않을 거라면 상가건물을 사라"고 나부자에게 청구할 수 있다. 이러한 권리를 '지상물매수청구권'이라 한다. 이 경우 나부자는 박교수의 지상물매수청구를 거절할 수 없다.

다시 말해 건물(지상물)이 현존하는 상태에서 지상권의 존속 기간이 만료되면 건물 소유자는 토지 소유자에게 계약 갱신을 청구할 수 있고, 토지 소유자가 이를 거절하려면 건물 소유자의 청구에 따라 건물을 매수해야 한다.

계약갱신청구권과 지상물매수청구권은 멀쩡한 건물을 헐어버리는 사회적 손실을 막겠다는 경제적인 면이 있는데, 이는 나중에 공부할 법정지상권과 연관이 있다.

지상권은 무조건 인수될까?

민사집행법 제91조
③ 지상권 · 지역권 · 전세권 및 등기된 임차권은 저당권 · 압류채권 · 가압류채권에 대항할 수 없는 경우에는 매각으로 소멸된다.
④ 제3항의 경우 외의 지상권 · 지역권 · 전세권 및 등기된 임차권은 매수인이 인수한다. 다만, 그중 전세권의 경우에는 전세권자가 제88조에 따라 배당요구를 하면 매각으로 소멸된다.

지상권은 건물에는 설정할 수 없다. 그러므로 경매 부동산에 지상권이 설정되어 있다면 토지 경매사건이다. 토지 경매에서 지상권의 인수와 소멸에 관한 분석은 특히 중요한데, 지상권이 인수된다면 낙찰자가 토지를 취득하더라도 토지 사용 권리는 여전히 건물 소유자(지상권자)에게 있기 때문이다.

토지의 가치는 토지를 물리적으로 구성하고 있는 흙이 아니라, 지상과 지하에 걸친 공간을 사용하여 수익을 내는 데 있다. 그러니 사용권이 포함되지 않은 소유권은 껍데기에 불과한 셈이다.

지상권은 인수

지상권은 원칙적으로 인수된다

지상권은 원칙적으로 경매에 의해 매각되어도 소멸되지 않고 낙찰자에게 인수된다. 지상권의 효력 자체가 '토지의 소유자가 바뀌어도 지상권은 그대로 존속한다'는 내용을 본질적으로 포함하고 있기 때문이다. 토지소유권이 경매로 넘어간다고 해서 달리 해석할 근거는 없다. 게다가 근저당권처럼 객관적 가치를 명확히 산정할 수 있는 것도 아니므로, 배당으로 보상해 주고 소멸시킬 수도 없다.

그러나 지상권은 소멸되는 경우가 많다

그렇다면 지상권이 설정된 토지의 경매는 무조건 입찰을 포기해야 할까? '원칙'이 있다면 '예외'가 있게 마련이다. 실무에서는 '원칙'보다 '예외'의 경우가 더 많아서 인수되는 경우보다 소멸하는 경우가 더 많다. 그래서 '지상권은 원칙적으로 소멸하고 예외적으로 인수된다'고 잘못 알고 있는 사람들이 많은데, 개념을 분명히 짚고 넘어가야 한다.

경매 부동산에 설정된 권리가 지상권뿐이라면 지상권은 위에서 살펴본 대로 인수되지만, 다른 권리와 함께 설정되어 있는 경우에는 설정된 순위에 따라 달라진다. 그럼, 이에 대해 실제 현장사례들을 살펴보자.

김샘의
현장분석

대구시 북구 연경동의 임야, 지상권이 선순위라면?

최저매각가격이 49%까지 떨어진 이유는

대구시 북구 연경동에 41,700평의 임야가 경매로 나왔다. 감정가는 8억원이 넘지만 2회 유찰돼 최저매각가격이 감정가액의 49% 수준인 4억원이 조금 넘는다. 권리 관계에 문제가 있는지 살펴볼 필요가 있다.

이 임야에는 압류와 가압류, 근저당권 등 여러 건의 등기가 설정되어 있지만, 지상권 외의 권리는 모두 매각으로 소멸될 것이다. 압류와 가압류, 근저당권은 모두 돈을 받기 위한 등기이므로, 매각대금으로 채무를 변제한다면 더 이상 효력이 없다. 물론 매각대금이 등기상의 채권 총액에 미치지 못해서 채권을 모두 만족시키지 못하는 채권자들도 있을 테지만 말이다.

선순위 지상권

문제는 최선순위로 설정되어 있는 한국전력공사의 지상권이다. 지상권은 금전이 아니라 토지 위에 건물, 기타 공작물이나 수목을 소유하기 위한 용익권(사용하여 이익을 얻을 수 있는 권리)이므로, 부동산의 환가 절차인 경매로는 지상권을 만족시켜 줄 수 없다. 그러니 낙찰자에게 지상권을 그대로 넘겨서 지상권자가 토지를 사용하도록 해야 한다.

결국 이 경매사건의 낙찰자는 매각대금을 전부 지급하고도 지상권의 부담을 인수한다. 따라서 입찰자들은 인수되는 지상권의 부담만큼 낮은 금액으로 입찰할 수밖에 없다.

▼ 대구시 북구 연경동의 임야, 지상권이 선순위인 경우

REY AUCTION
■ Real Estate for You

관심물건 | 상담신청 | 법원정보 | 🖶인쇄

♠ 2016타경 13338

대구지방법원 7계 전화 : (053)757-6777

소 재 지	대구 북구 연경동 산1■				
경 매 구 분	기일입찰	채 권 자	김■■■	매 각 기 일	2018-05-17 (10:00) [11 일전]
용 도	임야	채무/소유자	송■■	접 수 일	2016-10-17
감 정 가	825,038,000	청 구 액	300,000,000	경매개시일	2016-10-18
최 저 가	404,269,000 (49%)	토지총면적	137,851 ㎡ (41699.93평)	배당종기일	2016-12-29
입찰보증금	20% (80,853,800)	건물총면적	0 ㎡ (0평)	조 회 수	금일1 공고후11 누적12

구분	입찰기일	매각금액	결과
4차	2018-05-17	404,269,000	진행
3차	2018-04-16	577,527,000	유찰
2차	2017-04-19	577,527,000	매각
		580,010,000 (70.3%)	
		(입찰 1명)	
1차	2017-03-22	825,038,000	유찰

♠ 등기권리

선순위
지상권

구분	권리명	접수일	권리자	금액	기타	소멸
토지	지상	1983-04-20	한국전력공사		철탑,송전신이존속하는기■	
	소유	2010-06-14	송■■		전소유자 ■■■	
	근저	2011-10-18	김■■■	300,000,000	말소기준권리	소멸
	압류	2013-10-17	국민건강보험공단 달성지사			소멸
	가압	2013-10-21	국민건강보험공단	770,725,340	2013 카단 20073 대구	소멸
	압류	2014-08-13	근로복지공단 대구지역본부			소멸
	임의	2016-10-18	김■■■	청구금액: 300,000,000	2016타경13338	소멸

참고사항	·분묘 ·입찰외 ·법정지상권 ·재매각

압류와 가압류, 근저당권의 채권액을 모두 변제하기에는 턱없이 부족한 금액이지만, 채권자들은 등기를 설정할 당시 이미 선순위로 지상권이 설정되어 있음을 알았거나 알 수 있었다. 따라서 억울한 피해를 입었다고 할 수 없다.

▼ 지상권이 선순위일 때 권리 인수 여부

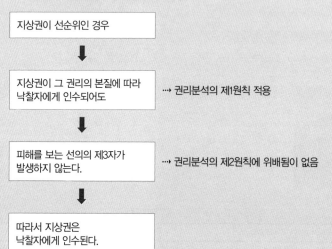

토지 경매사건, 반드시 토지이용계획확인서를 확인하자

토지 경매사건을 분석할 때 반드시 확인해야 하는 서류가 있다. 우리나라의 모든 토지는 이미 그 용도가 법률로 정해져 있는데, 그 내용을 확인할 수 있는 공적 장부를 '토지이용계획확인서'라 한다.

어떤 경매사건의 토지이용계획확인서를 인터넷(토지이용규제정보서비스, http://luris.molit. go.kr)에서 찾아보았더니, '국토의 계획 및 이용에 관한 법률'에 따른 도시지역으로 제1종일반주거지역, 공원구역에 속했다. 일반적으로 주거지역에는 주택 건축이 가능하지만, 이 토지는 주거지역인 동시에 공원구역이다. 공원구역의 토지에 대한 개발행위허가를 받으려면 절차가 까다롭다. 서울시 강북구청에 직접 문의해 보니, 공원구역을 개발하려면 도시계획과나 푸른도시과와 별도로 협의를 거쳐야 하고, 협의하더라도 허가를 기대하기는 어렵다고 답했다.

또 하나, '비오톱1등급'이라는 생소한 용어가 눈에 띄었다. 첨부된 도면을 보면, 이 토지의 일부가 비오톱1등급에 저촉된다고 되어 있다. 비오톱이란 특정한 식물과 동물이 생활공동체를 이루어 다른 곳과 명확히 구분되는 생물 서식지를 가리킨다. 서울특별시 도시계획조례에 따르면, 비오톱은 5등급으로 구분되는데 이 중 비오톱1등급인 토지는 절대적으로 보전한다.

결국 이 토지는 제1종일반주거지역이지만 개발을 기대할 수는 없다. 이러한 사정을 모르고 건물 신축을 위해 경매에 입찰한다면 큰 손해를 볼 수도 있다. 그러므로 입찰하기 전에 토지 개발이 가능한지 지방자치단체에 문의하여 충분히 검토해야 할 것이다.

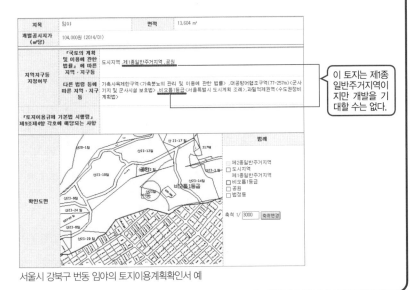

서울시 강북구 번동 임야의 토지이용계획확인서 예

전북 완주군 농지 1484평, 지상권이 왜 없어질까?

지상권이 있지만 위험하지 않은 경우

전라북도 완주군 구이면에 주택지로 개발이 가능한 농지가 경매로 나왔다. 1회 유찰되어 최저매각가격은 감정평가금액의 70%까지 떨어졌다. 지상권이 설정되어 있는 사건은 특히 권리분석에 주의해야 하지만, 이 사건은 하자가 없어 보인다.

우선 등기상의 권리 관계를 살펴보면, 근저당권 3건과 지상권, 경매개시등기, 압류등기가 있다. 근저당권과 경매등기, 압류등기는 금전채권을 목적으로 하는 등기이기 때문에 낙찰자에게 인수되지 않는다. 반면 지상권은 돈을 목적으로 하는 권리가 아니므로, 낙찰되어도 효력이 소멸하지 않고 낙찰자에게 인수되는 '본질'을 가지고 있다.

후순위 지상권

그러나 이 경매사건의 경우에는 지상권보다 먼저 설정된 근저당권이 설정되어 있다. 그런데도 지상권의 본질을 지키기 위해 낙찰자에게 지상권을 넘기면 아무도 입찰하지 않을 것이고, 근저당권자에게 배당해 줄 재원을 확보할 수 없다.

선순위의 근저당권자들은 근저당권을 설정할 당시 나중에 지상권이 설정될 것을 예측할 수 없었지만, 지상권자는 지상권을 설정할 당시 이미 선순위로 근저당권이 설정되어 있음을 알았거나 알 수 있었다. 즉 지상권자는 나중에 이 토지가 경매에 붙여질 경우 지상권이 효력을 잃는다는 것을 예측할 수 있었다고 보아야 한다. 그러니 '지상권은 인수된다'는 본질에도 불구하고 이 사건의 지상권은 선순위의 금전채권자를 보호하기 위해 매각과 동시에 효력을 잃고 낙찰자에게 인수되지 않는다.

▼ 전라북도 완주군 농지 1484평, 지상권 후순위

REY AUCTION
■ Real Estate for You

관심물건 | 상담신청 | 법원정보 | 🖨 인쇄

↑ 2017타경 7243

전주지방법원 6계 전화 : (063)259-5536

소 재 지	전북 완주군 구이면 항가리 ○○○-○[일괄]○○○-, ○○-2, ○○-5, ○○-5, 등1					
경 매 구 분	기일입찰	채 권 자	금산농협	매 각 기 일	2018-05-28 (10:00) [22일전]
용 도	전	채무/소유자	이○○	접 수 일	2017-06-29
감 정 가	942,568,000	청 구 액	761,598,034	경매개시일	2017-06-30
최 저 가	659,798,000 (70%)	토지총면적	4,906 ㎡ (1484.06평)	배당종기일	2017-10-02
입찰보증금	10% (65,979,800)	건물총면적	0 ㎡ (0평)	조 회 수	금일1 공고후3 누적7

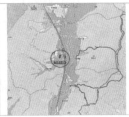

구분	입찰기일	매각금액	결과
2차	2018-05-28	659,798,000	진행
1차	2018-04-23	942,568,000	유찰

♠ 등기권리

구분	권리명	접수일	권리자	금액	기타	소멸
토지	근저	2016-10-13	농협자산관리	864,000,000	말소기준권리	소멸
	소유	2016-10-13	이○○		전소유자:이○○	
	지상	2016-10-14	금산농협		30년	소멸
	근저	2016-10-25	정○○	60,000,000		소멸
	근저	2016-10-31	박○○	150,000,000		소멸
	임의	2017-06-30	금산농협	청구금액: 761,598,034	2017타경7243	소멸
	압류	2017-07-04	전주세무서			소멸

후순위
지상권

참고사항	·일부맹지 ·농취증

소멸된 지상권은 배당받을 수 있을까?

이처럼 지상권이 낙찰과 동시에 소멸하는 경우, 지상권자는 배당에 참여할 수 있을까?

지료는 지상권의 효력이 발생하는 요건이 아니며, 지상권자와 지상권설정자(토지 소유자)가 지료를 내지 않기로 약정했다면 무료인 지상권도 성립한다. 그런데 지상권 설정의 조건으로 지상권자가 지상권설정자에게 보증금을 지급하고 지상권의 존속 기간이 만료되는 때에 보증금을 반환하기로 약정했다고 하자. 그렇다면 지상권자는 경매 절차에서 보증금을 반환받으려 할 것이다. 그러나 어떠한 경우에라도 지상권은 경매 절차에서 배당받지 못한다. 지상권은 담보물권이 아니기 때문이다. 지상권자가 경매 절차에서 보증금을 돌려받으려면, 지상권과는 별도로 보증금반환청구소송을 통해 일반 채권자로서 배당에 참여할 수 있다.

▼ 지상권이 후순위일 때 권리 인수 여부

지상권이 후순위인 경우

지상권이 그 권리의 본질에 따라
낙찰자에게 인수되면 ┄→ 권리분석의 제1원칙 적용

선의의 제3자(선순위 권리자)에게
예측 못한 피해가 발생한다. ┄→ 권리분석의 제2원칙에 위배됨

따라서 선의의 제3자를
보호하기 위해 지상권이 소멸된다. ┄→ 권리분석의 제2원칙 적용

충남 아산시 도고면 농지, 근저당권과 같이 설정된 지상권은?

충청남도 아산시 도고면의 644평 농지 경매사건이다. 등기상 금전채권을 목적으로 하는 근저당권과 압류는 매각과 동시에 소멸하고, 지상권이 근저당권보다 후순위로 설정되어서 역시 매각으로 소멸하므로 전혀 문제가 없다.

근저당권이 설정된 날 지상권도 설정된 경우

특이한 점은 최선순위의 근저당권자인 중소기업은행이 근저당권을 설정한 날에 또다시 지상권을 설정했다는 사실이다. 이처럼 근저당권과 동시에 설정된 지상권은 금전채권의 담보권(근저당권)을 강화하기 위해 설정된 경우가 대부분이다.

예를 들어 나부자 씨가 도균 씨에게 돈을 빌려주면서 그 소유의 토지에 근저당권을 설정했다. 그런데 나중에 박교수가 도균 씨의 동의를 얻어 그 토지에 건물을 건축한 경우를 생각해 보자.

나부자 씨가 근저당권에 의해 도균 씨 소유의 토지를 경매하더라도, 입찰자들은 토지에 건축된 박교수 소유의 건축물이 부담스러워서 입찰을 꺼릴 것이다. 박교수 소유의 건축물은 나부자가 설정한 근저당권의 효력이 미치지 않기 때문에 근저당권에 의한 경매 절차에서 매각 대상이 될 수 없다. 그러므로 이 토지를 낙찰받는다면 낙찰자는 박교수와의 분쟁을 피할 수 없다. 그렇게 유찰을 거듭하면 결국 나부자는 채권을 만족하는 데 상당한 문제가 발생할 것이다.

▼ 충청남도 아산시 농지 644평, 담보권과 함께 지상권을 설정한 경우

REY AUCTION
■ Real Estate for You

관심물건 | 상담신청 | 법원정보 | 🖨인쇄

♠ 2017타경 100528

천안지원 3계 전화 : (041)620-3073

소 재 지	충남 아산시 도고면 농은리 [#####]				
경 매 구 분	기일입찰	채 권 자	중소기업은행	매 각 기 일	2018-05-21 (10:00) [15 일전]
용 도	답	채무/소유자	[#####]영농조합	접 수 일	2017-02-01
감 정 가	75,650,500	청 구 액	60,000,000	경매개시일	2017-02-02
최 저 가	37,069,000 (49%)	토지총면적	2,131 ㎡ (644.63평)	배당종기일	2017-04-17
입찰보증금	10% (3,706,900)	건물총면적	0 ㎡ (0평)	조 회 수	금일1 공고후5 누적5

구분	입찰기일	매각금액	결과
3차	2018-05-21	37,069,000	진행
2차	2018-04-16	52,955,000	유찰
1차	2018-03-12	75,650,500	유찰

♠ 등기권리

구분	권리명	접수일	권리자	금액	기타	소멸
토지	소유	2016-04-01	[###]영농조합		전소유자 [####]	
	근저	2016-04-01	중소기업은행 아산배방	60,000,000	말소기준권리	소멸
	지상	2016-04-01	중소기업은행		30년	소멸
	임의	2017-02-02	중소기업은행 충청지역본부	청구금액: 60,000,000	2017타경 100528	소멸
	압류	2017-02-08	아산세무서			소멸
	압류	2017-03-13	국민건강보험공단 수원서부			소멸
	압류	2017-12-28	수원세무서			소멸

참고사항	· 농취증

근저당을 [#]
하기 위해 [#]
권을 함께 설[#]
한 경우

이런 위험을 방지하기 위해 돈을 빌려주면서 근저당권뿐만 아니라 지상권도 함께 설정하는 경우가 많다. 지상권이 설정된 토지에 지상권자 이외의 사람이 건축 허가를 받으려면 지상권자의 동의가 필요하기 때문에, 지상권을 근저당권과 함께 설정하면 담보권을 한층 강화할 수 있다.

담보권을 강화하기 위한 지상권

사실 지상권은 본래의 목적보다는 담보권을 강화하기 위해 설정되는 경우가 더 많다. 그래서 지상권이 설정되어 있는 토지의 경매사건을 검색하면 근저당권과 무관하게 설정된 사건은 찾아보기 어려울 정도다. 그러나 설정의 목적이 무엇이든, 이 경매사건의 지상권은 근저당권보다 늦게 설정되었으므로 낙찰자에게 인수되지 않는다.

| 8 | 근저당권설정 | 2016년4월1일
제19292호 | 2016년4월1일
설정계약 | 채권최고액 금60,000,000원
채무자 ▥▥▥▥▥영농조합법인
　충청남도 아산시 배방읍 용연동 ▨▨-11, ▨▨호
　(장재리, ▨▨▨▨▨▨▨위)
근저당권자 중소기업은행 110135-0000▨▨▨
　서울특별시 중구 을지로 79 (을지로2가)
　(아산배방지점) |
| 9 | 지상권설정 | 2016년4월1일
제19293호 | 2016년4월1일
설정계약 | 목 적 건물 기타 공작물이나 수목의 소유
범 위 토지의 전부
존속기간 2016년 4월 1일부터 만30년
지 료 무료
지상권자 중소기업은행 110135-0000▨▨▨
　서울특별시 중구 을지로 79 (을지로2가) |

충청남도 아산시 도고면 농지의 등기부등본. 근저당권을 강화하기 위해 지상권을 설정했다.

* 각각의 등기에는 순위번호와 접수번호가 있어서 같은 날 설정된 등기라도 선후를 판단할 수 있다.

김샘의 현장분석

의정부6계 2017타경74906

경기도 가평군 임야, 지상권이 담보권보다 선순위라면

같은 날 접수했는데 지상권이 선순위라면?

경기도 가평군 북면의 임야가 경매에 붙여졌다. 등기부에 선순위로 지상권이 설정되어 있으니, 이 지상권은 낙찰자에게 인수될 것이다. 그런데 등기부등본을 자세히 살펴보니, 선순위 지상권자인 현대제철신협이 지상권을 설정하면서 근저당권도 설정했다. 접수일은 동일하지만 지상권의 접수번호가 앞선다.

【 을 구 】		(소유권 이외의 권리에 관한 사항)		
순위번호	등 기 목 적	접 수	등 기 원 인	권리자 및 기타사항
1	지상권설정	2008년8월4일 제23923호	2008년8월4일 설정계약	목 적 건물기타 공작물이나 수목의소유 범 위 토지의전부 존속기간 2008년8월4일부터 만30년 지 료 없음 지상권자 현대제철신용협동조합 124141-000▉▉▉ 인천광역시 동구 송현동 ▉
2	근저당권설정	2008년8월4일 제23924호	2008년8월4일 설정계약	채권최고액 금1,040,000,000원 채무자 강▉▉ 　인천광역시 남동구 간석동 ▉-▉▉ 근저당권자 현대제철신용협동조합 124141-000▉▉▉ 　인천광역시 동구 송현동 ▉ 공동담보 토지 경기도 가평군 북면 목동리 산▉▉-▉

경기도 가평군 임야의 등기부등본. 담보권을 강화하기 위한 지상권을 설정했다.

이처럼 지상권과 근저당권의 권리자가 같고 접수일이 같다면, 담보권을 강화하기 위해 설정한 지상권으로 해석할 수 있다. 담보권 강화를 위한 지상권은 담보권(근저당권)보다 후순위로 설정되곤 하는데, 이 사건처럼 지상권을 선순위로 설정했다면 입찰자는 지상권이 낙찰자에게 인수될지 고민해야 한다.

담보권을 강화하는 지상권은 선순위라도 소멸될까?

담보권 강화를 위한 지상권이 선순위로 설정된 경우, 지상권이 소멸할지 판단하는 기준을 살펴보자.

▼ 경기도 가평군 임야 67,208평, 지상권 선순위

REY AUCTION
■ Real Estate for You

관심물건 | 상담신청 | 법원정보 | 🖨 인쇄

♠ 2017타경 74906

의정부지방법원 6계 전화 : (031)828-0326

소 재 지	경기 가평군 북면 목동리 ▩▩▩[일괄]▨▨▩.				
경매구분	기일입찰	채 권 자	현대▩▩신협	매 각 기 일	2018-05-28 (10:30) [22 일전]
용 도	임야	채무/소유자	강▩▩/강▩▩외1	접 수 일	2017-06-12
감 정 가	986,154,700	청 구 액	780,000,000	경매개시일	2017-06-14
최 저 가	236,776,000 (24%)	토지총면적	222,177 m² (67208,54평)	배당종기일	2017-09-04
입찰보증금	10% (23,677,600)	건물총면적	0 m² (0평)	조 회 수	금일1 공고후3 누적29

구분	입찰기일	매각금액	결과
5차	2018-05-28	236,776,000	진행
4차	2018-04-23	338,251,000	유찰
3차	2018-03-19	483,216,000	유찰
2차	2018-02-12	690,308,000	유찰
1차	2018-01-08	986,154,700	유찰

♠ 등기권리

구분	권리명	접수일	권리자	금액	기타	소멸
토지	소유	2008-08-04	강▩▩외1		전소유자:▩▩▩▩평간공파목동리지세총중	
	지상	2008-08-04	현대▩▩신협		30년	
	근저	2008-08-04	현대▩▩신협	780,000,000	말소기준권리	소멸
	근저	2009-07-30	기복▩▩신협	260,000,000		소멸
	근저	2009-07-30	도원▩▩신협	127,400,000		소멸
	가압	2013-04-05	서울보증보험 강서신용지원	53,457,000	2013 카단 4937 인천	소멸
	압류	2014-03-06	인천세무서			소멸
	압류	2014-05-29	인천시동구			소멸
	압류	2015-03-30	가평군			소멸
	압류	2015-03-30	가평군			소멸
	임의	2017-06-14	현대▩▩신협	청구금액: 780,000,000	2017타경 74906	소멸
	압류	2017-06-21	국민건강보험공단 인천중부지사			소멸
	압류	2017-07-26	국민건강보험공단 인천부평지사			소멸
참고사항	· 맹지					

근저당권 강화하는 지상권이 선순위로 설정된 경우

첫째, 담보권 강화를 위한 지상권은 금전채권 담보를 목적으로 설정된 등기이므로, 금전채권이 소멸되면 지상권도 그 효력을 잃는다. 다음의 대법원 판결에서도 확인할 수 있다.

> 근저당권 등 담보권 설정의 당사자들이 그 목적이 된 토지 위에 차후 용익권이 설정되거나 건물 또는 공작물이 축조·설치되는 등으로써 그 목적물의 담보 가치가 저감하는 것을 막는 것을 주요한 목적으로 하여 채권자 앞으로 아울러 지상권을 설정하였다면, 그 피담보채권이 변제 등으로 만족을 얻어 소멸한 경우는 물론이고 시효 소멸한 경우에도 그 지상권은 피담보채권에 부종하여 소멸한다.
> (대법원 2011년 4월 14일 선고 2011다6342 판결)

따라서 입찰자는 낙찰될 경우 근저당권자인 현대제철신협이 채권 전부를 배당받을 수 있을지 계산해야 한다. 최저매각가격은 2억 3,677만원이고, 금전채권으로서는 가장 선순위인 현대제철신협 근저당권의 채권 최고액은 7억 8,000만원이다. 아직 낙찰 금액과 근저당권의 실채권액이 얼마인지는 알 수 없지만, 일반적인 경우라면 낙찰가격으로 현대제철신협이 채권을 100% 배당받기는 어려울 것으로 보인다.

다만, 근저당권 채권액을 전부 배당받는지 여부로만 지상권이 인수될지 판단한다면 낙찰자에게 부담이 따를 수도 있다. 지상권이 소멸되려면 선순위의 지상권이 담보권을 강화하는 것이어야 한다. 즉 낙찰 후에 현대제철신협이 담보권 강화를 위한 지상권이 아니라 지상권 본래의 목적대로 토지를 사용하기 위해 설정했다고 주장하면 낙찰자는 곤란한 상황에 처하게 될 수도 있다는 말이다.

둘째, 지상권자가 지상권 말소에 동의했는지 살펴보아야 한다.

이 사건에서 선순위 지상권이 인수된다면 유찰을 거듭해서 현저히 낮은 금액으로 낙찰될 것이다. 그러면 지상권자인 동시에 근저당권자인 현대제철신협은 배당받는 금액이 줄어든다. 담보권을 강화하기 위한 지상권이 오히려 장애로 작용해 근저당권을 약화시키는 결과가 된다.

이 경우에 지상권자는 법원에 지상권말소동의서를 제출한다. 즉 토지가 매각되면 지상권을 말소하는 데 협조하겠다는 확인서를 법원에 내는 것이다.

확인서를 내면 근저당권으로 채권액 전부를 배당받는 경우는 물론이고, 일부밖에 배당받지 못하더라도 낙찰자는 지상권말소에 협조해줄 것을 현대제철신협에 청구할 수 있기 때문에 입찰자들은 높은 가격에 입찰할 것이고, 그만큼 지상권자는 더 많은 채권을 회수할 수 있다.

인터넷 대법원경매정보사이트에서 이 경매사건의 문건 접수 내역을 확인해 보니, 현대제철신협은 경매개시결정 직후 법원에 보정서를 제출했고 보정의 내용은 지상권말소동의서다(68쪽 매각물건명세서 '비고란' 참고). 따라서 낙찰 후에 낙찰자에게 부담으로 작용하지 않는다고 예상할 수 있다.

문건처리내역	
접수일	접수내역
2017.06.16	등기소 가평등기소 등기필증 제출
2017.06.16	채권자 현대■■신용협동조합 보정서 제출
2017.06.22	근저당권자 기복■■신용협동조합 채권계산서 제출
2017.06.26	집행관 ■■■ 현황조사보고서 제출
2017.06.26	기타 이영 감정평가서 제출
2017.06.27	가압류권자 서울보증보험주식회사 채권계산서 제출
2017.06.30	채권자 현대■■신용협동조합 보정서 제출
2017.07.04	교부권자 북인천세무서 교부청구서 제출
2017.07.07	교부권자 국민건강보험공단 인천중부지사 교부청구서 제출
2017.07.10	교부권자 시흥세무서 교부청구서 제출

가평군 임야의 문건처리내역. 현대제철신협의 보정서 제출 내역이 보인다.

셋째, 법원의 매각물건명세서를 살펴본다.

경매 절차에서 법원은 매각 물건에 관한 다양한 내용을 표시한 매각물건명세서를 작성하여 누구든지 열람할 수 있도록 한다.

매각물건명세서의 내용 중 "등기된 부동산에 대한 권리 또는 가처분으로서 매각으로 효력을 잃지 아니하는 것"은 중요한 의미를 지닌다. 부동산의 등기부에 등기된 권리 또는 가처분 중에서 낙찰자에게 인수되는 권리 또는 가처분이 있다면 반드시 매각물건명세서에 기재해야 하기 때문이다. 결국 매각물건명세서만으로 등기상의 권리분석은 어느 정도 해결할 수 있다.

그렇다면 이 경기도 가평군 임야 경매사건의 매각물건명세서를 확인해 보자.

매각물건명세서

사 건	2017타경74906 부동산임의경매	매각물건번호	1	작성일자	2018.04.09	담임법관(사법보좌관)	■■■	
부동산 및 감정평가액 최저매각가격의 표시	별지기재와 같음	최선순위설정		2008.8.4. 근저당권		배당요구종기	2017.09.04	

부동산의 점유자와 점유의 권원, 점유할 수 있는 기간, 차임 또는 보증금에 관한 관계인의 진술 및 임차인이 있는 경우 배당요구 여부와 그 일자, 전입신고일자 또는 사업자등록신청일자와 확정일자의 유무와 그 일자

점유자의 성 명	점유부분	정보출처 구 분	점유의 권 원	임대차기간(점유기간)	보증금	차임	전입신고일자.사업자등록 신청일자	확정일자	배당요구여부(배당요구일자)

조사된 임차내역없음

※ 최선순위 설정일자보다 대항요건을 먼저 갖춘 주택·상가건물 임차인의 임차보증금은 매수인에게 인수되는 경우가 발생 할 수 있고, 대항력과 우선변제권이 있는 주택·상가건물 임차인이 배당요구를 하였으나 보증금 전액에 관하여 배당을 받지 아니한 경우에는 배당받지 못한 잔액이 매수인에게 인수되게 됨을 주의하시기 바랍니다.

등기된 부동산에 관한 권리 또는 가처분으로 매각으로 그 효력이 소멸되지 아니하는 것

매각에 따라 설정된 것으로 보는 지상권의 개요

비고란
1.일괄매각
2.분묘소재여부는 별도의 확인이 필요함
3.목록1,2 토지 을구 1번 지상권등기(2008.8.4. 접수번호 제23923호)는 2017.6.16. 지상권자인 신청채권자의 지상권말소의서 가 제출되어 있음

경기도 가평군 임야의 매각물건명세서

'등기된 부동산에 관한 권리 또는 가처분으로 매각 허가에 의하여 그 효력이 소멸되지 아니하는 것' 란에 아무 것도 기재된 것이 없다. 즉 부동산의 등기상 모든 권리와 처분은 매각으로 소멸하여 낙찰자에게 인수되지 않는다는 뜻이다. 그러므로 현대제철신협의 선순위 지상권도 매각으로 소멸한다.

만약 매각물건명세서의 내용이 사실과 달라서 낙찰자가 인수하는 부담이 늘어나면 매각불허가의 이유가 된다.

민사집행법 제105조(매각물건명세서 등)
① 법원은 다음 각호의 사항을 적은 매각물건명세서를 작성하여야 한다.
1. 부동산의 표시
2. 부동산의 점유자와 점유의 권원, 점유할 수 있는 기간, 차임 또는 보증금에 관한
3. 등기된 부동산에 대한 권리 또는 가처분으로서 매각으로 효력을 잃지 아니하는 것
4. 매각에 따라 설정된 것으로 보게 되는 지상권의 개요
② 법원은 매각물건명세서 · 현황조사보고서 및 평가서의 사본을 법원에 비치하여 누구든지 볼 수 있도록 하여야 한다.

지상권과 지역권은 어떻게 다를까?

지역권은 민법이 규정하고 있는 물권 중 하나로, 민사집행법에도 그 인수와 소멸에 대해 직접적인 규정이 정해져 있다. 그러나 실제의 경매사건에서 지역권이 발견되는 경우는 매우 드물다. 그러니 지역권은 그 의미만 간단히 살펴보도록 하자.

지역권이란?

지역권은 일정한 목적을 위해 타인의 토지를 자기 토지의 편익에 이용하는 물권을 말한다(민법 제291조).

가령 나부자가 토지를 소유하고 있는데, 이 토지가 맹지(지적도 상 도로와 접하고 있지 않은 토지)라서 출입하려면 반드시 미도 씨 소유의 토지를 지나야 한다고 하자. 이런 경우 나부자의 토지를 위해 미도 씨의 토지에 통행을 목적으로 하는 지역권을 설정하면 나부자는 자유롭게 자신의 토지에 출입할 수 있고 건축도 할 수 있다. 이때 나부자의 토지는 일정한 편익을 요구하는 토지라는 의미로 '요역지'라 하고, 미도 씨의 토지는 그 요구를 승낙한 토지라는 의미로 '승역지'라 한다.

도로로 나가는 길이 없는 맹지

지역권과 지상권의 차이점

지역권은 이렇게 타인의 토지를 이용한다는 점에서 지상권과 유사한 면도 있지만, 실은 엄격히 구별된다. 지상권이 사람(지상권자)을 위해 설정된다면, 지역권은 사람이 아니라 토지(요역지)를 위해 설정된다. 따라서 지역권은 요역지와 분리하여 처분할 수 없고, 항상 요역지의 처분에 따른다.

예를 들어 맹지를 소유하고 있는 나부자가 자신의 토지와 도로 사이에 토지를 소유하고 있는 미도 씨에게 통행에 관해 토지사용승낙을 받는다면 건축허가를 받을 수 있다. 그러나 건축물을 박교수에게 매도할 경우, 박교수도 당연히 미도 씨의 토지를 통행할 수 있는 것은 아니다. 미도 씨는 박교수에게 토지의 사용을 허락한 적이 없기 때문이다.

지역권은 매번 설정해야 하나?

그렇지만 나부자의 토지를 요역지로 하고 미도 씨의 토지를 승역지로 하는 지역권을 설정해 놓았다면, 박교수는 나부자의 토지를 취득하는 동시에 지역권도 함께 취득하여 당연히 미도 씨의 토지를 통행할 수 있다.

경매 부동산에 지역권이 설정되어 있다면, 그 인수와 소멸에 관한 권리분석의 요령은 지상권과 같다. 금전을 목적으로 하는 권리가 아니고, 어떠한 경우에도 배당이 인정되지 않기 때문이다.

그러므로 경매 부동산의 매각으로 인해 '배당받을 자격이 있는 권리'보다 선순위의 지역권은 매수인이 인수하고, 후순위의 지역권은 소멸된다.

입찰자라면 꼭 알아야 할 전세권

경매 부동산의 등기부등본에서 내용을 확인하고 분석할 수 있는 권리들 중에
전세권에 대해 알아보자.

전세권이란?

전세권은 전세금을 지급하고 타인의 부동산을 점유하여 부동산의 용도에 따라
사용하거나 수익하며, 부동산 전부에 대해 후순위 권리자나 기타 채권자보다
전세금을 우선변제받을 권리가 있는 용익 물권이라고 정의된다(민법 제303조).

전세권은 반드시 전세금을 지급해야 하고 등기를 해야 한다. 즉 전세금을
지급하지 않는다는 특약을 정하면 전세권은 성립하지 않으며, 등기하지 않으
면 효력이 발생하지 않는다. 단, 용익 물권으로서의 전세권은 일반적으로 말하
는 '전세'와는 다르다. 전세는 전세권과 구별하기 위해 '채권적 전세'
라고도 부르는데, 이는 월세를 지급하지 않는 임대차를 뜻한다.

예를 들어 봉팔 씨가 전세보증금을 집주인인 나부
자에게 지급하면서 전세권설정계약서를 작성하고 그 계
약에 따라 부동산 등기부에 전세권설정등기를 하면 전
세권이 되고, 임대차계약서만 작성하고 등기를 하지 않는다

전세금을
내고 전세권 등기도
해야 해요.

전세권

면 임대차가 된다. 임대차는 월세의 지급 여부에 따라 전세와 월세로 나뉜다.
그러나 월세를 지급하기로 했어도 보증금을 담보하기 위해 전세권설정등기를
했다면 이는 전세권이 된다.

▼ 전세권과 임대차의 구분

| 구분 | 전세권 | 임대차 | |
		전세	월세
등기 여부	등기	미등기	미등기
월세 지급 여부	무관	미지급	지급

전세권의 효력은?

전세권자는 전세권이 유지되는 기간 동안 부동산을 점유하여 사용하고 수익을 낼 수 있다. 또한 전세권이 만료되었는데도 전세권설정자(임대인)가 보증금을 반환해 주지 않을 경우에는 전세권의 목적이 되는 부동산을 별도의 소송 절차 없이 법원에 경매 신청할 수 있다. 그리고 자신 또는 제3자의 신청에 의해 경매가 진행될 경우 우선변제권이 인정된다.

전세권은 부동산의 일부에 대해서도 설정할 수 있다. 즉 2층 건물의 다가구주택에서 2층에 집주인이 거주하고 1층을 임대해 준 경우, 1층에만 전세권을 설정할 수 있다. 이 경우 전세권자는 임대인이 보증금을 반환해 주지 않더라도 경매를 신청할 수 없다. 전세권의 효력이 2층에는 미치지 않으므로 건물 전체를 매각할 수도 없고, 1층과 2층이 등기상 분리되어 있지도 않기 때문에 1층만 매각할 수도 없기 때문이다.

　　따라서 건물 일부를 임대한 전세권자는 임대인이 보증금을 돌려주지 않을 경우, 보증금반환청구소송을 통해 확정판결을 받아 강제경매를 신청할 수 있다. 다만, 자신 또는 제3자가 신청한 경매사건 절차에서 우선변제권은 부동산의 매각(낙찰)대금 중 일부가 아닌 전체에 대해 행사할 수 있다.

▼ 등기부등본의 전세권 설정 예

【 을 　 구 】		(소유권 이외의 권리에 관한 사항)		
순위 번호	등기 목적	접수	등기 원인	권리자 및 기타 사항
1	전세권 설정	2013년 2월 19일 제5268호	2013년 2월 17일 설정 계약	전세금 금340,000,000원 범 위 주거용 및 건물 5층 501호 전부 존속기간 2013년 2월 17일 부터 2015년 2월 16일까지 전세권자 최○○ 서울특별시 영등포구 국회대로 ○○○동 ○○○호

낙찰되면 전세권은 소멸될까?

제91조(인수주의와 잉여주의의 선택 등)

③ 지상권·지역권·전세권 및 등기된 임차권은 저당권·압류채권·가압류채권에
대항할 수 없는 경우에는 매각으로 소멸된다.

④ 제3항의 경우 외의 지상권·지역권·전세권 및 등기된 임차권은 매수인이 인수
한다. 다만, 그중 전세권의 경우에는 전세권자가 제88조에 따라 배당요구를 하면 매
각으로 소멸된다.

많은 입찰자들이 경매로 매각되는 부동산에 설정된 전세권이 효력
을 잃는지 여부를 판단하는 데 어려움을 느낀다. 이는 전세권이 지
닌 2가지 효력 때문이다.

용익권일까? 담보권일까?

전세권은 설정 목적이 사용과 수익에 있으므로
앞에서 살펴본 지상권과 마찬가지로 용익권에 속
한다. 한편, 전세권 설정자가 보증금을 반환해 주지

않을 경우 부동산을 경매 신청할 수 있고 다른 채권자보다 우선하여 배당받을
수도 있으므로, 저당권처럼 담보권의 성격도 지닌 셈이다.

이렇듯 전세권은 용익권인 동시에 담보권이다. 어떤 권리가 용익권인지,
담보권인지 판단하는 것은 부동산 경매의 권리분석에서 매우 중요하다.
용익권이라면 지상권처럼 낙찰된 후에도 효력이 소멸되지
않고 낙찰자에게 인수되며, 담보권이라면 배당 후 소
멸된다. 결국 경매 부동산에 설정되어 있는 전세권이
매각으로 소멸될지 여부는 경매 절차에서 용익권으로
서 효력을 갖는지, 담보권으로서 효력을 갖는지 판
단해야 알 수 있다. 현장사례를 통해 좀더 자세히 살
펴보자.

전세권은 집이나 건물을 사용할 권리

전세권은 원래 낙찰자에게 인수됨

배당요구, 또는 경매 신청

전세권은 이런 경우 소멸

경기도 고양시 덕양구 아파트, 전세권이 후순위라면?

경기도 고양시 덕양구 아파트 경매사건으로, 등기상 가장 선순위로 국민은행이 근저당권을 설정했고, 이후 김ㅇㅇ가 전세권을 설정했다. 이처럼 전세권이 금전채권보다 후순위인 경우에는 낙찰과 동시에 소멸된다.

후순위의 전세권은 소멸된다

원칙적으로 전세권은 용익물권이라 매각되어도 소멸되지 않지만, 그렇다고 낙찰자에게 인수시킨다면 낙찰금이 현저히 낮아져서 선순위의 근저당권자인 국민은행이 예상하지 못한 손해를 입는다. 국민은행은 근저당권을 설정할 당시에 훗날 전세권이 설정될 것을 알 수 없었기 때문이다. 따라서 이 사건과 같이 전세권이 금전채권보다 후순위인 경우에는 따져볼 필요도 없이 매각으로 소멸된다.

이때 전세권자인 김씨도 배당에 참여할 수 있다. 전세권은 용익물권이지만 지상권, 지역권과는 달리 담보물권이기도 하다. 따라서 경매, 기간 만료 등의 이유를 불문하고 전세권이 소멸되면 전세보증금의 반환청구권이 발효되어 경매 절차에서 배당에 참여할 수 있다.

이 아파트의 감정가는 3억 4천만원인데 경매 비용이 약 300만원이라고 가정했을 때, 김씨가 전세보증금 1억 8,000만원을 전액 배당받으려면 낙찰가는 4억 8,200만원 이상이 돼야 한다. 간혹 후순위 전세권자가 스스로 보증금을 전액 배당받을 수 있는 금액으로 낙찰을 받기도 하지만, 이 사건의 경우는 감정가격보다 현저히 큰 금액이라서 전세권자가 높은 가격으로 입찰 할 가능성은 크지 않다.

REY AUCTION
■ Real Estate for You

관심물건 | 상담신청 | 법원정보 | 🖨인쇄

♠ 2017타경 12260

고양지원 5계 전화 : (031)920-6315

소 재 지	경기 고양시 덕양구 성사동 727 신원당마을 동신 704동 15층 150호					
경매구분	기일입찰	채 권 자	김■■	매각기일	취하물건
용 도	아파트	채무/소유자	이■■	접 수 일	2017-08-29
감 정 가	340,000,000	청 구 액	30,000,000	경매개시일	2017-08-30
최 저 가	340,000,000 (100%)	토지총면적	60 ㎡ (18,1평)	배당종기일	2017-11-27
입찰보증금	10% (34,000,000)	건물총면적	135 ㎡ (40,8평) [48평형]	조 회 수	금일1 공고후20 누적20

구분	입찰기일	매각금액	결과
	2018-04-19	340,000,000	취하

♠ 임차조사

임차인	전입일	확정/배당요구	보증금/월세	용도/점유	비고
김■■			180,000,000	주거 전부	전세권자 등기부상
기타참고	*채무자(소유자)점유, 현장 방문시 아무도 만나지 못하였고, 주민등록표에는 채무자(소유자) 이■■이 등재되어 있으므로 점유관계 등은 별도의 확인요망. *김■■ : 신청채권과 전세권자가 동일한 채권임.				

♠ 등기권리

구분	권리명	접수일	권리자	금액	기타	소멸
집합	소유	2004-03-11	이■■		전소유자:정■■	
	근저	2007-04-25	국민은행 무교	299,000,000	말소기준권리	소멸
	전세	2008-06-04	김■■	180,000,000	존속기간:2010.05.30	소멸
	강제	2017-08-30	김■■	청구금액: 30,000,000	2017타경 12260	소멸

후순위
지상권

♠ 매각사례

인근물건	매각일자	감정가	매각가	응찰자수	매각가율
성사동 아파트 건물45,73평 토지21,61평	2018-04-25	523,000,000	468,300,000	8	89,5%
행신동 아파트 건물18,14평 토지10,84평	2018-04-24	252,000,000	237,870,000	16	94,4%
화정동 아파트 건물40,18평 토지21,9평	2018-04-04	563,000,000	475,830,000	7	84,5%
성사동 아파트 건물19,18평 토지10,13평	2018-03-20	267,000,000	232,000,000	9	86,9%
행신동 아파트 건물49,9평 토지24,41평	2018-03-07	453,000,000	395,000,000	9	87,2%

김샘의
현장분석

서울시 강서구 등촌동 노인복지주택, 전세권이 선순위라면?

서울시 강서구 등촌동의 노인복지주택이 경매에 나왔는데, 최저매각가격이 시세에 비해 현저히 낮은데도 유찰을 거듭했다. 등기상의 권리 관계를 살펴보니 압류와 가압류는 모두 금전채권이라 매각으로 소멸하지만, 선순위로 전세권이 설정되어 있었다. 이는 전세권을 낙찰자에게 인수시키더라도 예상치 못한 피해를 보는 제3자가 없다는 뜻이다.

선순위의 전세권은 인수된다

전세권 이후로 여러 명의 금전채권자들이 (가)압류를 집행했지만, (가)압류를 집행할 당시에는 이미 전세권이 설정되어 있었다. (가)압류로는 전세권에 대항할 수 없으므로 전세권을 인수시키더라도 문제가 없다. 그래서 이 사건의 선순위 전세권은 낙찰자에게 인수된다. 따라서 입찰자는 선순위 전세권자에게 반환해 줄 522,720,000원을 감안한 금액으로 입찰해야 한다.

이 경매사건은 감정평가금액이 4억 9,500만원이었지만 무려 14회나 유찰되어 최저매각가격은 2,177만원까지 떨어졌다. 그러나 이 사건의 낙찰자는 낙찰대금 외로 김○○의 전세보증금 5억 2,272만원을 변제해줘야 한다. 감정평가금액보다 더 큰 전세보증금을 떠안아야 하는 이 경매사건에 입찰표를 제출할 사람은 없을 것으로 보인다.

▼ 서울시 강서구 등촌동 노인복지주택, 전세권 선순위

REY AUCTION
■ Real Estate for You

관심물건 | 상담신청 | 법원정보 | 🖨 인쇄

♠ 2015타경 20145[4]

서울남부지방법원 3계 전화 : (02)2192-1333

관련물건번호	[1]	[2]	[3]	[4]	[5]	[6]	[7]	[8]	[9]	[10]	▶

소 재 지	서울 강서구 등촌동 717 그레이스힐 ▨ ▨▨ ▨				
경매구분	기일입찰	채 권 자	김▨▨	매각기일	2018-05-29 (10:00) [23 일전]
용 도	기타시설	채무/소유자	계▨▨▨▨아이엔디	접 수 일	2015-12-15
감 정 가	495,000,000	청 구 액	537,012,480	경매개시일	2015-12-17
최 저 가	21,770,000 (4%)	토지총면적	25 ㎡ (7.67평)	배당종기일	2016-03-07
입찰보증금	10% (2,177,000)	건물총면적	75 ㎡ (22.8평)	조 회 수	금일1 공고후13 누적24

구분	입찰기일	매각금액	결과
15차	2018-05-29	21,770,000	진행
14차	2018-04-18	27,213,000	유찰
13차	2018-03-14	34,016,000	유찰
12차	2018-02-07	42,520,000	유찰
11차	2017-12-27	53,150,000	유찰
10차	2017-11-21	66,438,000	유찰
9차	2017-10-17	83,048,000	유찰
8차	2017-09-05	103,810,000	유찰

♠ 임차조사

임차인	전입일	확정/배당요구	보증금/월세	용도/점유	비고
김▨▨	2008-11-25		522,720,000	주거 전부	등기부상

기타참고	•폐문부재로 안내문을 남겨두고 왔으며, 아무연락이 없어 점유관계 미상이나 전입세대열람내역서상 소유자세대 아닌 세대주 김▨▨의 주민등록본이 발급되므로 임대차관계조사서에 김▨▨을 일응 임차인으로 등재함, 현장에서 만난 임차인의 설명및 일부 부동산은 폐문 부재로 소유자 및 점유자 발견할 수 없어 출입문으로 안내문 투입하였으며,같은 날 임차인 또는 자녀들, 임대차관계조사서 내용과 같이 전화설명하다. 폐문부재로 전입세대열람서 및 주민등록등본을 참고하여 조사하거나, 임차인 본인, 자녀들의 전화진술에 의하여 작성

♠ 등기권리

구분	권리명	접수일	권리자	금액	기타	소멸
집합	소유	2010-03-26	계▨▨▨▨아이엔디		전소유자:생보부동산신탁	
	전세	2011-07-20	김▨▨	522,720,000	존속기간:2014.07.19	
	압류	2014-10-07	부천세무서		말소기준권리	소멸
	가압	2015-01-26	김▨▨	574,544,000	2015 카단 70039 서울남부	소멸
	압류	2015-07-22	서울시강서구			소멸
	강제	2015-12-17	김▨▨	청구금액: 537,012,480	2015타경 20145	소멸
	압류	2017-06-05	국민건강보험공단 부천북부지사			소멸
	가압	2017-06-07	서서울새마을금고	263,012,750	2017 카단 1388 서울서부	소멸

선순위 전세권

참고사항	•先전세권 •토지별도등기 •소멸되지않는권리 1. 별도 등기 토지 을구 9번 2006. 12. 13. 접수 제104211호 구분지상권설정등기는 말소되지 않고 매수인이 인수함., 2. 을구 순위 1번 2011. 7. 20. 접수 제43408호 전세권설정등기는 말소되지 않고 매수인에게 인수됨.

낙찰자는 전세권자에게 보증금만 반환하면 될까

보통 낙찰자의 전세권 인수를 보증금 반환 의무만 인수하는 것으로 알고 있지만 이는 잘못된 상식이다. 낙찰자는 기존 전세권설정자(전소유자)의 지위를 고스란히 승계하므로 전세권 만료 전에는 전세권자에게 '보증금을 반환해 줄 테니 나가라'고 요구할 수도, 전세보증금을 올릴 수도 없다.

전세권 만료 시점을 살펴보자

그렇기에 인수한 전세권의 존속 기간 만료 시점은 중요하다. 만약 76쪽의 〈현장사례〉에서 노인복지주택에 직접 입주하려고 낙찰받았다면 존속 기간 만료 시점이 입주 가능 시점과 직결되기 때문이다.

낙찰로 인수한 전세권의 등기상 존속 기간이 만료되지 않았다면, 만료 전 6개월에서 1개월 전에 전세권자에게 전세권을 갱신하지 않겠다고 의사를 표시함으로써 전세권을 존속 기간 만료와 동시에 소멸시킬 수 있다(민법 제312조).

그러나 실제로는 76쪽의 사례처럼 이미 등기상 존속 기간이 만료된 전세권을 인수하는 경우가 많다. 이 사건의 존속 기간은 전세권 설정일인 2011년 7월 20일부터 2014년 7월 19일까지다. 그런데 존속기간 만료 전 6월부터 1월까지 사이에 전세권설정자(건물소유자)가 전세권자에 대하여 갱신거절의 통지 또는 조건을 변경하겠다는 통지를 하지 않은 경우에 그 전세권은 자동으로 갱신된다.

이처럼 암묵적으로 갱신된 전세권은 모든 조건이 기존의 전세권과 동일하지만, 존속 기간은 3년이 아니라 정해지지 않는다. 이처럼 존속 기간이 정해지지 않은 전세권은 언제, 어떤 방법으로 소멸시킬 수 있을까?

이 경우 낙찰자는 언제든지 전세권자에게 전세권 소멸을 통고할 수 있고, 이 통고를 받은 날에서 6개월이 경과하면 전세권은 소멸된다(민법 제313조). 따라서 입주를 목적으로 주택을 낙찰받았거나 조건을 변경하여 새롭게 임대하고 싶다면, 잔금을 치른 후 전세권자에게 내용증명 등으로 전세권의 소멸을 즉시 통고해야 하루라도 빨리 입주하거나 계약 조건을 변경할 수 있다.

서울시 강북구 수유동 다세대주택, 전세권자가 배당을 원하면?

80쪽의 표를 살펴보면, 서울시 강북구 슈유동의 다세대주택은 선순위로 전세권이 설정되어 있었는데 1차에 감정가격을 초과하는 금액으로 매각되었다. 보통 선순위로 설정된 전세권은 낙찰자에게 인수되지만, 이 경우처럼 전세권자가 배당을 요구하면 이야기가 다르다.

전세권자의 배당요구는 보증금 반환 청구다

선순위 전세권자 서ㅇㅇ은 배당요구종기 전에 법원에 배당요구서를 제출했다. 부동산이 경매로 매각되는 경우가 아니라면 전세권자는 원칙적으로 존속 기간 만료 전에 전세권 설정자에게 보증금 반환을 청구할 수 없지만, 경매로 매각되면 존속 기간 만료와 상관없이 배당을 요구할 수 있다.

접수일	접수내역
2017.11.30	채권자 소송대리인 법무법인 율,송█ 접수증명
2017.12.06	등기소 도봉등기소 등기필증 제출
2017.12.19	전세권자 서█ 권리신고 및 배당요구신청서(주택임대차) 제출
2017.12.26	가압류권자 █신용협동조합 채권계산서 제출
2017.12.26	기타 문제상 감정평가서 제출
2017.12.27	감정인 프라임감정평가법인 감정평가서 제출
2017.12.28	집행관 김용석 현황조사보고서 제출
2018.01.04	채권자 소송대리인 법무법인 율,송█ 주소보정서(이█) 제출
2018.01.04	교부권자 도봉세무서(개인납세2과) 교부청구서 제출
2018.02.05	교부권자 서울특별시강북구(세무1과) 교부청구서 제출
2018.02.13	교부권자 서울특별시강북구(세무2과) 교부청구서 제출
2018.04.04	교부권자 도봉세무서(개인납세2과) 교부청구서 제출
2018.04.16	채권자 김█ 채권상계신청서(차액지급신고서) 제출

서울시 강북구 수유동 다세대주택 경매 물건의 문건처리내역

전세권자가 배당을 요구했다는 것은 결국 보증금 반환을 청구했다는 말이다. 이는 전세권이 용익권이 아니라 돈을 돌려받기 위한 담보권으로서 효력을 지닌다는 뜻이다. 따라서 근저당권과 같은 효력을 갖게 되어 낙찰대금 중에서 배당을 받고 효력은 소멸된다.

▼ 서울시 강북구 수유동 다세대주택, 전세권자의 배당요구

REY AUCTION
■ Real Estate for You

관심물건 | 상담신청 | 법원정보 | 🖶 인쇄

🔺 2017타경 106275

서울북부지방법원 8계 전화 : (02)910-3678

소 재 지	서울 강북구 수유동 ▨▨-▨4 -▨5 영애코그린빌 ▨▨ ▨▨▨				
경매구분	기일입찰	채 권 자	김▨▨	매각기일	매각물건
용 도	다세대(빌라)	채무/소유자	이▨▨	접 수 일	2017-11-30
감 정 가	100,000,000	청 구 액	30,000,000	경매개시일	2017-12-01
최 저 가	100,000,000 (100%)	토지총면적	11 ㎡ (3.22평)	배당종기일	2018-02-20
입찰보증금	10% (10,000,000)	건물총면적	22 ㎡ (6.54평)	조 회 수	금일1 공고후7 누적7

구분	입찰기일	매각금액	결과
1차	2018-04-16	100,000,000	매각
		101,100,000 (101.1%)	
		(입찰 1명)	

🔺 임차조사

임차인	전입일	확정/배당요구	보증금/월세	용도/점유	비고
서▨▨	2015-10-08	확정:2015-09-30 배당:2017-12-19	70,000,000	주거 ▨▨▨	
기타참고	▪본 건 현황조사를 위하여 현장을 방문, 폐문부재로 소유자 및 점유자를 만나지 못하여 안내문을 투입하였으나 아무 연락이 없어 점유자 확인 불능임.전입세대주 서▨▨▨을 발견하여 주민등록 표에 의하여 작성하였음.상가건물임대차 현황서 이▨▨를 발견함				

🔺 등기권리

구분	권리명	접수일	권리자	금액	기타	소멸
집합	전세	2015-10-05	서▨▨	70,000,000	존속기간:2017.10.05	
	소유	2015-11-02	이▨▨		전소유자:아시아신탁	
	근저	2016-09-29	김▨▨	30,000,000	말소기준권리	소멸
	가압	2017-01-10	▨▨신용협동조합	50,000,000	2016 카단 4018 서울북부	소멸
	가압	2017-04-12	허▨▨	95,000,000	2017 카단 880 서울북부	소멸
	임의	2017-12-01	김▨▨	청구금액: 30,000,000	2017타경106275	소멸

담보권인
전세권

참고사항	·先전세권 · 위반건축물

🔺 매각사례

인근물건	매각일자	감정가	매각가	응찰자수	매각가율
미아동 다세대(빌라) 건물22.19평 토지12.21평	2018-04-30	213,000,000	161,211,000	5	75.7%
수유동 다세대(빌라) 건물7.61평 토지4.15평	2018-04-23	77,000,000	69,610,000	4	90.4%
번동 다세대(빌라) 건물12.21평 토지8.17평	2018-04-16	62,000,000	53,000,000	11	85.5%
수유동 다세대(빌라) 건물15.52평 토지8.19평	2018-04-16	206,000,000	168,222,000	1	81.7%
미아동 다세대(빌라) 건물9.05평 토지5.94평	2018-04-16	97,000,000	85,000,000	2	87.6%

서울시 용산구의 아파트, 전세권자가 경매 신청자라면?

82쪽의 표를 보면, 삼성엔지니어링이 선순위로 전세권을 설정한 서울시 용산구의 아파트가 경매로 매각된다. 선순위로 전세권이 설정되어 있다면 인수와 소멸 여부를 분석할 때 더욱 신경 써야 하는데, 법원에 접수된 문건 내역을 살펴봐도 삼성엔지니어링은 배당을 요구하지 않았다.

전세권자의 경매 신청은 보증금 반환 청구다

그런데 자세히 살펴보니, 경매사건을 신청한 채권자가 바로 삼성엔지니어링이었다. 전세권의 존속 기간이 만료되었는데도 전세권 설정자(아파트 소유자)가 전세보증금을 반환하지 않자, 삼성엔지니어링이 전세권을 권원으로 경매를 신청했던 것이다.

당사자내역			
당사자구분	당사자명	당사자구분	당사자명
채권자	삼성엔지니어링주식회사	채무자겸소유자	스타■■■주식회사
근저당권자	스타■■■주식회사	가압류권자	주식회사곰앤■■니(변경전:주식회사그■■)
전세권자	삼성엔지니어링(주)		

서울시 용산구 아파트의 당사자 내역

이처럼 경매를 신청한 당사자는 배당을 요구하지 않아도 당연히 배당받을 자격이 있다. 경매를 신청한다는 것은 채무자가 줄 돈을 주지 않으니 그의 부동산을 강제로 매각하여 그 대금으로 자신의 채권을 변제(배당)해 달라는 뜻이기 때문이다. 즉 경매를 신청하는 행위 자체가 배당요구를 포함하기 때문에, 이 사건의 전세권자는 배당을 요구한 것으로 본다. 따라서 매각 후에는 전세권의 효력이 소멸한다.

▼ 서울시 용산구의 아파트, 전세권자가 경매신청

REY AUCTION
■ Real Estate for You

관심물건 | 상담신청 | 법원정보 | 🖨 인쇄

♠ 2017타경 8261

서울서부지방법원 3계 전화 : (02)3271-1323

소 재 지	서울 용산구 원효로1가 ▓▓-▓,문배동 41 리첸시아용산 A동 24층 ▓▓-▓▓▓호 (통칭:펜트하우스)					
경매구분	기일입찰	채 권 자	삼성▓▓▓▓▓▓	매 각 기 일	2018-05-08 (10:00) [2 일전]
용 도	아파트	채무/소유자	스타▓▓▓	접 수 일	2017-11-02
감 정 가	2,220,000,000	청 구 액	900,000,000	경매개시일	2017-11-03
최 저 가	1,776,000,000 (80%)	토지총면적	36 ㎡ (10.77평)	배당종기일	2018-01-16
입찰보증금	10% (177,600,000)	건물총면적	189 ㎡ (57.28평)	조 회 수	금일1 공고후69 누적84

구분	입찰기일	매각금액	결과
2차	2018-05-08	1,776,000,000	진행
1차	2018-04-03	2,220,000,000	유찰

♠ 임차조사

임차인	전입일	확정/배당요구	보증금/월세	용도/점유	비고
삼성▓▓ 내내▓			900,000,000	전부	등기부상
기타참고	*채무자(소유자)점유. 폐문부재로 안내문을 남겨두고 왔으나 아무 연락이 없어 점유관계 미상이나, 전입세대열람 내역(동거인포함)세상 세대주가 존재하지 않음. 관리인의 말에 의하면 외국인이 살다가 몇개월전에 이사하였고 현재는 공실이라고 함 *삼성▓▓ 내내▓(주):경매신청채권자				

♠ 등기권리

구분	권리명	접수일	권리자	금액	기타	소멸
집합	전세	2013-09-11	삼성▓▓▓▓ 내내▓	900,000,000	존속기간:2015.09.09	
	근저	2016-08-16	스타▓▓▓	1,500,000,000	말소기준권리	소멸
	소유	2017-09-04	스타▓▓▓		전소유자:(주)카▓▓▓	
	임의	2017-11-03	삼성▓▓▓▓ 내내▓	청구금액: 900,000,000	2017타경 8261	소멸

경매를 신청한 전세권자

♠ 매각사례

인근물건	매각일자	감정가	매각가	응찰자수	매각가율
이촌동 아파트 건물53.73평 토지10평	2018-04-10	894,000,000	1,022,700,000	5	114.4%
문배동 아파트 건물25.7평 토지4.42평	2018-03-13	587,000,000	765,999,999	32	130.5%
이촌동 아파트 건물21평 토지4.42평	2018-03-13	530,000,000	543,456,000	4	102.5%
한남동 아파트 건물69.03평 토지23.37평	2018-03-06	2,080,000,000	1,870,000,000	5	89.9%
한강로1가 아파트 건물40.26평 토지5.38평	2018-02-20	1,130,000,000	1,152,890,000	8	102%

전세권의 인수와 소멸

전세권은 상황에 따라 용익권도, 담보권도 될 수 있다. 그렇다면 전세권에 대한 권리분석 또한 용익권과 담보권으로 나누어 생각할 필요가 있다. 전세권이 용익권이라면 앞에서 살펴보았던 지상권과 같이 인수와 소멸을 판단하면 된다.

즉 근저당권이나 (가)압류, 담보가등기 등과 같이 배당받을 자격이 있는 권리보다 선순위의 전세권은 매수인에게 인수되고, 후순위의 전세권은 소멸된다. 반면 담보권이라면 근저당권과 마찬가지로 무조건 소멸된다고 보면 된다. 이를 표로 정리하면 다음과 같다.

▼ 전세권의 인수 여부

구 분	선순위 전세권	후순위 전세권
전세권자가 배당요구도 하지 않고 경매사건의 신청 채권자도 아닌 경우	인수	소멸
전세권자가 배당요구를 했거나 경매사건의 신청 채권자인 경우	소멸	소멸

선순위의 전세권 중 전세권자가 배당요구도 하지 않고 경매 신청 채권자도 아닌 경우에만 전세권이 인수되고, 나머지 경우에는 모두 매각으로 소멸된다.

다만 매각으로 소멸되는 모든 전세권은 배당받을 자격이 있다. 설령 배당을 요구하지 않았더라도 전세권이 소멸된다면 배당받을 자격이 있는데, 전세권은 용익물권인 동시에 담보물권이기 때문이다. 이는 매각으로 소멸되더라도 배당받을 자격이 없는 지상권과는 다르다.

미배당 보증금은 인수될까, 소멸될까?

매각으로 소멸하는 전세권의 경우, 보증금의 전부 또는 일부를 배당받지 못했다면 미배당 보증금을 반환할 의무가 낙찰자에게 인수되는지 질문하는 사람들이 많다. 후순위의 전세권은 배당받지 못한 보증금이 있어도 낙찰자에게 인수되지 않는다. 그러나 선순위의 전세권자가 배당받지 못한 보증금이 있을 경우에는 어떨까?

가령 전세보증금이 1억원인데 낙찰가액이 8,000만원에 불과하다면, 전세권자가 나머지 2,000만원을 반환해 달라고 낙찰자에게 주장할 수 있을까? 입찰자 입장에서는 매우 중요한 문제다(경매 집행 비용과 잉여 가망에 관한 규정은 생각하지 않았다).

이런 경우에도 전세권은 소멸한다. 따라서 전세권자는 나머지 2,000만원을 반환해 달라고 낙찰자에게 청구할 수 없다. 민사집행법에서도 "전세권자가 배당요구를 하면 매각으로 소멸된다"라고 규정하고 있을 뿐, 보증금을 전액 배당받은 경우에 한해 소멸한다고는 규정하지 않았다.

따라서 선순위 전세권자는 낙찰대금이 보증금에 미치지 못할 것으로 예상된다면 배당을 요구하지 않고 낙찰자에게 전세권을 인수시키든가, 자신이 낙찰받아서 1억원에 매도하거나 선택해야 한다. 이도저도 여의치 않다면 어쩔 수 없이 보증금 중 일부는 손해를 볼 수밖에 없을 것이다.

전세권자가 배당(경매 신청 포함)을 요구했다면, 보증금을 전액 배당받지 못한 선순위의 전세권이라도 낙찰자에게 인수되지 않는다는 사실을 기억하자. 이는 주택 또는 상가건물임대차보호법의 규정에 따른 임차권과 다른 점이다.

가등기도 전세권등기와 비슷하다
경매 물건에 가등기가 있는 경우

경매 부동산의 등기부등본에서 내용을 확인하고 분석할 수 있는 권리들 중에
가등기에 대해 알아보자.

가등기는 왜 필요한가?

등기의 설정·이전·변경·소멸에 대한 청구권을 보전하려 할 때, 또는 청구
권이 시기부·조건부이거나 장래에 확정될 때, 본등기의 순위를 보전하기 위
해 하는 것을 '가등기'라고 한다. 말이 어려우니, 나중에 할 등기를 미리 해두는
것이라고 생각하면 이해하기 쉬울 것이다.

가등기는 종류를 가리지 않는다. 소유권이전등기, 근저당권설정등기, 전세권
설정등기 등 모든 등기는 가등기의 대상이 된다. 또 설정이나 이전 등기뿐만
아니라 변경이나 말소 등기도 가등기를 할 수 있다. 그러나 부동산 경매의 권
리분석에 영향을 미치는 가등기는 소유권에 관한 것이 대부분이다. 소유권에
관한 가등기를 이해한다면 다른 가등기는 유추하여 해석할 수 있으므로, 여기
에서는 소유권이전청구권 가등기에 대해 집중적으로 살펴볼 것이다.

소유권이전청구권 가등기(이하 '소유권 가등기')는 용어
그대로 '소유권을 이전해 달라고 청구하는 권리를 미리
등기하는 것'을 말한다.

　예를 들어 나부자가 봉팔 씨에게 주택을 사들이는
매매계약을 맺으며 사정상 잔금 지급일을 1년 후로 정했다
고 하자. 그런데 1년 사이에 봉팔 씨가 미란 씨에게 그 주택
을 다시 매도하면 나부자는 손해를 볼 것이다. 물론 봉팔 씨

순위를
지키기 위해
임시로 하는 등기

가등기는 인수

가 2중 매매라는 불법행위를 했으니 책임을 물을 수 있겠지만, 그 절차가 매우 복잡한 데다가 나부자가 입은 손해를 온전히 배상받을 수 있다는 확신도 없다.

그렇다고 매매계약과 동시에 소유권을 이전해 달라고 봉팔 씨에게 요구해 봐야 잔금을 받기도 전에 소유권을 넘겨줄 리는 없다. 소유권을 이전해 주었는데 나부자가 잔금을 지급하지 않을 수도 있기 때문이다. 이런 경우 매매계약과 동시에 소유권이전등기의 시점을 미리 확보하기 위해 예비로 등기하는 것이 소유권이전청구권 가등기다. 또 매매계약을 체결하기 전에 장래에 체결할 매매계약을 예약하기 위해서도 소유권이전청구권 가등기를 설정할 수 있다.

▼ 등기부등본의 가등기 설정 예

【 갑 구 】	(소유권에 관한 사항)			
순위 번호	등기 목적	접수	등기 원인	권리자 및 기타 사항
3	소유권이전청구권 가등기	2013년 02월 27일 제3389호	2013년 02월 26일 매매 예약	가등기권자 김○○ 서울 관악구 남현동 ○○−○ ○○빌리지 에이−402

소유권이전청구권 가등기의 효력은?

가등기는 오로지 순위를 보전하고 본등기로 권리 관계가 변동될 수 있음을 경고할 뿐, 그 자체만으로는 어떠한 효력도 없다.

【사례】 다음에서 누가 손해를 볼까?

순위	권리자	권리 내용	설정일자
1	나부자	소유권	2005년 3월 16일
2	김봉팔	소유권이전청구권 가등기	2009년 12월 17일
3	김미란	소유권 이전	2010년 7월 8일
4	박교수	근저당권 설정	2010년 7월 10일
5	김도균	전세권 설정	2012년 11월 11일

위의 표에서처럼 나부자 소유의 부동산을 김봉팔이 매수하기로 하고 등기상에 소유권가등기를 설정한 경우를 살펴보자. 가등기는 순위 보전의 효력이 있을

뿐, 가등기 설정만으로는 아직 소유권을 취득한 것이 아니다. 따라서 나부자는 여전히 소유권을 행사할 수 있다.

그 후 나부자는 이 부동산을 김미란에게 매도했다. 김미란은 취득한 소유권에 의해 박교수에게 돈을 빌리고 근저당권을 설정해 주고, 김도균에게는 전세금을 받고 전세권을 설정해 주었다. 여기까지는 아무 문제도 없지만, 문제는 김봉팔이 가등기에 의해 본등기를 하는 순간 발생한다.

순위	권리자	권리 내용	설정일자
1	나부자	소유권	2005년 3월 16일
2	김봉팔	소유권이전청구권 가등기	2009년 12월 17일
2-1		본등기	2013년 3월 13일
~~3~~	~~김미란~~	~~소유권 이전~~	~~2010년 7월 8일~~
~~4~~	~~박교수~~	~~근저당권 설정~~	~~2010년 7월 10일~~
5	~~김도균~~	~~전세권 설정~~	~~2012년 11월 11일~~

김봉팔이 가등기에 의해 본등기를 하면 소유권을 확정적으로 취득하게 된다. 그런데 그 날짜는 본등기를 한 2013년 3월 13일이 아니라 가등기를 한 2009년 12월 17일이 된다. 그렇다면 김미란과 박교수, 김도균의 권리는 어떻게 될까?

가등기 시점으로 소급하여 소유권을 취득한다

김봉팔이 본등기를 하면 소유권을 가등기 시점으로 소급하여 취득하게 되므로, 김미란이 소유권을 취득한 시점에 부동산의 진짜 소유자는 김봉팔이었던 셈이다. 그런데 김미란은 나부자에게 매매대금을 지급하고 소유권을 이전받았다. 결국 부동산 처분에 권한이 없는 사람에게 매매대금을 지급하고 소유권을 이전받은 것이다. 따라서 김미란의 소유권은 김봉팔의 본등기와 동시에 소멸하고, 김미란에게 금전을 지급하고 근저당권과 전세권을 설정한 박교수와 김도균도 권리가 사라진다.

이 경우 박교수와 김도균은 그들이 지급한 대여금과 보증금에 대해 김미란을 상대로 부당이득의 반환을 청구할 수 있고, 김미란은 나부자를 상대로 매매대금에 대해 부당이득 반환을 청구할 수 있다. 그러나 나부자에게 재산이 남아 있지 않다면 실제로 잃은 돈을 찾기란 쉽지 않다.

담보가등기란?

> [가등기담보 등에 관한 법률]
> 제12조(경매의 청구) ① 담보가등기 권리자는 그 선택에 따라 제3조에 따른 담보권을 실행하거나 담보 목적 부동산의 경매를 청구할 수 있다. 이 경우 경매에 관하여는 담보가등기 권리를 저당권으로 본다.
> 제13조(우선변제청구권) 담보가등기를 마친 부동산에 대하여 강제경매 등이 개시된 경우에 담보가등기 권리자는 다른 채권자보다 자기 채권을 우선변제 받을 권리가 있다. 이 경우 그 순위에 관하여는 그 담보가등기 권리를 저당권으로 보고, 그 담보가등기를 마친 때에 그 저당권의 설정 등기가 행하여진 것으로 본다.

* 제3조에 따른 담보권 실행이란 가등기 권리자가 채무자에게 청산금을 지급하고 본등기로 소유권을 취득하는 것을 가리킨다.

요즘에는 머리 좋은 사람이 참 많다. 이런 사람들이 놀라운 응용력을 발휘하여 법률상 규정을 본래 취지와는 다른 용도로 활용하곤 한다. 예를 들어 설명해 보자.

가등기의 남용

돈을 빌려주면서 채무자 소유의 부동산을 담보하려 할 때 이용하라고 국가가 법률로 만들어준 물권이 (근)저당권이다. 나부자가 봉팔 씨에게 돈을 빌려주면서 그의 부동산에 근저당권을 설정하려 했다. 그런데 봉팔 씨가 채무를 변제하지 않을 경우 근저당권을 실행하는 일이 너무 번거롭게 느껴졌다. 법원에 경매를 신청해야 하고 적어도 6개월은 기다려야 비로소 배당을 받을 수 있는데, 그나마도 절차상 문제가 없을 때의 이야기이기 때문이다. 만약 문제가 생기면 언제 돈을 받을 수 있을지 장담할 수 없으니 왠지 찜찜한 기분이 들었다.

확실한 담보 방법이 없을지 고민하던 나부자는 돈을 빌려주고 근저당권 대신 봉팔 씨 소유의 부동산에 소유권이전청구권 가등기를 설정하면 되겠다는 데 생각이 미쳤다. 만약 봉팔 씨가 채무를 변제하지 않는다면 근저당권에 의해 경매를 신청해서 배당까지 기다릴 필요가 없을 테고, 소유권가등기에 의한 본등기로 간단하게 봉팔 씨 소유의 부동산을 빼앗아 올 수 있다면 확실하면서도 이익이 되는 담보 방법이 아닐까 싶었던 것이다.

그래서 나부자는 봉팔 씨에게 1억원을 빌려주고, 그의 시가 3억원짜리 부동산에 근저당권 대신 소유권가등기를 설정하는 것을 조건으로 제시했다. 당장 돈이 급했던 봉팔 씨는 다소 불합리하다고 생각했지만, 어차피 기한 내에 갚으면 가등기를 말소해 줄 테니 아무 문제 없지 않느냐는 나부자의 말에 결국 조건을 받아들였다. 이 경우 봉팔 씨가 기한 내에 채무를 변제하면 문제가 없지만, 돈을 갚지 못한다면 나부자는 가등기에 의한 본등기로 담보한 부동산의 소유권을 취득함으로써 간단하게 채권을 만족시킬 수 있고 부당이득까지 취할 수 있다.

이처럼 소유권이전청구권 가등기는 원래 소유권이전등기의 순위를 보전하기 위한 예비등기이지만, 얼마든지 담보권으로 응용할 수 있다. 문제는 1억원의 채무로 인해 시가 3억원의 부동산을 잃게 되는 봉팔 씨다. 이와 같은 억울함을 국가가 방관할 수 없으니 제정된 법이 '가등기담보 등에 관한 법률'이다.

가등기담보 등에 관한 법률은 약자를 위한 것

'가등기담보 등에 관한 법률'에서는 금전채권의 담보를 목적으로 하는 가등기는 등기상 소유권이전청구권 가등기로 표시되더라도 '담보가등기'로 규정한다. 그래서 봉팔 씨가 채무를 변제하지 못하더라도 나부자는 대여금과 부동산의 차액인 2억원을 그에게 지급해야 본등기를 할 수 있도록 해두었다.

채무자가 돈을 갚지 않을 경우 담보가등기 권리자는 선택에 따라 청산금을 채무자에게 지급하고 본등기를 할 수도 있고, 담보 목적 부동산의 경매를 신청할 수도 있다. 이 경우 경매에서는 담보가등기 권리를 저당권으로 취급한다.

낙찰되면 가등기는 인수될까, 소멸될까?

경매 절차에서 가등기의 인수 또는 소멸 여부를 예측하려면 먼저 소유권가등기인지, 담보가등기인지 판단해야 한다. 소유권가등기라면 금전채권을 담보하는 것이 아니므로 배당받을 자격이 있는 권리가 아니고, 담보가등기라면 저당권으로 취급하니 저당권처럼 매각으로 무조건 소멸된다.

　　문제는 소유권가등기와 담보가등기가 겉으로 보기에는 차이가 없다는 점이다. 담보가등기도 등기상에는 소유권가등기로 표시되기 때문이다. 앞에서 담보가등기가 생긴 이유를 살펴보았으므로, 등기상에 담보가등기가 소유권가등기로 표시되는 이유는 알고 있을 것이다.

소유권가등기와 담보가등기는 어떻게 구별할까?

그렇다면 어떻게 소유권가등기와 담보가등기를 구별할 수 있을까? 가등기 권리자가 가등기를 어떻게 활용하려는지 그 의도를 살피면 충분히 알 수 있다.

　　소유권가등기가 되어 있는 부동산에 대해 경매개시결정이 내려지면, 법원은 가등기 권리자에게 그 내용을 법원에 신고하도록 최고한다(가등기담보 등에 관한 법률 제16조). 이에 따라 가등기 권리자는 담보가등기라면 그 내용과 채권의 존부(存否), 원인 및 금액을 신고해야 하고, 소유권가등기라면 해당 내용을 신고해야 한다.

　　이렇게 신고된 내용은 매각물건명세서에 기재되는데, 그 내용을 보면 해당 가등기가 소유권가등기인지, 담보가등기인지 파악할 수 있다. 그런데 최고를 받은 가등기 권리자가 법원에 아무런 신고도 하지 않는다면 소유권가등기로 보아야 할까, 아니면 담보가등기로 보아야 할까? 소유권가등기가 본질이고, 담보가등기는 이를 응용한 것이므로, 아무 신고도 없다면 소유권가등기로 취급한다.

경북 경주시의 농지, 가등기가 후순위라면?

경상북도 경주시의 농지 경매사건이다. 토지 소유권 중 일부 지분을 매각하는 사건이기 때문에 낙찰을 받더라도 온전하게 소유권을 행사하기는 어려워 보인다. 지분매각 사건에 대해서는 차후 다시 살펴보기로 하고, 등기상 설정되어 있는 가등기에 대해 살펴보자.

후순위 가등기는 소멸된다

이 경매사건의 가등기는 선순위 근저당권보다 나중에 설정되었으므로 매각되면 소멸한다. 이처럼 가등기가 금전채권을 목적으로 하는 등기보다 나중에 설정되면 소유권이전청구권 가등기인지, 담보가등기인지 따질 필요가 없다. 설령 소유권이전청구권 가등기더라도 선순위의 근저당권을 보호하기 위해 가등기는 무조건 매각으로 소멸하기 때문이다. 그렇지만 가등기에 대한 분석 요령을 숙지하기 위해 가등기가 어떤 것인지 파악해 보도록 하자.

신고하지 않은 가등기는 소유권이전청구권 가등기

우선 등기부등본을 보니 '소유권(지분)이전청구권가등기'로 표시되어 있는데, 담보가등기도 역시 등기상에는 똑같이 표시되기 때문에 이것만으로는 가등기의 정체를 알 수 없다.

| 11 | 10번김■■■지분권부이전청구권 가등기 | 2011년12월16일 제68926호 | 2011년12월14일 매매예약 | 가등기권자　지분 3008분의 391.04
강■■　680008-*******
경상북도 포항시 북구 득량동 ■■ 이동삼성아파트
■■-■■■ |

경상북도 경주시의 농지의 등기부등본. 소유권(지분)이전청구권가등기가 설정되어 있다.

그런데 가등기의 정체를 알 수 없는 것은 법원도 마찬가지다. 따라서 법원은 가등기 권리자에게 해당 가등기의 내용을 신고하도록 기간을 정하여 최고한다.

▼ 경상북도 경주시의 농지, 후순위 가등기

REY AUCTION
■ Real Estate for You

관심물건 | 상담신청 | 법원정보 | 🖨 인쇄

♠ 2017타경 3877[2]

경주지원 2계 전화: 054-770-4362

소 재 지	경북 경주시 충효동 1◼◼-◼[일괄]1◼◼-◻, 1◼◼-◼.				
경매구분	기일입찰	채 권 자	우성(새)	매각기일	2018-05-21 (10:00) [15일전]
용 도	답	채무/소유자	김◼◼외1/김◼◼외4	접 수 일	2017-08-18
감 정 가	179,218,260	청 구 액	39,133,190	경매개시일	2017-08-22
최 저 가	125,453,000 (70%)	토지총면적	1,289 ㎡ (390.03평)	배당종기일	2017-11-01
입찰보증금	10% (12,545,300)	건물총면적	0 ㎡ (0평)	조 회 수	금일1 공고후3 누적3

구분	입찰기일	매각금액	결과
2차	2018-05-21	125,453,000	진행
1차	2018-04-16	179,218,260	유찰

♠ 등기권리

구분	권리명	접수일	권리자	금액	기타	소멸
토지	근저	2010-09-16	우성(새)	98,000,000	말소기준권리	소멸
	근저	2010-12-22	우성(새)	88,200,000		소멸
	가등	2011-12-16	강◼◼		소유이전청구가등	소멸
	임의	2017-08-22	우성(새)	청구금액: 39,133,190	2017타경 3877	소멸

후순위 가등기

참고사항	·지분매각 ·맹지 ·우선매수권 ·농취증

♠ 매각사례

인근물건	매각일자	감정가	매각가	응찰자수	매각가율
조양동 답 토지840.04평	2018-04-23	130,519,000	77,700,000	3	59.5%
조양동 답 토지1139.82평	2018-04-23	180,864,000	116,600,000	3	64.5%
현곡면 답 토지950.46평	2018-04-23	225,806,500	322,825,520	2	143%
진현동 답 토지419.87평	2018-04-16	88,693,200	25,655,000	5	28.9%
탑동 답 토지592.9평	2018-04-16	150,920,000	81,400,000	1	53.9%

법원 문건접수내역에서 가등기 내용 확인하기

대법원 경매정보사이트에서 이 경매사건의 송달내역을 확인해 보니, 법원은 규정에 따라 가등기 권리자 강○○에게 최고서를 발송했다. 법원 문건 접수내역을 살펴보니, 강씨는 가등기에 대한 내용을 법원에 신고하지 않았다.

'가등기담보 등에 관한 법률'은 가등기 권리자가 채권 신고를 한 경우에만 매각대금에서 배당받을 수 있다고 규정하고 있기 때문에, 이는 배당을 받을 수 없는 소유권이전청구권 가등기로 보아야 한다. 결국 선순위가 아닌 강씨의 가등기는 매각으로 소멸하고 배당에도 참여할 수 없다.

송달내역		
송달일	송달내역	송달결과
2017.08.25	주무관서 국민건강보험공단 경주지사 최고서 발송	2017.08.28 송달간주
2017.08.25	주무관서 경주세무서 최고서 발송	2017.08.28 송달간주
2017.08.25	소유자 김■■ 개시결정정본 발송	2017.09.01 폐문부재
2017.08.25	채무자 김■■ 개시결정정본 발송	2017.08.29 도달
2017.08.25	채권자 우성새마을금고 개시결정정본 발송	2017.08.30 도달
2017.08.25	감정인 최덕근 평가명령 발송	2017.08.29 도달
2017.08.25	지상권자 우성새마을금고 최고서 발송	2017.08.28 송달간주
2017.08.25	가등기권자 강■■ 최고서 발송	2017.08.28 송달간주
2017.08.25	공유자 이■■ 통지서 발송	2017.08.28 송달간주
2017.08.25	공유자 이■■ 통지서 발송	2017.08.28 송달간주
2017.08.25	공유자 송■■ 통지서 발송	2017.08.28 송달간주
2017.08.25	공유자 설■■ 통지서 발송	2017.08.28 송달간주
2017.08.25	압류권자 경주시 최고서 발송	2017.08.28 송달간주
2017.08.25	주무관서 경주시청 최고서 발송	2017.08.28 송달간주
2017.09.07	채권자 우성새마을금고 주소보정명령등본 발송	2017.09.11 도달
2017.09.25	소유자 1 김■■ 개시결정정본 발송	2017.11.03 도달
2018.04.01	공유자 송■■ 매각및 매각결정기일통지서 발송	2018.04.02 송달간주
2018.04.01	공유자 설■■ 매각및 매각결정기일통지서 발송	2018.04.02 송달간주
2018.04.01	압류권자 경주시 매각및 매각결정기일통지서 발송	2018.04.02 송달간주
2018.04.01	교부권자 경주시 매각및 매각결정기일통지서 발송	2018.04.02 송달간주
2018.04.01	채무자 김■■ 매각및 매각결정기일통지서 발송	2018.04.02 송달간주
2018.04.01	채권자 우성새마을금고 매각및 매각결정기일통지서 발송	2018.04.02 송달간주
2018.04.01	가등기권자 강■■ 매각및 매각결정기일통지서 발송	2018.04.02 송달간주
2018.04.01	공유자 이■■ 매각및 매각결정기일통지서 발송	2018.04.02 송달간주
2018.04.01	공유자 이■■ 매각및 매각결정기일통지서 발송	2018.04.02 송달간주
2018.04.01	소유자 김■■ 매각및 매각결정기일통지서 발송	2018.04.02 송달간주

경상북도 경주시의 농지 경매 물건의 송달내역을 확인한 예

경기도 광주시 임야, 선순위 가등기 권리자가 배당을 요구했다면?

경기도 광주시 곤지암읍의 토지가 경매로 나왔는데, 1회 유찰되어 최저매각가격이 감정평가금액의 70%까지 차감되었다. 이 경매사건은 지상의 농막과 사방시설을 제외한 경매사건인데, 법정지상권에 관한 문제는 나중에 공부하기로 하고 우선 선순위 가등기에 대해 분석해 보자. 이 사건 최선순위 가등기 권리자 김〇〇은 권리 신고 및 배당요구서를 법원에 제출했다.

문건처리내역

접수일	접수내역	결과
2017.11.09	등기소 광주등기소 등기필증 제출	
2017.11.15	이해관계인 국민건강보험공단 경기광주지사(교부청구) 교부청구서 제출	
2017.11.16	집행관 성남지원집행관 현황조사보고서 제출	
2017.11.16	가등기권자 김▮▮ 권리신고 및 배당요구신청서 제출	
2017.11.17	교부권자 국민건강보험공단경기광주지사 교부청구서 제출	
2017.11.24	감정인 구산감정평가 감정평가서 제출	
2017.11.28	교부권자 경기광주세무서 교부청구서 제출	
2017.12.04	채권자 정▮▮ 주소/송달장소 변경신고서 제출	
2017.12.15	이해관계인 국민건강보험공단 경기광주지사(교부청구) 교부청구서 제출	
2017.12.18	교부권자 국민건강보험공단경기광주지사 교부청구서 제출	
2017.12.26	교부권자 광주시 교부청구서 제출	
2017.12.26	교부권자 광주시 교부청구서 제출	
2018.02.09	채권자 정▮▮ 열람복사 제출	
2018.04.11	교부권자 경기광주세무서 교부청구서 제출	

경기도 광주시 임야 경매 물건의 문서처리내역을 보니, 최선순위 가등기 권리자가 권리 신고 및 배당요구서를 제출했다.

가등기 권리자가 배당을 요구했다는 사실은 소유권이전청구권 가등기로 담보한 금전채권임을 스스로 주장하고 있다는 뜻이다. 따라서 이 사건은 가등기는 담보가등기로서 저당권으로 보아야 한다. 저당권은 어떠한 경우에든 낙찰자에게 인수되지 않으니, 이 사건의 가등기는 선순위라도 매각으로 소멸한다.

한편, 경매신청 채권자는 배당요구를 하지 않더라도 당연히 배당요구를 한 채권자로 보아야 한다. 즉 가등기 권리자가 경매를 신청한 당사자라면 의심할 여지 없이 담보가등기라는 말이다.

▼ 경기도 광주시 임야, 선순위 가등기 권리자가 배당요구

REY AUCTION
■ Real Estate for You

관심물건 | 상담신청 | 법원정보 | 🖶 인쇄

🔺 **2017타경 13221[1]**

성남지원 7계 전화 : (031)737-1327

관련물건번호	[1]	[2]

소 재 지	경기 광주시 곤지암읍 봉현리 산▒▒				
경매구분	기일입찰	채 권 자	정▒▒	매 각 기 일	2018-05-21 (10:00) [15일전]
용 도	임야	채무/소유자	홍▒▒/훼미리,▒▒▒▒	접 수 일	2017-11-07
감 정 가	298,672,000	청 구 액	60,000,000	경매개시일	2017-11-08
최 저 가	209,070,000 (70%)	토지총면적	5,058 ㎡ (1530.04평)	배당종기일	2018-01-10
입찰보증금	10% (20,907,000)	건물총면적	0 ㎡ (0평)	조 회 수	금일1 공고후2 누적5

구분	입찰기일	매각금액	결과
2차	2018-05-21	209,070,000	진행
1차	2018-04-16	298,672,000	유찰

🔺 등기권리

구분	권리명	접수일	권리자	금액	기타	소멸
토지	가등	2015-10-14	김▒▒		소유이전담보가등	
	근저	2017-03-29	정▒▒	60,000,000	말소기준권리	소멸
	임의	2017-11-08	정▒▒	청구금액 : 60,000,000	2017타경 13221	소멸
	압류	2017-12-22	광주시			소멸

참고사항	·先가등기 ·입찰외 ·맹지 ·법정지상권

🔺 매각사례

인근물건	매각일자	감정가	매각가	응찰수	매각가율
태전동 임야 토지1497.38평	2018-04-23	891,000,000	575,000,000	1	64.5%
곤지암읍 임야 토지387.8평	2018-04-09	208,624,000	165,000,000	1	79.1%
도척면 임야 토지1522.18평	2018-04-09	1,149,542,000	675,110,000	7	58.7%
남종면 임야 토지491138.09평	2018-04-02	7,794,667,080	3,011,150,000	1	38.6%
목동 임야 토지316.72평	2018-04-02	471,150,000	382,200,000	1	81.1%

김샘의
현장분석

전북 정읍시 농지, 가등기가 선순위라면?

소유권에 관한 가등기가 선순위일 경우, 가등기 권리자의 가등기 의도에 따라 인수와 소멸에 대한 분석이 달라진다.

전라북도 정읍시 신태인읍의 농지 경매사건인데, 등기상의 권리를 살펴보니 최선순위로 소유권이전청구권 가등기가 설정되어 있다. 만약 등기상에 표시된 대로 소유권이전청구권 가등기라면 낙찰자에게 인수되고, 담보가등기라면 소멸된다.

선순위 가등기 중 소유권이전청구권은 인수된다

대법원 경매정보사이트에서 문건접수내역을 확인해 보니, 가등기 권리자 조○○은 법원의 최고에도 불구하고 신고서를 제출하지 않았다. 이처럼 가등기 권리자가 법원의 최고에 따라 신고서를 제출하지 않았거나 가등기가 소유권이전청구권이라고 신고서를 제출한 경우, 소유권이전청구권 가등기로 보아 매각되어도 소멸하지 않고 낙찰자에게 인수된다.

소유권이전청구권 가등기가 낙찰자에게 인수된 후 가등기 권리자가 본등기를 실행하면, 소유권은 가등기 설정 시점으로 소급되어 가등기 권리자에게 이전된다. 그리고 낙찰자의 소유권이전등기를 포함한 가등기 이후의 모든 등기는 효력을 잃는다. 그러면 낙찰자는 어쩔 수 없이 소유권을 잃게 되므로, 이런 경매사건은 특별한 사정이 없는 한 입찰을 포기해야 한다.

▼ 전라북도 정읍시 농지, 선순위 가등기

REY AUCTION
■ Real Estate for You

관심물건 | 상담신청 | 법원정보 | 🖨 인쇄

♠ 2017타경 3650

정읍지원 2계 대표번호: (063)570-1000

소 재 지	전북 정읍시 신태인읍 연정리 4##-#				
경 매 구 분	기일입찰	채 권 자	■■캐피탈대부	매 각 기 일	2018-05-21 (10:00) [15일전]
용 도	전	채무/소유자	김계□	접 수 일	2017-08-10
감 정 가	23,424,000	청 구 액	276,268,379	경매개시일	2017-08-11
최 저 가	16,397,000 (70%)	토지총면적	1,464 ㎡ (442.86평)	배당종기일	2017-11-14
입찰보증금	10% (1,639,700)	건물총면적	0 ㎡ (0평)	조 회 수	금일1 공고후4 누적6

구분	입찰기일	매각금액	결과
2차	2018-05-21	16,397,000	진행
1차	2018-04-16	23,424,000	유찰

♠ 등기권리

구분	권리명	접수일	권리자	금액	기타	소멸
토지	소유	2001-02-16	김계□		전소유자:전영규	
	가등	2003-06-30	조■♣		소유이전청구가등	
	가압	2004-03-06	우리은행 여신관리팀	50,000,000	말소기준권리 2004 카단 46357 서울중앙	소멸
	강제	2017-08-11	■■캐피탈대부 자산관리팀	청구금액: 276,268,379	2017타경3650	소멸

선순위 가등기 중 소유권 이전청구권

참고사항	·先가등기 ·입찰외 ·농취증

♠ 매각사례

인근물건	매각일자	감정가	매각가	응찰자수	매각가율
감곡면 전 토지1583.89평	2018-04-30	64,926,400	74,000,000	2	114%
장명동 전 토지19.96평	2018-04-16	10,876,800	3,263,800	8	30%
소성면 전 토지232.92평	2018-04-02	10,934,000	13,099,999	0	119.8%
감곡면 전 토지248.96평	2018-04-02	9,053,000	8,100,000	2	89.5%
입암면 전 토지219.92평	2018-03-12	7,270,000	6,200,000	0	85.3%

소유권가등기의 인수, 소멸은 이렇게

경매사건의 이해관계인이 아니라면 해당 사건 기록을 열람할 수 없으므로, 누가, 언제, 어떤 서류를 법원에 제출했는지는 확인할 수 있어도 구체적인 내용까지는 파악할 수 없다. 그래서 정확한 분석이 불가능한 경우가 많다.

물건내역에 가등기 권리 신고 내역이 있는 경우

그런데 다음의 사건은 물건내역에 가등기 권리자의 권리 신고 취지를 친절하게 기재해 두었다.

※ 등기된 부동산에 관한 권리 또는 가처분으로 매각허가에 의하여 그 효력이 소멸되지 아니하는 것
해당사항 없음
※ 매각허가에 의하여 설정된 것으로 보는 지상권의 개요
해당사항 없음
※ 비고란
건물만 매각. 제시외 건물 있음(매각에서 제외). 1994.09.16.가등기는 담보가등기라는 취지로 신고됨.

물건내역에 가등기 권리자의 권리 신고 취지를 기재한 예

줄이 그어진 문장은 짧지만, 이 사건에서 가등기의 인수와 소멸에 대한 분석을 한마디로 해결해 주는 명쾌한 문구다. 이처럼 대법원 경매정보사이트의 내용을 꼼꼼히 살피는 것만으로도 권리분석이 가능하거나 분석한 결과를 검증할 수 있는 경우가 많다. 그러므로 법원에서 공개한 내용은 빠짐없이 살펴보는 습관을 기르는 것이 좋다.

전세권과 소유권이전청구권 가등기는 다르다

전세권과 소유권이전청구권 가등기는 때로는 배당받을 자격을 갖지 못하기도 하고, 때로는 근저당권과 같은 효력을 발휘하기도 한다는 점, 해당 등기의 권리자가 일정한 행위를 통해 권리를 어떻게 행사할지 선택한다는 점, 그에 따라 인수와 소멸에 대한 분석이 달라질 수 있다는 점에서 매우 유사해 보인다. 결국 소유권이전청구권 가등기의 인수와 소멸을 판단하는 요령은 전세권의 인수와 소멸이나 마찬가지다.

경매 부동산에 설정되어 있는 소유권가등기가 사실상의 소유권가등기라

면 금전채권을 담보하는 것이 아니기 때문에 배당 자격이 없으니 원칙적으로 인수된다. 다만, 가등기보다 선순위로 배당받을 자격이 있는 권리가 있다면 그 권리를 보호하기 위해 소유권가등기는 소멸된다. 한편 해당 가등기가 담보가 등기라면 저당권으로 보므로 순위를 불문하고 무조건 매각으로 소멸된다.

▼ 소유권가등기의 인수 여부

구분	등기상 선순위의 소유권가등기	등기상 후순위의 소유권가등기
사실상 소유권가등기인 경우 (가등기 권리자의 신고가 없거나 소유권가등기로 신고한 경우)	인수	소멸
사실상 담보가등기인 경우 (가등기 권리자가 경매 신청 채권자거나 담보가등기로 신고한 경우)	소멸	소멸

선순위의 소유권이전청구권 가등기만 인수되고 다른 가등기는 모두 소멸된다.

가등기는 언제 완료되는가?

매매 예약의 완결권은 일종의 형성권(권리자의 일방적 의사 표시에 의해 법률관 계가 발생 · 변경 · 소멸되는 권리)이다.

당사자 사이에 기간을 약정했다면 그 기간 내에, 약정이 없다면 예약이 성립한 때로부터 10년 내에 행사해야 하고, 기간이 지나면 예약 완결권은 제척 (완료) 기간의 경과로 인해 소멸한다(대법원 2003년 1월 10일 선고 2000다26425 판결, '소유권이전청구권 가등기 말소등기'). 즉 소유권이전청구권 가등기가 완료 된 후 10년(제척 기간) 안에 본등기를 하지 않으면 가등기의 효력은 소멸한다는 말이다.

제척 기간은 소멸시효처럼 기간이 중단되지 않는 것이 원칙이다. 그러나 등기된 후 10년이 지난 가등기를 분석할 때 제척 기간만 맹신하는 것은 위험이 따른다. 다음의 현장사례에서 살펴보자.

서울시 강남구 압구정동 현대아파트, 완료된 소유권가등기?

서울시 강남구 압구정동 현대아파트 1층 32평형이 감정가가 14억 5,000만원이었는데, 어찌 된 일인지 6번이나 유찰된 후 3억 8,000만원에 낙찰되었다.

　　법원 문건접수내역을 보니, 법원은 가등기권자 박○○에게 가등기에 관해 신고하라는 최고서를 발송했고, 이에 박씨는 소유권이전청구권 가등기라는 취지의 신고서를 제출했다. 그런데 가등기 설정 시점이 1996년 12월 24일이라 특별한 사정이 없는 한 10년이 지났으니 효력을 상실했다고 속단할 수도 있다.

제척 기간이 지난 가등기는 자동으로 말소되지 않는다

우선 매각물건명세서를 살펴보니 "소멸되지 않는 권리: 갑구 순위 2번 최선순위 가등기(1996년 12월 24일 등기)는 매각으로 소멸하지 않고 매수인에게 인수됨. 만약 가등기된 매매 예약이 완결되는 경우에는 매수인이 소유권을 상실하게 됨"이라고 표시되어 있다.

　　그러나 이 문구만으로 가등기가 유효하다고 볼 수는 없다. 설령 제척 기간이 지나서 가등기의 효력이 소멸되었다고 해도 가등기는 등기부에서 자동으로 말소되는 것은 아니고, 가등기 권리자의 협조나 소송을 통해 말소할 수 있다. 즉 매각물건명세서의 위 문구는 효력과는 무관하며, 매각되었다는 사정만으로는 가등기가 등기상에서 말소되지 않음을 경고하고 있을 뿐이다.

제척 기간이 지난 가등기의 효력 여부

그렇다면 제척 기간이 지난 가등기가 효력을 잃었는지 어떻게 판단할까? 애석하게도 모든 가등기에 공통적으로 적용할 수 있는 획일적인 방법은 없다. 이 사건의 경우에는 다행히 이해관계인으로부터 "채권자가 제기한 가등기말소청구소송에서 1심과 2심 모두 원고의 청구가 기각됐다"는 취지의 제보가 있었다.

▼ 서울시 강남구 압구정동 현대아파트, 10년이 지난 소유권가등기

REY AUCTION
■ Real Estate for You

관심물건 | 상담신청 | 법원정보 | 🖨 인쇄

♠ 2008타경 22437

서울중앙지방법원 5계 전화 : (02)530-1817

소 재 지	서울 강남구 압구정동 447 현대 200■ 1층 기1호				
경매구분	기일입찰	채 권 자	용■■	매각기일	종결물건
용 도	아파트	채무/소유자	김■■	접 수 일	2008-07-30
감 정 가	1,450,000,000	청 구 액	89,178,080	경매개시일	2008-07-31
최 저 가	243,270,000 (17%)	토지총면적	58 ㎡ (17.54평)	배당종기일	2008-10-13
입찰보증금	20% (48,654,000)	건물총면적	85 ㎡ (25.71평)[32평형]	조 회 수	금일1 공고후32 누적32

구분	입찰기일	매각금액	결과
	2014-06-17		종결
11차	2014-04-22	243,270,000	매각
		243,271,000 (16.8%)	
		(입찰1명)	
10차	2014-03-18	304,067,000	유찰
9차	2014-02-11	380,109,000	유찰
		380,109,000	매각
8차	2013-12-03	385,000,000 (26.6%)	

♠ 등기권리

구분	권리명	접수일	권리자	금액	기타	소멸
집합	소유	1987-05-06	김■■			
	가등	1996-12-24	박■■		소유권이전가등기	
	전세	1997-01-10	변■■	140,000,000	존속기간:1998.10.19	
	가압	1998-05-13	외환신용카드 종로	22,028,185	말소기준권리	소멸
	가압	1999-02-03	한빛은행 카드전자팀	10,207,095		소멸
	압류	2000-06-07	서울시강남구			소멸
	가압	2004-02-09	용■■	70,000,000		소멸
	압류	2004-02-17	국민건강보험공단 강남북부지사			소멸
	가압	2007-01-25	최■■	139,155,000		소멸
	강제	2008-07-31	용■■	청구금액: 89,178,080	2008타경22437	소멸
	압류	2011-02-21	국민건강보험공단 서초남부지사			소멸
	압류	2013-02-25	서울시강남구			소멸
	압류	2013-07-10	국민건강보험공단 서초남부지사			소멸

제척 기간이 지난 가등기

| 참고사항 | • 유치권 • 先전세권 • 재매각
• 소멸되지않는권리 갑구 순위 2번 최선순위 가등기(1996.12.24.등기)는 매각으로 소멸하지 않고 매수인에게 인수됨. 만약 가등기된 매매예약이 완결되는 경우에는 매수인이 소유권을 상실하게 됨., 을구 순위 1번 전세권설정등기(1997.1.10.등기)는 말소되지 않고 매수인에게 인수됨.
• 특별매각조건, 매수보증금은 최저매각가격의 20% |
|---|---|

그래서 관할 법원에 가등기말소청구소송의 판결문을 요청해 내용을 파악했다.

가등기권자 박씨와 소유자 김씨는 1996년 12월 20일에 이 부동산에 관해 매매대금을 6,000만원으로 하고, 1997년 12월 21일이 경과하면 별도의 매매 완결 표시가 없더라도 당연히 매매가 완결된 것으로 본다는 내용의 부동산 매매예약계약서를 작성하고 가등기를 설정했다. 그렇다면 매매 예약은 1997년 12월 22일에는 완결되어 소유권이전등기청구권이 발생했을 것이고, 그로부터 10년이 지났으니 소유권이전등기청구권은 시효 완성으로 소멸되었다고 볼 수 있다. 그러나 박씨가 매매 예약 체결 후 이 부동산을 공공연하게 점유했으니, 소유권이전등기청구권의 소멸시효는 진행되지 않았다고 보아야 한다. 결국 소유권이전등기청구권은 아직까지 유효하다.

이때 제척 기간과 소멸시효의 차이점에 주목할 필요가 있다. 제척 기간은 '중단'이 있을 수 없으므로 10년이 지나면 무조건 권리가 소멸하지만, 소멸시효는 사유가 있는 경우 중단되므로 10년이 지나도 권리가 소멸했다고 단정할 수 없다. 제척 기간이 적용되는 가등기라도 제척 기간이 경과하기 전에 매매 예약이 완결됐다면, 그때부터는 소유권이전등기청구권이 발생한다는 말이다. 소유권이전등기청구권은 소멸시효가 적용되는 채권이므로, 중단될 만한 합당한 사유가 있으면 시효는 성립되지 않는다. 따라서 이 사건의 낙찰자는 가등기 권리자 박씨가 본등기를 실행하면 소유권을 잃게 된다.

한편 전세권자 변씨는 배당요구를 하지 않았다. 배당요구를 하지 않은 전세권은 선순위로 '금전이 목적인 권리'가 있는 경우에 한해 매각으로 소멸된다. 즉 변씨의 전세권은 박씨의 가등기가 담보가등기라면 소멸하고, 소유권이전청구권 가등기라면 낙찰자에게 인수된다. 박씨의 가등기는 소유권이전청구권 가등기이므로 전세권도 낙찰자에게 인수된다.

전세보증금만큼 낮은 금액으로 입찰한다면 전세권 인수는 문제가 아닐 수 있지만, 가등기 때문에 잔금을 모두 지급하고도 소유권을 잃을 수 있다. 결국 입찰을 피하는 것이 좋은 사건이다.

경매 주택에 환매특약등기가 있어요

경매 부동산의 등기부등본에서 내용을 확인하고 분석할 수 있는 권리들 중에
환매특약등기에 대해 알아보자.

환매특약등기란?

부동산을 매도하고 일정 기간이 지난 후에 다시 그 부동산을 매수할 수 있는
권리를 '환매권'이라 한다. 환매권은 매도자와 매수자의 약정에 의해 성립하며,
환매권이 있음을 표시하는 등기가 환매특약등기다.

봉팔 씨의 5억원 주택, 팔았다가 다시 사들일 수 있을까?

봉팔 씨가 급하게 5억원이 필요한데 소유한 재산은 돌아가신 아버지에게
서 상속받은 시가 5억원짜리 주택 한 채가 전부다. 이 주택을 담보로 은
행에 돈을 빌리자니 3억원 이상은 빌릴 수가 없었다. 그래서 어쩔 수 없
이 나부자에게 5억원에 매도하기로 결정했다.

그런데 아버지가 평생 고생하여 장만한 주택을 매도하려니 여간 죄스럽
지 않았다. 그래서 나부자와의 매매계약에 매도일로부터 3년 내에 나부
자에게 5억원을 지급하면 봉팔 씨가 다시 이 주택의 소유권을 이전받도
록 특약을 붙였다. 이제 봉팔 씨는 열심히 돈을 벌어서 3년 내에 다시 매
수하면 된다.

만약 나부자가 3년을 기다려주지 않고 중간에 이 주
택을 제3자인 미도 씨에게 매도해 버리면 어떻
게 될까? 미도 씨는 환매특약의 당사자도 아
니고 봉팔 씨와 나부자 사이에 환매특약이 있

> 3년 후에
> 제가 5억원 주고
> 다시 살게요.

환매특약등기

음을 알 수도 없다. 그러면 봉팔 씨는 환매권을 미도 씨에게 주장할 수 없으며, 아버지가 물려준 주택을 다시 찾을 수 없게 될지도 모른다.

이런 경우 봉팔 씨가 매도와 동시에 설정할 수 있는 등기가 환매특약등기다. 환매권이 있음을 등기로 공시하여 환매권을 보호받을 수 있는 것이다.

▼ 등기부등본의 환매특약등기 설정 예

【 갑 구 】	(소유권에 관한 사항)			
순위 번호	등기 목적	접수	등기원인	권리자 및 기타사항
2	소유권이전	2006년 7월 6일 제65673호	2006년 7월 5일 매매	소유자 정○○ 　인천 계양구 효성동 ○○-○ △△아파트 203-801
3	소유권이전	2011년 6월 21일 제68083호	2011년 6월 21일 환매특약부 매매	소유자 신○○ 　경기도 부천시 원미구 약대동 ○○-○
3-1	환매특약	2011년 6월 21일 제68083호	2011년 6월 21일 특약	환매대금 금 477,000,000원 환매기간 2011년 6월 21일부터 2014년 6월 21일 환매권자 정○○

환매특약등기의 효력은 언제까지?

환매특약을 등기하면 그 효력은 제3자에게 미치므로, 소유권이 미도 씨에게 이전되어도 봉팔 씨는 그녀에게 환매권을 행사할 수 있다. 또 환매권을 행사하면 환매특약등기 이후에 설정된 근저당권이나 전세권 등 모든 권리는 효력을 잃는다.

환매특약등기와 소유권이전청구권 가등기의 차이점

환매권은 매매등기와 동시에 등기해야지 나중에 등기할 수 없다. 즉 나부자의 소유권이전등기와 봉팔 씨의 환매특약등기를 동시에 신청해야 한다는 말이다. 따라서 환매특약등기는 단독으로는 등기상 순위번호를 갖지 못하고, 반드시 소유권이전등기의 부기등기로 기재된다. 등기 접수번호도 소유권이전등기와 동일하다. 이것이 소유권이전청구권 가등기와의 차이점이다.

장래에 있을 매매를 예약한다는 점에서는 같지만, 단순히 장래에 있을 매매를 예약하는 등기가 가등기이고, 매매와 동시에 매도자가 그 부동산을 장래에 다시 매수할 것을 예약하는 등기가 환매특약등기인 것이다.

환매 가격과 기간은 반드시 표시한다

환매특약등기는 환매 가격과 기간을 반드시 표시해야 한다. 환매 기간은 5년을 넘을 수 없다. 5년 이상으로 약정하거나 기간에 대한 약정이 없다면 환매 기간은 5년으로 본다. 또 당사자가 합의하더라도 환매 기간은 연장할 수 없다. 만약 환매권자가 약정한 환매 기간 내에 환매권을 행사하지 않는다면, 등기부에 말소되지 않고 그대로 기재되어 있더라도 환매권은 자동으로 효력이 사라진다.

환매특약등기는 낙찰 후 인수될까?

모든 등기는 목적이 있는데, 환매특약등기는 돈을 받을 목적으로 설정하는 등기가 아니다. 따라서 환매권자는 경매 절차에서 배당에 참여할 수 있는 자격이 없다.

환매특약 등기는 낙찰자가 인수해야 해요.

배당에 참여할 자격이 없다는 말은 경매 절차로는 환매특약등기의 목적을 만족시킬 수 없다는 말이므로, 환매권을 소멸시킨다면 환매권자는 억울해진다. 따라서 환매특약등기는 매각에도 소멸하지 않고 낙찰자에게 인수되는 것이 '원칙'이다.

다만, 환매특약등기도 원칙에 따라 낙찰자에게 인수시키되 피해를 보는 선의의 제3자가 발생하면 안 된다. 그래서 경매 부동산 상의 권리 중 '배당의 자격이 있는 권리'보다 후순위로 설정된 환매특약등기는 선순위로 설정된 '배당 자격이 있는 권리'를 보호하기 위해 매각으로 소멸된다.

환매특약의 배당은?

환매권자에게 배당을 한다면 얼마나 해주어야 할까? 등기상의 환매대금만큼? 등기된 환매대금은 환매권자가 받을 돈이 아니라 줄 돈이다. 그만큼의 금전을 지급하고 부동산의 소유권을 다시 찾아올 수 있는 권리이므로, 환매권자에게 배당해 줄 필요는 없다.

환매특약등기와 근저당권 중 무엇이 우선할까?

환매특약등기는 배당 자격이 없는 권리라서 원칙적으로 낙찰자에게 인수된다. 그러나 아래의 표와 같은 권리 관계에서 '원칙'에 따라 나부자의 환매특약등기를 낙찰자에게 인수시킨다면, 근저당권자인 김봉팔이 손해를 보게 된다. 환매특약등기가 인수되면 아무도 이 경매에 입찰하지 않을 것이고, 그렇게 되면 김봉팔이 배당받을 재원이 확보되지 않기 때문이다.

순위	권리자	권리 내용
1	나부자	소유권
2	김봉팔	근저당권
3	김미도	소유권 이전
3-1	나부자	환매특약등기
4	김봉팔	임의경매 신청

후순위의 환매특약등기는 선순위 배당 권리를 위해 소멸

환매특약등기를 인수시킨다면 근저당권자가 손해를 보고, 소멸시킨다면 환매권자가 손해를 본다면, 누구의 편을 들어야 할까?

특별한 사정이 없는 한 선순위를 우선시한다. 김봉팔은 근저당권을 설정할 당시 후순위로 환매특약등기가 설정될 것을 알 수 없었고(선의), 나부자는 환매특약을 등기할 때 선순위로 근저당권이 설정되어 있음을 알고 있었다(악의). 따라서 '원칙'에도 불구하고 선의의 제3자인 근저당권자를 보호하기 위해 후순위로 설정된 환매특약등기를 소멸시킬 수밖에 없다. 그래야 입찰자들이 부담 없이 입찰할 수 있고, 배당 재원도 확보될 수 있다.

따라서 선순위의 환매특약등기는 인수되고, 후순위의 환매특약등기는 소멸한다.

환매특약등기를 인수해도 손해 보지 않은 경매사건의 예

등기상 선순위의 환매특약등기는 부동산이 경매되어도 소멸하지 않고 낙찰자에게 인수
된다. 그러므로 환매권자가 약정된 기간에 약정된 환매대금을 소유자(낙찰자)에게 지급
하고 소유권 이전을 청구한다면, 낙찰자는 이를 거부할 수 없다.

대부분의 초보 입찰자들은 환매특약등기를 정확히 이해하지 못한다. 낙찰 후에도 소멸
되지 않는 권리가 있다는 말은 초보 입찰자들이라면 무조건 입찰을 포기할 만큼 부담스
러울 수밖에 없다. 그러나 환매특약등기는 낙찰자에게 인수된다는 사실만으로 곧 '손해'
를 의미하는 다른 권리들과는 다소 다르다.

환매권자가 권리를 행사한다는 것은 어떤 의미일까? 약정된 환매 기간 내에 약정된
환매대금을 소유자(낙찰자)에게 지불하고 소유권을 되찾는다는 말이다. 즉 낙찰자 입장에
서 생각해 보면 아무런 보상도 받지 못하고 속수무책으로 소유권을 잃는 것은 아니다.

환매특약등기가 있으면 무조건 포기해야 할까?

경기도 성남시의 강씨는 투자를 목적으로 경매 물건을 검색하던 중, 마음에 드는 물건
을 발견했다. 수도권 변두리의 전원주택이 감정가 8억원에 매물로 나온 것이다. 주택이
라고는 하지만 딸려 있는 농지의 면적도 상당했고, 건물의 외관이나 면적, 구조, 입지도
나무랄 곳이 없었다.

그런데 어찌 된 일인지 몇 차례 유찰을 거듭하며 최저매각가격이 감정가격 대비
41%까지 떨어졌다. 원인을 분석해 본 결과, 역시 권리 상에 하자가 있었다. 선순위 환매
특약등기가 있어서 매각에도 소멸하지 않고 낙찰자에게 인수되었던 것이다.

잠시 실망했지만, 강씨는 그대로 포기하기에는 왠지 아깝다는 생각이 들었다. 그래
서 환매특약등기를 공부했고, 해당 경매사건의 환매특약 내용도 철저히 분석했다. 결국
입찰하기로 결정하고 3억 5,000만원에 낙찰받았다. 매도하지 않아 수익이 실현되지는
않았지만, 언제든지 마음만 먹으면 매도할 수 있을 뿐만 아니라 상당한 수익도 기대할
수 있을 만큼 좋은 투자였다고 만족하고 있다.

환매특약등기가 있어도 손해는 보지 않을 수 있다

강씨가 입찰을 결심한 이유는 무엇이었을까? 환매 기간이 약 1년 6개월 정도 남았는데,
환매대금은 5억원으로 약정되어 있었다. 환매권자가 환매권을 실행해도 1년 6개월 내에
3억 5,000만원에 낙찰받은 주택을 5억원에 되파는 셈이다. 강씨의 분석은 정확했고,
1억 5,000만원의 이익을 기대하며 1년 6개월을 기다렸다. 그런데 약정된 환매 기간이 지
났는데도 환매권자가 환매권을 실행하지 않았고, 결국 환매특약은 효력을 잃었다. 그러
니 입찰 당시의 감정가격을 시세로 치더라도 무려 4억 5,000만원의 수익이 발생한 셈이
다. 지금 강씨는 10억원 이하로는 매도할 생각이 없다고 한다.

3
Chapter

권리가 아닌
등기상의 보전처분

김샘의 유튜브 특강 포인트

제4강 가처분

- 보전처분
- 가압류와의 차이
- 가처분 본안소송
- 가처분등기의 인수와 소멸

01

가압류는 나쁜 것인가?

가압류 경매 물건 분석하기

말만 들어도 무서운 가압류. 과연 나쁘기만 한 것인지 자세히 살펴보자.

가압류에 대한 오해

우선 가압류는 권리가 아니다. 많은 책에서 가압류를 근저당권이나 전세권과 같은 '권리'로 설명하지만, 이는 이해를 돕기 위해 지나칠 정도로 단순화한 것일 뿐이다. 물론 가압류를 신청하려면 특정할 수 있는 채권이 있어야 하지만, 그렇다고 가압류가 곧 채권이 되는 것은 아니다. 등기상에 가압류가 있다고 해서 채권이 확정적으로 성립하는 것도 아니고, 등기상에서 가압류가 말소된다고 해서 채권이 소멸하는 것도 아니다. 이해하기 어려울 테니, 사례를 들어 설명해 보겠다.

가압류는 어떤 경우에 필요한가?

나부자가 봉팔 씨에게 돈을 빌려주면, 나부자는 봉팔 씨에 대해 금전채권이 발생했다고 할 수 있다. 나부자가 돈을 빌려주면서 봉팔 씨 소유의 부동산에 근저당권과 같은 담보권을 설정해 놓았다면, 그가 빌린 돈을 갚지 않았을 때 담보권을 집행권원으로 담보 부동산에 대해 임의경매를 신청할 수 있으니 빌려준 돈을 돌려받기가 상대적으로 쉽다.

그러나 나부자가 담보권을 확보하지 못했다면 봉팔 씨를 상대로 대여금 반환청구소송을 한 후 승소하여 그 승소확정판결을 집행권원으로 그의 부동산에 대해 강제경매를 신청해야 한다.

그런데 나부자가 봉팔 씨를 상대로 소송을 시작해서 확정판결이 떨어질 때까지 봉팔 씨는 가만히 기다리고만 있을까? 소송에서 패할 것을 알고 부동

110

산을 매도해 버리든가, 타인 명의로 돌려놓을 수도 있다. 그렇게 되면 나부자는 소송에서 이기고도 경매를 신청할 수 있는 봉팔 씨 소유의 부동산이 없어질 수도 있다.

가압류란?

나부자는 이러한 위험을 방지하기 위해 소송(이러한 소송을 가압류의 '본안소송'이라고 한다)에 앞서 봉팔 씨 소유의 부동산에 대해 가압류를 신청한다. 그러면 법원은 가압류를 결정하여 그 취지를 부동산의 등기부에 기입한다. 이렇듯 가압류란 금전채권에 관한 소송의 판결이 확정될 때까지 채무자 소유의 부동산을 현 상태로 동결시키는 보전처분을 말한다.

　　만약 가압류를 신청하고 이를 결정할 때까지 상당한 시간이 걸리거나, 절차가 채무자가 가압류 신청 사실을 알아챌 만큼 떠들썩하게 진행되면 채무자에게 재산을 빼돌릴 기회를 주는 셈이 된다. 그렇게 되면 가압류 신청도 헛수고가 될 것이다. 그래서 가압류 결정은 절차가 매우 신속하고 은밀하다. 채권자가 가압류를 신청하면, 법원은 채무자에게 변론의 기회를 주지 않고 최소한의 형식만 확인한 후 바로 결정하여 등기부에 기재한다.

가압류는 채권 실행을 쉽게 하는 절차다

단, 가압류 신청을 하지 않았다고 해서 본안소송을 할 수 없는 것은 아니다. 가압류는 본안소송의 결과에 따른 채권 실행(경매 신청)을 쉽게 하려는 절차일 뿐, 채무자가 재산을 빼돌릴 위험이 없다면 굳이 가압류를 신청할 필요가 없을 것이다.

　　예를 들어 받을 돈은 5,000만원인데 채무자가 50억원의 부동산을 소유하고 있다면 가압류는 무의미할 것이다. 5,000만원의 채무를 피하기 위해 채무액의 몇 배에 달하는 비용(세금 등)을 손해 보면서까지 부동산의 명의를 차명으로 돌려놓을 사람은 상식적으로 없기 때문이다.

가압류

대여금반환청구권뿐만 아니라 보증금반환청구권이나 손해배상청구권, 위자료청구권, 판매대금 또는 공사대금청구권 등과 같이 '금전 또는 금전으로 환산할 수 있는 모든 채권'은 가압류로 보전할 수 있는 채권이 된다.

▼ 등기부등본의 가압류 등기 예

【 갑　　　구 】	(소유권에 관한 사항)			
순위 번호	등기 목적	접수	등기 원인	권리자 및 기타 사항
3	가압류	2013년 1월 31일 제31315호	2011년 1월 31일 서울서부지방법원의 가압류 결정(2013카단000)	청구 금액 금 20,000,000원 채권자 홍○○ 서울 마포구 공덕동 ○○-○

가압류는 왜 필요한가?

채권이 있다면 가압류 없이도 소송할 수 있고, 승소한다면 당연히 경매를 신청할 수도, 배당을 받을 수도 있는데, 굳이 가압류가 필요한 이유는 무엇일까?

첫째, 가압류가 등기되면 채무자인 봉팔 씨가 자신의 부동산을 박교수에게 양도하더라도, 채권자인 나부자가 본안소송에서 승소할 경우 가압류해 놓은 부동산의 경매를 신청하고 배당을 받을 수 있다.

둘째, 경매 절차에서 가압류가 없다면 일반 채권자로 분리되어 배당 순위에서 가장 후순위로 밀리지만, 가압류가 있다면 가압류가 등기된 시점으로 소급하여 순위를 인정받을 수 있다.

가압류는 이처럼 실익이 큰 보전처분이지만, 엄격한 의미에서 경매를 신청하거나 배당을 받는 권원은 가압류 자체가 아니라 그 가압류로 보전한 채권이다.

낙찰되면 가압류는 인수될까, 소멸될까?

가압류는 돈을 받기 위해 하는 것이므로, 가압류 채권자는 배당 자격이 있다. 따라서 경매 부동산의 모든 가압류는 매각으로 소멸된다.

부동산 경매 절차에서 배당 시점까지 가압류의 본안소송이 끝나지 않는 경우도 많다. 그렇다면 본안이 확정되지 않은 가압류 채권에 대해서도 법원은 배당해 줄까? 그렇지는 않다. 가압류는 금전채권에 관한 분쟁을 제3자에게 경고하고 승소할 경우를 위해 순위를 보전해 줄 뿐, 그 자체가 권리는 아니기 때문이다.

그렇다고 가압류 채권에 배당하지 않고 낙찰대금 전부를 다른 채권자들에게 배당해 준다면, 가압류 채권자는 본안소송에서 나중에 승소하더라도 배당받을 재원이 없으므로 이득이 없어진다. 따라서 법원은 배당 시점까지 본안이 확정되지 않은 가압류 채권에 대해서는 낙찰대금 중 가압류 채권의 금액만큼 공탁(보관)한다. 그 후에 가압류 본안소송에서 원고(가압류 채권자)가 승소하면 그 금액을 가압류 채권자에게 배당하고, 패소하면 후순위 권리자들에게 추가로 배당하는 방법으로 가압류등기의 본질을 존중해 준다.

가압류등기로 보전하는 권리(피보전권리)는 금전채권뿐이므로 본안소송에서 원고(가압류 채권자)가 승소하면 배당으로 소멸하고, 패소하면 금전채권이 무효한 것으로 확정되므로 효력이 없다. 따라서 가압류등기는 본안소송 결과와 무관하게 인수되지 않는다. 피보전채권도 인수되지 않는다. 이는 뒤에서 공부할 가처분과 다른 점이므로 잘 기억해 두어야 한다.

전소유자의 가압류는 어떻게 될까?

'전소유자의 가압류'는 가압류이지만 매각으로 소멸하지 않고 낙찰자에게 인수된다는 이야기가 있다. 사실일까? 결론부터 말하자면, '그럴 수도 있지만 실제로 그런 경우는 거의 없다'고 할 수 있다.

우선 전소유자의 가압류가 어떤 것인지 살펴보자. 예를 들어 박교수가 나부자에게 돈을 빌려주었다고 하자. 그런데 돈을 갚지 않자 박교수는 나부자 소유의 부동산을 가압류했다. 이 상태에서 나부자가 김봉팔에게 소유권을 이전했고, 김봉팔은 다시 김미도와 강도균에게 근저당권과 전세권을 설정해 주었다. 그런데 김봉팔이 채무를 변제하지 않자, 근저당권자 김미도가 신청해서 경매가 진행되었다. 이때 박교수의 가압류를 부동산의 전소유자인 나부자에 대한 가압류라는 의미로 '전소유자의 가압류'라고 한다.

순위	권리자	권리내용	비고
1	나부자	소유권	전소유자
2	박교수	가압류	전소유자에 대한 가압류
3	김봉팔	소유권 이전	현소유자
4	김미도	근저당권	현소유자에 대한 근저당
5	강도균	전세권	현소유자에 대한 전세권
6	김미도	임의경매 신청	

전소유자의 가압류는 인수된다

우선 이 부동산의 현재 소유자는 누구일까? 최종적으로 김봉팔에게 소유권이 이전되었으니, 당연히 현재의 소유자는 김봉팔이다.

그렇다면 부동산이 경매로 매각될 경우, 그 매각대금은 누구의 소유일까? 김봉팔 소유의 부동산을 매각한 대금이니 당연히 김봉팔의 소유다. 다만, 소유자인 김봉팔에게 대금을 지급하는 것이 아니라 그의 채무를 변제하는 용도로 사용한다(어찌 되었든 김봉팔을 위해 사용되어야 한다).

그런데 박교수는 김봉팔에게 받을 돈이 있는 것이 아니라, 나부자에게 받을 돈이 있다. 따라서 박교수는 매각대금에서 배당을 받을 수 없다. 박교수가 배당을 받는다면, 김봉팔의 입장에서는 자신의 부동산을 매각하여 남의 빚을 갚아주는 셈이기 때문이다.

결국 이 사건에서 박교수의 가압류(전소유자의 가압류)는 '배당의 자격이 없는 등기'이고, 따라서 낙찰자에게 인수된다.

과연 '선의의 제3자'인가?

전소유자의 가압류는 낙찰자에게 인수된다. 이는 무척 원론적인 해결 방법이다. 그러나 좀더 생각해 보면, 김봉팔은 나부자에게 소유권을 이전받을 당시, 이미 박교수의 가압류가 등기되어 있음을 알았을 것이다. 그런데도 김봉팔이 소유권을 이전받았다면, 그는 박교수의 가압류로 인한 부담이 이전되는 것을 받아들였다고 봐야 하지 않을까?

원론적으로는 전소유자의 가압류를 낙찰자에게 인수시키는 것이 옳은 법 적용인지는 모르겠다. 그러나 매각대금으로 박교수의 채권을 배당하더라도 김봉팔에게 예상 못한 피해가 발생했다고 볼 수 없다면, 전소유자의 채권자인 박교수에게 배당하고 가압류를 소멸시키는 것이 민사의 기본 취지인 '분쟁 해결'이라는 면에서는 현명할 것이다.

박교수의 가압류등기를 낙찰자에게 인수시킨다면 어차피 그 금액만큼을 제하고 낮은 금액에 입찰할 것이다. 그러면 김봉팔, 김미도, 강도균의 입장에서는 달라질 것이 없는데도 새로운 소유자(낙찰자)와 박교수 사이에 또다시 분쟁이 일어날 가능성이 높다.

실제 판례에 의한 가압류 인수 여부는?

그렇다면 실제로 전소유자의 가압류를 어떻게 분석하고 입찰해야 할까?

부동산에 대한 선순위 가압류등기 후 가압류 목적물의 소유권이 제3자에게 이전되고 그 후 제3취득자의 채권자가 경매를 신청하여 매각된 경우, 가압류채권자는 그 매각 절차에서 당해 가압류 목적물의 매각대금 중 가압류결정 당시의 청구 금액을 한도로 배당을 받을 수 있고, 이 경우 종전 소유자를 채무자로 한 가압류등기는 말소촉탁의 대상이 될 수 있다. 그러나 경우에 따라서는 집행 법원이 종전 소유자를 채무자로 하는 가압류등기의 부담을 매수인이 인수하는 것을 전제로 하여 위 가압류채권자를 배당 절차에서 배제하고 매각 절차를 진행시킬 수도 있으며, 이와 같이 매수인이 위 가압류등기의 부담을 인수하는 것을 전제로 매각 절차를 진행시킨 경우에는 위 가압류의 효력이 소멸하지 아니하므로 집행법원의 말소촉탁이 될 수 없다. 따라서 종전 소유자를 채무자로 하는 가압류등기가 이루어진 부동산에 대하여 매각 절차가 진행되었다는 사정만으로 위 가압류의 효력이 소멸하였다고 단정할 수 없고, 구체적인 매각 절차를 살펴 집행 법원이 위 가압류등기의 부담을 매수인이 인수하는 것을 전제로 하여 매각 절차를 진행하였는가 여부에 따라 위 가압류 효력의 소멸 여부를 판단하여야 한다.

(대법원 2007년 4월 13일 선고 2005다8682 판결 '소유권말소등기')

판례에 따르면, 경매를 집행하는 법원이 매각 조건으로 전소유자의 가압류를 인수시킬 수도, 소멸시킬 수도 있다. 그러나 분명한 점은 법원이 인수를 조건으로 매각한다면 매각물건명세서 상에 그 취지를 명확히 기재해야 한다는 것이다. 그리고 아무리 재량껏 결정하더라도, 법원이 매 사건마다 조건을 달리하여 입찰자들에게 혼란을 야기하지는 않는다.

따라서 전소유자의 가압류가 있는 경매사건은 매각물건명세서 상의 매각 조건을 꼼꼼히 살펴서 가압류의 인수 여부를 확인해야 한다. 그러나 특별한 사정이 없는 한, 전소유자의 가압류 인수를 조건으로 경매를 진행하는 경우는 없다고 봐도 된다.

가처분은 왜 가압류보다 무서울까?

가처분은 가압류와 함께 보전처분의 일종이다.

가처분이란?

부동산 상의 가처분은 장래에 있을 채권의 실행을 쉽게 하기 위해 부동산의 현 상태를 동결시키는 보전처분이라는 점에서 가압류와 같은 효력과 절차를 지닌다. 다만 보전하는 채권의 종류가 다를 뿐이다. 가압류가 금전 또는 금전으로 환산할 수 있는 채권을 보전한다면, 가처분은 일정한 행위를 청구하는 채권으로 금전으로 환산할 수 없는 채권을 보전한다.

소송 걸린 집이야. 꼼짝 마.

가처분

가처분 권리 분석하기

나부자가 김봉팔에게 사기를 당해서 아파트의 소유권을 이전해 주고 말았다. 나중에야 사기라는 것을 알고 김봉팔에게 소유권을 돌려달라고 했지만, 그는 이에 응하지 않았다. 결국 나부자는 아파트의 소유권을 찾기 위해 김봉팔에게 해준 소유권이전등기를 말소해 달라고 소송을 걸었다. 이런 경우 나부자는 승소하여 아파트의 소유권을 되찾을 수 있을까?

민법에서는 사기나 강박에 의한 의사 표시는 취소할 수 있다고 규정하고 있다. 단, 선의의 제3자에게 대항할 수 없다는 단서 조항도 함께 두고 있다. 다시 말해 나부자는 김봉팔에게 사기를 당해 아파트의 소유권을 이전해 주었으므로 소유권이전을 취소할 수 있지만, 이로 인해 억울한 피해를 보는 사람이 발생한다면 취소할 수 없다는 뜻이다.

사기로 빼앗긴 소유권이 다른 사람에게 이전되었다면?

그렇다면 나부자가 소유권이전등기 말소청구소송에서 승소하기 전에 이 아파트의 소유권이 제3자인 김미도에게 이전된다면 어떻게 될까? 또 강도균이 근저당권을 설정한다면 어떻게 될까?

순위	권리자	권리 내용	비고
1	나부자	소유권	
2	김봉팔	소유권 이전	사기에 의한 소유권 취득
3	김미도	소유권 이전	
4	강도균	근저당권	

나부자가 승소하여 김봉팔에게 해준 소유권이전이 취소된다면, 김미도의 소유권과 강도균의 근저당권도 함께 효력을 잃는다. 김미도는 진정한 권리자가 아닌 김봉팔에게 소유권을 이전받은 셈이고, 강도균 역시 소유자가 아닌 김미도에게 돈을 빌려주고 근저당권을 설정했기 때문이다.

그런데 사기에 의한 의사 표시의 취소는 선의의 제3자에게 대항하지 못한다. 김미도와 강도균 중 한 사람만이라도 선의라면, 다시 말해 둘 중 한 사람이라도 김봉팔이 사기로 소유권을 취득했다는 사실을 '고의 또는 과실 없이' 알지 못했다면, 선의의 제3자인 이들을 보호하기 위해 나부자는 소유권을 되찾을 수 없다.

이 말은 곧 김미도나 강도균이 악의라면, 즉 두 사람 모두 김봉팔이 사기로 소유권을 취득한 사실을 알았거나 알 수 있었다면, 김미도의 소유권과 강도균의 근저당권도 김봉팔의 소유권과 함께 말소되고 나부자가 소유권을 되찾을 수 있다는 뜻이기도 하다.

선의는 어떻게 입증할까?

결국 나부자가 소유권을 되찾을 수 있을지 여부는, 김미도와 강도균이 선의인지 여부에 달렸다. 그런데 나부자가 김미도와 강도균의 악의를 입증해야 할까? 아니면 김미도와 강도균이 스스로 선의를 입증해야 할까? 이때 민사소송에서 아주 중요한 '입증책임'의 문제가 발생한다.

　민법에서는 기본적으로 '선의추정의 원칙'이 적용된다(물론 예외도 있다). 즉 김미도와 강도균의 법률 행위(소유권이전이나 근저당권을 설정한 행위)는 기본적으로 선의로 추정된다. 따라서 나부자가 사기로 잃었던 소유권을 되찾으려면 김미도와 강도균이 악의임을 입증해야 한다.

　그런데 선의와 악의를 나누는 것은 결국 그 사실을 알았는가, 몰랐는가 하는 것이다. 일면식도 없는 김미도와 강도균을 상대로 이들이 그 당시에 사기의 사실을 알고 있었음을 입증하기란 쉽지 않을 테니, 나부자는 소유권을 되찾기가 어렵다.

　이러한 위험을 방지하기 위해 나부자는 소송과는 별도로 법원에 가처분을 신청할 수 있다. 법원이 나부자의 신청에 따라 가처분을 인용하면, 촉탁에 의해 가처분의 취지가 해당 부동산 등기부에 등기된다. 가처분등기에는 피보전권리(가처분으로 보전하는 권리)와 금지 사항이 기재된다. 이 경우에 피보전권리는 소유권이전등기 말소청구권, 금지 사항은 '매매, 증여, 전세권, 저당권, 임차권의 설정, 기타 일체의 처분 행위'가 될 것이다. 피보전권리를 '본안'이라고도 하는데, 앞에서 본안을 다투는 소송을 '본안소송'이라고 배웠다.

가처분의 효력은?

이제 나부자가 가처분을 신청하여 등기된 경우, 권리 관계가 어떻게 바뀌는지 살펴보자.

순위	권리자	권리 내용
1	나부자	소유권
2	김봉팔	소유권 이전
3	나부자	김봉팔 소유권이전등기 말소청구 가처분
4	김미도	소유권 이전
5	강도균	근저당권 설정

나부자가 가처분을 해놓은 상태라면, 김미도와 강도균은 법률 행위를 할 당시

에 김봉팔의 소유권에 관해 분쟁이 일어났음을 이미 알았거나 알 수 있었다. 그런데도 해당 부동산에 대한 소유권을 취득하고 근저당권을 설정했다면 선의의 제3자가 될 수 없다.

따라서 나부자는 김미도와 강도균의 악의를 별도로 입증할 필요 없이 본안 소송에서 승소할 것이다. 김봉팔에게 해주었던 소유권이전등기는 물론, 김미도와 강도균의 소유권이전등기와 근저당권설정등기의 말소도 신청할 수 있다.

이렇듯 가처분은 장래에 확정될 자신의 권리를 보호하기 위해 법원에 신청함으로써 등기된다. 가처분등기로 제3자에게 분쟁의 사실을 알려서 더 이상 그 부동산에 관한 법률 행위가 없도록 방지하는 한편, 가처분등기가 되어 있는 데도 법률 행위를 한 사람의 악의를 명확히 함으로써 본안소송에서 승소했을 때 실익을 보호할 수 있다.

▼ 등기부등본의 가처분등기 예

【 갑 구 】	(소유권에 관한 사항)			
순위 번호	등기 목적	접수	등기 원인	권리자 및 기타 사항
5	가처분	2012년 11월 10일 제102449호	2012년 11월 10일 서울북부지방법원의 가처분 결정(2012카합0000)	피보전권리 소유권이전등기말소청구권 채권자 나○○ 　　서울특별시 서초구 서초동 ○○-○ 금지사항 매매, 증여, 전세권, 저당권, 임차권의 　　설정 기타 일체의 처분 행위 금지

가처분은 가압류와 마찬가지로 권리가 아니며, 장래에 확정될 실익을 보호하기 위한 처분일 뿐이다. 따라서 본안이 확정되지 않으면 권리 관계가 바뀌지 않는다. 분쟁의 사실을 제3자에 알리는 경고의 효력, 가처분 채권자가 본안소송에서 승소할 경우 가처분등기 이후의 등기 중 가처분 채권자의 권리를 침해하는 등기의 말소를 신청할 수 있는 순위보전의 효력이 있다.

경기도 파주시 농지, 선순위 가처분등기는?

경기도 파주시의 토지가 경매로 나왔다. 등기상의 권리 관계를 확인해 보니, 가처분등기가 1건 설정되어 있었다. 원칙적으로 가처분등기는 금전 외의 목적을 위해 설정되므로 배당으로는 충족시킬 수 없기 때문에 낙찰자에게 인수된다. 그러나 선순위로 근저당권이나 가압류처럼 금전을 목적으로 하는 등기가 설정되었다면, 금전채권을 보호하기 위해 가처분등기의 효력은 소멸한다.

선순위 가처분등기는 인수된다

이 경매사건의 권리 관계를 분석해 보면, 종중의 가처분등기는 등기상 순위가 가장 빠르므로 낙찰자에게 인수된다. 그런데 인수되는 가처분등기의 내용을 살펴보자.

| 3 | 가처분 | 2003년2월12일 제7404호 | 2003년2월10일 서울지방법원 의정부지원의 가처분결정(2003카단152 4) | 피보전권리 소유권이전등기청구권
채권자 ▨▨▨▨경정공과교하공공행오공(휘장겸)파공중
   경기도 파주시 교하읍 와동리 ▨1
대표자 윤▨▨
   경기도 파주시 교하읍 와동리 T▨5
금지사항 매매, 증여, 전세권, 저당권, 임차권의 설정
   기타일체의 처분행위 금지 |

경기도 파주시 농지의 가처분등기 피보전권리

이 가처분등기의 피보전권리는 "소유권이전등기청구권"이다. 즉 2002년에 윤○○로 이전된 소유권등기를 종중 소유로 이전해 달라는 소송을 위해 등기된 가처분이다. 본안소송에서 가처분 채권자인 종중이 승소한다면, 윤씨의 소유권은 종중에게 이전된다.

   한편 이 사건의 가압류 채권자인 옹진농협과 김씨는 현재의 소유자인 윤씨의 채권자다. 만약 종중에게 받을 돈이 있었다면 윤씨 소유의 이 토지에 가압류를 집행할 수는 없었을 것이다. 종중이 본안소송에서 승소할 경우, 윤씨의 소유권은 가처분 시점인 2003년 2월 12일로 소급하여 효력을 잃고 윤씨를 채

▼ 경기도 파주시 농지, 선순위 가처분등기

REY AUCTION
■ Real Estate for You

관심물건 | 상담신청 | 법원정보 | 🖨인쇄

♠ **2017타경 15221[4]**

고양지원 6계 전화 : (031)920-6316

| 관련물건번호 | [1] | [2] | [3] | [4] |

소 재 지	경기 파주시 파평면 장파리 ■■■		
경 매 구 분	기일입찰	채 권 자	■■종합건설	매 각 기 일	2018-05-29 (10:00) [23 일전]
용 도	답	채무/소유자	윤■■■	접 수 일	2017-10-30
감 정 가	169,650,000	청 구 액	60,000,000	경매개시일	2017-10-30
최 저 가	118,755,000 (70%)	토지총면적	3,393 ㎡ (1026,38평)	배당종기일	2018-02-14
입찰보증금	10% (11,875,500)	건물총면적	0 ㎡ (0평)	조 회 수	금일1 공고후6 누적9

구분	입찰기일	매각금액	결과
2차	2018-05-29	118,755,000	진행
1차	2018-04-24	169,650,000	유찰

♠ 등기권리

구분	권리명	접수일	권리자	금액	기타	소멸
토지	소유	2002-11-18	윤■■		전소유자:김■■	
	가처	2003-02-12	■■■시정정공파교하종중행오공(휘창겸)파종중		2003 카단 1524 의정부	
	가압	2016-02-18	■■농업협동조합	377,890,049	말소기준권리 2016 카단 878 인천	소멸
	가압	2016-12-01	김■■	14,540,000	2016 카단 662 파주시법원	소멸
	강제	2017-10-31	■■종합건설	청구금액: 60,000,000	2017타경 15221	소멸

선순위 가처분등기

| 참고사항 | ·先가처분 ·입찰외 ·농취증 |

♠ 매각사례

인근물건	매각일자	감정가	매각가	응찰수	매각가율
월롱면 답 토지280,12평	2018-04-25	148,860,000	148,900,000	1	100%
탄현면 답 토지821,89평	2018-04-24	974,565,000	1,258,505,000	3	129,1%
파주읍 답 토지275,88평	2018-04-04	68,088,000	40,000,000	1	58,7%
파주읍 답 토지157평	2018-04-04	36,330,000	18,363,000	1	50,5%
법원읍 답 토지597,74평	2018-04-04	207,270,000	178,800,000	4	86,3%

무자로 하는 경매사건도 효력을 잃는다. 그러면 무효인 경매 절차를 통해 소유권을 취득한 낙찰자도 소유권을 잃게 될 것이다. 그러므로 특별한 사정이 없는 한 입찰을 피해야 한다.

서울시 강서구 화곡동 아파트, 후순위 가처분등기는?

서울시 강서구 화곡동의 아파트 경매사건이다. 전용면적 19.6평의 이 아파트는 감정평가금액이 2억 6,000만원이었으나 2회 유찰되어 결국 1억 7,000만원이 안 되는 금액에 낙찰되었다. 어떤 문제가 있었던 것일까? 선순위로 근저당권이 설정되어 있으므로 가처분등기는 매각으로 소멸한다. 결국 등기상 설정된 권리나 처분 중에 낙찰받은 후 말소가 불가능한 등기는 없다.

한편 가처분 채권자인 임○○은 최선순위 근저당권보다 먼저 전입신고를 했다. 만약 가처분등기와는 별도로 임씨가 진정한 임차인이라면 낙찰자는 임씨의 임대차를 인수하게 된다.

가처분등기가 말소되더라도 무조건 안전한 것은 아니다

그런데 법원의 임대차현황조사서에 따르면, 임씨가 이 아파트를 분양받았는데 조합 측에서 소유권이전을 거부하고 있어서 소송을 진행하고 있다. 즉 임씨는 스스로 임차인임을 주장하지는 않기 때문에 낙찰자에게 임대차의 부담이 인수될 가능성은 없다.

■ 점유관계	
소재지	1. 서울특별시 강서구 화곡동 ▨▨▨ ▨▨ 아파트 ▨동 ▨▨호
점유관계	채무자(소유자)점유
기타	•주민등록 점유 거주자 임▨▨는 자신이 본건 부동산을 2010.05월경 분양받아 거주하고 있는데 조합측에서 소유권 이전을 거부하고 있어 현재 조합측과 소유권관련 소송을 진행중에 있다고 하며 본건 부동산에 대한 소유권 주장함.

서울시 강서구 화곡동의 경매 아파트, 임대차현황조사서에 나타난 점유 관계

결국 등기상의 모든 권리(처분)도 말소할 수 있고, 임대차도 없으며, 유치권 등 소유권을 제한할 만한 권리가 없다는 점에서 권리상 하자가 전혀 없는 사건으로 분석할 수도 있다. 그러나 이대로 가처분등기에 대한 권리분석을 끝낸다면 그 뒤에 도사린 함정에 빠질 수도 있다.

이 경매사건의 가처분등기는 조합으로부터 소유권을 이전받기 위한 것이

▼ 서울시 강서구 화곡동 아파트, 후순위 가처분등기

REY AUCTION
■ Real Estate for You

관심물건 | 상담신청 | 법원정보 | 🖨인쇄

♠ 2012타경 27800

서울남부지방법원 9계 전화 : (02)2192-1339

소 재 지	서울 강서구 화곡동 1160 상진지오빌리 7층 300호				
경 매 구 분	기일입찰	채 권 자	남■■	매 각 기 일	취하물건
용 도	아파트	채무/소유자	쩰라연립재건축정비사업조합	접 수 일	2012-10-11
감 정 가	260,000,000	청 구 액	100,000,000	경매개시일	2012-10-15
최 저 가	166,400,000 (64%)	토지총면적	39 ㎡ (11.89평)	배당종기일	2012-12-24
입찰보증금	10% (16,640,000)	건물총면적	65 ㎡ (19.6평)	조 회 수	금일1 공고후1 누적1

구분	입찰기일	매각금액	결과
	2015-09-03	166,400,000	취하
3차	2014-04-02	166,400,000	매각
		169,870,000 (65.3%)	
			(입찰 1명)
2차	2014-03-04	208,000,000	유찰
	2013-04-16	208,000,000	변경
1차	2013-03-12	260,000,000	유찰

♠ 등기권리

구분	권리명	접수일	권리자	금액	기타	소멸
집합	소유	2011-03-25	■라연립재건축정비사업조합			
	근저	2011-03-25	남■■	100,000,000	말소기준권리	소멸
	근저	2011-03-25	류개■	100,000,000		소멸
	근저	2011-03-25	송■■	30,000,000		소멸
	가압	2011-04-25	김■■	128,731,650		소멸
	가처	2011-05-06	임■■		2011 카단 3193 서울남부	소멸
	가압	2011-05-17	서■■	181,000,000		소멸
	가압	2011-05-30	한국주택금융공사 영업부	195,871,920		소멸
	가압	2011-11-02	한국주택금융공사	93,701,961		소멸
	가압	2012-03-14	김■■	212,956,426		소멸
	임의	2012-10-15	남■■	청구금액: 100,000,000	2012타경 27800	소멸

후순위
가등기처분

♠ 매각사례

인근물건	매각일자	감정가	매각가	응찰자수	매각가율
화곡동 아파트 건물18.15평 토지9.52평	2018-03-28	640,000,000	675,910,000	4	105.6%
염창동 아파트 건물18.15평 토지9.47평	2018-03-27	470,000,000	535,899,000	15	114%
화곡동 아파트 건물11.22평 토지5.41평	2018-03-27	173,000,000	144,510,000	6	83.5%
화곡동 아파트 건물20.64평 토지12.53평	2018-03-21	270,000,000	261,590,000	7	96.9%
등촌동 아파트 건물18.13평 토지8.96평	2018-03-13	329,000,000	336,800,000	1	102.4%

다. 본안소송에서 원고인 임씨가 패소한다면, 권리 관계상 아무 변동이 없을 것이고 낙찰자는 소유권을 잃을 위험이 전혀 없다. 그러나 승소한다면 본안에서 다투는 내용에 따라 소유권은 임씨한테 이전될 수 있고, 이 경우 조합에 돈을 빌려주고 설정된 근저당권과 가압류 등의 등기는 물론, 낙찰자로 이전된 소유권등기 역시 효력을 잃는다.

실제 이 경매사건의 안전성을 진단해 보자.

과연 안전한 경매사건인가?

대법원 법원경매정보 사이트(www.courtauction.go.kr)에서 관련 소송 사건을 확인할 수 있는데, 사건의 진행 상황을 다시 열람해 보니 이미 원고의 청구가 이유 없다는 이유로 각하되었다.(민사소송사건은 각급 법원의 홈페이지에 접속해 '나의 사건 검색' 메뉴에서 사건번호와 소송의 당사자 중 한 사람의 이름을 입력하면 진행 상황을 확인할 수 있다.)

관련법원	관련사건번호	관련사건구분
서울남부지방법원	2013가단15849	민사본안

관련사건내역

대법원 법원경매정보 사이트의 관련사건내역

▶ 기본내용 　　>> 청사배치

사건번호	2013가단15849	사건명	근저당권말소등기
원고	임■■	피고	남희정 외 2명
재판부	민사1단독 (전화:2192-1231)		
접수일	2013.03.10	종국결과	2014.01.21 각하판결
원고소가	48,008,776	피고소가	
수리구분	제소	병합구분	없음
상소인	원고	상소일	2014.02.13
상소각하일			
인지액	221,000원		
송달료,보관금 종결에 따른 잔액조회	>> 잔액조회		

서울남부지방법원 홈페이지에서 사건 진행 상황을 확인한 예

그런데 사건명을 보니 가처분등기의 피보전권리인 '소유권이전청구'가 아니라 '근저당권말소등기청구'다. 그리고 피고는 가처분등기보다 선순위로 설정된 근

저당권의 채권자 3인이었다. 즉 가처분권자인 임씨가 선순위의 근저당권을 말소해 달라는 소송을 제기했지만 패소했다는 말이다.

남○○의 근저당권에 의해 개시된 이 사건은 남씨의 근저당권이 소송을 통해 유효한 것으로 판단된 이상, 일단 낙찰자가 가처분과 관련된 분쟁 때문에 소유권을 잃을 위험은 없다고 봐도 좋다.

다만 법원 홈페이지에 게시된 사건 진행 상황을 보면, 1심에서 패소한 원고 임씨가 판결에 불복하여 항고장을 제출했고, 입찰시점 현재 2심이 진행되고 있었다. 2심이나 3심에서 결과가 뒤집힐 가능성이 전혀 없다고는 할 수 없다. 그러나 1심의 판결문을 꼼꼼히 살펴보면 2심이나 3심에서 판결 결과가 뒤집힐 가능성을 어느 정도 가늠할 수 있다.

서울남부지방법원에 판결서 사본을 신청해서 확인해 본 결과, 2심이나 3심에서 판결이 뒤집힐 가능성은 매우 낮았다(판결서 사본은 해당 사건의 당사자가 아니더라도 각급 법원 홈페이지에서 신청할 수 있다).

근저당권 말소청구소송은 2015년 8월 25일 원고가 항소심을 취하하면서 1심 판결이 확정됐고, 얼마 지나지 않은 2015년 9월 3일 경매사건의 채권자가 취하신청서를 제출해 경매사건이 취하됐다. 이 경매사건의 낙찰자는 낙찰 후 6개월간 소송의 결과를 기다리다 결국 포기하고 매각불허가신청서를 제출해 보증금을 반환받았다.

의사 표시의 무효 또는 취소를 위한 가처분

민법에서는 무효이거나 취소할 수 있는 의사 표시를 규정하고 있다. 예를 들어 매번 약속에 늦는 친구에게 "단 한 번이라도 약속 시간을 지키면 전 재산을 주 겠다"는 말처럼 상대방도 충분히 알 만한 진심이 아닌 의사 표시(진의 아닌 의 사 표시)는 무효로 한다든가, 폭력에 의해 어쩔 수 없이 소유하고 있던 호텔을 헐값에 매도하는 매매계약서에 도장을 찍는 것처럼 피할 수 없는 강요에 의한 의사 표시(사기·강박에 의한 의사 표시)는 취소할 수 있다. 이 밖에도 '통정한 허위의 의사 표시', '착오에 의한 의사 표시' 등이 있는데 그 내용을 세세히 살 펴볼 필요는 없다.

다만 이러한 의사 표시는 처음부터 무효이거나 취소할 수 있는데, 이로 인해 피해를 보는 선의의 제3자가 발생하면 안 된다는 단서 조항이 있다는 사 실을 기억해 두어야 한다.

가처분등기 경매 물건, 포기해야 할까?

나부자가 상가건물을 소유하고 있었는데 박교수에게 사기를 당해 소유권을 이 전해 주었다. 그후 박교수는 근저당권의 담보로 삼아 김봉팔에게 돈을 빌렸다. 나부자는 사기를 당했다는 사실을 알고 의사 표시를 취소하여 박교수에게 해 준 소유권이전등기를 말소하기 위해 가처분을 등기했다. 그런데 강도균은 그 상가건물에 전세권을 설정하고 식당을 개업했다. 이 상가건물이 경매된다면 안심하고 입찰해도 될까?

순위	권리자	권리 내용	비고
1	나부자	소유권	원 소유자
2	박교수	소유권 이전	사기에 의한 취득
3	김봉팔	근저당권	선의 또는 악의
4	나부자	'을' 소유권이전등기 말소청구 가처분	원인 : 의사 표시 취소
5	강도균	전세권	무조건 악의
6	김봉팔	임의경매개시 결정	

말소기준권리로 분석한 결과

우선 말소기준권리 이론을 적용해 보자.

이 경매사건에서 말소기준권리는 김봉팔의 근저당권이 되고, 근저당권과 후순위인 나부자의 가처분등기, 강도균의 전세권은 모두 낙찰받은 후 등기부에서 말소시킬 수 있다. 필자가 주장하는 권리분석의 제1원칙과 제2원칙에 따르더라도 결과는 마찬가지다. 가처분등기는 인수되는 것이 원칙이지만(제1원칙), 선의의 제3자인 근저당권자를 보호하기 위해 소멸된다(제2원칙).

그러나 이는 가처분등기의 인수와 소멸에 관한 분석이므로, 본안소송의 결과에 따라 발생할 수 있는 위험은 전혀 고려되지 않았다. 더 이상의 설명이 없다면 '안전한 경매사건'으로 볼 수도 있다. 그런데 과연 그럴까? 물론 나부자가 본안소송에서 패소한다면 전혀 문제될 것이 없다. 그렇지만 승패의 여부는 입찰 시점에는 알 수 없으니, 나부자가 승소한다는 전제로 권리분석을 하는 편이 낫다.

근저당권자가 선의의 제3자가 아니라면?

근저당권자 김봉팔이 선의가 아니라면, 즉 사기의 사실을 알고 있었다면 어떻게 될까? 가처분등기가 등기부에서 말소되더라도 본안소송은 계속 진행되는데, 사기에 의한 의사 표시는 취소할 수 있지만 그로 인해 선의의 제3자에게 피해를 입힐 수는 없다. 반대로, 김봉팔이 악의라면 가처분등기보다 선순위로 설정한 근저당권이라도 나부자가 본안소송에서 승소할 경우 효력을 잃는다. 따라서 효력이 없는 근저당권에 의해 진행된 경매 절차도 무효가 되어 낙찰자는 경매로 취득한 소유권을 잃게 될 것이다.

결국 이 경매사건의 안전성 여부는 김봉팔의 선의 여부에 달려 있다. 그런데 사건의 이해관계인도 아닌 입찰자가 어떻게 김봉팔의 선의 또는 악의를 판단할 수 있을까? 따라서 이 경매는 이해관계인이 아니라면 누구도 그 안전성을 장담할 수 없다.

가처분 경매사건의 안전성을 확인하는 방법

그렇다고 이런 경매사건은 무조건 무시해야 할까? 안전성을 어느 정도 확인할 수 있는 방법이 있다.

첫째, 이미 본안소송이 끝나서 결과가 확정되었는데도 등기부의 가처분등기가 말소되지 않고 그대로 남아 있는 것은 아닌지 따져볼 필요가 있다.

소송의 내용까지 파악하기는 어렵겠지만, 나부자가 패소한 것으로 판결이 확정되었다면 피보전권리가 없는 것으로 확정된 가처분으로서 효력이 없다. 따라서 안전한 경매사건이 된다.

둘째, 근저당권자의 선의 여부를 살펴보아야 한다.

이 경매사건의 안전성은 근저당권자(김봉팔)의 선의 여부에 달렸다고 했는데, 근저당권자가 객관적으로 신뢰할 수 있는 은행이나 공기업이라면 괜찮지 않을까?

제1금융권의 은행이나 공기업이라면 박교수가 사기를 친 사실을 알고도 돈을 빌려주었을 리 없다. 물론 정황상의 추측에 불과하지만, 재판과정에서 판사가 고려하는 상황이기도 하다. 실제로 나부자가 은행이나 공기업의 악의를 입증하기란 거의 불가능하다.

나부자가 은행이나 공기업의 악의를 입증하는 이변을 일으켰다고 하자. 낙찰자는 낙찰받은 부동산의 소유권을 잃기는 하겠지만, 납부한 낙찰대금은 은행이나 공기업이 배당받았을 것이다. 이들을 상대로 '부당이득의 반환'을 청구하여 낙찰대금을 돌려받는 일은 개인을 상대로 청구하는 경우에 비해 상대적으로 훨씬 수월하다. 최악의 경우라도 '수고'는 들겠지만 '손해'는 없을 가능성이 매우 높다는 말이다.

실제로 살펴보면 80% 이상의 경매사건이 1순위 근저당권자가 은행이다. 따라서 '은행은 선의다'라는 명제를 권리분석의 전제로 둔다면 낙찰받아도 안전하

다고 판단되는 경매사건이 훨씬 많아진다. 필자는 이러한 경매사건에서 은행이나 공기업이 근저당권자라면 본안소송에 관한 정보를 입수하지 못했더라도 입찰에 참여하는 편이다.

사해행위의 취소를 위한 가처분

사해행위의 취소도 의사표시의 취소와 효력 면에서 같다. 그러나 취소를 청구하는 사람이 의사 표시(법률 행위)의 당사자가 아니라 채권자라는 점, 제3자에 대해 악의를 추정한다는 점이 의사 표시의 취소와 다르다. 실제로 가처분 등기의 피보전권리로 가장 자주 등장하는 것이 사해행위 취소에 따른 청구권이기 때문에 좀더 면밀히 들여다볼 필요가 있다. 우선 사해행위의 의미부터 살펴보자.

사해행위란?

봉팔 씨가 친구인 도균 씨에게 돈을 빌려주었다고 하자. 두 사람은 워낙에 막역한 사이여서 봉팔 씨는 도균 씨의 유일한 재산인 아파트에 근저당권을 설정하지 않았다. 그런데 믿었던 도균 씨가 약속한 날이 지났는데도 돈을 갚지 않자, 봉팔 씨는 어쩔 수 없이 대여금반환청구소송을 통해 도균 씨의 아파트를 경매하여 돈을 받기로 결심했다.

그런데 도균 씨가 소유하고 있던 아파트의 등기부등본을 발급받아 보니, 이미 소유권이 나부자에게 이전되어 있을 뿐만 아니라 김미도가 근저당권까지 설정해 놓은 상태였다. 도균 씨에 대한 채권이라 제3자인 나부자 소유의 아파트를 경매할 수는 없는 노릇이니, 이 상태라면 봉팔 씨가 도균 씨에게 빌려준 돈을 받기란 하늘의 별을 따는 일만큼이나 어렵다.

이처럼 채무자의 특정한 행위로 인해 채권자가 더 이상 채권을 실행할 수 없게 되면, 그 특정한 행위를 사해행위라고 하고, 채권자는 채무자를 대위(代位, 제3자가 다른 사람의 법률적 지위를 대신하여 그가 가진 권리를 얻거나 행사하는 일)하여 법률 행위를 취소하고 원상으로 회복시킬 수 있다. 이때 사해행위의 직접적 상대방(나부자)을 '수익자'라 하고, 수익자에게서 부동산에 관한 권리를 취득한 사람(김미도)을 '전득자'라고 하는데, 수익자 또는 전득자 중 단 한 사람이라도 채무자의 행위가 사해행위임을 알지 못했다면 채권자는 사해행위의 취소로도 상황을 원래대로 돌릴 수 없다.

사해행위의 성립 요건

사해행위에 대해 오해하는 경우가 많은데, 그중 가장 흔한 것이 사해행위 성립 요건이다. 일반적으로 많은 사람들이 채무자가 강제집행(경매)을 피하기 위해 재산을 '허위로' 빼돌리는 행위를 사해행위라고 생각한다. 그래서 재산을 빼돌리는 채무자가 부동산의 매매대금에 상당하는 금액을 은행계좌로 송금받는 식으로 실제 거래가 있었던 것처럼 근거를 남기는 경우가 많은데, 이는 오해가 낳은 부질없는 짓이다.

사해행위에 관한 민법 제406조 제1항(채권자취소권)을 보면 "채무자가 채권자를 해함을 알고 재산권을 목적으로 한 법률 행위를 한 때에는 채권자는 그 취소 및 원상회복을 법원에 청구할 수 있다. 그러나 그 행위로 인하여 이익을 받은 자나 전득한 자가 그 행위 또는 전득 당시에 채권자를 해함을 알지 못한 경우에는 그러하지 아니하다"고 되어 있는데, 어디에서도 '허위로'라는 취지를 발견할 수 없다.

결국 허위로 빼돌린 경우는 물론이고, 실제로 매매를 했더라도 그 매매로 인해 채권자가 채권을 실행하는 데 문제가 생기면 거래의 진위 여부를 불문하고 무조건 사해행위에 해당한다.

서울시 성동구 아파트, 사해행위 취소가 걸려 있는데 안전한 경매사건일까?

서울시 성동구 용답동의 전용면적 22평 나홀로 아파트가 감정평가금액은 3억 8,000만원이지만, 1회 유찰된 후 3억 8,710만원에 낙찰됐다.

임차인이 있지만 등기상 최선순위설정일자(2014년 9월 5일, 박○○ 근저당권)보다 후순위라서 혹시 경매절차에서 배당받지 못하는 임대차보증금이 있더라도 그 부담이 낙찰자에게 승계되지는 않고, 등기상으로도 박○○의 근저당권을 포함해 이후의 권리는 모두 소멸되니 역시 문제가 없는 듯하다. 그래서인지 8명이 입찰표를 제출했고, 1회 유찰됐음에도 낙찰가는 전회차의 최저매각가격인 감정가격을 넘겼다.

혹시 다른 위험은 없는 것일까?

미성연립주택재건축정비사업조합의 소유였던 이 아파트는 황○○에게 소유권이 이전된 후 박○○가 근저당권을 설정했고, 이에 대해 한국주택금융공사가 재건축조합이 황씨에게로 소유권을 이전해준 행위가 사해행위임을 주장하며 가처분을 집행한 것이다.

| 3 | 가처분 | 2014년0월18일 제58668호 | 2014년9월17일 서울동부지방법원의 가처분결정(2014카합065) | 피보전권리 사해행위취소를 원인으로 한 2014.7.30.자 소유권이전등기말소청구권 채권자 한국주택금융공사의업무수탁기관주식회사우리은행 서울 중구 소공로51(회현동1가) (여신판리부) 금지사항 매매, 증여, 전세권, 저당권, 임차권의 설정 기타일체의 처분행위 금지 |

서울시 성동구 아파트의 가처분

이를 보면, 조합이 주택금융공사에게 지급할 돈이 있는 상태에서 재산을 처분하여 주택금융공사가 채권을 회수할 방법이 없어진 것이라고 추정할 수 있다. 우선 당사자를 살펴보면 다음과 같다.

이해관계	당사자	이해관계	당사자
채권자	한국주택금융공사	채무자	재건축조합
수익자	황○○	전득자	박○○

▼ 서울시 성동구 아파트, 사해행위취소가 걸려 있는 경우

REY AUCTION
■ Real Estate for You

관심물건 | 상담신청 | 법원정보 | 🖨인쇄

♠ 2015타경 8302[3]

서울동부지방법원 3계 전화 : (02)2204-2407

관련물건번호	[1]	[2]	[3]	[4]

소 재 지	서울 성동구 용답동 252 덕현해밀 ▮▮ ▮▮▮			
경매구분	기일입찰	채 권 자	박▮▮	
용 도	아파트	채무/소유자	황▮▮	
감 정 가	380,000,000	청 구 액	1,200,000,000	
최 저 가	304,000,000 (80%)	토지총면적	39 ㎡ (11.76평)	
입찰보증금	10% (30,400,000)	건물총면적	73 ㎡ (21.93평)	

매 각 기 일	종결물건
접 수 일	2015-08-06
경매개시일	2015-08-17
배당종기일	2015-11-09
조 회 수	금일1 공고후54 누적54

구분	입찰기일	매각금액	결과
	2016-10-21		종결
2차	2016-08-01	304,000,000	매각
		387,100,000 (101.9%)	
			(입찰 8명)
1차	2016-06-20	380,000,000	유찰

♠ 임차조사

임차인	전입일	확정/배당요구	보증금/월세	용도/점유	비고
김▮▮	2014-12-22	확정:2015-09-18 배당:2015-10-19	50,000,000	주거 전부	박▮▮,주민등록등재자

기타참고	•제 3자점유, 본건 목적물 소재지에 출장하여 조사한 바, 박▮▮가 거주중에 있었고, 박▮▮에게 점유 권원을 확인한 바, 2014.12월경 본건 목적물에 대하여 매매계약을 체결하고 계약금 1,000만원을 지급한 후 입주하였으나 권리관계가 복잡하여 나머지 잔금을 지급하지 않은 체 거주중이라고 진술. 동사무소에 주민등록등재자를 조사한 바, 박▮▮ 세대가 등록되어 있음.

♠ 등기권리

구분	권리명	접수일	권리자	금액	기타	소멸
집합	소유	2014-07-30	황▮▮		전소유자:▮▮연립주택재건축정비사업조합	
	근저	2014-09-05	박▮▮	1,200,000,000	말소기준권리	소멸
	가처	2014-09-18	한국주택금융공사 우리은행여신		2014 카합 965 서울동부	소멸
	강제	2015-03-06	임▮▮	청구금액: 1,200,000,000	2015타경 2090	소멸
	임의	2015-06-17	박▮▮		2015타경 8302	소멸
	압류	2015-12-08	서울시성동구			소멸

사해행위에 대한 가처분등기

참고사항	•유치권 • 1. 2016.06.14. 전상호로부터 공사대금채권 금 7천 9백만원, 덕현해밀아파트입주자대표회의로부터 시공사사업소분리관리비채납채권 금 24,512,610원에 대한 각 유치권신고서가 접수되었으나 그 성립여부는 불분명함 2. 2016.07.11. 정▮▮으로부터 공사대금채권 금 1억 4천만원에 대한 유치권신고서가 접수되었으나, 그 성립여부는 불분명함

♠ 매각사례

인근물건	매각일자	감정가	매각가	응찰자수	매각가율
옥수동 아파트 건물53.58평 토지38.72평	2018-04-23	1,750,000,000	1,911,000,000	4	109.2%
성수동2가 아파트 건물25.7평 토지13.2평	2018-04-09	646,000,000	872,110,000	10	135%
금호동1가 아파트 건물25.66평 토지13.83평	2018-02-26	590,000,000	694,510,000	14	117.7%
송정동 아파트 건물18.1평 토지6.23평	2018-02-05	334,000,000	389,999,900	17	116.8%
금호동4가 아파트 건물25.71평 토지13.44평	2018-01-22	650,000,000	818,000,000	35	125.8%

소유권이전등기는 사해행위일까?

일단 재건축조합에게 이 사건의 부동산 말고 다른 재산이 있어서 한국주택금융공사가 채권을 회수하는 데 아무런 문제가 없는 등 특별한 사정이 없는 한, 조합이 황씨에게 소유권을 이전해 준 행위는 사해행위로 보아야 한다. 채무당사자인 조합이 채무가 있다는 사실을 몰랐을 리도 없고, 이 부동산을 처분하면 주택금융공사가 채권을 회수할 방법이 없어진다는 것도 몰랐을 리 없기 때문이다.

제3자의 선의 여부

그렇다면 남은 것은 수익자와 전득자의 선의 여부다.

수익자나 전득자 중 누구라도 채권자에게 해가 된다는 것을 알지 못했다면 조합의 행위가 사해행위라도 소유권은 조합에게 돌아가지 않는다. 따라서 낙찰자도 소유권을 잃지 않을 것이다.

그러나 수익자와 전득자 모두가 알고 있었다면 소유권은 전소유자인 조합에게 회복되고, 진정한 소유자가 아닌 황씨에게 금전을 지급하고 근저당권을 취득한 박씨는 권리를 잃고 만다.

그뿐만 아니라 가처분의 본안이 확정되지 않은 상태에서 부동산이 매각되어 낙찰자에게 소유권이 이전된 경우라도 낙찰자는 소유권을 잃을 수 있다. 무효인 소유권자(황○○)에 대한 채권으로 개시된 경매 절차는 유효하지 않기 때문이다.

결국 사해행위 취소로 인한 소유권이전등기 말소청구 가처분등기가 있는 경매사건은 실제로 사해행위가 있었는지 여부보다는, 수익자나 전득자의 선의 여부에 따라 결과가 달라지곤 한다.

사해행위는 제3자를 악의로 추정한다

그렇다면 이 사건에서 황씨와 박씨가 선의인지 어떻게 판단할 수 있을까?

일반 입찰자라면 본안소송의 내용을 파악할 수 있는 공식적인 경로가 없기 때문에 사실상 알 수 없다. 그러나 수익자나 전득자가 공기업이거나 은행이라면 사해행위를 알고도 법률 행위를 했을 가능성은 매우 낮기 때문에 입찰을 노려볼 만하다.

민법에서는 기본적으로 선의추정의 원칙을 채택하고 있지만, 사해행위 취소는 제3자(수익자, 전득자)에게 악의가 추정된다는 특징이 있다. 따라서 본안소송에서 한국주택금융공사가 황○○와 박○○의 악의를 입증해야 하는 것이 아니며, 황씨와 박씨가 스스로 선의임을 입증해서 악의 추정을 깨지 못한다면 한국주택금융공사가 별달리 입증하지 않아도 사해행위 취소는 확정된다. 그러니 입찰자 입장에서는 사해행위 취소 가처분이 있는 경매사건이 부담스러울 수밖에 없다.

> 사해행위취소소송에 있어서 수익자가 사해행위임을 몰랐다는 사실은 그 수익자 자신에게 입증 책임이 있는 것이고, 이때 그 사해행위 당시 수익자가 선의였음을 인정함에 있어서는 객관적이고도 납득할 만한 증거 자료 등에 의하여야 하고, 채무자의 일방적인 진술이나 제3자의 추측에 불과한 진술 등에만 터 잡아 그 사해행위 당시 수익자가 선의였다고 선뜻 단정하여서는 안 된다.
> (대법원 2006년 7월 4일 선고 2004다61280 판결 '사해행위취소 등')

서울시 강남구 개포동 다세대주택의
사해행위 취소 가처분

서울시 강남구 개포동의 1층 전용면적 10.46평 다세대주택이 감정가 2억원에 경매되었는데, 1회 유찰되어 최저가격 1억6,000만원에 2차 매각을 진행한다. 법원 기록상 조사된 임차인도 없고, 대지지분 4.81평 매각대상에 분명히 포함되어 있으니 특별한 문제는 발견되지 않는다.

등기부등본을 확인해 보니, 신용보증기금이 사해행위 취소로 인한 소유권이전등기 말소청구권을 보전하기 위해 가처분을 집행한 사건이었다. 즉 신용보증기금은 전소유자인 권○○에게 받을 돈이 있는데, 권씨가 다세대주택을 김○○에게 처분함으로써 채권을 실행할 수 없게 되자 소유권이전등기의 말소를 요청한 것이다.

그러나 이 경매사건은 가처분등기에 따른 부담이 전혀 없다. 일단 선순위로 국민은행의 근저당권이 설정되어 있기 때문에, 가처분등기는 낙찰 후 촉탁에 의해 말소된다. 뿐만 아니라 본안소송의 결과도 매각의 효력에는 아무런 영향을 미치지 않는다.

경매를 신청한 채권자는 현재의 소유자인 김씨가 아니라 전 소유자인 권씨에게 돈을 빌려준 국민은행이다. 따라서 사해행위 취소 소송에서 신용보증기금이 승소하여 소유권이 전소유자인 권씨에게 돌아가더라도 국민은행의 근저당권은 여전히 유효하다. 또한 그 근저당권에 의한 경매도 유효하여 낙찰자는 소유권을 잃을 염려가 전혀 없다.

▼ 서울시 강남구 개포동 다세대주택, 사해행위 취소 가처분

REY AUCTION
■ Real Estate for You

☎ 고객상담 **02)2025.8181**

관심물건 | 상담신청 | 법원정보 | 🖨 인쇄

♠ **2017타경 10900**

서울중앙지방법원 6계 전화 : (02)530-1818

소 재 지	서울 강남구 개포동 1176-1 삼무파크 █ █				
경매구분	기일입찰	채 권 자	국민은행	매 각 기 일	매각물건
용 도	다세대(빌라)	채무/소유자	인디 █ /김 █ █	접 수 일	2017-11-06
감 정 가	200,000,000	청 구 액	175,200,000	경매개시일	2017-11-08
최 저 가	160,000,000 (80%)	토지총면적	16 ㎡ (4.81평)	배당종기일	2018-01-29
입찰보증금	10% (16,000,000)	건물총면적	35 ㎡ (10.46평)	조 회 수	금일1 공고후92 누적101

구분	입찰기일	매각금액	결과
2차	2018-05-02	160,000,000	매각
		210,110,000 (105.1%)	
			(입찰 4명)
1차	2018-03-07	200,000,000	유찰

♠ 물건현황

구분	주소	용도/층	면적	지분/기타
토지	1층 102호	대지권	267.10㎡ 중 15.89㎡ (4.81평)	
건물	1층 102호	건물	34.57㎡ (10.46평)	

- 총층수 : 4층
- 건물보존등기 : 1993.11.17

- 서울특별시 강남구 개포동 소재 `포이초등학교` 남측 인근에 위치하고, 부근은 공동주택, 단독주택, 근린생활시설, 학교 등이 혼재하는 지대로서 주위환경은 보통
- 차량출입이 가능하고, 버스정류장 등이 인근에 소재하는 등 대중교통 여건은 보통
- 철근콘크리트조 및 벽식라멘조 경사 평스라브지붕 4층 건물 내 1층 102호로서,외벽: 적벽돌쌓기 마감 등,내벽: 벽지 및 일부 타일붙임 마감 등, 창호: 샷시창 등임.
- 다세대주택으로 이용중임.(후면 `내부구조도` 참조)
- 가스보일러에 의한 난방시설, 위생설비, 급 배수시설 등이 구비되어있음.
- 토지는 정방형의 토지로서, 다세대주택 부지로 이용중임.
- 토지 북동측으로 노폭 약 6미터의 포장도로에 접하며, 도로상태 보통
- 도시지역, 제2종일반주거지역(7층이하), 지구단위계획구역(개포택지(단독주택)), 도로(소로)(접합), 상대보호구역(토지전산망의 내용은 참고사항일뿐 교육청에 반드시 확인요망)<교육환경 보호에 관한 법률>, 대공방어협조구역(위탁고도:77-257m)<군사기지 및 군사시설 보호법>, 과밀억제권역<수도권정비계획법>임.
- 귀 제시목록 및 등기사항전부증명서상 1층 면적이 13.95㎡로 등재되어있으나, 집합건축물대장(표제부, 갑)상에는 103.95㎡로 등재되어 있는바, 경매진행시 재확인 바람.

♠ 등기권리

구분	권리명	접수일	권리자	금액	기타	소멸
집합	근저	2009-09-18	국민은행 서린동	175,200,000	말소기준권리	소멸
	소유	2017-04-12	김 █ █		전소유자:권 █ █	
	가처	2017-06-30	신용보증기금 방배		2017 카단 807946 서울중앙	소멸
	임의	2017-11-08	국민은행 여신관리센터	청구금액:175,200,000	2017타경 10900	소멸

→ 후순위 가처분등기

♠ 매각사례

인근물건	매각일자	감정가	매각가	응찰자수	매각가율
삼성동 다세대(빌라) 건물42.43평 토지22.99평	2018-05-02	1,320,000,000	1,385,000,000	1	104.9%
개포동 다세대(빌라) 건물10.46평 토지4.81평	2018-05-02	200,000,000	210,110,000	4	105.1%
삼성동 다세대(빌라) 건물22.42평 토지12.1평	2018-03-21	471,000,000	546,600,000	1	116.1%
삼성동 다세대(빌라) 건물22.42평 토지12.1평	2017-12-27	461,000,000	613,300,000	2	133%
삼성동 다세대(빌라) 건물21.55평 토지11.63평	2017-12-27	439,000,000	532,100,000	5	121.2%

서울시 동대문구 답십리동 근린주택, 근저당권에 대한 사해행위 취소 가처분

사해행위는 소유권을 이전해야만 성립하는 것이 아니라, 채무자가 채권자에게 피해를 줄 것임을 알고 한 행위라면 어떤 행위든 성립한다.

옆의 경매사건을 보면, 중소기업은행은 소유자 안○○에 대한 채권을 보전하기 위해 경매를 신청했다. 그런데 경매신청 수개월 전에 김○○이 근저당권을 설정했다. 근저당권은 다른 후순위 채권자들보다 우선하여 배당받을 수 있기 때문에, 이 근저당권으로 인해 중소기업은행이 선순위로 설정한 근저당권의 채권최고액을 초과하는 채권은 배당받을 수 없게 될 수도 있다. 이것이 사해행위에 해당한다고 판단한 중소기업은행은 김○○의 근저당권을 말소해 달라는 소송을 하기 위해 가처분을 집행했다.

중소기업은행의 주장대로라면 김○○에게 근저당권을 설정해 준 소유자 안씨의 행위는 분명 사해행위에 해당한다. 그러므로 사해행위의 수익자인 김○○이 근저당권을 설정하는 행위가 다른 채권자들에게 해가 된다는 사실을 알고 있었는지 여부에 따라 근저당권은 효력을 잃을 수도 있다.

그러나 이런 경우 입찰자가 본안소송의 결과를 애써 예측할 필요가 없다. 본안에서 중소기업은행이 패소한다면 권리 관계는 바뀌지 않을 것이다. 승소할 경우에 김○○의 근저당권은 효력을 잃지만, 이 경매사건은 사해행위와는 전혀 무관한 중소기업은행의 근저당권에 의해 시작된 경매사건이다. 즉 사해행위 취소 소송의 결과에 따라 김○○을 포함한 채권자들의 배당 금액이 달라질 수는 있지만, 매각의 효력에는 아무런 영향도 미치지 않는다.

따라서 권리분석상 위험은 전혀 발견되지 않는다. 그러나 김○○의 근저당권에 의해 개시된 사건이라면, 사해행위 취소 소송의 결과에 따라 근저당권과 함께 매각의 효력도 소멸하여 낙찰자가 소유권을 잃을 수도 있다.

▼ 서울시 동대문구 답십리동 근린주택, 근저당권에 대한 사해행위 취소 가처분

REY AUCTION
■ Real Estate for You

관심물건 | 상담신청 | 법원정보 | 🖶 인쇄

♠ 2017타경 104583

서울북부지방법원 8계 전화 : (02)910-3678

소 재 지	서울 동대문구 답십리동 ▨▨-▨▨				
경 매 구 분	기일입찰	채 권 자	중소기업은행	매 각 기 일	매각물건
용 도	근린주택	채무/소유자	안▨▨	접 수 일	2017-09-15
감 정 가	494,278,500	청 구 액	300,000,000	경매개시일	2017-09-19
최 저 가	494,278,500 (100%)	토지총면적	89 ㎡ (26.92평)	배당종기일	2018-02-01
입찰보증금	10% (49,427,850)	건물총면적	197 ㎡ (59.6평)	조 회 수	금일1 공고후61 누적61

구분	입찰기일	매각금액	결과
1차	2018-04-16	494,278,500	매각
		591,050,000 (119.6%)	
			(입찰 2명)

♠ 등기권리

구분	권리명	접수일	권리자	금액	기타	소멸
건물	소유	2016-02-01	안▨▨		전소유자:길삼▨▨	
	근저	2016-02-01	중소기업은행 장안동	300,000,000	말소기준권리	소멸
	근저	2016-04-15	피에이치지	50,000,000		소멸
	압류	2016-11-16	동대문세무서			소멸
	근저	2017-01-02	김▨▨	72,000,000		소멸
	압류	2017-05-16	국민건강보험공단 동대문지사			소멸
	가압	2017-07-26	신용보증기금 동대문	360,500,000	2017 카단 809360 서울중앙	소멸
	가압	2017-08-02	수협은행 장안평	90,100,528	2017 카단 1935 서울북부	소멸
	가압	2017-08-18	중소기업은행 여신관리부	122,436,994	2017 카단 810333 서울중앙	소멸
	가처	2017-09-08	중소기업은행 여신관리부		2017 카단 21987 서울북부 김▨▨ 근저가처	소멸
	임의	2017-09-20	중소기업은행 여신관리부	청구금액: 300,000,000	2017타경104583	소멸
	가압	2017-09-29	산와▨▨	16,104,544	2017 카단 812925 서울중앙	소멸
	임차	2017-11-03	장▨▨	80,000,000	전입: 2016.11.30 확정: 2016.11.30 보증금80,000,000	소멸

← 채권 보전을 위한 가압류

← 매각의 효력에 영향을 미치지 않는 가처분등기

♠ 매각사례

인근물건	매각일자	감정가	매각가	응찰자수	매각가율
휘경동 근린주택 건물149.62평 토지67.76평	2018-04-16	1,071,336,000	1,079,999,999	1	100.8%
답십리동 근린주택 건물59.6평 토지26.92평	2018-04-16	494,278,500	591,050,000	2	119.6%
이문동 근린주택 건물81.38평 토지32.97평	2016-11-14	543,893,960	638,400,000	6	117.4%
전농동 근린주택 건물142.37평 토지62.32평	2015-10-26	1,175,235,140	774,729,000	10	65.9%
이문동 근린주택 건물48.69평 토지26.02평	2015-02-23	354,458,300	295,000,000	2	83.2%

안산4계 2017타경50818

경기도 광명시 하안동 다가구주택, 건물 철거와 관련된 가처분은?

선순위로 근저당권이나 가압류등기가 있어도 낙찰 후에 말소되지 않는 가처분 등기도 있다. 현장 사례를 살펴보자.

경기도 광명시 하안동 다가구주택이 경매에 나왔다. 사건 내용을 열람해 보니, 다가구주택이 소재한 토지는 매각에서 제외되었다. 우리나라는 토지와 건물을 각각 별개의 부동산으로 인정하기 때문에 권리 관계가 달라질 수 있고, 토지 또는 건물만 매각하는 경매도 쉽게 찾아볼 수 있다.

매각되고도 소멸하지 않는 가처분등기란?

가처분등기에 대한 일반적인 권리분석 방식에 따르면, 이 경매사건의 가처분 등기는 선순위로 가압류가 집행되어 있기 때문에 매각 허가와 동시에 효력을 잃는다. 그러므로 낙찰자는 법원에 가처분등기의 말소촉탁을 신청할 수 있다.

그러나 매각물건명세서를 살펴보니 서해주식회사의 가처분등기는 매각 허가로 인해 소멸하지 않는다고 기재되어 있다. 뿐만 아니라 이 건물에 대한 건물철거 소송에서 본안판결을 받아 이 사건 청구에 이른 것이라는 문구도 눈에 띈다.

등기된 부동산에 관한 권리 또는 가처분으로 매각으로 그 효력이 소멸되지 아니하는 것
2015.07.13. 가처분(선순위 가압류에도 불구하고 말소되지 않는 토지소유권에 기한 건물철거청구권을 피보전권리로하는 가처분등기가 경료되어 있으며 신청채권자가 가처분 권자이며 본안판결을 받아 이 사건 청구에 이른 것임)
매각에 따라 설정된 것으로 보는 지상권의 개요
비고란
1. 제시외 건물 포함 2. 1층은 공실 상태이며 건물만의 매각임 3. 법정지상권의 부존재 및 이 사건 매각물건에 대한 건물철거를 명하는 판결[수원지법 안산지원 2015가단109225, 2015가단110430(병합)]이 있음

경기도 광명시 하안동 다가구주택의 매각물건명세서

가처분이 후순위인데도 낙찰자에게 인수되는 이유가 무엇인지 궁금해서 등기 부를 확인해 보니, 가처분의 피보전권리가 '건물철거'로 기재되어 있다.

▼ 경기도 광명시 하안동 다가구주택, 건물철거와 관련된 가처분

REY AUCTION
■ Real Estate for You

관심물건 | 상담신청 | 법원정보 | 🖶 인쇄

♠ 2017타경 50818

안산지원 4계 전화 : (031)481-1196

소 재 지	경기 광명시 하안동 ▨▨				
경매구분	기일입찰	채 권 자	서해▨▨	매각기일	2018-05-10 (10:30) [4 일전]
용 도	다가구(원룸등)	채무/소유자	전▨▨	접 수 일	2017-02-20
감 정 가	186,118,680	청 구 액	82,368,600	경매개시일	2017-02-22
최 저 가	130,283,000 (70%)	토지총면적	0 ㎡ (0평)	배당종기일	2017-05-15
입찰보증금	10% (13,028,300)	건물총면적	319 ㎡ (96.64평)	조 회 수	금일1 공고후13 누적56

구분	입찰기일	매각금액	결과
5차	2018-05-10	130,283,000	진행
4차	2018-04-05	186,118,680	유찰
3차	2018-02-22	91,198,000	매각
		145,110,000 (78%) (입찰1명)	
2차	2018-01-11	130,283,000	유찰
1차	2017-12-14	186,118,680	유찰
	2017-07-20	186,118,680	변경

♠ 등기권리

구분	권리명	접수일	권리자	금액	기타	소멸
건물	소유	2001-08-03	전▨▨		전소유자:김▨▨	
	가압	2015-07-10	서▨▨▨▨	72,072,000	말소기준권리 2015 카단 100898 수원 안산	소멸
	가처	2015-07-13	서▨▨▨▨		2015 카단 100899 수원 안산	소멸
	가압	2015-08-11	박▨▨	57,000,000	2015 카단 101012 수원 안산	소멸
	임차	2016-04-06	박▨▨	20,000,000	전입: 2014.12.05 확정: 2014.12.05 보증금20,000,000	소멸
	임차	2016-04-06	김▨▨	26,000,000	전입: 2013.11.06 확정: 2013.11.06 보증금26,000,000	소멸
	임차	2016-04-06	박▨▨	57,000,000	전입: 2016.03.21 1차확정: 2013.07.15 보증금42,000,000 2차 확정: 2015.03.21 보증금 57,000,000	소멸
	압류	2016-04-26	광명시			소멸
	강제	2017-02-22	서▨▨▨	청구금액: 82,368,600	2017타경50818	소멸

> 건물 철거에 관한 가처분등기

참고사항	· 건물만 · 법정지상권

♠ 매각사례

인근물건	매각일자	감정가	매각가	응찰자수	매각가율
하안동 다가구(원룸등) 건물96.64평	2018-02-22	186,118,680	145,110,000	1	78%
하안동 다가구(원룸등) 건물114.12평 토지54.42평	2015-06-11	765,756,700	611,000,000	12	79.8%
광명동 다가구(원룸등) 건물53.71평 토지32.49평	2015-06-08	355,562,400	361,000,000	11	101.5%
철산동 다가구(원룸등) 건물60.19평 토지44.89평	2012-11-12	515,276,400	321,200,000	0	62.3%
광명동 다가구(원룸등) 건물90.41평 토지48.97평	2012-03-29	647,864,700	550,578,000	1	85%

그렇다면 가처분 권리자 이ㅇ경은 건물이 소재하는 토지의 소유자인 것으로 보인다. 토지등기부등본과 관련된 서류를 종합하여 분석하니 다음과 같은 결론이 나왔다.

지상권이 없는 건물에 대한 철거 요구

건물이 있는 토지는 이미 2015년 7월 6일에 토지만을 매각하는 공매 절차에 따라 서해주식회사에게 소유권이 이전되었다. 토지가 매각될 당시에 매각 건축물이 건축되어 있었지만 법정지상권은 성립하지 않았고, 결국 건물 소유자 전ㅇㅇ는 이 토지에 건물을 소유할 권리를 잃게 되었다. 토지 소유자 서해주식회사는 소유권을 취득한 후 즉시 건물 소유자를 상대로 철거 소송을 시작했고, 승소에 따른 실익을 보전하기 위해 이 사건의 가처분을 집행했다.

이처럼 건물이 토지를 점유할 권리가 없는 경우, 토지 소유자는 건물 소유자를 상대로 건물 철거를 청구할 수 있다. 그리고 건물 등기상의 권리자나 임차인들은 선의, 악의를 불문하고 토지 소유자에게 대항할 수 없다. 따라서 이 건축물을 낙찰받는다면 토지 소유자의 철거 강제집행에 의해 건물을 잃을 수도 있다.

철거가 확정된 건물을 낙찰받고도 안전할 수 있는 사람은 철거의 권한을 가지고 있는 토지 소유자뿐이다. 이 경매사건은 역시 철거청구 가처분권자인 서해주식회사나 그 이해관계인이 낙찰 받을 것으로 예상된다.

가처분등기의 권리분석, 완벽히 할 수 있을까?

가처분등기는 피보전권리에 관한 분쟁이 있다고 경고하는 것이다. 등기의 효력이 소멸하여 등기부에서 말소되더라도 본안에 관한 분쟁이 해결되는 것도 아니고, 본안소송의 결과에 따라 낙찰자가 엄청난 손해를 볼 위험성이 사라지는 것도 아니다. 그런데 가처분등기에 대한 권리분석을 등기의 인수와 소멸로만 판단한다면 본질을 잊은 권리분석이 되는 셈이다.

쉽게 생각하면, 가처분등기는 '개 조심' 표지판과 같다. 사나운 개가 있다고 경고하기 위해 붙여놓은 표지판을 떼어냈다고 해서 개가 온순해지거나 사라지지는 않는다. 반대로 '개 조심' 표지판이 있다고 해서 반드시 사나운 개가 있다고 단정할 수도 없다. 예전에 개가 있을 때 붙여놓았던 표지판인데, 개가 사라지고도 아직 떼어내지 않고 그대로 붙여놓은 것일 수도 있기 때문이다.

결국 본안의 내용을 파악하고 결과를 예측한 후 낙찰자에게 미칠 영향을 정확히 분석하지 않고는, 가처분등기의 인수와 소멸만 예측하는 것은 의미가 없다. 문제는 본안의 내용은 소송의 이해관계인이 아니라면 열람할 수 없다는 데 있다.

예를 들어 경매 부동산에 가처분등기가 있는데 피보전권리가 '소유권이전등기 말소청구권'이라는 것까지는 등기부로 확인할 수 있지만, 도대체 무슨 이유로 소유권이전등기의 말소를 청구했는지는 알 방법이 없다. 따라서 소송의 결과도, 그 결과가 낙찰자에게 미칠 영향도 분석할 수 없다.

분명히 인정해야 할 사실은 가처분등기가 있는 부동산의 경매사건은 완벽한 권리분석이 불가능하다는 것이다. 다만, 앞에서 분석해 본 몇몇 사건처럼 본안소송의 결과가 경매의 효력에 절대 영향을 미칠 수 없는 사건과, 정황상 우려해야 할 만한 상황이 발생할 가능성이 극히 희박한 사건을 구별하여 입찰 여부를 결정할 뿐이다.

03

>>>

이미 폐지된 규정

가처분등기와 비슷한 예고등기

예고등기는 이미 폐지되었지만, 이미 등기된 것은 유효하다.
그러니 개념은 알아두어야 한다.

예고등기란?

2012년 7월 26일부터 시행된 부동산 등기법에 따라 예고등기에 관한 규정은 현재 폐지된 상태다. 그러나 이미 등기되어 있는 예고등기는 유효하다. 게다가 부동산 경매에 대해 이야기할 때 언제나 빠지지 않고 등장하는 것인 만큼, 개념만이라도 살피고 넘어가보자. 예고등기는 보전처분은 아니지만, 가처분과 비교해야 이해하기 쉬우므로 여기에서 살펴보려 한다.

현재 사라져서 효력을 잃은 예고등기의 규정에 따르면, "예고등기는 등기 원인의 무효나 취소로 인한 등기의 말소 또는 회복의 소가 제기된 경우(패소한 원고가 재심의 소를 제기한 경우를 포함한다)에 한다. 그러나 그 무효나 취소로써 선의의 제3자에게 대항할 수 없는 경우에는 그러하지 아니하다"라고 되어 있다.

　　따라서 예고등기는 큰 의미에서 가처분등기와 비슷하다. 즉 등기의 말소 또는 회복의 소가 제기된 경우 분쟁의 사실을 경고하기 위해 하는 등기라는 점에서 가처분과 같다는 말이다. 그렇다면 가처분등기와 예고등기의 차이는 무엇일까?

가처분등기와 예고등기의 차이점

승소해도 선의의 제3자에게 대항할 수 없는 소송의 경우에는 예고등기를 할 수 없다. 다만 가처분을 통해 소송을 공시할 수 있을 뿐이다. 원고가 승소하더라도 선의의 제3자가 많다면 그들에게 대항할 수 없으니 실익이 없을 것이다.

결국 더 이상 선의의 제3자가 발생하지 않도록, 즉 소송의 원고가 이익을 확보하기 위해 법원에 신청함으로써 등기되는 것이 가처분이다.

이와는 반대로 선의의 제3자에게까지 대항할 수 있다면, 도의적 책임은 차치하고 원고는 굳이 소송이 진행된다는 사실을 경고할 필요가 없다. 해당 부동산의 권리를 취득하는 선의의 제3자가 아무리 많아도 승소의 실익을 고스란히 챙길 수 있기 때문이다. 이러한 문제를 해결하기 위해 선의의 제3자에게까지 대항할 수 있는 등기의 무효나 취소에 관한 소송이 제기된 경우, 법원이 촉탁해서 등기부에 소송 진행 여부를 공시함으로써 불측의 피해를 보는 선의의 제3자가 발생하는 불행을 방지하는 제도가 예고등기였다.

그렇다면 제3자의 선의 여부는 의미가 없다는 말이 된다. 그래서 "예고등기의 부담은 무조건 낙찰자에게 인수된다"는 원칙 아닌 원칙이 경매 시장에 정설처럼 떠돌았던 것이다. 그러나 이 역시 틀린 말이다. 예고등기의 부담이 낙찰자에게 인수되지 않는 경우도 많다. 이미 폐지된 규정으로 싸우지 말고, 예고등기의 현장사례를 살펴보자.

경기도 이천시 아파트, 예고등기는 인수될까?

경기도 이천시의 전용면적 12평 아파트가 경매로 나왔다. 등기상 설정되어 있는 권리도 많지 않고, 임차인이 있기는 하지만 새마을금고의 선순위 근저당권 설정일자보다 전입신고가 늦어서 낙찰자에게 인수되지 않는다. 문제는 예고등기다.

| 30 | 1번소유권일부(60분의4) 말소예고등기 | 2011년9월28일 제46425호 | 2011년9월8일 인천지방법원예 소제기(2011가합16581) | |

경기도 이천시 경매 아파트의 예고등기

이 아파트의 최초 소유자는 ○○커넥터였고, 현재는 이○○에게 소유권이 이전된 상태다. 그런데 누군가가 ○○커넥터로 경료된 소유권보존등기의 일부(60분의 4)를 말소해 달라고 인천지방법원에 소송을 제기했고, 법원은 이러한 사실을 경고하기 위해 예고등기를 등기소에 촉탁했다. 앞에서 말한 것처럼, 예고등기는 누군가의 신청으로 등기되는 것이 아니다. 즉 본안소송에서 원고가 승소할 경우 판결은 순위나 선의 여부를 불문하고 누구에게나 효력을 미친다.

그렇다면 이 경매사건에서 원고가 승소할 경우를 가정해 보자. 원고가 승소하면 최초의 소유자인 ○○커넥터의 소유권 중 60분의 4가 원인 없는 권리였던 셈이다. 그러면 소유권을 이전받거나, 그 소유권을 기반으로 담보권을 설정한 사람 또한 60분의 4에 대한 권리를 잃는다. 이때 소유권이전이나 담보권설정 시점이 예고등기보다 앞서는지 여부는 아무 상관이 없다.

　　60분의 4는 그리 큰 비중이 아닐 수 있다. 그러나 그 작은 지분을 소유하지 못해서 부동산 전체에 대한 권리 행사를 방해받을 수 있다는 점을 감안하면 우습게 볼 일은 아니다.

　　그래서 2회차에서 낙찰받은 낙찰자는 입찰보증금을 포기하면서까지 잔금을 납부하지 않은 듯하고, 재매각 절차에서 1회 더 유찰된 후 채권자는 입찰

▼ 경기도 이천시 아파트의 예고등기

RBY AUCTION
■ Real Estate for You

관심물건 | 상담신청 | 법원정보 | 🖶 인쇄

♠ 2012타경 8647

여주지원 5계 전화 : (031)880-7449

소 재 지	경기 이천시 신둔면 수광리 ■■ 수광엘리시움 101동 15층 1■■				
경매구분	기일입찰	채 권 자	창신■(새)	매 각 기 일	종결물건
용 도	아파트	채무/소유자	이■■	접 수 일	2012-06-05
감 정 가	104,000,000	청 구 액	66,416,770	경매개시일	2012-06-07
최 저 가	50,960,000 (49%)	토지총면적	33 ㎡ (9.99평)	배당종기일	2012-09-12
입찰보증금	30% (15,288,000)	건물총면적	40 ㎡ (12.1평)	조 회 수	금일2 공고후2 누적2

구분	입찰기일	매각금액	결과
	2015-01-28		종결
4차	2014-12-03	50,960,000	매각
		77,600,000 (74.6%)	
			(입찰 6명)
3차	2014-09-24	50,960,000	변경
	2014-08-20	72,800,000	유찰
2차	2014-06-11	72,800,000	매각
		76,523,300 (73.6%)	

♠ 임차조사

임차인	전입일	확정/배당요구	보증금/월세	용도/점유	비고
원■■	2011-11-14	확정:2011-11-14 배당:2012-07-19	40,000,000	주거 방2	
기타참고	◆임차인점유				

♠ 등기권리

구분	권리명	접수일	권리자	금액	기타	소멸
집합	소유	2011-08-30	이■■		전소유자:휴먼■■■	
	근저	2011-08-30	창신■(새)	80,600,000	말소기준권리	소멸
	예등	2011-09-28	인천지방법원		2011 가합 16581 ■■종합건설 소유권일부(4/60)말소예고등기	소멸
	임의	2012-06-07	창신■(새)	청구금액: 66,416,770	2012타경8647	소멸
	압류	2014-02-28	국민건강보험공단 안양동안지사			소멸

> 건물 일부에 대한 예고등기

참고사항	·예고등기 ·재매각 · 소유권일부에 말소예고등기 있음, 특별매각조건 매수보증금 30%

♠ 매각사례

인근물건	매각일자	감정가	매각가	응찰자수	매각가율
고담동 아파트 건물25.66평 토지32.55평	2018-04-25	205,000,000	163,899,000	2	80%
창전동 아파트 건물17.01평 토지9.54평	2018-04-25	183,000,000	158,100,000	6	86.4%
호법면 아파트 건물18.14평 토지15.7평	2018-04-18	150,000,000	147,999,999	6	98.7%
증포동 아파트 건물25.71평 토지12.94평	2018-04-11	221,000,000	191,828,600	2	86.8%
증일동 아파트 건물25.7평 토지15.72평	2018-03-21	291,000,000	245,300,000	9	84.3%

기일변경신청서를 제출했다. 예고등기의 본안이 확정될 때까지 기다리기 위해 기일변경신청서를 제출한 것으로 보이고, 얼마 후 속행된 경매절차에서 6명이나 입찰표를 제출하여 낙찰됐다.

4

Chapter

까다로운 임차인 권리분석 마스터하기

김샘의 유튜브 특강 포인트

제5강 전세권

- 전세권의 두 가지 권능
- 전세권자의 의사표시
- 인수되는 선순위 전세권
- 소멸되는 선순위 전세권

제6강 임대차보호법

- 임차인의 대항력
- 임차인의 우선변제권
- 인수되는 선순위 임차권
- 배당의 함정

임차인을 보호하는 법

임차인을 위한 주택임대차보호법

임차인을 위한 규정만 많고 임대인을 위한 규정이 없는 이유가 무엇인지 살펴보자.

임차인을 위한 법

주택임대차보호법은 제1조에 "주거용 건물의 임대차(賃貸借)에 관하여 민법에 대한 특례를 규정함으로써 국민 주거생활의 안정을 보장함을 목적으로 한다" 고 밝히고 있다. 그런데 임대인을 보호하는 규정은 거의 찾아볼 수 없다.

민사의 기본법인 민법에도 임대차에 관한 규정이 있다. 그런데도 주택임대차 보호법이라는 특별법을 제정한 이유는 임대인에 비해 상대적으로 약자인 임 차인을 보호하기 위해서다. 그러니 임차인을 위한 규정이 많은 것은 당연하다. 임차인을 편애하는 주택임대차보호법의 당위성은 인정하지만, 그로 인해 경매 주택을 낙찰받을 경우 낙찰자는 임차인으로 인해 손해를 보는 경우도 발생할 수 있음을 명심해야 한다.

주택임대차보호법의 규정 중에 주택이 경매로 매 각될 경우 부동산상의 권리 관계에 영향을 미칠 수 있는 규정을 위주로 경매 주택의 임차인에 대 한 분석 요령을 배워보자.

주택임대차보호법은 어디까지 적용될까?

> 제2조(적용 범위) 이 법은 주거용 건물(이하 "주택"이라 한다)의 전부 또는 일부의 임대차에 관하여 적용한다. 그 임차주택의 일부가 주거 외의 목적으로 사용되는 경우에도 또한 같다.

인적 범위

자연인 | 주택임대차보호법의 규정에 따라 보호를 받을 수 있는 임차인은 원칙적으로 자연인인데, 자연인이란 '생물학적으로 살아 있는 사람'을 뜻한다.

법인 | 민법에서는 사단이나 재단, 조합과 같은 법인에도 법률 행위를 할 수 있는 인격을 제한적으로 부여한다. 그러나 법인은 원칙적으로 주택임대차보호법상의 임차인이 될 수 없다. 다만 법인에도 대항력이 인정되는 경우가 있다.

1. 국민주택기금을 재원으로 하여 저소득층 무주택자에게 주거생활 안정을 목적으로 전세 임대주택을 지원하는 법인(한국토지주택공사, 지방공사)이 주택을 임차한 후, 지방자치단체의 장 또는 그 법인이 선정한 입주자가 그 주택을 인도받고 주민등록을 마친 경우.

2. 중소기업기본법에 따른 중소기업에 해당하는 법인이 소속 직원의 주거용으로 주택을 임차한 후, 그 법인이 선정한 직원이 해당 주택을 인도받고 주민등록을 마친 경우.

물적 범위

주거용 건물 | 주택임대차보호법은 주거용 건물의 임대차에 적용되므로 상가나 점포, 사무실, 공장, 창고 등의 임차인은 원칙적으로 보호받을 수 없다. 다만 건축물대장상에 주거용 건축물로 표시되지 않았거나 미등기, 무허가 건물이라도 임차인이 사실상 주거용으로 사용하고 있다면 주택임대차보호법의 규정에 따른 주거용 건물로 본다.

주택임대차보호법은 주택의 임대차에 관하여 민법에 대한 특례를 규정함으로써 국민의 주거생활의 안정을 보장함을 목적으로 하고 있고, 주택의 전부 또는 일부의 임대차에 관하여 적용된다고 규정하고 있을 뿐 임차주택이 관할관청의 허가를 받은 건물인지, 등기를 마친 건물인지 아닌지를 구별하고 있지 아니하므로, 어느 건물이 국민의 주거생활의 용도로 사용되는 주택에 해당하는 이상 비록 그 건물에 관하여 아직 등기를 마치지 아니하였거나 등기가 이루어질 수 없는 사정이 있다고 하더라도 다른 특별한 규정이 없는 한 같은 법의 적용대상이 된다.

(대법원 2007년 6월 21일 선고 2004다26133 전원합의체 판결 '배당이의')

주거용 건물의 일부가 주거 이외의 목적으로 사용되는 경우 | 주택의 일부를 점포나 창고 등으로 사용하는 경우에도 주택임대차보호법이 적용된다. "주택임대차보호법의 규정에 따른 주거용 건물에 해당하는지 여부는 임대차 목적물의 공부상의 표시만을 기준으로 할 것이 아니라 실제 용도에 따라 정해야 하고, 건물의 일부가 임대차 목적으로 주거용과 비주거용으로 겸용되는 경우에는 구체적인 경우에 따라 임대차의 목적, 전체 건물과 임대차 목적물의 구조와 형태 및 임차인의 임대차 목적물의 이용 관계, 그리고 임차인이 그곳에서 일상생활을 영위하는지 여부 등을 아울러 고려하여 합목적적으로 결정해야 한다"(대법원 1988년 12월 27일 선고 87다카2024 판결 '점포명도')는 판례가 있다.

일시 사용을 위한 임대차 | 일시 사용을 위한 임대차인 경우에는 주택임대차보호법이 적용되지 않는다. 업무상 장기 출장으로 현지의 여관이나 민박집을 한 달 정도 빌려 생활했다면, 임대차의 목적이 주거용이더라도 주택임대차보호법이 적용되지 않는다는 말이다.

02

>>>

강력한 임차인의 대항력

임차인의 대항력에 대한 권리분석을 잘못하면 손해를 볼 수 있다. 찬찬히 살펴보자.

대항력이란?

대항력은 이미 발생한 법률관계를 제3자에게 주장할 수 있는 효력을 말한다. 임차인의 대항력이란, 임차주택의 소유권이 제3자에게 이전되더라도 자신의 임차권을 새로운 소유자에게 주장할 수 있는 힘이다. 그러나 이 힘은 임대차계약만으로 발생하지 않고, 일정한 요건(대항 요건)을 구비해야 한다.

[주택임대차보호법]
제3조(대항력 등) ① 임대차는 그 등기(登記)가 없는 경우에도 임차인이 주택의 인도와 주민등록을 마친 때에는 그다음 날부터 제3자에 대하여 효력이 생긴다. 이 경우 전입신고를 한 때에 주민등록이 된 것으로 본다.
④ 임차주택의 양수인(그 밖에 임대할 권리를 승계한 자를 포함한다)은 임대인의 지위를 승계한 것으로 본다.
제3조의5(경매에 의한 임차권의 소멸) 임차권은 임차주택에 대하여 민사집행법에 따른 경매가 행하여진 경우에는 그 임차주택의 경락(競落)에 따라 소멸한다. 다만, 보증금이 모두 변제되지 아니한, 대항력이 있는 임차권은 그러하지 아니하다.

대항력은 어떻게 생길까?

임차인이 임대인과 주택에 대한 임대차계약을 체결한 후, 동사무소에 임차한 주택으로 전입신고를 마치고 입주(점유)하면 그다음 날(새벽 0시)부터 제3자에 대한 대항력이 발생한다.

전입신고와 점유라는 두 요건이 모두 충족되어야 대항력이 발생하며, 한 날에 충족되지 않으면 나중에 충족된 날 대항 요건을 갖춘 것으로 본다. 즉 임

임차인의
대항력=전입신고+
점유

임차인이 대항력이 있으면 인수
선순위에 돈이 목적인
권리가 있으면 **소멸**

차인이 이사를 먼저 하고 전입신고를 나중에 했다면 전입신고를 한 다음 날 0시부터 대항력이 발생하고, 전입신고를 먼저 하고 이사를 나중에 했다면 이사한 다음 날 0시부터 대항력이 발생한다.

그런데 임차인이 이사한 날은 기록으로 남지 않으니 입찰자 입장에서는 알 수 없다. 따라서 입찰자는 전입신고를 기준으로 경매 주택 임차인의 대항력 발생 시점을 판단할 뿐이다.

또한 대항 요건을 구비하여 대항력을 얻었더라도 중간에 다른 곳으로 전출하면 대항력은 소멸된다. 다시 전입신고를 하더라도 기존의 대항력이 소급하여 부활하는 것이 아니라, 다시 전입신고한 다음 날 새로운 대항력이 발생한다. 그만큼 대항력의 취득 시점이 늦어지는 셈이다.

【판결 요지】
[1] 주택임대차보호법이 제3조 제1항에서 주택임차인에게 주택의 인도와 주민등록을 요건으로 명시하여 등기된 물권에 버금가는 강력한 대항력을 부여하고 있는 취지에 비추어 볼 때, 달리 공시방법이 없는 주택임대차에 있어서 주택의 인도 및 주민등록이라는 대항요건은 그 대항력 취득시에만 구비하면 족한 것이 아니고 그 대항력을 유지하기 위하여서도 계속 존속하고 있어야 한다.
[2] 주택의 임차인이 그 주택의 소재지로 전입신고를 마치고 그 주택에 입주함으로써 일단 임차권의 대항력을 취득한 후 어떤 이유에서든지 그 가족과 함께 일시적이나마 다른 곳으로 주민등록을 이전하였다면 이는 전체적으로나 종국적으로 주민등록의 이탈이라고 볼 수 있으므로 그 대항력은 그 전출 당시 이미 대항요건의 상실로 소멸되는 것이고, 그 후 그 임차인이 얼마 있지 않아 다시 원래의 주소지로 주민등록을 재전입하였다 하더라도 이로써 소멸되었던 대항력이 당초에 소급하여 회복되는 것이 아니라 그 재전입한 때부터 그와는 동일성이 없는 새로운 대항력이 재차 발생하는 것이다.
(대법원 1998년 1월 23일 선고 97다43468 판결 '배당이의')

주민등록이 대항력의 요건이 될까?

주택임대차보호법에서 주택의 인도와 더불어 대항력의 요건으로 규정하는 주민등록은 거래의 안전을 위하여 임차권의 존재를 제3자가 명백히 인식할 수 있게 하는 공시 방법이다.

주민등록이 임대차를 공시하는 효력이 있는지 여부는 주민등록으로 제3자가 임차권의 존재를 인식할 수 있는가에 따라 결정된다. 따라서 주민등록이 대항력의 요건을 충족시킬 수 있는 공시 방법이 되려면 형식적으로 주민등록이 된 것만으로는 부족하고, 주민등록에 의해 표상되는 점유 관계가 임차권을 매개로 하는 점유임을 제3자가 인식할 수 있어야 한다(대법원 1999년 4월 23일 선고 98다32939 판결 '건물명도').

가령 봉팔 씨가 자신이 소유한 주택에서 주민등록과 전입신고까지 마친 후 거주하다가, 나부자에게 매도하는 동시에 그 주택을 다시 임차했다고 하자.

잔금을 지급하는 날부터는 주택의 거주 관계를 바꾸어 봉팔 씨가 임차인의 자격으로 거주하기로 약정했던 것이다. 그런데 나부자 명의로 소유권이전등기를 한 것이 잔금을 치른 날로부터 한참 지난 후라면, 제3자로서는 봉팔 씨로부터 나부자 앞으로 소유권이전등기가 완료되기 전에는 봉팔 씨의 주민등록이 소유권이 아닌 임차권을 매개로 하는 점유라는 것을 인식하기 어렵다.

따라서 봉팔 씨의 주민등록은 나부자 명의로 소유권이전등기를 마치기 전에는 주택임대차의 대항력을 인정받는 적법한 공시 방법으로서의 효력이 없다. 등기를 마친 후에야 비로소 봉팔 씨와 나부자 사이의 임대차가 유효하다고 공시된다는 말이다.

대항력의 효력은?

이렇게 임차인에게 대항력이 발생하면 주택의 양수인(낙찰자도 양수인에 포함)은 임대인의 지위를 승계한 것으로 본다.

임대인의 지위란 임대차에 대해 임대인이 갖는 모든 권리와 의무를 말하는데, 권리는 문제될 것이 없겠지만 의무는 다르다. 의무를 승계하게 되면 낙찰받아서 소유권을 취득하고도 임대차의 만기까지 낙찰받은 주택의 인도를 임차인에게 청구할 수 없을 뿐만 아니라, 만기가 되어 임차인이 이사를 가면 임대차보증금을 반환해 주어야 한다.

물론 권리도 승계하므로, 기존의 임대차에 차임(월세)의 지급에 관한 약정이 있다면 낙찰자는 만기까지 임차인에게 차임의 지급을 청구할 수 있다.

낙찰 후 임차권은 인수될까?

임차권도 권리 중 하나이므로, 권리분석의 기본 원칙은 임차권의 인수와 소멸에 대한 판단에도 적용된다. 다만 임차권은 본질적으로 대항력을 지닌 권리가 아니라 별도의 요건을 구비해야 한다. 그러므로 대항 요건을 구비하지 못한 임차권은 대항력이 없으므로, 어떠한 경우라도 낙찰자에게 인수되지 않는다.

또한 대항 요건을 구비한 임차권은 대항력이 있으므로, 매각되어도 낙찰자에게 인수되는 본질을 지닌다(제1원칙). 그러나 임차권이 대항력을 갖춘 시점보다 선순위로 '금전이 목적인 권리'가 있다면 그 권리의 보호를 위해 임차권은 소멸된다(제2원칙).

임차권도 등기할 수 있지만, 여기에서는 등기된 임차권을 빼고 설명하려 한다(등기된 임차권은 다른 곳에서 다룰 것이다). 따라서 뒤에서 살펴볼 사례의 표는 등기 순서가 아니라 권리 취득의 순서를 기준으로 표시했다고 보면 된다.

대항력 있는 임차권, 대항력 없는 임차권

부동산 경매의 권리분석을 조금이라도 공부해 본 독자라면 말소기준권리 이론에 따라 임차권의 인수와 소멸을 암기했을 테니, 대항력 있는 임차권이 소멸된다는 말이 다소 생소할 것이다. 일단 현장 사례부터 살펴보자.

서울시 노원구 상계동 아파트, 매각으로 소멸되는 임차권

임차인의 대항력 여부를 판단하기 위해서는 임차인이 실제로 해당 주택에 거주하고 있는지 따져봐야겠지만, 입찰자 입장에서 명확히 확인할 수 있는 방법이 없으니 실제로 거주하고 있는 것으로 인정하고 권리분석을 해야 할 것이다.

후순위의 임차권은 소멸된다

서울시 노원구 상계동의 17층 33평 아파트가 경매로 나왔다. 감정가는 3억 5,000만원이었는데, 1회 유찰돼 감정평가금액의 80%인 2억 8,000만원을 최저매각가격으로 2차 매각절차를 앞두고 있다. 이 경매사건은 아파트인데도 방한 칸(전체 방3개)이 임차되어 있다. 임차권 분석을 꼼꼼히 해보자.

　이 사건의 임차인 추○○은 2013년 12월 12일에 전입신고를 마쳤으므로, 주택임대차보호법의 규정에 따른 대항력을 지니고 있다. 따라서 추씨의 임차권은 원칙적으로 매각되어도 낙찰자에게 인수된다. 이는 권리분석의 제1원칙에 해당하지만, 주택임대차보호법 제3조 제1항과 제4항은 직접적이고도 친절하게 대항력이 있는 임차권의 인수를 규정하고 있다.

　그러나 이 규정을 예외 없이 적용하면 추씨가 대항 요건을 구비하기 전인 2012년 9월 27일에 근저당권을 설정한 국민은행이 피해를 본다. 임차권이 인수될 것으로 판단한 입찰자들은 이 경매사건에 아예 입찰하지 않거나, 임차인의 보증금을 감안한 낮은 금액으로 입찰할 것이기 때문에 국민은행의 배당재원을 확보하는 데 심각한 장애가 발생할 수 있기 때문이다.

　대항력 있는 임차권은 낙찰자에게 인수되지만(제1원칙), 선순위로 '금전이 목적인 권리'가 설정된 후에 대항 요건(주민등록과 점유)을 구비했다면, 선순위의 채권자에게 배당해 줄 재원을 확보하기 위해 대항력 있는 임차권이라도 소멸된다(제2원칙).

▼ 서울시 노원구 상계동 아파트, 매각으로 소멸되는 임차권

REY AUCTION
■ Real Estate for You

관심물건 | 상담신청 | 법원정보 | 🖨 인쇄

♠ 2017타경 105579

서울북부지방법원 2계 전화 : (02)910-3672

소 재 지	서울 노원구 상계동 ▨▨ 설림 101동 17층 ▨▨▨				
경매구분	기일입찰	채 권 자	홍계▨	매각기일	2018-05-28 (10:00) [22일전]
용 도	아파트	채무/소유자	조▨▨	접 수 일	2017-11-03
감 정 가	350,000,000	청 구 액	166,608,866	경매개시일	2017-12-07
최 저 가	280,000,000 (80%)	토지총면적	28 ㎡ (8.49평)	배당종기일	2018-02-19
입찰보증금	10% (28,000,000)	건물총면적	85 ㎡ (25.56평) [33평형]	조 회 수	금일2 공고후14 누적37

구분	입찰기일	매각금액	결과
2차	2018-05-28	280,000,000	진행
1차	2018-04-23	350,000,000	유찰

♠ 임차조사

대항력이 있어도 소멸되는 임차권 →

임차인	전입일	확정/배당요구	보증금/월세	용도/점유	비고
추▨▨	2013-12-12	확정:2017-12-21 배당:2017-12-27	30,000,000	기타 일부(방1)	
기타참고	*현황조사를 위하여 현장을 방문. 폐문부재로 소유자 및 점유자들을 만나지 못하여 안내문을 투입하였으나 아무 연락이 없어 점유자 확인 불능임. 전입세대주 이▨▨(소유자 남편),추▨▨를 발견하여 주민등록 표에 의하여 작성하였음.				

♠ 등기권리

구분	권리명	접수일	권리자	금액	기타	소멸
집합	소유	2007-08-23	조▨▨		전소유자:▨▨산업진흥	
	근저	2012-09-27	국민은행 노원	15,600,000	말소기준권리	소멸
	강제	2017-12-07	홍계▨	청구금액: 166,608,866	2017타경105579	소멸

♠ 매각사례

인근물건	매각일자	감정가	매각가	응찰자수	매각가율
상계동 아파트 건물8.87평 토지5.06평	2018-04-16	145,000,000	131,230,000	2	90.5%
월계동 아파트 건물14.97평 토지9.84평	2018-04-16	270,000,000	256,780,000	15	95.1%
하계동 아파트 건물21.38평 토지10.53평	2018-04-09	395,000,000	453,999,000	6	114.9%
공릉동 아파트 건물2.53평 토지1.08평	2018-04-09	37,200,000	37,200,000	1	100%
중계동 아파트 건물15.42평 토지7.53평	2018-03-26	297,500,000	161,000,000	1	54.1%

말소기준권리 이론에 의하면, 157쪽 〈현장사례〉에서 국민은행의 근저당권이 말소기준권리가 되고 그보다 후순위인 추씨의 임차권은 '대항력 없는 임차인'이라서 매각으로 소멸한다. 사실 말소기준권리 이론에 의해 분석해도 임차권의 인수와 소멸에 관한 분석 결과는 차이가 없다. 문제는 잘못된 용어를 사용함으로써 혼란을 일으킬 수 있다는 점이다.

추씨는 대항력 없는 임차인이 아니다. 주택임대차보호법 제3조 제1항의 규정에 따르면 임차인은 주민등록(전입신고)과 점유만으로도 대항력을 취득한다. 말소기준권리보다 후순위의 임차인은 주민등록과 점유에도 대항력을 취득하지 못한다는 취지의 규정은 찾아볼 수 없다. 경매가 아니라 일반 매매로 주택의 소유권이 이전된 경우에 임차인이 대항 요건을 구비하고 있다면, 후순위의 임대차라도 매수인에게 임대인의 지위가 승계된다는 사실은 후순위의 임차인이라도 대항력이 있음을 보여준다.

선순위인 '금전이 목적인 권리'를 보호하기 위해 예외적으로 소멸되더라도 전세권은 전세권이고 지상권은 지상권이고 가처분등기는 가처분등기인 것과 마찬가지로, 대항력 있는 임차인도 대항력 있는 임차인이다. 다만 선순위의 '금전이 목적인 권리'에 대항하지 못할 뿐이지, 대항력 자체가 부정되는 것은 아니라는 말이다.

부동산 경매에 관한 서적이나 강의, 심지어는 인터넷 경매정보 사이트에서조차 대항 요건을 구비하고 있는데도 후순위라서 매각으로 소멸하는 임차권을 '대항력 없는 임차권'이라고 표현한다. 좀더 쉽게 의미를 전달하기 위해 용어를 단순화했다고 이해할 수는 있지만, 정확한 의미를 알고 사용하는 것과 모르고 사용하는 것은 차원이 다르다. 또 의미를 쉽게 전달한다는 명분이 있어도 '단순화'가 본연의 의미를 왜곡한다면 얻는 것보다 잃는 것이 더 많을 수도 있다.

본질은 어떠한 경우라도 바뀌지 않는다(제1원칙). 양립할 수 없는 2개 이상의 본질이 서로 충돌할 때 어떤 본질을 우선으로 인정할지 여부가 문제일 뿐이다(제2원칙).

임차인의 전입신고일을 확인하자

임차인의 대항력은 임차인이 경매 주택으로 전입신고를 한 시점과 관련이 있다. 그래서 주택 경매사건의 현황 조사서에는 임차인의 전입신고일이 분명히 기재된다. 입찰자는 현황 조사서를 통해 임차인에 관한 정보를 얻을 수 있지만, 경매 주택에 전입신고된 세대주 성명과 전입신고일은 동사무소를 방문하여 직접 확인할 수도 있다. 주택이 경매 절차에 있다는 증빙(대법원 또는 사설 경매정보 사이트의 출력물)과 본인의 신분증을 지참하고 동사무소를 방문하면 열람할 수 있다.

임차인의 대항력 발생 시점은?

임차인에게 대항력이 발생한 시점은 주택 경매사건의 입찰자에게 매우 민감한 사항이다. 등기상 최초로 설정된 '금전이 목적인 권리'보다 대항력이 발생한 시점이 빠른지 여부에 따라 낙찰자는 임대차의 부담을 고스란히 떠안을 수도 있기 때문이다.

원칙적으로 임차인이 전입신고한 다음 날 0시에 대항력이 발생하지만, 상황에 따라서는 표면적인 전입신고일과 다른 시점에 대항 요건을 구비했다고 보는 경우도 있다. 그러므로 이러한 변수를 고려하지 않으면 또 다른 위험이 도사리고 있을지도 모른다.

세대합가

[1] 주택임대차보호법 제3조 제1항에서 규정하고 있는 주민등록이라는 대항 요건은 임차인 본인뿐만 아니라 그 배우자나 자녀 등 가족의 주민등록을 포함한다.
[2] 주택 임차인이 그 가족과 함께 그 주택에 대한 점유를 계속하고 있으면서 그 가족의 주민등록을 그대로 둔 채 임차인만 주민등록을 일시 다른 곳으로 옮긴 경우라면, 전체적으로나 종국적으로 주민등록의 이탈이라고 볼 수 없는 만큼, 임대차의 제3자에 대한 대항력을 상실하지 아니한다.
(대법원 1996년 1월 26일 선고 95다30338 판결 '배당이의')

세대합가란 주민등록상 별도의 세대를 구성하고 있던 가족 구성원이 하나로 합치는 것을 말하는데, 이 과정에서 입찰자가 빠지기 쉬운 함정이 도사리고 있다.

세대합가의 경우, 대항력은 언제 구비될까?

신씨는 부산에서 거주하며 부인과 자녀 2명을 둔 가장이었는데, 직장을 서울로 옮기게 되어 가족 모두 서울로 이사하기로 마음먹었다. 그러나 신씨는 부산에서 정리할 일이 남아 있었다. 마침 새 학기가 시작되어서 할 수 없이 부인 강씨와 자녀들만 먼저 이사하기로 했다. 서울에서 마음에 드는 집을 찾아서 등기부등본을 확인해 보니, 어떤 권리도 설정되지 않은 안전한 집이었다. 결국 이 빌라를 계약하고 부인과 자녀들만 먼저 이사했고, 주민등록도 이전했다(2010년 4월 19일). 세대분가가 이루어진 셈이다. 그후 부산에서 정리를 마친 신씨가 서울의 가족들이 거주하고 있는 빌라로 이사하고 전입신고를 마쳤다(2012년 3월 8일). 다시 세대합가한 것이다.

		전입세대열람 내역(동거인포함)							
행정기관: 서울특별시 성북구 형파동						작업일시 : 2014년 02월 26일 15:15 페 이 지 : 1			
주소 : 서울특별시 성북구 보국문로8다길 (일반+지하) 호 서울특별시 성북구 호									
순번	세대주성명	전입일자 등록구분	최초전입자	전입일자	등록구분	동거인수	동거인사항		
		주 소					순번 성명	전입일자	등록구분
1	신 **	2012-03-08 거주자 서울특별시 성북구 보국문로8다길 , (2/2) 호 (정롱동)	강 **	2010-04-19	거주자				
							- 이하여백 -		

세대분가와 세대합가가 이루어진 전입신고 내역

그런데 남편과 아내의 전입신고 시점 사이에 이 집에 근저당권이 설정되었다. 경매가 진행될 경우, 임차인 신씨는 낙찰자에게 대항할 수 있다. 본인의 전입일자는 근저당권보다 후순위이지만, 같은 세대를 구성하고 있는 부인 강씨는 근저당권보다 전입일자가 빠르기 때문이다. 그러므로 경매 절차에서 배당받지 못한 임대차보증금이 있다면 그 보증금의 반환을 낙찰자에게 청구할 수 있다.

입찰자는 동사무소에서 세대열람을 할 때 세대주와 별도로 그 세대에 최초 전입자가 따로 있다면, 세대주의 전입일자가 아닌 최초 전입자의 전입일자를 기준으로 권리분석을 해야 한다.

임차권의 양도 · 양수 및 전대차

현재 사는 임차인이 혹시 전 임차인으로부터 계약을 이어받은 것은 아닌지 특히 주의해야 한다.

등기되지 않은 임차권도 임대인의 동의를 얻어 양도 · 양수할 수 있다. 임차인이 임차하고 있던 주택에서 다른 곳으로 이사하는 경우, 보통 기존의 임대차를 해지하고 다른 임차인과 임대차계약을 체결함으로써 새로운 임대차의 효력이 발생한다. 그런데 임차인이 이주하면서 임대차를 해지하지 않고 다른 사람에게 양도하는 경우가 있다. 이렇게 되면 임대차를 양수받은 새로운 임차인은 대항 요건(전입신고와 점유)을 구비한 다음 날 대항력을 취득하는 것이 아니라, 원래의 임차인이 갖고 있던 대항력을 임차권과 함께 승계받는다.

임대차 양도 사실을 확인하려면?

문제는 이러한 주택이 경매되는 경우, 입찰자가 동사무소에서 세대열람을 하더라도 양도 · 양수의 사실을 알 방법이 없어서 새로운 임차인의 전입신고일을 기준으로 대항력의 효력 발생 시점을 판단할 수밖에 없다는 것이다.

순위	권리자	권리 내용	비고
1	나부자	소유권	2010년 3월 2일 취득
2	박교수	근저당권	2011년 12월 17일 등기 접수
3	김봉팔	임차권	2012년 1월 13일 전입신고
4	강도균	가압류	2013년 1월 17일 등기 접수
5	김미도	임의경매 개시 결정	2013년 4월 26일 개시 결정

위와 같은 권리관계가 있는 주택이 경매로 매각된 경우, 표면적으로 임차인 김봉팔은 전입신고일이 박교수의 근저당권 설정일보다 늦으므로 낙찰자에게 대

항할 수 없다.

　그런데 김봉팔이 임대인인 나부자와 새롭게 임대차계약을 체결한 것이
아니라, 박교수의 근저당권 설정일보다 먼저 대항력을 취득한 원래의 임차인
김미도에게 임대인 나부자의 동의를 얻어 임차권을 양수했다면 결과가 달라진
다. 임차인 김봉팔의 대항력은 전입신고한 다음 날인 2012년 1월 14일에 취득
한 것이 아니라, 원래의 임차인 김미도의 대항력을 그대로 승계받은 것으로 보
기 때문이다. 결국 임대차의 양도 · 양수 사실을 알 수 없었던 낙찰자는 억울한
피해를 볼 수도 있다.

전차인은 전대인의 대항력을 행사할 수 있다

전대란 임차인이 임차한 주택을 제3자에게 다시 임대하는 행위를 말한다. 이
때 임차인을 '전대인'이라 하고 제3자를 '전차인'이라 하며 이러한 관계를 '전대
차'라 한다. 임대인이 전대차에 동의했다면 전차인은 대항 요건을 구비한 날
짜가 아니라 전대인(원래의 임차인)이 취득하고 있던 대항력을 대신 행사할 수
있다.

> 주택임대차보호법 제3조 제1항에 의한 대항력을 갖춘 주택임차인이 임대인의 동의
> 를 얻어 적법하게 임차권을 양도하거나 전대한 경우, 양수인이나 전차인에게 점유
> 가 승계되고 주민등록이 단절된 것으로 볼 수 없을 정도의 기간 내에 전입신고가 이
> 루어졌다면, 비록 위 임차권의 양도나 전대에 의하여 임차권의 공시방법인 점유와
> 주민등록이 변경되었다 하더라도 원래의 임차인이 갖는 임차권의 대항력은 소멸되
> 지 아니하고 동일성을 유지한 채로 존속한다고 보아야 한다. 이러한 경우 임차권 양
> 도에 의하여 임차권은 동일성을 유지하면서 양수인에게 이전되고 원래의 임차인은
> 임대차관계에서 탈퇴하므로 임차권 양수인은 원래의 임차인이 주택임대차보호법
> 제3조의2 제2항 및 같은 법 제8조 제1항에 의하여 가지는 우선변제권을 행사할 수 있
> 고, 전차인은 원래의 임차인이 주택임대차보호법 제3조의2 제2항 및 같은 법 제8조
> 제1항에 의하여 가지는 우선변제권을 대위 행사할 수 있다.
> (대법원 2010년 6월 10일 선고 2009다101275 판결 '배당이의')

　그런데 문제는 양도 · 양수나 전대차의 사실은 양수인이나 전차인이 스스로 법

원에 신고하지 않는 한, 입찰자는 물론 경매를 진행하는 법원조차도 알 방법이 없다는 사실이다. 임차권의 양도·양수나 전대차는 개인 간의 약정이라서 당사자 간에 작성한 계약서 말고는 그 사실을 확인할 수 없다.

이는 입찰자가 아무리 주의를 기울여도 극복할 수 없는 함정이다. 임차권의 양도·양수나 전대차가 있는 부동산의 경매사건에서 양수인이나 전차인이 법원에 신고하지 않을 경우, 원래의 임차인으로부터 승계받은 대항력을 주장할 수 없도록 하는 등 법률적 보완이 필요한 것으로 보인다.

선순위의 근저당권이 이미 효력을 잃은 경우

아래의 경우, 김봉팔의 임차권은 대항력 발생이 근저당권 설정일보다 늦으므로 매각으로 소멸되어 낙찰자에게 대항할 수 없는 듯 보인다. 그런데 근저당권의 피담보채권이 이미 소멸된 상태라면 어떻게 될까?

순위	권리자	권리 내용	비고
1	나부자	소유권	2010년 3월 2일 취득
2	박교수	근저당권	2011년 12월 17일 등기 접수
3	김봉팔	임차권	2012년 1월 13일 전입신고
4	강도균	가압류	2013년 1월 17일 등기 접수
5	강도균	강제경매 개시 결정	2013년 4월 26일 개시 결정

나부자가 박교수에게 채무를 이미 변제하여 근저당권으로 담보하는 채권(피담보채권)이 소멸된 상태라고 해도, 말소등기를 등기소에 신청하지 않으면 근저당권은 그대로 등기부에 남는다. 그러나 근저당권이 등기상에 남아 있다고 해서 그 효력이 인정되는 것은 아니다. 근저당권은 피담보채권이 소멸되면 따라서 사라진다. 즉 김봉팔의 임차권보다 선순위의 권리는 없고, 김봉팔의 임대차는 낙찰자에게 인수된다.

근저당권자는 당연히 배당받을 수 있는 채권자이므로, 경매 절차에서 채권 계산서나 배당요구서를 제출하지 않더라도 배당을 받을 수 있다. 그러나 실제로는 특별한 사정이 없는 한, 근저당권자가 채권 계산서나 배당요구서를 제출한다. 따라서 이러한 경매사건에서 이해관계인들의 문건접수내역을 살펴보았는데도 근저당권자 박교수가 법원에 아무 문건도 제출하지 않았다면, 일단 경계할 필요가 있다.

그리고 낙찰받는다면 매각 허가가 결정되기 전에 근저당권의 피담보채권 소멸 여부를 서류 열람을 통해 다시 한 번 확인하고, 박교수의 근저당권이 소멸되었다면 법원에 매각불허가를 신청해야 한다. 만약 개인이 아니라 은행이라면 입찰 전에 전화를 걸어 피담보채권의 소멸 여부를 직접 문의하는 것도 좋은 방법이다.

서울시 도봉구 창동 아파트, 부부 사이의 임대차

서울시 도봉구 창동의 14층 43평형 아파트가 경매로 나왔다. 아파트 밀집 지역의 중심에 위치하고 있으며, 지하철 1호선과 4호선의 환승역인 창동역에서 가깝고, 주변에 생활편의시설도 잘 갖추어져 있어서 선호도가 높은 아파트다. 감정가는 5억 3,600만원이었는데, 1회 유찰된 후 4억 5,890만원에 낙찰되었다.

이○○은 2004년 8월 26일에 전입신고를 마침으로써 임차인의 대항력을 취득했기 때문에 임차권은 매각되어도 소멸하지 않고 낙찰자에게 인수된다.

한편 이씨의 전입신고일보다 늦게 근저당권을 설정한 채권자들은 근저당권 설정 당시 이미 임차권이 있음을 알았거나 알 수 있었기 때문에, 임차권을 낙찰자에게 인수시키더라도 선의의 제3자가 아니다(제2원칙).

그런데 이 경매사건의 매각물건명세서에서 주의할 만한 문구가 발견된다.

"이○○: 채무자 겸 소유자 박○○의 전처임."

부부 사이에는 임대차 관계가 인정되지 않는다. 따라서 이씨가 전입신고를 한 2004년 8월 26일에 소유자와 부부관계였다면 임차권을 매개로 한 전입신고가 될 수 없고, 대항력은 인정받지 못한다. 만약 이혼 후에 전남편에게 임차한 것이라면 이혼의 효력이 발생한 다음 날 비로소 이씨는 임차인으로서 대항력을 취득한 셈이다. 결국 이혼의 시점이 중요하다. 하나은행의 근저당권이 설정되기 전에 이혼하고 임대차보증금을 지급했다면 대항력이 인정되겠지만, 근저당권이 설정된 후라면 실제로 임대차했다고 하더라도 낙찰자에게 그 임대차가 승계되지는 않는다.

감정가 대비 85%로 낙찰되었다는 점과, 최고 입찰 금액과 2등의 금액이 비슷하다는 점으로 볼 때, 근저당권이 설정된 후에 이혼한 것으로 판단된다.

▼ 서울시 도봉구 창동 아파트, 부부 사이의 임대차

REY AUCTION
■ Real Estate for You

관심물건 | 상담신청 | 법원정보 | 🖨 인쇄

♦ 2013타경 8113

서울북부지방법원 4계 전화 : (02)910-3674

소 재 지	서울 도봉구 창동 820 창동신도브래뉴1차 101동 14층 1▨▨				
경매구분	기일입찰	채 권 자	하나은행	매각기일	종결물건
용 도	아파트	채무/소유자	박▨▨	접 수 일	2013-03-29
감 정 가	536,000,000	청 구 액	390,550,405	경매개시일	2013-04-01
최 저 가	428,800,000 (80%)	토지총면적	52 ㎡ (15.59평)	배당종기일	2013-06-11
입찰보증금	10% (42,880,000)	건물총면적	122 ㎡ (36.86평) [43평형]	조 회 수	금일1 공고후1 누적1

구분	입찰기일	매각금액	결과
	2014-06-26		종결
2차	2014-04-14	428,800,000	매각
		458,900,000 (85.6%)	
			(입찰 4명)
1차	2014-03-10	536,000,000	유찰

♠ 임차조사

임차인	전입일	확정/배당요구	보증금/월세	용도/점유	비고
이▨▨	2004-08-26	배당:2013-04-30	150,000,000	주거 전부	
기타참고	*현황조사를 위하여 현장을 방문. 입구에 공동호출기 시스템이 설치되어 있어 해당호수에 호출하였으나 무반응하여 점유자 확인 불능임. 전입세대주 이▨▨을 발견하여 주민등록 표에 의하여 작성하였음. *이▨▨ : 채무겸소유자 박▨▨의 전처임.				

> 낙찰자에게 인수되는 임차권

♠ 등기권리

구분	권리명	접수일	권리차	금액	기타	소멸
집합	소유	2003-12-10	박▨▨			
	근저	2007-01-15	하나은행 구리	120,000,000	말소기준권리	소멸
	근저	2007-08-08	하나은행 구리	390,000,000		소멸
	근저	2007-09-10	하나은행 구리	13,000,000		소멸
	근저	2008-08-07	하나은행 구리	26,000,000		소멸
	근저	2012-06-22	유▨▨	150,000,000		소멸
	가압	2012-08-09	(주)J▨▨▨	28,995,680		소멸
	압류	2012-09-13	노원세무서			소멸
	압류	2012-09-24	국민건강보험공단 노원지사			소멸
	압류	2013-02-06	서울시도봉구			소멸
	임의	2013-04-01	하나은행 여신관리부	청구금액: 390,550,405	2013타경8113	소멸

♠ 매각사례

인근물건	매각일자	감정가	매각가	응찰자수	매각가율
창동 아파트 건물18.43평 토지7.8평	2018-04-30	308,000,000	277,100,000	3	90%
방학동 아파트 건물25.67평 토지13.1평	2018-04-09	281,000,000	251,332,400	4	89.4%
쌍문동 아파트 건물24.71평 토지10.24평	2018-04-09	340,000,000	300,030,000	4	88.2%
창동 아파트 건물7.34평 토지3.12평	2018-03-26	115,000,000	106,189,000	9	92.3%
도봉동 아파트 건물25.69평 토지10.3평	2018-03-19	360,000,000	356,990,000	24	99.2%

서울시 강서구 화곡동 다세대주택,
전입신고일과 근저당권의 등기 접수일이 같다면?

등기부상의 권리 간에는 같은 순위가 없다. 설령 같은 날에 등기가 접수되어도 접수된 순서대로 부여되는 순위번호 또는 접수번호에 의해 순위를 명확하게 판단할 수 있다. 그러나 임차인의 대항력은 등기부에 기재되는 것이 아니라 전입신고로 요건을 구비하는 것이라서, 등기상의 권리 접수일자와 임차인의 전입신고일이 같다면 어떤 행위가 먼저 일어났는지 구별할 수 없다.

이러한 모호함을 해결하기 위해 임차인의 대항력은 전입신고와 점유를 개시한 시점이 아니라 그다음 날 0시에 발생한다고 규정한 것이다. 한편 등기는 등기소에 접수하는 것이라서 0시에 접수했을 리 없다. 구체적으로 몇 시에 접수했는지까지는 알 수 없지만 등기소의 업무 시간 중에 접수했을 테니, 등기상의 권리와 임차인의 대항력 발생 시점은 같은 순위가 될 수 없다.

서울시 강서구 화곡동의 11.87평의 다세대주택이 감정가 9,000만원에 경매로 나왔다. 그런데 3회 유찰되어 최저매각가격이 4,608만원이었고, 8명이 입찰하여 52,761,000원에 낙찰됐다.

현재 보증금 3,000만원의 임차인이 있는데, 전세가가 높아지고 있음을 감안한다면 전세 계약 기간이 만료된 후 그보다 높은 가격에 전세를 놓을 수 있다. 그렇다면 1,500만원 정도에 사들이는 셈이다. 권리분석상 하자가 없다면 입지나 면적으로 볼 때 성공투자라 할 수 있다.

이 경매사건은 임차인 김O숙의 전입신고일과 북서울농협 근저당권의 접수일이 같다. 그렇다면 북서울농협의 근저당권이 김씨의 대항력보다 효력이 빨리 발생했을 테니, 김씨는 선순위의 근저당권에 대항하지 못한다. 따라서 배당받지 못한 보증금이 있어도 김씨의 임차권은 매각으로 소멸하고, 낙찰자에게 인수되지 않는다.

▼ 서울시 강서구 화곡동 다세대주택, 전입신고일과 근저당권 등기일이 같은 경우

지지옥션 남부3계 2013-24259 화곡동 다세대

소 재 지	서울 강서구 화곡동 ████ ███빌라 █████층 ███호 [활정로███길 ██-██]		
경매구분	임의(기일)	채 권 자	북서울농업협동조합
용 도	다세대	채무/소유자	김██미	매 각 기 일	14.06.24 (10:00) [6일전]
감 정 가	90,000,000 (13.09.02)	청 구 액	33,684,155	다 음 예 정	14.07.29 (36,864,000원)
최 저 가	46,080,000 (51%)	토지총면적	27 m² (8.17평)	경매개시일	13.08.22
입찰보증금	10% (4,608,000)	건물총면적	39.24 m² (11.87평)	배당종기일	13.10.28
조 회 수	· 금일 1	공고후 32	누적 165	· 5분이상 열람 금일 0	공고후 5	누적 19	조회통계

소재지/감정서	물건번호/면 적(m²)	감정가/최저가/과정	임차조사	등기권리
157-010 서울 강서구 화곡동 █████빌라 ███ 호 [활정로███길 ██- ██] ●감정평가서정리 - 벽돌조평슬래브지붕 - 화곡1동주민센터남측 인근 - 주위주상복합건물,오 피스텔,모텔,근린생활 시설,아파트단지,공동 및단독주택등혼재 - 차량출입가능 - 인근밑근거리버스(정), 지하철2,5호선까지산 역소재 - 제반교통상황보통 - 장방형토지 - 동측약6m정도도로접 합 - 도로접합 - 도시가스개별난방 - 도시지역 - 일반상업지역 - 공항시설보호지구 - 최고고도지구 (수평표면:해발 57.86m미만) - 1종지구단위계획구역 - 가축사육제한구역 (지역경제과확인요망) - 대공방어협조구역 (위탁고도:77-257m) - 과밀억제권역 - 수평표면구역 (수평표면) 2013.09.02 김일수감정	물건번호: 단독물건 대지 27/162 (8.17평) 건물 39.24 (11.87평) 2층-86.09.05보존	감정가 90,000,000 · 대지 63,000,000 (70%) (평당 7,711,138) · 건물 27,000,000 (30%) (평당 2,274,642) 최저가 46,080,000 (51.2%) ●경매진행과정 ① 90,000,000 2014-03-11 유찰 ② 20%↓ 72,000,000 2014-04-09 유찰 ③ 20%↓ 57,600,000 2014-05-21 유찰 ④ 20%↓ 46,080,000 2014-06-24 진행 법원기일내역	●법원임차조사 김██숙 전입 2008.07.14 확정 2008.07.14 배당 2013.10.11 (보) 30,000,000 주거/전부 점유기간 2008.7.14- *임차인점유. 폐문부재로 안 내문을 남겨두고 왔으나 아무 연락이 없어 점유관계 미상이 나 전입세대열람내역서상 소 유자세대 아닌 세대주 김██숙 의 주민등록등본이 발급되므 로 임대차관계조사서에 김██ 숙을 일응 임차인으로 등재함 . *김██숙 : 임대차계약서상 보증금 40,000,000원 중 10, 000,000원은 받았다고 함. ───────── 총보증금:30,000,000 ●지지옥션세대조사 전입세대없음 주민센터확 인:2014.02.24	소유권 김██미 2008.07.14 전소유자:김██연 근저당 북서울농협 활계 2008.07.14 38,400,000 임 의 북서울농협 채권관리팀 2013.08.22 *청구액:33,684,155원 등기부채권총액 38,400,000원 열람일자 : 2014.03.25

> 날짜가 같지만 근저당권이 선순위

확정일자를 받은 임차인의 보증금은 우선변제 되곤 하는데, 실제 사례를 살펴보자.

보증금을 한 번 더 보장해 주는 우선변제권

민법의 규정에 따른 임차권은 채권이라서 임차주택의 소유권이 제3자에게 이전되면 새로운 소유자에게 임차권을 주장할 수 없다. 이렇듯 경제적 약자인 임차인은 일정한 요건을 갖추면 대항력을 가진 것으로 인정함으로써 권리를 보호받을 수 있다. 그러나 임차주택이 경매로 매각될 경우, 선순위라면 문제될 것이 없지만 후순위라면 대항 요건을 구비하고도 낙찰자에게 대항할 수 없으므로 보증금을 돌려받지 못하고 주택을 낙찰자에게 인도해야 한다.

따라서 임차인을 제대로 보호하기 위해서는 대항력과는 별도로 경매 절차에서 배당받을 수 있는 권리를 인정해 줄 필요가 있다. 그래서 마련된 규정이 주택임대차보호법 제3조의2 제2항 확정일자에 관한 규정이다.

확정일자란?

확정일자란 증서에 완전한 증거력을 부여하는 법률상의 일자를 말한다. 주택임대차의 경우에는 읍·면·동사무소나 공증기관, 법원, 등기소 등에서 임대차계약서 여백에 날짜가 찍힌 도장을 찍어 주는데 그 날짜가 확정일자다.

임대차계약서에 확정일자를 받으면 확정일자 시점에는 그 계약서가 실재하고 있었다는 완전

임대차 계약서를 들고 주민센터를 방문하면 확정일자 도장을 찍어준다.

한 증거력을 확보하게 된다. 일반적으로는 읍·면·동사무소에 주민등록 전입 신고를 하면서 동시에 확정일자를 요청하는 것이 가장 손쉬운 방법이다. 확정 일자는 반드시 전입신고와 함께 받을 수 있는 것은 아니라서 나중에 받아도 되지만, 그만큼 다른 채권자들에 비해 순위가 뒤로 밀릴 수도 있으니 임차인은 되도록이면 전입신고와 동시에 확정일자를 받아두는 편이 좋다.

확정일자는 언제부터, 어떤 효력을 발휘할까?

임대차계약서에 확정일자를 받은 임차인은 민사집행법에 따른 경매 또는 국세 징수법에 따른 공매가 있을 때, 대지를 포함한 임차주택의 환가 대금에서 후순 위 권리자나 다른 채권자보다 먼저 보증금을 변제받을 수 있는 우선변제권을 인정받는다(주택임대차보호법 제3조의2). 이때 부여받은 확정일자와 다른 권리 들의 설정일자의 선후를 따져 배당의 순위가 결정된다.

우선변제권의 발생 시점은?

그렇다면 확정일자에 따른 우선변제권의 발생 시점은 정확히 언제일까?
주택임대차보호법은 "대항 요건과 임대차계약 증서상의 확정일자를 갖춘 임 차인"은 우선변제권을 취득한다고 규정하고 있다. 다시 말해 확정일자만으로 는 우선변제권을 취득할 수 없고 반드시 대항 요건을 갖추어야 효력도 인정받 는다는 뜻이다.

그런데 여기에서 말하는 '대항 요건'의 의미가 모호하다. 대항 요건은 전 입신고와 주택의 인도(점유)다. 그 요건이 구비되면 그다음 날 대항력을 취득 한다. 이처럼 대항 요건과 대항력은 말을 따져보면 엄연히 다른 것이다. 따라 서 이 규정에서 대항 요건의 의미를 표현 그대로 대항 요건으로 볼 것인지, 대 항력으로 해석할 것인지에 따라 배당 순위가 달라질 수 있다.

확정일자와 근저당권 설정일이 같다면?

예를 들어 임차인이 주택에 입주하는 날 전입신고를 하고 확정일자까지 받았는데 같은 날 근저당권이 설정되었다면, 임차인과 근저당권자 중 누가 선순위로 배당받을 수 있을까?

> 주택임대차보호법 제3조의2 제1항에 규정된 주택임차인의 우선변제권은 주택의 인도와 주민등록, 임대차계약증서상의 확정일자 부여라는 3가지 요건을 모두 갖춘 시점에 즉시 취득한다 할 것이고, 따라서 주택의 인도 후 주민등록 및 확정일자 부여가 같은 날에 이루어진 경우 우선변제권을 취득하는 시점은 주민등록을 한 그다음 날이 아니라 주택의 인도와 주민등록, 임대차계약증서상의 확정일자 부여라는 3가지 요건을 모두 충족한 그 시점이므로, 동일 건물에 대해 임차인이 위 3가지 요건을 모두 갖춘 날과 근저당권 설정일이 같은 경우, 그 임차권과 근저당권은 배당 절차에 있어서 같은 순위로 보아야 한다.
> (서울고법 1997년 4월 16일 선고 96나50393 판결 '배당이의')

서울고등법원의 판례는 대항 요건의 의미를 표현하고 있는 그대로 해석했다. 즉 대항력에 관한 규정과 달리 확정일자에 관한 규정은 '그다음 날 효력이 발생한다'는 취지가 없기 때문에 주택의 인도와 주민등록이라는 대항 요건을 갖췄다면 확정일자를 부여받은 즉시 우선변제권이 발생한다. 그러므로 같은 날 설정된 근저당권과 배당 순위가 같다고 보아야 한다고 판시했다.

그러나 얼마 지나지 않아 대법원은 다른 입장을 취했다. 임차인이 대항 요건을 갖추었더라도 그다음 날 대항력을 인정하는 이유는 등기상에 권리를 설정하는 제3자를 보호하기 위한 것이다. 그러므로 우선변제권에 관한 규정에도 유추하여 적용하는 것이 타당하다고 보아, 위와 같은 경우라면 근저당권자가 배당에서 선순위가 된다고 판결했다.

이처럼 상반된 판례가 있지만 서울고등법원보다 대법원이 상급 법원이고, 이후 대법원의 입장이 일관되게 반복된다는 점(1997년 12월 12일 선고 97다22393 판결, 1998년 9월 8일 선고 98다26002 판결, 1999년 3월 23일 선고 98다46938 판결)과 최근 위와 같은 경우에 임차인과 근저당권자의 배당 순위를 동순위로 하는 주택임대차보호법 제3조 제1항이 인도와 주민등록을 갖춘 다음 날부터 대항력이 발생한다고 규정한 것은 인도나 주민등록이 등기와 달리 간이한 공시 방법이어서 인도 및 주민등록과 제3자 명의의 등기가 같은 날 이루어진 경우에 그 선후관계를 밝혀 선순위 권리자를 정하는 것이 사실상 곤란한 데다가, 제3자가 인도와 주민등록을 마친 임차인이 없음을 확인하고 등기까지 경료하였음에도 그 후 같은 날 임차인이 인도와 주민등록을 마침으로 인하여 입을 수 있는 불측의 피해를 방지하기 위하여 임차인보다 등기를 경료한 권리자를 우선시키고자 하는 취지이고, 같은 법 제3조의2 제1항에 규정된 우선변제적 효력은 대항력과 마찬가지로 주택임차권의 제3자에 대한 물권적 효력으로서 <u>임차인과 제3자 사이의 우선순위를 대항력과 달리 규율하여야 할 합리적인 근거도 없으므로</u>, 법 제3조의2 제1항에 규정된 확정일자를 입주 및 주민등록일과 같은 날 또는 그 이전에 갖춘 경우에는 우선변제적 효력은 대항력과 마찬가지로 인도와 주민등록을 마친 다음 날을 기준으로 발생한다.
(대법원 1997년 12월 12일 선고 97다22393 판결 '배당이의')

법률 개정안이 국회에서 논의되고 있다는 점을 감안할 때, 대항 요건과 확정일자를 같은 날 갖춘 임차인의 우선변제권은 그다음 날 발생한다고 보아야 할 것이다.

김샘의 현장분석

경기도 화성시 향남읍 아파트, 우선변제를 받은 임차인에게 부당이득이 성립할까?

경기도 화성시 향남읍의 전용면적 24평 아파트가 경매로 매각된다. 감정가가 1억 5,200만원이었는데, 1회 유찰되어 최저매각가격이 1억 640만원으로 차감되어 2차 매각절차를 기다리고 있다. 대단지의 아파트는 아니지만 최근 기업이전이 많아 주택수요가 꾸준히 늘고 있는 지역이다. 다만 전세금 1억 1,500만원의 임차인이 있는데, 권리분석상 하자가 없는지 살펴보자.

임차인 공○○는 등기상 최선순위의 근저당권 설정일보다 전입신고일이 빠르기 때문에 일단 낙찰자에게 보증금의 반환을 청구할 수 있는 대항력을 가지고 있다. 공씨는 확정일자 역시 근저당권보다 앞서 받았고 배당요구도 종기 전에 마쳤으니 배당의 순위 역시 1순위다. 따라서 이지역 평균낙찰가율 이상으로 낙찰된다면 임대차보증금 1억1,500만원을 전액 배당받을 수 있을 것으로 보인다.

선순위의 대항력 있는 임차인이라도 배당 절차에서 보증금을 전액 배당받는다면 당연히 임대차는 소멸하기 때문에 낙찰자는 임차인의 보증금을 반환할 부담을 인수하지 않는다.

임차권은 언제 소멸할까?

이처럼 주택임대차보호법상의 대항력과 우선변제권의 권리를 겸유하고 있는 임차인이 우선변제권에 의해 임차주택에 대한 경매 절차에서 배당을 요구하여 보증금 전액을 배당받은 경우, 특별한 사정이 없는 한 임차인이 배당금을 지급받는 시기, 즉 임차인에 대한 배당표가 확정될 때까지는 임차권이 소멸하지 않는다고 해석해야 한다. 그러므로 경락인이 낙찰대금을 납부하여 임차주택에 대한 소유권을 취득한 이후에 임차인이 임차주택을 계속 점유하여 사용·수익했더라도, 임차인에 대한 배당표가 확정될 때까지의 사용·수익은 소멸하지

▼ 경기도 화성시 향남읍 아파트, 임차인이 우선변제 받은 경우

REY AUCTION
■ Real Estate for You

관심물건 | 상담신청 | 법원정보 | 🖨 인쇄

♠ 2017타경 26378

수원지방법원 3계 전화 : (031)210-1263

소 재 지	경기 화성시 향남읍 장짐리 203-17 가림 4층 ■■■				
경매구분	기일입찰	채 권 자	아■	매 각 기 일	2018-05-31 (10:30) [24 일전]
용 도	아파트	채무/소유자	선일 ■■■	접 수 일	2017-10-27
감 정 가	152,000,000	청 구 액	3,085,550	경매개시일	2017-10-30
최 저 가	106,400,000 (70%)	토지총면적	40 ㎡ (12.02평)	배당종기일	2018-01-15
입찰보증금	10% (10,640,000)	건물총면적	79 ㎡ (24.04평)	조 회 수	금일1 공고후5 누적18

구분	입찰기일	매각금액	결과
2차	2018-05-31	106,400,000	진행
1차	2018-04-27	152,000,000	유찰

♠ 임차조사

임차인	전입일	확정/배당요구	보증금/월세	용도/점유	비고
공■호	2015-03-04	확정:2015-03-02 배당:2018-01-11	115,000,000	주거 전부	
기타참고	*현황조사차 방문하였으나 폐문부재로 소유자 및 점유자를 만나지 못하였으며, 이에 '안내문'을 부착하여 두었으나 점유자들의 연락이 없어 점유관계를 확인할 수 없으므로 관할동사무소에서 확인한 전입세대열람결과를 기재함. 전입세대열람결과 임차인세대만 전입되어 있음. 건물 외벽에 가림 213-17 이라고 표시되어 있음(계단출입구에 D동이라고 표시되어 있음)				

♠ 등기권리

구분	권리명	접수일	권리자	금액	기타	소멸
집합	소유	2014-05-02	선일 ■■■		전소유자:김■■	
	압류	2016-01-04	화성세무서		말소기준권리	소멸
	근저	2016-01-28	다인 ■■■■대부	150,000,000		소멸
	압류	2016-07-05	화성시			소멸
	가압	2017-01-04	기술보증기금 송파기술평가	502,694,607	2016 카단 204681 수원	소멸
	가압	2017-04-07	근로복지공단	24,556,890	2017 카단 201241 수원	소멸
	압류	2017-07-05	국민건강보험공단 화성지사			소멸
	강제	2017-10-30	아■	청구금액: 3,085,550	2017타경26378	소멸

♠ 매각사례

인근물건	매각일자	감정가	매각가	응찰자수	매각가율
기안동 아파트 건물25.65평 토지16.79평	2018-05-02	203,000,000	169,000,000	4	83.3%
봉담읍 아파트 건물25.68평 토지14.61평	2018-05-01	240,000,000	201,700,000	4	84%
석우동 아파트 건물24.32평 토지18.76평	2018-04-26	353,000,000	348,100,000	17	98.6%
병점동 아파트 건물25.33평 토지15.85평	2018-04-20	182,000,000	173,300,000	6	95.2%
봉담읍 아파트 건물13.39평 토지4.92평	2018-04-19	118,000,000	119,080,000	5	100.9%

않은 임차권에 의한 것이어서 경락인에 대한 관계에서 부당이득이 성립하지 않는다(대법원 2004년 8월 30일 선고 2003다23885 판결 '건물명도 등').

서울시 송파구 풍납동 아파트, 임차인의 배당은?

임대차계약서에 확정일자를 받았다고 해서 임차인이 당연히 배당에 참여하는 것은 아니다. 배당요구종기 전에 배당을 요구하지 않는다면 배당 절차에 참여할 수 없는데, 이는 임차인의 권리를 보호하기 위해서다.

다음 경매사건에서 임차인 이○○은 전입신고일과 확정일자가 등기상 최선순위 설정일보다 앞서므로 경매 절차에서 가장 먼저 배당받을 수 있다. 또한 배당받지 못한 보증금이 있다면 낙찰자에게 반환을 청구할 수도 있다. 이 경우 임차인은 대항력 또는 우선변제권을 행사할 수 있는데, 배당요구를 했다면 임대차보증금 전액을 가장 먼저 배당받을 수 있다. 보증금을 전액 반환받은 임차권은 소멸하기 때문에 대항력이 있어도 낙찰자에게 인수되지 않는다.

점유자 성 명	점유 부분	정보출처 구 분	점유의 권 원	임대차기간 (점유기간)	보 증 금	차 임	전입신고 일자, 사업자등록 신청일자	확정일자	배당 요구여부 (배당요구일자)
이○○	전부	현황조사	주거 임차인	약 2년 1개월	미상	없음	2015.04.03	2015.04.03	

서울시 송파구 풍납동 경매 아파트의 매각물건명세서 중 임차인 항목

그러나 이씨가 배당요구를 하지 않았다면 낙찰자는 임대차의 부담을 인수해야 한다. 확정일자를 받은 임차인을 무조건 배당 절차에 참여시킨다면, 이씨와 같이 확정일자에 의한 우선변제권과 선순위의 대항력을 확보하고 있는 임차인까지 본인의 의사와 무관하게 보증금을 돌려주고 내쫓는 셈이 된다.

매각물건명세서를 확인해 보니, 이씨는 배당을 요구하지 않았다. 이는 낙찰자에게 임대인의 지위를 인수시켜 임대차 만기까지 계속하여 거주하겠다는 뜻이다. 따라서 낙찰자는 만기까지 기다렸다가 보증금 3억 8,000만원을 반환해 주어야 비로소 이 아파트에 입주할 수 있다.

▼ 서울시 송파구 풍납동 아파트, 임차인이 배당을 요구하지 않은 경우

REY AUCTION
■ Real Estate for You

관심물건 | 상담신청 | 법원정보 | 🖨 인쇄

♠ 2016타경 6112

서울동부지방법원 3계 전화 : (02)2204-2407

소 재 지	서울 송파구 풍납동 261 현대리버빌 ▨ ▨					
경 매 구 분	기일입찰	채 권 자	우리은행	매 각 기 일	2018-06-04 (10:00) [28 일전]	
용 도	아파트	채무/소유자	김 ▨ ▨	접 수 일	2016-08-05	
감 정 가	533,000,000	청 구 액	340,598,548	경매개시일	2016-08-09	
최 저 가	341,120,000 (64%)	토지총면적	32 ㎡ (9.64평)	배당종기일	2016-10-25	
입찰보증금	10% (34,112,000)	건물총면적	85 ㎡ (25.7평) [32평형]	조 회 수	금일1 공고후98 누적174	

구분	입찰기일	매각금액	결과
7차	2018-06-04	341,120,000	진행
6차	2018-04-16	426,400,000	유찰
5차	2018-03-12	533,000,000	유찰
4차	2017-06-05	341,120,000	매각
		386,620,000 (72.5%)	
		(입찰1명)	
3차	2017-03-27	341,120,000	매각
		427,500,000 (80.2%)	

♠ 임차조사

임차인	전입일	확정/배당요구	보증금/월세	용도/점유	비고
이▨▨	2015-04-03	확정:2015-04-03	380,000,000	주거 전부	
기타참고	•소재지에 출장한 바,문이 잠겨있고 거주자가 부재중이어서 조사하지 못하여 점유관계 미상이나 전입세대열람내역 조회결과,주민등록 전입 세대주 이▨▨율 일을 임차인으로 등재함. 부동산현황조사보고서에 의하면 임차인의 배우자가 임차인도 경매에 참여할 예정이므로 보증금을 밝힐 수 없다고 함 •이▨▨:부동산현황조사보고서에 의하면 임차인의 배우자가 임차인도 경매에 참여할 예정이므로 보증금을 밝힐 수 없다고 함, 사실조회 결과 임대차보증금 380,000,000원, 전입 2015.04.03., 확정 2015.04.03일				

♠ 등기권리

구분	권리명	접수일	권리자	금액	기타	소멸
집합	소유	2015-12-30	김▨▨		전소유자:이▨▨	
	근저	2015-12-30	우리은행 중계2동	368,500,000	말소기준권리	소멸
	임의	2016-08-09	우리은행 여신관리부	청구금액: 340,598,548	2016타경6112	소멸
	압류	2017-04-19	서울송파구			소멸

♠ 매각사례

인근물건	매각일자	감정가	매각가	응찰자수	매각가율
풍납동 아파트 건물37.57평 토지20.52평	2018-04-30	739,000,000	837,000,000	2	113.3%
풍납동 아파트 건물34.71평 토지17.49평	2018-04-02	660,000,000	857,891,000	26	130%
풍납동 아파트 건물56.6평 토지23.67평	2018-02-26	909,000,000	961,100,000	7	105.7%
송파동 아파트 건물5.13평 토지3.14평	2018-02-05	140,000,000	183,210,000	7	130.9%
가락동 아파트 건물40.56평 토지24.13평	2018-02-05	777,000,000	1,078,110,000	33	138.8%

이 규정은 선순위로 대항력을 확보하고 있는 임차인에게만 적용되는 규정은 아니다. 모든 임차인은 배당요구를 하지 않는다면 배당 절차에 참여할 수 없다. 따라서 확정일자는 받았지만 선순위의 대항력을 확보하지 못한 임차인이라면 배당요구를 해야 권리를 행사할 수 있다.

주거용 부동산의 경매사건에서 선순위로 대항력과 확정일자를 모두 확보하고 있는 임차인이 있다면, 입찰자는 배당요구 여부를 꼼꼼히 살펴야 한다. 임차인이 배당요구를 하지 않거나, 배당요구종기가 지난 후에 배당을 요구한 경우에는 임대차의 부담이 낙찰자에게 인수된다는 사실을 명심해야 한다.

단, 별도의 배당요구가 없더라도 경매를 신청한 채권자가 임차인이라면 당연히 임차인은 배당을 요구한 것으로 본다.

우선변제 요건을 언제까지 유지해야 할까?

임차인의 우선변제 요건은 주택의 인도(점유)와 전입신고, 확정일자인데, 우선변제의 요건을 언제까지 유지해야 할까?

경매 절차에서 임차인이 배당요구를 할 때까지만 이 요건을 구비하면 된다고 하면, 동일한 임차주택에 대해 또 다른 임차인이 출현하여 배당을 요구하는 등 다른 이해관계인들에게 피해를 입힐 수도 있을 것이다.

그러므로 공시 방법이 없는 주택임대차에서 주택의 인도와 주민등록이라는 우선변제의 요건은 우선변제권을 취득할 때뿐만이 아니라 민사집행법상 배당요구종기까지 유지해야 한다. 즉 확정일자에 의한 우선변제권으로 임차인이 배당요구를 마쳤더라도 우선변제권의 전제가 되는 대항 요건은 배당요구종기까지 유지해야 배당을 받을 수 있다는 말이 된다. 바꿔 말하면, 배당요구종기가 지난 후라면 임차인이 다른 주택으로 전출하더라도 배당에서 제외되는 불이익을 당하지는 않는다.

그러나 실제로 경매사건의 임차인이라면 배당을 받을 때까지 우선변제의 요건을 계속 유지하고 있는 편이 좋다. 배당요구종기가 지난 후에도 경매사건이 얼마든지 취하 또는 취소되어 배당이 이루어지지 않을 수도 있기 때문이다. 이 경우 임차인이 다시 전입신고를 하더라도 재전입 시점에 새롭게 대항력과 우선변제권을 취득한 셈이므로 다시 경매가 개시된다면 불이익을 당하게 될 수도 있다.

그렇다면 경매에 의해 우선변제권은 소멸될까?
경매 절차에서 선순위의 임차인이 보증금을 전액 배당받지 못했다면 임차권은 소멸하지 않는다. 그렇다면 경매에 의해 소멸하지 않은 임차권의 내용에는 대항력뿐만 아니라 우선변제권도 포함되는지 현장사례를 통해 살펴보자.

인천시 강화군 다세대주택,
우선변제권은 소멸될까?

인천시 강화군의 다세대주택이 경매로 매각됐다. 선순위로 대항력을 취득한 임차인 심ㅇㅇ이 있지만, 확정일자 또한 가장 선순위인 데다 배당요구종기 전에 하자 없이 배당요구도 마쳤다. 따라서 낙찰 가격이 2,100만원 이상이라면 (경매비용이 100만원이라고 할 때) 임차인 심씨는 보증금 2,000만원을 전액 배당받을 수 있어 낙찰자에게 임대차의 부담이 승계되지 않는다. 그런데 왜 낙찰가격은 이렇게 낮은 것일까?

소유권이 확정일자 이후에 이전된 경위는?

그러나 여기에는 함정이 도사리고 있다. 임차인 심씨의 전입신고일과 확정일자는 모두 현재의 소유자인 ㅇㅇ디엔씨로 소유권이 이전되기 전의 일이다. 그렇다면 ㅇㅇ디엔씨로 소유권이 이전된 경위를 살펴볼 필요가 있다.

등기부등본을 열람해 보니, 소유자 ㅇㅇ디엔씨는 2013년 3월 8일 강제경매(1차 경매)의 낙찰자였는데 잔금을 모두 납부하여 소유권을 취득했다. 1차 경매의 사건 기록을 열람하니, 경매 절차에서 선순위의 임차인 심씨는 배당을 요구했지만 낙찰 가격은 300만원에 불과했다. 경매 비용을 고려하면 1차 경매 사건에서 심씨가 실제로 배당받은 금액은 200만원 정도였을 테니, 특별한 사정이 없는 한 현재의 경매사건(2차 경매)에서 심씨가 반환받지 못한 보증금은 1,800만원 정도다.

우선변제권은 재활용되지 않는다

문제는 확정일자에 의한 우선변제권은 재활용이 허용되지 않는다는 사실이다. 즉 1차 경매 절차에서 보증금을 전액 배당받지 못한 선순위의 임차권은 소멸하지 않지만, 확정일자에 의한 우선변제권까지 소멸하지 않은 것은 아니라는

▼ 인천시 강화군 다세대주택, 우선변제권만 소멸되는 경우

REY AUCTION
■ Real Estate for You

관심물건 | 상담신청 | 법원정보 | 🖨 인쇄

♠ 2013타경 57360

인천지방법원 22계 전화 : (032)860-1622

소 재 지	인천 강화군 강화읍 국화리 ■■■-■ ■-■■ 서문파크맨션 가동 ■■■				
경매구분	기일입찰	채 권 자	조■■	매각기일	종결물건
용 도	다세대(빌라)	채무/소유자	혁진C■■■	접 수 일	2013-07-04
감 정 가	32,000,000	청 구 액	10,000,000	경매개시일	2013-07-10
최 저 가	3,765,000 (12%)	토지총면적	42 ㎡ (12.84평)	배당종기일	2013-09-23
입찰보증금	10% (376,500)	건물총면적	59 ㎡ (17.79평)	조 회 수	금일1 공고후1 누적1

구분	입찰기일	매각금액	결과
	2014-11-28		종결
7차	2014-09-25	3,765,000	매각
		5,500,000 (17.2%)	
		(입찰 2명)	
6차	2014-08-20	5,378,000	유찰
5차	2014-07-24	7,683,000	유찰
4차	2014-05-26	10,976,000	유찰
3차	2014-04-24	15,680,000	유찰

♠ 임차조사

임차인	전입일	확정/배당요구	보증금/월세	용도/점유	비고
심■■	1995-06-12	확정:1996-06-18 배당:2013-07-29	20,000,000	주거 전부	점유:18년전-
기타참고	•임차인 심■■ 통화(010-7388-8024).주민등록등본 신청하였으나 미발급됨 •심■철:임대차계약서상 계약일은 1996.6.10임				

♠ 등기권리

구분	권리명	접수일	권리자	금액	기타	소멸
집합	소유	2013-04-19	혁진C■■■		전소유자:이기택	
	근저	2013-05-27	조■■	10,000,000	말소기준권리	소멸
	임의	2013-07-10	조■■	청구금액: 10,000,000	2013타경57360	소멸
참고사항	• 도면과 현황상의 위치가 상이하나, 해당층 도면상 각 호별위치의 표기가 없어 현황상 지하층 2호를 기준으로 평가함.					

♠ 매각사례

인근물건	매각일자	감정가	매각가	응찰자수	매각가율
강화읍 다세대(빌라) 건물18.76평 토지24.63평	2018-04-24	60,000,000	42,513,000	5	70.9%
불은면 다세대(빌라) 건물283.72평 토지951.97평	2018-04-13	1,443,536,000	628,000,000	1	43.5%
선원면 다세대(빌라) 건물329.16평 토지406.86평	2018-04-11	1,902,629,000	503,988,000	1	26.5%
강화읍 다세대(빌라) 건물516.19평 토지406.86평	2018-03-23	1,880,000,000	250,000,000	1	13.3%
강화읍 다세대(빌라) 건물102.02평 토지121.3평	2018-03-23	433,670,800	175,001,000	2	40.4%

말이다. 따라서 현재 진행되고 있는 2차 경매 절차에서 심씨는 배당을 요구하더라도 배당받지 못한다. 그러므로 낙찰자는 심씨의 임대차보증금 1,800만원에 대한 반환 의무를 인수한다.

이처럼 주거용 부동산의 경매사건에서 임차인의 전입신고일과 확정일자가 현재의 소유자로 소유권이 이전된 시점보다 앞선 경우에는 반드시 등기부등본을 열람하여 경매로 소유권이 이전된 것은 아닌지 살펴보아야 한다.

주택임대차보호법상의 대항력과 우선변제권의 2가지 권리를 함께 가지고 있는 임차인이 우선변제권을 선택하여 제1경매 절차에서 보증금 전액에 대하여 배당요구를 하였으나 보증금 전액을 배당받을 수 없었던 때에는 경락인에게 대항하여 이를 반환받을 때까지 임대차관계의 존속을 주장할 수 있을 뿐이고, 임차인의 우선변제권은 경락으로 인하여 소멸하는 것이므로 제2경매 절차에서 우선변제권에 의한 배당을 받을 수 없는바, 이는 근저당권자가 신청한 1차 임의경매 절차에서 확정일자 있는 임대차계약서를 첨부하거나 임차권등기 명령을 받아 임차권등기를 하였음을 근거로 하여 배당요구를 하는 방법으로 우선변제권을 행사한 것이 아니라, 임대인을 상대로 보증금반환청구 소송을 제기하여 승소 판결을 받은 뒤 그 확정판결에 기하여 1차로 강제경매를 신청한 경우에도 마찬가지다.
(대법원 2006년 2월 10일 선고 2005다21166 판결 '배당이의')

경기도 가평군 빌라,
낙찰자가 잔금을 납부하지 않은 이유는?

경기도 가평군 청평면의 빌라가 경매로 매각된다. 감정평가금액은 1억 3,000만원인데, 무려 3회나 유찰되어 최저매각가격이 전세보증금에도 미치지 못하는 4,459만원까지 차감됐다. 뿐만 아니라 6,500만원에 1회 낙찰이 됐지만, 낙찰자는 입찰보증금을 포기하면서까지 잔금을 납부하지 않았다.

감정가격이 다소 높게 평가된 느낌은 있지만, 2013년 완공된 빌라로서 비교적 신축빌라라 할 수 있고, 주변환경도 나쁘지 않으니 그 가치가 6,500만원에도 미치지 않는다고 보기는 어렵다. 그렇다면 낙찰자가 잔금을 지급하지 않은 이유는 무엇일까?

우선 등기상의 권리로는 가압류와 경매개시결정등기, 압류가 각 1건씩 있지만, 매각으로 모두 소멸되는 것들이어서 낙찰자에게 인수되는 부담은 없다.

매각물건명세서									
사 건	2017타경7906 부동산강제경매		매각물건번호	2	작성일자	2018.04.24	담임법관 (사법보좌관)	김개변	
부동산 및 감정평가액 최저매각가격의 표시	별지기재와 같음		최선순위 설정	2017.1.10. 가압류			배당요구종기	2017.06.21	
부동산의 점유자와 점유의 권원, 점유할 수 있는 기간, 차임 또는 보증금에 관한 관계인의 진술 및 임차인이 있는 경우 배당요구 여부와 그 일자, 전입신고일자 또는 사업자등록신청일자와 확정일자의 유무와 그 일자									
점유자 성 명	점유 부분	정보출처 구 분	점유의 권 원	임대차기간 (점유기간)	보증금	차 임	전입신고 일자, 사업자등록 신청일자	확정일자	배당 요구여부 (배당요구일자)
이뤄뻐		현황조사	주거 임차인				2013.11.05		
	102호	권리신고	주거 임차인	2013.11.15.~2017.11.14.	75,000,000		2013.11.05	2013.10.11.	2017.08.30

경기도 가평군 빌라의 매각물건명세서 중에서

임차인 이○○은 전입신고일과 확정일자가 등기상 최선순위 설정일보다 앞서므로, 경매절차에서 배당요구를 했다면 가장 먼저 배당받고, 배당요구를 하지 않았다면 임대인의 지위가 낙찰자에게 인수된다.

이 사건의 매각물건 명세서를 보니 임차인 이씨는 2017년 8월 30일 배당요구를 했다. 문제는 이 배당요구가 배당요구 종기(2017년 6월 21일) 후에 있었

▼ 경기도 가평군 빌라, 배당요구 종기 후 배당요구 한 임차인

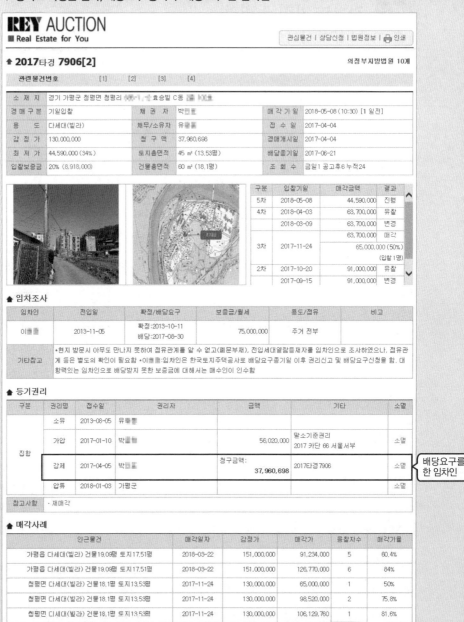

REY AUCTION
■ Real Estate for You

관심물건 | 상담신청 | 법원정보 | 인쇄

▲ 2017타경 7906[2]

의정부지방법원 10계

관련물건번호	[1]	[2]	[3]	[4]

소 재 지	경기 가평군 청평면 청평리 ○○○, ○○ 효승빌 C동 ○○ ○○○				
경매구분	기일입찰	채 권 자	박○○	매 각 기 일	2018-05-08 (10:30) [1 일전]
용 도	다세대(빌라)	채무/소유자	유○○	접 수 일	2017-04-04
감 정 가	130,000,000	청 구 액	37,960,698	경매개시일	2017-04-04
최 저 가	44,590,000 (34%)	토지총면적	45 ㎡ (13.53평)	배당종기일	2017-08-21
입찰보증금	20% (8,918,000)	건물총면적	60 ㎡ (18.1평)	조 회 수	금일1 공고후6 누적24

구분	입찰기일	매각금액	결과
5차	2018-05-08	44,590,000	진행
4차	2018-04-03	63,700,000	유찰
	2018-03-09	63,700,000	변경
		63,700,000	매각
3차	2017-11-24	65,000,000 (50%)	
			(입찰1명)
2차	2017-10-20	91,000,000	유찰
	2017-09-15	91,000,000	변경

▲ 임차조사

임차인	전입일	확정/배당요구	보증금/월세	용도/점유	비고
이○○	2013-11-05	확정:2013-10-11 배당:2017-08-30	75,000,000	주거 전부	
기타참고	•현지 방문시 아무도 만나지 못하여 점유관계를 알 수 없고(폐문부재), 전입세대열람등재자를 임차인으로 조사하였으나, 점유관계 등은 별도의 확인이 필요함 •이○○:임차인은 한국토지주택공사로 배당요구종기일 이후 권리신고 및 배당요구신청을 함. 대항력있는 임차인으로 배당받지 못한 보증금에 대해서는 매수인이 인수함				

▲ 등기권리

구분	권리명	접수일	권리자	금액	기타	소멸
집합	소유	2013-08-05	유○○			
	가압	2017-01-10	박○○	56,020,000	말소기준권리 2017 카단 66 서울서부	소멸
	강제	2017-04-05	박○○	청구금액: **37,960,698**	2017타경7906	소멸
	압류	2018-01-03	가평군			소멸

> 배당요구를 한 임차인

참고사항	·재매각

▲ 매각사례

인근물건	매각일자	감정가	매각가	응찰자수	매각가율
가평읍 다세대(빌라) 건물19.09평 토지17.51평	2018-03-22	151,000,000	91,234,000	5	60.4%
가평읍 다세대(빌라) 건물19.09평 토지17.51평	2018-03-22	151,000,000	126,770,000	6	84%
청평읍 다세대(빌라) 건물18.1평 토지13.53평	2017-11-24	130,000,000	65,000,000	1	50%
청평읍 다세대(빌라) 건물18.1평 토지13.53평	2017-11-24	130,000,000	98,520,000	2	75.8%
청평읍 다세대(빌라) 건물18.1평 토지13.53평	2017-11-24	130,000,000	106,129,760	1	81.6%

다는 것이다. 이처럼 배당요구 종기 후의 배당요구는 무효이고, 따라서 임차인 이씨는 배당요구를 하지 않은 것과 같다. 결국 낙찰자는 이 임대차의 부담을 승계할 수밖에 없는 것이다.

04

>>>

우선변제권보다 더 앞선 변제권

임차인의 최우선변제권

우선권에 우선하는 변제권을 최우선변제권이라고 하는데,
우선변제권과는 어떻게 다른지 살펴보자.

최우선변제권이란?

대항력과 확정일자에 의한 우선변제권으로 약자인 임차인에게 힘이 생겼다. 그런데 영세서민들은 법률지식을 습득할 기회가 부족하다 보니, 주택임대차보호법상 임차인의 권리를 충분히 활용하지 못하는 경우가 적지 않다. 또한 임대차보증금이 전 재산인 경우가 많아서 특별히 보호해야 할 사회적 책임이 있다. 그래서 나온 규정이 소액보증금 임차인에게 인정되는 최우선변제권이다.

최우선변제권은 우선변제권에 우선하는 우선변제권이다. 주택의 경매 절차에서 임차인이 전입신고일의 선후, 확정일자의 유무와 선후에 구속되지 않고 보증금 중 일정액(보장 금액)을 무조건 최우선순위로 배당받을 수 있는 권리다.

최우선변제권도 우선변제권과 마찬가지로 대항력을 조건으로 인정한다. 즉 전입신고와 점유의 요건을 구비하지 않아서 대항력이 없는 임차인이라면 최우선변제권도 인정될 여지가 없다. 또한 경매사건의 개시 결정 등기 전에 대항 요건을 구비한 임차인에 한해 최우선변제권이 인정된다. 만약 경매 개시 결정으로 압류의 효력이 발생한 이후에 대항 요건을 구비한 임차인에까지 최우선변제권을 인정한다면, 선량한 영세서민을 보호하기 위해 마련된 규정이 자칫 채무자가 채무를 면탈하려는 수단으로 악용될 수 있기 때문이다.

얼마나 보장해 줄까?

최우선변제권이 적용되는 보증금과 보장금액 한도는 지역에 따라 다르므로 경매주택이 속한 지역의 규정을 알아야 권리분석에도 문제가 없다.

▼ 최우선변제권 적용 및 보장 금액

적용 기간	지역	최우선변제를 받을 임차보증금의 범위	최우선변제를 받을 금액의 한도
1984년 1월 1일~ 1987년 11월 30일	서울, 광역시(군 지역 제외)	300만원 이하	보증금 전액
	그 밖의 지역	200만원 이하	보증금 전액
1987년 12월 1일~ 1990년 2월 18일	서울, 광역시(군 지역 제외)	500만원 이하	보증금 전액
	그 밖의 지역	400만원 이하	보증금 전액
1990년 2월 19일~ 1995년 10월 18일	서울, 광역시(군 지역 제외)	2,000만원 이하	700만원
	그 밖의 지역	1,500만원 이하	500만원
1995년 10월 19일~ 2001년 9월 14일	서울, 광역시(군 지역 제외)	3,000만원 이하	1,200만원
	그 밖의 지역	2,000만원 이하	800만원
2001년 9월 15일~ 2008년 8월 20일	서울, 수도권과밀억제권역	4,000만원 이하	1,600만원
	광역시(군 지역, 인천시 제외)	3,500만원 이하	1,400만원
	그 밖의 지역	3,000만원 이하	1,200만원
2008년 8월 21일~ 2010년 7월 25일	서울, 수도권과밀억제권역	6,000만원 이하	2,000만원
	광역시(군 지역, 인천시 제외)	5,000만원 이하	1,700만원
	그 밖의 지역	4,000만원 이하	1,400만원
2010년 7월 26일~ 2013년 12월 31일	서울특별시	7,500만원 이하	2,500만원
	수도권과밀억제권역(서울시 제외)	6,500만원 이하	2,200만원
	광역시(수도권과밀억제권역, 군 지역 제외) 안산시, 용인시, 김포시, 광주시	5,500만원 이하	1,900만원
	그 밖의 지역	4,000만원 이하	1,400만원
2014년 1월 1일~ 2016년 3월 30일	서울특별시	9,500만원 이하	3,200만원
	수도권과밀억제권역(서울시 제외)	8,000만원 이하	2,700만원
	광역시(수도권과밀억제권역, 군 지역 제외) 안산시, 용인시, 김포시, 광주시	6,000만원 이하	2,000만원
	그 밖의 지역	4,500만원 이하	1,500만원
2016년 3월 31일 ~ 2018년 9월 17일	서울특별시	1억원 이하	3,400만원
	수도권과밀억제권역(서울시 제외)	8,000만원 이하	2,700만원
	광역시(수도권과밀억제권역, 군지역 제외) 안산시, 용인시, 김포시, 광주시, 세종시	6,000만원 이하	2,000만원
	그 밖의 지역	5,000만원 이하	1,700만원

기간	지역	보증금 범위	최우선변제액
2018년 9월 18일~ 2021년 5월 10일	서울특별시	1억 1,000만원 이하	3,700만원
	수도권과밀억제권역(용인, 화성, 세종 포함)	1억원 이하	3,400만원
	광역시(수도권과밀억제권역, 군지역 제외) 안산시, 김포시, 광주시, 파주시	6,000만원 이하	2,000만원
	그 밖의 지역	5,000만원 이하	1,700만원
2021년 5월 11일 ~ 2023년 2월 20일	서울특별시	1억 5,000만원 이하	5,000만원
	수도권과밀억제권역(서울시 제외) 용인시, 화성시, 세종시, 김포시	1억 3,000만원 이하	4,300만원
	광역시 (수도권과밀억제권역, 군지역 제외) 안산시, 광주시, 파주시, 이천시, 평택시	7,000만원 이하	2,300만원
	그 밖의 지역(광역시 군 포함)	6,000만원 이하	2,000만원
2023년 2월 21일 ~ 현재	서울특별시	1억 6,500만원 이하	5,500만원
	수도권과밀억제권역 (서울시 제외) 용인시, 화성시, 세종시, 김포시	1억 4,500만원 이하	4,800만원
	광역시 (수도권과밀억제권역, 군지역 제외) 안산시, 광주시, 파주시, 이천시, 평택시	8,500만원 이하	2,800만원
	그 밖의 지역(광역시 군 포함)	7,500만원 이하	2,500만원

[수도권 과밀억제권역]

* 서울특별시, 의정부시, 구리시, 하남시, 고양시, 수원시, 성남시, 안양시, 부천시, 광명시, 과천시, 의왕시, 군포시, 시흥시(반월특수지역은 제외한다)
* 인천광역시(강화군, 옹진군, 서구 대곡동·불로동·마전동·금곡동·오류동·왕길동·당하동·원당동, 인천경제자유구역 및 남동 국가산업단지는 제외한다)
* 남양주시(호평동, 평내동, 금곡동, 일패동, 이패동, 삼패동, 가운동, 수석동, 지금동 및 도농동만 해당한다)

최우선변제권은 어떻게 적용될까?

우선 현재(2023년 5월 10일) 규정으로는 서울특별시의 임차인 중에서 임차보증금이 1억 6,500만원 이하라면 소액임차인에 해당한다. 소액임차인은 임차주택이 경매될 경우 경매개시결정등기 전부터 대항 요건을 구비하고 경매 절차의 배당요구종기 전에 배당요구를 한다면 확정일자를 받았는지 여부와 무관하게 5,500만원을 최우선으로 배당받는다. 다만 보증금이 5,500만원 미만일 경우에는 보증금을 한도로 한다.

이렇듯 소액임차인은 임차주택의 경매 절차에서 순위를 불문하고 일정

▼ 임차보증금에 따른 최우선변제 배당 금액　　지역 : 서울특별시

임차인	임차보증금	최우선변제권으로 배당받는 금액
갑	2억원	해당 사항 없음
을	1억 6,500만원	5,500만원
병	1억 2,000만원	5,500만원
정	7,000만원	5,500만원
무	3,000만원	3,000만원
기	1,500만원	1,500만원

금액을 최우선으로 배당받는다. 그래서 은행은 아파트를 담보로 대출해 줄 때 아파트의 담보 가치에서 방 1칸마다 5,500만원(서울시의 경우)을 공제하고 대출 가능 금액을 산출한다. 대출 당시 담보 아파트에 임차인이 없더라도 채무자가 나중에 방 1칸당 1명씩 소액임차인을 받으면, 은행은 선순위여도 소액임차인들에게 해당 금액이 먼저 배당되어 손해를 볼 수도 있기 때문이다.

소액보증금의 범위 변경에 따른 경과 조치란?

> 주택임대차보호법 시행령 부칙 제2조(소액보증금 보호에 관한 적용례 등) 제10조 제1항 및 제11조의 개정 규정은 이 영 시행 당시 존속 중인 임대차계약에 대해서도 적용하되, 이 영 시행 전에 임차주택에 대하여 담보물권을 취득한 자에 대해서는 종전의 규정에 따른다.

* 제10조 및 제11조는 소액임차보증금의 범위와 보장 금액에 관한 규정이다.

영세한 소액임차인을 보호한다는 '대의'가 있더라도 민사의 대원칙은 깨뜨릴 수 없다. 즉 소액임차보증금 최우선변제권 규정을 적용하더라도 예상 못한 피해를 보는 선의의 제3자가 발생하면 안 된다는 원칙은 여전히 존중되어야 한다는 말이다. 이러한 대원칙은 최우선변제권에 관한 규정의 적용을 다소 복잡하게 만든다. 그러나 원리를 이해한다면 그리 어려운 것도 아니니 뒤에서 사례를 통해 살펴볼 것이다.

　　소액임차보증금의 범위 및 보장 금액을 적용할 때는 무조건 현행법에 따를 것이 아니라, 등기상 각 담보물권을 취득한 시점을 기준으로 판단해야 한다. 많은 사람들이 소액임차인의 전입신고일로 적용 기간을 판단하는데, 이는 잘못된 것이다. 또 등기상 최선순위 설정일로 판단하는 사람도 있는데, 이는

최선순위 설정 권리만을 대상으로 적용해야 한다. 이후에 다른 권리들이 있다면 각각의 권리들이 설정된 시점에 따라 달리 판단하도록 한다.

대지에 관한 저당권이 설정된 후에 건물이 신축되고, 그 신축 건물에 대해 저당권이 설정되어 대지와 건물이 일괄 경매되었다고 가정해 보자. 이 경우 소액임차인은 대지의 환가 대금에서는 우선변제받을 권리가 없겠지만 신축 건물의 환가 대금에서는 우선변제를 받을 권리가 있다.

그리고 주택임대차보호법 시행령 부칙의 '소액보증금의 범위 변경에 따른 경과 조치'를 적용할 때는 신축 건물에 대해 담보물권을 취득한 시기를 기준으로 소액임차인 및 소액보증금의 범위를 정해야 한다(대법원 2010년 6월 10일 선고 2009다101275 판결 '배당이의').

근저당권 설정 후 주거용 건물로 용도가 변경되면?

주택임대차보호법은 주거용 건물의 임대차에 관하여 특례를 규정함으로써 국민 주거의 안정을 보장하는 것이므로, 합리적인 이유나 근거 없이 적용 대상을 축소하거나 제한해서는 안 된다.

주택임대차보호법 제2조가 주거용 건물의 전부 또는 일부의 임대차에 관해 적용된다고 규정하고 있을 뿐, 임차주택이 관할 관청의 허가를 받은 건물인지, 등기를 마친 건물인지 여부는 구별하지 않는다.

또한 건물 등기부상 '건물 내역'을 제한하고 있지도 않기 때문에 점포 및 사무실로 사용되던 건물에 근저당권이 설정된 후 주거용 건물로 용도 변경되었다고 한다면, 임차한 소액임차인도 특별한 사정이 없는 한 주택임대차보호법 제8조에 의해 보증금 중 일정액을 근저당권자보다 우선하여 변제받을 권리가 있다(대법원 2009년 8월 20일 선고 2009다26879 판결 '배당이의').

보장 금액의 제한

최우선변제권은 영세서민 보호라는 사회적 대의를 바탕으로 하지만, 사회 통념상 용인될 수 없을 만큼 큰 피해가 제3자에게 발생한다면 형평성이라는 또 다른 대의를 침해할 수 있다.

예를 들어보자. 나부자는 서울시의 한 쪽방 주택에 가장 선순위로 1억원의 근저당권을 설정했다. 그 후로 이 주택에 여러 명의 임차인이 입주했는데, 임차보증금이 각 1,000~2,000만원 정도라서 모두 소액임차인에 해당한다. 만약 해당 주택이 경매로 1억 4,000만원에 낙찰된다면, 소액임차인들에게 최우선순위로 배당해 줄 금액이 1억원을 초과할 수도 있다. 그렇다면 근저당권자인 나부자는 큰 피해를 입게 될 것이다.

주택임대차보호법 시행령은 이러한 위험을 방지하기 위해 최우선변제권의 보장 금액을 제한한다. 즉 최우선변제금액으로 배당할 수 있는 금액의 합은 주택가액의 2분의 1을 초과할 수 없다(주택임대차보호법 시행령 제10조 제2항). 결국 근저당권자 나부자에게 적어도 주택가액의 2분의 1을 보장해 줌으로써 아주 큰 피해는 입지 않도록 해준 것이다. 이때 '주택가액'은 낙찰대금에 입찰보증금에 대한 배당 기일까지의 이자, 몰수된 입찰 보증금 등을 포함한 금액에서 집행 비용을 공제하고 실제 배당하는 금액을 말한다(대법원 2001년 4월 27일 선고 2001다8974 판결 '배당이의').

이처럼 보장 금액의 한도를 제한하면 소액임차인들은 최우선변제권의 보장 금액을 전부 배당받지 못할 수도 있다. 그럴 경우 소액임차인들에게는 얼마나 배당해 줄까? 각 소액임차인들이 배당받을 원래의 보장 금액을 서로 나누어 배당받는다. 이러한 방식을 '안분배당'이라 하는데, 배당을 공부할 때 자세히 공부할 것이다.

임차권 분리의 제한

 가족이 각각 소액임차인이 된다면?

김씨는 부인과 자녀 2명을 둔 가장인데, 서울시에 전셋집을 알아보던 중 상당히 저렴한 주택을 발견할 수 있었다. 중개업자는 원래 시세는 2억원 정도이지만 선순위로 근저당권이 많이 설정되어 있어서 1억 2,000만원에 나온 것이라고 설명했다. 김씨는 저렴한 보증금에 욕심이 났지만, 선순위로 설정된 금액이 많다는 말을 듣고 계약을 망설였다.

그러다가 방 3칸과 거실을 분리하여 식구 4명이 따로따로 임대차보증금을 3,000만원으로 하여 임대인과 계약서를 작성하면 모두 소액임차인이 되지 않을까 생각했다. 그러면 나중에 그 주택이 경매되어도 보증금을 전액 배당받을 수 있다고 판단했던 것이다.

그러나 계약서를 따로 작성했더라도 임차인들이 사실상 가정 공동생활을 하고 있다면 각각의 보증금을 합한 금액을 보증금으로 하는 하나의 임대차로 보기 때문에(주택임대차보호법 시행령 제10조 제4항), 결국 김씨는 최우선변제권으로는 한 푼도 배당받을 수 없다.

채권 담보 목적의 소액임대차

소액임차인 최우선변제권은 임차보증금이 소액이라도 본인에게는 큰 재산이므로, 다른 담보권자의 지위를 해하게 되더라도 보증금의 회수를 보장하는 것이 타당하다는 사회보장적인 취지에서 비롯된 것이다. 이는 민법의 일반 규정에 대한 예외 규정이다.

따라서 채권자가 채무자 소유의 주택에 채무자와 임대차계약을 체결하고 전입신고를 마친 다음 거주했더라도, 실제 임대차계약의 주된 목적이 주택을 사용하거나 수익하는 것이 아닌 경우, 즉 실제로는 소액임차인으로 보호받아 선순위 담보권자에 우선하여 채권을 회수하는 것이 주된 목적이라면 소액임차인으로 보호받지 못한다(대법원 2001년 5월 8일 선고 2001다14733 판결 '배당이의').

임차권등기 이후의 임대차에 대한 적용 제한

임차권등기가 끝난 주택을 임차한 임차인은 소액임차인이라도 최우선변제를 받을 권리가 없다. 단, 임차권등기의 효력이 미치는 부분이 주택의 일부분인 경우에는 해당 부분에만 한정된다.

김샘의 현장분석
서울시 은평구 신사동 다세대주택, 임차권등기 후 소액임차인이 전입했다면?

서울시 은평구 신사동의 다세대주택이 경매로 매각되었다. 법원의 현황조사서에 따르면 이 부동산에 임차인은 2명인데, 허○○은 등기된 임차권자로 경매를 신청했고, 김○○은 현재 주민등록등재자로서 법원에 권리를 신고하고 배당을 요구했다.

임차인 허○○에 대한 분석

허씨는 2010년 6월 22일에 임대차계약을 하고 2010년 7월 30일에 이 다세대주택으로 이사하면서 확정일자도 받았다. 일반적으로 임차인은 확정일자를 주민센터에서 부여받으니 틀림없이 같은 날 전입신고도 했을 것이다.

그러나 2012년 8월 31일에 접수된 임차권등기를 보니, 허씨의 전입신고일이 2012년 7월 23일로 되어 있다. 정확히 언제인지는 알 수 없지만, 허씨는 보증금을 모두 돌려받기 전에 주민등록을 다른 주소지로 옮겼다가 끝내 보증금을 돌려받지 못하자 법원에 임차권등기명령을 신청하기 위해 다시 전입신고를 한 것으로 보인다. 재전입으로 대항력을 취득하기는 했지만, 재전입 전에 설정된 남서울농협의 근저당권이 있어서 허씨는 낙찰자에게 대항할 수 없다.

이에 허씨는 임대차보증금반환청구소송을 제기해서 승소했고, 이를 근거로 경매를 신청했다. 경매 절차에서 별도로 배당을 요구하지는 않았지만, 경매를 신청한 채권자일 뿐만 아니라 등기된 임차권자로서 당연히 배당에 참여할 수 있다.

허씨가 확정일자를 부여받은 시점은 남서울농협의 근저당권 설정일보다 빠르지만, 확정일자의 효력은 대항력을 전제로 하므로 우선변제권의 순위는 남서울농협보다 후순위다. 다만 소액임차인이라서 2,500만원을 최우선으로 배당받을 수 있고, 경매 절차에서 배당받지 못한 100만원은 낙찰자에게 청구할 수 없다. 배당받지 못한 금액이 크지 않아 다행이지만, 임차권등기가 마무

▼ 서울시 은평구 신사동 다세대주택, 임차권등기 후 소액임차인이 전입한 경우

REY AUCTION
■ Real Estate for You

관심물건 | 상담신청 | 법원정보 | 🖨인쇄

♠ 2013타경 13333

서울서부지방법원 7계 전화 : (02)3271-1327

소재지	서울 은평구 신사동 29-16 삼성아트빌 4층 ▨▨			
경매구분	기일입찰	채권자	허▨▨	매각기일	종결물건
용도	다세대(빌라)	채무/소유자	정▨▨	접수일	2013-07-01
감정가	150,000,000	청구액	26,000,000	경매개시일	2013-07-02
최저가	96,000,000 (64%)	토지총면적	28 ㎡ (8.5평)	배당종기일	2013-09-23
입찰보증금	10% (9,600,000)	건물총면적	49 ㎡ (14.94평)	조회수	금일1 공고후1 누적1

구분	입찰기일	매각금액	결과
	2014-06-26		종결
3차		96,000,000	매각
	2014-04-01	114,111,000 (76.1%)	
			(입찰 6명)
2차	2014-02-25	120,000,000	유찰
1차	2014-01-21	150,000,000	유찰

♠ 임차조사

임차인	전입일	확정/배당요구	보증금/월세	용도/점유	비고
허▨▨	2012-07-23	확정:2010-07-30	26,000,000	주거 401호	등기부상
김▨▨	2013-05-31	확정:2013-05-31 배당:2013-09-05	25,000,000 월 150,000	주거 방1	
기타참고	*폐문부재로 안내문을 남겨두고 왔으나 아무 연락이 없어 점유관계 미상이나. 이건 목적물 상의 주민등록 전입자는 소유자가 아닌 세대주 김▨▨의 주민등록표등본이 발급되므로 그 등본에 의해 임대차관계조사서에 일응 임차인으로 등재함.				

> 최우선변제권이 있는 임차인 허씨

> 우선변제권만 있는 임차인 김씨

♠ 등기권리

구분	권리명	접수일	권리자	금액	기타	소멸
집합	소유	2010-08-03	정▨▨		전소유자:황▨▨	
	근저	2010-08-03	남서울농협 양재역	109,200,000	말소기준권리	소멸
	임차	2012-08-31	허▨▨	26,000,000	전입: 2012.07.23 확정: 2010.07.30	소멸
	강제	2013-07-02	허▨▨	청구금액: 26,000,000	2013타경13333	소멸
	가압	2013-08-05	국민은행 세검정	10,473,333	2013 카단 60369 서울중앙	소멸

♠ 매각사례

인근물건	매각일자	감정가	매각가	응찰자수	매각가율
응암동 다세대(빌라) 건물25.64평 토지14.72평	2018-05-01	290,000,000	247,000,000	2	85.2%
신사동 다세대(빌라) 건물13.46평 토지5.11평	2018-04-17	131,000,000	106,330,000	1	81.2%
응암동 다세대(빌라) 건물16.63평 토지9.27평	2018-04-17	166,000,000	122,000,000	3	73.5%
역촌동 다세대(빌라) 건물16.92평 토지9평	2018-04-17	245,000,000	212,001,100	1	86.5%
대조동 다세대(빌라) 건물12.51평 토지7.86평	2018-04-17	171,000,000	165,100,000	1	96.5%

리된 후에 전출했더라면 그 100만원도 잃지 않았을 것이다.

임차인 김○○에 대한 분석

김씨는 2013년 5월 31일에 전입신고를 하고 확정일자를 받았다. 허씨가 임차권등기를 집행한 것은 다른 곳으로 이사하기 위해서였던 것으로 보인다. 계속 거주할 수 있는 상황이었다면 굳이 임차권을 등기하지 않았을 것이다. 허씨가 다른 곳으로 이주했기 때문에 임대인은 비어 있는 다세대주택을 다른 사람에게 임대해 주었고, 김씨도 의심 없이 계약했을 것이다. 선순위로 남서울농협의 근저당권과 임차권등기가 설정되어 있었지만, "소액임차인은 무조건 최우선"이라고들 하니 그 말을 믿었던 것 같다.

그러나 이미 임차권등기명령에 의한 임차권등기가 집행된 주택을 임차한 김씨는 대항력을 갖춘 임차인이고, 보증금이 소액이어도 최우선변제권을 인정받지 못한다. 같은 주거 공간에 대한 여러 명의 소액임차인에게 모두 최우선변제권을 인정한다면 선순위 채권자가 예상 못한 피해를 입을 수 있기 때문이다.

따라서 임차인 김씨는 확정일자에 의한 우선변제권만을 인정받는데, 허씨와 남서울농협에 먼저 배당되면 남는 재원이 없어서 한 푼도 받을 수 없게 된다.

낙찰자에게 인수되는 권리가 전혀 없는 이 다세대주택은 모두 6명이 입찰하여 1억 1,411만 1,000원에 낙찰되었다.

순위	권리자	권리 내용	권리 금액	배당 금액	잔여 배당 재원
1		경매 비용		약 130만원	1억 1,281만 1,000원
2	허○○	소액임차인	2,600만원	2,500만원	8,781만 1,000원
3	남서울농협	근저당	1억 920만원	8,781만 1,000원	0원
4	허○○	확정일자 임차인	100만원	0원	0원
5	김○○	확정일자 임차인	2,500만원	0원	0원

인천시 서구 가좌동 다가구주택, 임차인이 보장받는 금액은?

인천시 서구 가좌동 다가구주택이 경매로 매각됐다. 우선 임차인 임○○는 경매개시결정등기 후 전입신고를 한 임차인으로서 낙찰자에 대한 대항력은 물론 최우선변제권도 없다. 하지만 권○○은 전입신고일이 등기상 최선순위 설정(2007년 1월 19일, 새마을금고 근저당권)일보다 앞서므로 낙찰자에게 미배당 보증금을 돌려달라고 청구할 수 있을 뿐만 아니라, 보증금이 3,500만원이므로 소액임차인에 해당하여 이 경매사건이 진행되던 시점으로는 2,700만원을 최선순위로 배당받을 수 있을 듯하다.

근저당권 설정 후 소액임차인에 대한 규정이 개정됐다면?

근저당권자인 새마을금고는 근저당권을 설정할 당시(2007년 1월 19일) 소액임차인 최우선변제권에 관한 규정을 알았거나 알 수 있었다. 주택임대차보호법이 명확하게 규정하고 있으니 말이다.

그런데 당시 주택임대차보호법은 보증금이 4,000만원 이하일 때 1,600만원을 한도로 최우선변제권을 인정하고 있었다(186쪽 참고). 이 규정에 따르더라도 임차인 권씨는 소액임차인에 해당한다. 하지만 2016년 3월 31일에 개정된 규정을 적용하여 권씨에게 2,700만원을 먼저 배당한다면 근저당권자 새마을금고에 예상 못한 손해가 발생한다. 새마을금고는 근저당권 설정 당시 최우선변제권에 관한 규정은 알 수 있었지만, 규정이 개정되어 소액임차인의 범위와 보장 금액이 확대될 것까지 예측할 수는 없었기 때문이다.

따라서 권씨의 최우선변제 금액은 경매진행시점의 2,700만원이 아니라, 새마을금고가 근저당권을 설정할 당시(2007년 1월 19일)의 규정에 따른 1,600만원이다.

▼ 인천시 서구 가좌동 다가구주택, 최우선변제 금액이 달라진 경우

REY AUCTION
■ Real Estate for You

관심물건 | 상담신청 | 법원정보 | 🖨 인쇄

⬆ 2016타경 40516

인천지방법원 21계 전화 : (032)860-1621

소 재 지	인천 서구 가좌동 1■■-■■				
경매구분	기일입찰	채 권 자	가좌(새)	매각기일	종결물건
용 도	주택	채무/소유자	송■■	접 수 일	2016-11-03
감 정 가	250,978,800	청 구 액	110,541,300	경매개시일	2016-11-04
최 저 가	175,685,000 (70%)	토지총면적	139 ㎡ (42.17평)	배당종기일	2017-01-23
입찰보증금	10% (17,568,500)	건물총면적	177 ㎡ (53.44평)	조 회 수	금일2 공고후37 누적45

구분	입찰기일	매각금액	결과
	2017-09-12		종결
2차	2017-07-04	175,685,000	매각
		234,170,000 (93.3%)	
			(입찰 4명)
1차	2017-05-30	250,978,800	유찰

♠ 임차조사

임차인	전입일	확정/배당요구	보증금/월세	용도/점유	비고
권■■	2005-12-23	확정:2013-11-01 배당:2017-01-16	35,000,000	주거 2층전부	
임■■	2016-12-06	확정:2016-12-06 배당:2016-12-06	10,000,000	주거 102호	
기타참고	*채무자(소유자)점유.본건 현황조사차 현장에 임한 바, 임차인 권■■의 동거인 김■■을 만난 바 2층은 임차인이, 101호는 소유자가, 102호는 성명불상 임차인이 각 사용하고 있다고 함.(102호 임차인은 임■■이며 주민등록을 전입하지 못하였다고 전화 진술함).본건 조사서의 조사내용은 현장방문과 임차인 권■■의 동거인 김■■의 진술, 임차인 임■■의 전화진술, 주민등록등본 및 전입세대열람에 의한 조사사항임. +임■■:개시결정 이후 전입하였음.				

♠ 등기권리

구분	권리명	접수일	권리자	금액	기타	소멸
건물	소유	2006-05-15	송■■		전소유자:고■■	
	근저	2007-01-19	가좌1동(새)	52,000,000	말소기준권리	소멸
	근저	2008-07-23	가좌1동(새)	39,000,000		소멸
	근저	2009-06-17	가좌1동(새)	26,000,000		소멸
	근저	2013-05-30	가좌(새)	19,500,000		소멸
	가압	2015-09-11	최■■	20,000,000	2015 카단 503 김포시법원	소멸
	가압	2015-09-22	김■■	10,000,000	2015 카단 522 김포시법원	소멸
	압류	2016-08-18	국민건강보험공단 인천서부지사			소멸
	임의	2016-11-04	가좌(새)	청구금액: 110,541,300	2016타경 40516	소멸
토지	소유	2006-05-15	송■■		전소유자:고■■	
	근저	2007-01-19	가좌1동(새)	52,000,000	말소기준권리	소멸
	근저	2008-07-23	가좌1동(새)	39,000,000		소멸
	근저	2009-06-17	가좌1동(새)	26,000,000		소멸
	근저	2013-05-30	가좌(새)	19,500,000		소멸
	압류	2013-11-05	김포시			소멸
	가압	2015-09-11	최■■	20,000,000	2015 카단 503 김포시법원	소멸
	가압	2015-09-22	김■■	10,000,000	2015 카단 522 김포시법원	소멸
	압류	2016-08-18	국민건강보험공단 인천서부지사			소멸

> 규정이 개정되기 전에 설정한 근저당권

196

규정이 개정된 후 보장 금액은?

이처럼 권씨는 새마을금고의 1, 2순위 근저당권보다 먼저 1,600만원을 배당받을 수 있다. 그렇다면 새마을금고의 3순위 근저당권은 어떨까?

　　새마을금고의 3순위 근저당권 설정 당시(2009년 6월 17일)는 보증금 6,000만원 이하 임차인에게 2,000만원까지 최우선변제권을 보장하는 것으로 관련 규정이 개정된 후였다. 따라서 임차인 권씨는 새마을금고의 세 번째 근저당권보다 2,000만원을 먼저 배당받을 수 있으므로 추가로 400만원을 배당받는다. 같은 법리로 새마을금고의 네 번째 근저당권(2013년 5월 30일 설정)보다 2,200만원을 먼저 배당받을 수 있으므로 추가로 200만원을 배당받는다. 이 다가구주택은 2억 3,417만원에 낙찰되었다. 배당 순서와 금액을 정리하면 다음과 같다.

순위	권리자	권리 내용	배당 금액	잔여 배당 재원	배당사유
1		경매비용	360만원	2억 3,057만원	
2	권OO	임차인	1,600만원	2억 1,457만원	소액임차 기준일: 2007년 1월 19일
3	가좌1동[새]	근저당	5,200만원	1억 6,257만원	근저당
4	가좌1동[새]	근저당	3,900만원	1억 2,357만원	근저당
5	권OO	임차인	400만원	1억 1,957만원	소액임차 기준일: 2009년 6월 17일
6	가좌1동[새]	근저당	2,600만원	9,357만원	근저당
7	권OO	임차인	200만원	9,157만원	소액임차 기준일: 2013년 5월 30일
8	가좌[새]	근저당	1,950만원	7,207만원	근저당
9	권OO	임차인	1,300만원	5,907만원	확정일자에 의한 우선변제권
10	최OO	가압류	2,000만원	3,907만원	가압류
11	김OO	가압류	1,000만원	2,907만원	가압류
12	임OO	임차인	1,000만원	1,907만원	확정일자에 의한 우선변제권
13	송OO	소유자	1,907만원	0	배당 잉여금

다행히 이 다가구주택은 높은 가격에 매각되었으므로, 모든 권리자가 채권을 100% 만족하고도 재원이 남을 것으로 보인다.

잘만 따지면 어렵지 않다

까다롭지만 꼭 알아둘 임차권등기

임차권 권리분석은 까다로울 수 있지만, 대항력 취득 방법을 통해
좀더 확실히 살펴보도록 한다.

임차권 권리분석이 혼란스러운 이유

권리분석을 공부할 때 가장 혼란스러워하는 부분이 임차권에 관한 것이다. 본
질적으로 임차권은 채권이므로, 임차인은 임차권을 임대인에게만 주장할 수
있을 뿐 제3자에게 대항할 수 없다. 그래서 임대차 도중에 임대인이 임대한 부
동산을 제3자에게 양도하면 임차인은 새로운 소유자에게 임차권을 주장할 수
없는 것이 원칙이다.

　　이러한 위험을 방지하기 위해 임차인은 임대인과의 계약 말고도 다른 공시
방법을 통해 제3자에게까지 임차권을 주장할 수 있도록 대항력을 취득한다.
그런데 임차인이 대항력을 취득할 수 있는 방법이 너무 다양해서 각각의 방법
을 잘 이해하지 못하면 임차인에 관한 권리분석은 혼란스러울 수밖에 없다.

　　민법의 규정에 따른 전세권등기를 통해 물권을 취득하는 방법도 있지만,
주택임대차보호법의 규정에 따른 대항 요건 구비, 민법의 규정에 따른 임차권
등기, 주택임대차보호법의 규정에 따른 임차권등기 등 임차인이 대항력을 취
득할 수 있는 방법은 다양하고, 각각의 방법은 절차와 효력이 다르다.

　　이 중 민법의 규정에 따른 전세권과 주택임대차보호법의 규정에 따른 대
항 요건은 살펴보았으니, 민법 또는 주택임대차보호법이 규정하고 있는 임차
권등기에 대해 알아보자.

임차권등기는 어떻게 해야 할까?

임차권은 등기할 수 있다. 임대인과 임차인이 전세권설정계약을 체결하고 전

세권을 등기하면 물권으로서 전세권이 성립한다. 그러나 임차권을 채권으로 등기할 수도 있는데, 그것이 임차권등기다.

민법의 규정에 따른 임차권등기

등기는 그 등기로 권리를 얻는 자(등기권리자)와 권리를 제공하는 자(등기의무자)가 함께 신청하는 것을 원칙으로 한다. 따라서 임차권도 원칙적으로 임대인의 협력을 얻어 등기할 수 있다. 다른 등기에 비해 특이한 점이 있다면, 임대차계약 내용에 임차권을 등기하기로 하는 약정이 있어야 하는 것이 아니다. 반대로 임차권을 등기하지 않기로 하는 약정이 없다면 임차인은 언제나 임대인에게 임차권등기 절차에 협력해 달라고 청구할 수 있다(민법 제621조 제1항).

　　그러나 주택임대차보호법이 제정되면서 임차인은 대항 요건을 구비하고 확정일자를 받는 손쉬운 방법으로도 임차권등기로 얻을 수 있는 모든 이익을 누릴 수 있게 되었다. 그래서 요즘은 임대인의 협력에 의한(민법에 의한) 임차권등기는 찾아보기 힘들다.

주택임대차보호법의 규정에 따른 임차권등기

임차인이 대항 요건을 구비하면 임차권으로 제3자에게 대항할 수 있을 뿐만 아니라, 계약서에 확정일자를 받는다면 우선변제권도 인정받는다. 그런데 대항력과 우선변제권은 임차주택의 소유자가 바뀌거나 경매되는 경우에만 유용해서 모든 경우에 대한 안전장치가 될 수는 없다.

　　임대차 기간이 끝나고 다른 주택으로 이사하려는데 임대인이 보증금을 반환해 주지 않는다면, 임차인은 소송을 통해 확정판결을 받고 임차주택을 경매하여 보증금을 반환받을 수밖에 없다. 문제는 시간이 오래 걸린다는 것이다. 임차인에게 당장 이사해야 하는 특별한 사정이 있다면 여간 난감하지 않을 것이다.

　　보증금은 나중에 소송을 통해 반환받기로 하고 우선 이사하려 해도, 주민등록을 다른 곳으로 이전하면 현재의 임차주택에 대한 대항 요건을 잃게 되니,

대항력과 우선변제권이 모두 소멸되고 말 것이다. 또 주민등록을 지금의 임차주택에 그대로 두고 이사만 하려 해도 새로운 임차주택에 대한 대항 요건을 구비하지 못하게 되니 그 또한 문제다.

이런 경우 임차인은 법원에 임차권등기의 명령을 신청할 수 있다. 임차인의 신청에 따라 법원이 임차권등기 명령을 결정하면, 임차인은 임대인의 협력 없이 임차권을 단독으로 등기할 수 있다. 단, 주택임대차보호법의 규정에 따른 임차권등기는 "임대차가 끝난 후 보증금이 반환되지 아니한 경우"로 국한하고 있다. 그러므로 임대차의 만기가 지났는데도 임대인이 보증금을 반환하지 않는 경우에만 가능하다(주택임대차보호법 제3조의3 제1항).

장기적으로 지속되는 불경기로 인해 임대차 기간이 끝났는데도 보증금을 반환하지 못하는 임대인이 늘어나면서, 법원의 명령에 의한 임차권등기는 실생활에서 자주 보게 되는 등기 중 하나다.

▼ 법원의 명령에 의한 임차권등기의 예

【 을　　　구 】		(소유권 이외의 권리에 관한 사항)		
순위 번호	등기 목적	접수	등기 원인	권리자 및 기타 사항
4	주택임차권	2013년 1월 26일 제3584호	2013년 1월 20일 서울동부지방법원의 임차권등기 명령 (2013카기000)	임차보증금 금73,000,000원 범 위 제3층 제301호 전부 임대차계약일자 2009년 9월 22일 주민등록일자 2009년 10월 7일 점유 개시일자 2009년 10월 5일 확정일자 2009년 10월 7일 임차권자 김○○ 서울특별시 광진구 능동 ○○ △△주택 301호

임차권등기의 효력은?

대항력과 우선변제권

임차주택에 임차권등기를 마치면 임차인은 대항력과 우선변제권을 갖는다. 임차권등기만으로 대항 요건(전입신고와 점유)을 구비하지 않아도 대항력을 취득하고, 계약서에 확정일자를 받지 않아도 우선변제권을 취득하게 된다는 말이다. 이때 대항력과 우선변제권은 임차권이 등기된 당일에 발생한 것으로 본다.

그러나 임차인이 임차권등기를 하기 전에 이미 전입신고와 점유를 개시하여 대항력을 취득했거나 계약서에 확정일자를 받아 우선변제권을 취득한 상태라면, 임차권등기 시점에 새로이 대항력과 우선변제권을 취득하는 것이 아니라 기존의 대항력과 우선변제권이 그대로 유지된다(주택임대차보호법 제3조의3 제5항).

이처럼 임차권등기는 그 자체로 대항력과 우선변제권을 발생시키거나 유지시키는 효력이 있으므로, 임차권이 등기된 후라면 임차인은 다른 곳으로 전출하더라도 기존의 대항력과 우선변제권을 잃지 않는다(주택임대차보호법 제3조의3 제6항).

임차권등기의 효력 발생 시점

임차권등기의 효력 발생 시점은 임차권등기 명령을 법원에 신청하거나 임차권등기 명령이 결정된 날이 아니라, 임차권등기가 등기부에 기재된 시점이다. 따라서 임차인은 등기부에 임차권이 등기된 후에 주민등록을 이전한 경우에만 기존의 권리를 유지할 수 있다. 그 전에 대항 요건을 해제하면, 임차권이 등기된 날에 새로이 대항력과 우선변제권이 발생한 것으로 보기 때문에 그만큼 순위에서 불이익을 당할 수도 있으니 각별히 주의해야 한다.

주택임대차보호법에 따른 임차권등기와 민법에 따른 임차권등기의 차이

주택임대차보호법이 규정한 '법원의 명령에 의한 임차권등기'와 민법이 규정한 '임대인의 협력에 의한 임차권등기'는 절차상의 차이가 있을 뿐, 효력 면에서는 차이가 없다(주택임대차보호법 제3조의4 제1항).

낙찰 후 임차권등기는 인수될까, 소멸될까?

임차권은 사용·수익을 목적으로 하는 권리다. 물론 보증금을 지급했기 때문에 임대차가 해지될 경우 보증금 반환을 청구할 수 있는 권리를 포함하지만, 본질적으로 '금전이 목적인 권리'는 아니다. 따라서 임차주택이 경매될 경우

매각되어도 낙찰자에게 인수된다(제1원칙). 다만 선순위로 '금전이 목적인 권리'가 있다면 그 권리의 보호를 위해 임차권은 매각으로 소멸된다(민사집행법 제91조 제3항, 제4항).

배당요구로 임차인이 보증금을 전액 배당받는다면 선순위의 임차권등기라도 소멸된다. 보증금을 모두 돌려받고도 계속 살 수 있는 권리를 인정해 준다면 권리를 2중으로 행사하는 셈이기 때문이다. 따라서 선순위의 임차권등기가 있는 경매사건이라면 임차인이 배당요구를 했는지 살펴보고, 예상되는 낙찰대금으로 보증금을 전액 배당받을 수 있는지 판단해야 한다. 만약 전액 배당받는 임차인이라면 그 주택은 낙찰받아도 문제가 없을 것이다.

단, 임차권등기명령에 의한 임차권등기는 임차인이 대항력이나 우선변제권을 유지하도록 해주는 담보적 기능을 주목적으로 하므로, 임차권등기가 첫 경매개시결정등기 전에 등기되었다면 배당받을 채권자의 범위를 규정하고 있는 민사집행법 제148조 제4호의 "저당권·전세권, 그 밖의 우선변제청구권으로서 첫 경매개시결정등기 전에 등기되었고 매각으로 소멸하는 것을 가진 채권자"에 준한다. 그리고 임차인은 따로 배당요구를 하지 않아도 당연히 배당받을 채권자에 속한다(대법원 2005년 9월 15일 선고 2005다33039 판결 '배당이의').

> 민사집행법 제148조(배당받을 채권자의 범위) 제147조 제1항에 규정한 금액을 배당받을 채권자는 다음 각호에 규정된 사람으로 한다.
> 1. 배당요구의 종기까지 경매 신청을 한 압류채권자
> 2. 배당요구의 종기까지 배당요구를 한 채권자
> 3. 첫 경매개시결정등기 전에 등기된 가압류채권자
> 4. 저당권·전세권, 그 밖의 우선변제청구권으로서 첫 경매개시결정등기 전에 등기되었고 매각으로 소멸하는 것을 가진 채권자

서울시 관악구 신림동 오피스텔, 임차권등기의 효력은?

서울시 관악구 신림동 오피스텔의 임차인 김ㅇ정은 선순위로 전입신고를 했지만 확정일자는 받지 않았다가 이후 임차권등기명령에 의한 임차권등기를 했다.

순위번호	등 기 목 적	접 수	등 기 원 인	권 리 자 및 기 타 사 항
4	주택임차권	2013년7월2일 제169422호	2013년6월27일 서울중앙지방법원의 임차권등기명령(2013카기4424)	임차보증금 (1)금10,000,000원 (2)금50,000,000원 (3)금40,000,000원 차 임 (1)금400,000원 (3)금250,000원 범 위 건물 전부 임대차계약일자 (1)2005년 10월 29일 (2)변경 2007년 8월 16일 (3)변경 2011년 3월 30일 주민등록일자 2005년 10월 31일 점유개시일자 2005년 10월 29일 확정일자 없음 임차권자 김ㅇㅇ ㅇㅇㅇㅇ-ㅇㅇㅇㅇㅇㅇ 　서울특별시 관악구 신림동 ㅇㅇ-ㅇㅇ 　ㅇㅇㅇㅇㅇㅇㅇㅇㅇ 오피스텔 ㅇㅇㅇ호

서울시 관악구 신림동 경매 오피스텔의 등기부등본

임차권등기의 내용을 보면, 2005년 10월 29일에 임차인 김씨는 보증금 1,000만원과 월세 40만원에 임대차계약을 체결하고, 2007년 8월에는 보증금을 5,000만원으로 하는 전세 계약으로, 2011년 3월에는 보증금 4,000만원에 월세 25만원으로 하는 월세 계약으로 변경했다.

204쪽을 보면, 장ㅇㅇ이 등기상 최선순위인 근저당권을 설정한 후에 임대차의 계약 내용이 바뀌었다면 근저당권 설정 시점을 기준으로 임차인의 권리를 나누어 분석해야 하겠지만, 마지막으로 계약 내용을 변경한 시점이 근저당권 설정일보다 앞서기 때문에 계약 내용이 변경된 것은 아무 의미도 없다. 그러니 현재의 계약 내용대로 권리를 분석하면 된다. 임차인의 권리분석에는 전문가들조차 간과하기 쉬운 함정이 도사리고 있다. 임차인이 행사할 수 있는 권리를 하나씩 분석해 보자.

임차인 김씨의 대항력

김씨는 등기상 최선순위 권리인 장씨의 근저당권 설정일보다 앞선 2005년에 전입신고를 했으니, 대항력이 있는 선순위 임차인이다. 이후 2013년 7월에 임

▼ 서울시 관악구 신림동 오피스텔, 경매개시결정등기 이후 임차권등기를 한 경우

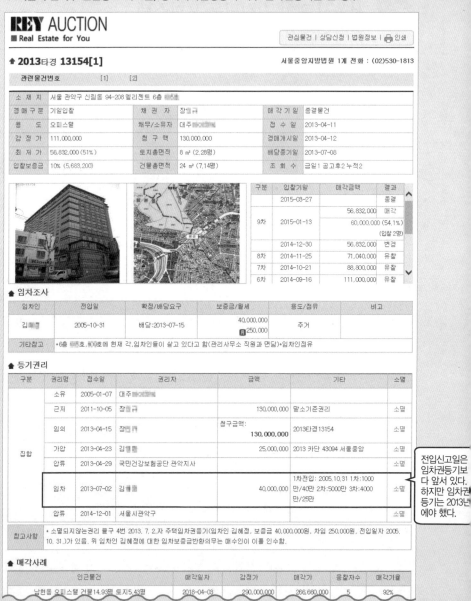

REY AUCTION
■ Real Estate for You

관심물건 | 상담신청 | 법원정보 | 🖶 인쇄

♠ **2013타경 13154[1]**　　　　　　　　　　　서울중앙지방법원 1계 전화 : (02)530-1813

관련물건번호	[1]	[2]

소 재 지	서울 관악구 신림동 94-208 엘리전트 6층 ▓▓				
경매구분	기일입찰	채 권 자	장▓▓	매각기일	종결물건
용 도	오피스텔	채무/소유자	대주▓▓▓▓	접 수 일	2013-04-11
감 정 가	111,000,000	청 구 액	130,000,000	경매개시일	2013-04-12
최 저 가	56,832,000 (51%)	토지총면적	8 ㎡ (2.28평)	배당종기일	2013-07-08
입찰보증금	10% (5,683,200)	건물총면적	24 ㎡ (7.14평)	조 회 수	금일1 공고후2 누적2

구분	입찰기일	매각금액	결과
	2015-03-27		종결
9차	2015-01-13	56,832,000	매각
		60,000,000 (54.1%) (입찰 2명)	
	2014-12-30	56,832,000	변경
8차	2014-11-25	71,040,000	유찰
7차	2014-10-21	88,800,000	유찰
6차	2014-09-16	111,000,000	유찰

♠ 임차조사

임차인	전입일	확정/배당요구	보증금/월세	용도/점유	비고
김▓▓	2005-10-31	배당:2013-07-15	40,000,000 월 250,000	주거	
기타참고	+6층 ▓▓호, ▓00호에 현재 각,임차인들이 살고 있다고 함(관리사무소 직원과 면담)+임차인점유				

♠ 등기권리

구분	권리명	접수일	권리자	금액	기타	소멸
집합	소유	2005-01-07	대주▓▓▓▓▓			
	근저	2011-10-05	장▓▓	130,000,000	말소기준권리	소멸
	임의	2013-04-15	장▓▓	청구금액: 130,000,000	2013타경13154	소멸
	가압	2013-04-23	김▓▓	25,000,000	2013 카단 43094 서울중앙	소멸
	압류	2013-04-29	국민건강보험공단 관악지사			소멸
	임차	2013-07-02	김▓▓	40,000,000	1차전입: 2005.10.31 1차:1000만/40만 2차:5000만 3차:4000만/25만	소멸
	압류	2014-12-01	서울시관악구			소멸

전입신고일은 임차권등기보다 앞서 있다. 하지만 임차권 등기는 2013년에야 했다.

참고사항	* 소멸되지않는권리 을구 4번 2013. 7. 2.자 주택임차권등기(임차인 김혜정, 보증금 40,000,000원, 차임 250,000원, 전입일자 2005. 10. 31.)가 있음. 위 임차인 김혜정에 대한 임차보증금반환의무는 매수인이 이를 인수함.

♠ 매각사례

인근물건	매각일자	감정가	매각가	응찰자수	매각가율
남현동 오피스텔 건물14.93평 토지5.43평	2018-04-03	290,000,000	266,660,000	5	92%

차권등기를 했지만, 새로이 대항력을 취득한 것이 아니라 2005년에 취득한 원래의 대항력을 그대로 유지하고 있는 것으로 보아야 한다. 따라서 낙찰자는 김 씨가 배당받지 못한 보증금이 있을 경우 반환해 줄 의무가 있다.

주택임대차보호법 제3조의3(임차권등기명령)

⑤ 임차인은 임차권등기명령의 집행에 따른 임차권등기를 마치면 제3조 제1항·제2항 또는 제3항에 따른 대항력과 제3조의2 제2항에 따른 우선변제권을 취득한다. 다만, 임차인이 임차권등기 이전에 이미 대항력이나 우선변제권을 취득한 경우에는 그 대항력이나 우선변제권은 그대로 유지되며, 임차권등기 이후에는 제3조 제1항·제2항 또는 제3항의 대항 요건을 상실하더라도 이미 취득한 대항력이나 우선변제권을 상실하지 아니한다.

임차인 김씨의 우선변제권

김씨는 확정일자를 받지 않아서 우선변제권을 취득하지 못했지만, 임차권등기로 우선변제권을 취득했다. 그러나 임차권등기 시점에는 이미 장씨의 근저당권이 설정되어 있었기 때문에 배당 순위가 늦어졌다. 게다가 선순위 근저당권 청구액이 1억 3,000만원이므로, 감정평가금액이 1억 1,100만원에 불과한 이 경매에서 임차인이 보증금 중 일부라도 배당받기는 어려워 보인다.

임차인 김씨의 최우선변제권

소액임대차의 경우에는 확정일자를 받지 않아도 임차인에게 최우선변제권이 인정된다. 선순위 근저당권의 설정일이 2011년 10월 5일인데, 이 당시 서울시의 소액임대차 규정상 최우선변제권이 인정되는 보증금의 범위는 7,500만원 이하이고, 보장 금액의 한도는 2,500만원이었다. 따라서 김씨는 소액임차인으로서 최우선변제를 받을 수 있는 요건을 충족하고 있다.

배당요구종기 이후에 한 배당요구

소액임차인이라도 경매 절차에서 적법하게 배당을 요구하지 않았다면 최우선변제를 받을 수 없다. 그런데 김씨는 배당요구종기 후에 권리를 신고했다. 배당요구종기 이후의 배당요구는 무효다.

  그리고 임차권등기명령에 의한 임차권등기를 한 임차인은 따로 배당을 요구하지 않아도 당연히 배당받을 수 있는 채권자에 속한다는 대법원 판례가 있지만, 이는 임차권등기가 첫 경매개시결정등기 전에 등기된 경우에 적용된다.

> 임차권등기명령에 의하여 임차권등기를 한 임차인은 우선변제권을 가지며, 위 임차권등기는 임차인으로 하여금 기왕의 대항력이나 우선변제권을 유지하도록 해주는 담보적 기능을 주목적으로 하고 있으므로, 위 임차권등기가 첫 경매개시결정등기 전에 등기된 경우, 배당받을 채권자의 범위에 관하여 규정하고 있는 민사집행법 제148조 제4호의 "저당권·전세권, 그 밖의 우선변제청구권으로서 첫 경매개시결정등기 전에 등기되었고 매각으로 소멸하는 것을 가진 채권자"에 준하여, 그 임차인은 별도로 배당요구를 하지 않아도 당연히 배당받을 채권자에 속하는 것으로 보아야 한다.
> (대법원 2005년 9월 15일 선고 2005다33039 판결 '배당이의')

결국 임차인 김씨는 배당요구종기 후에 배당을 요구했고 임차권등기도 경매개시결정등기 후에 했으므로, 배당요구를 한 채권자도 아니고 당연히 배당받을 채권자도 아니다.

김씨의 임대차에 대해 임대인의 모든 권리와 의무는 그대로 낙찰자에게 승계된다. 그러므로 낙찰자는 김씨에게 임대차가 끝날 때까지 오피스텔에 거주할 수 있도록 보장해 주어야 하고, 보증금 4,000만원을 반환해야 오피스텔을 인도받을 수 있다. 물론 의무와 함께 권리도 승계한 것이므로 김씨가 거주하고 있는 동안에는 월세 25만원을 받을 수 있다.

필자가 확인해 본 결과, 대부분의 인터넷 경매 정보 사이트에서는 "임차인은 최우선변제권으로 보증금 중 2,500만원을 배당받고, 배당받지 못한 나머지 1,500만원에 대한 반환 의무만 낙찰자에게 인수된다"는 권리분석 결과를 제공했다. 그러나 이런 분석은 대법원 판례를 정확히 이해하지 못한 것이다. 임차인이 2,500만원을 배당받을 것으로 판단하고 오피스텔을 낙찰받는다면, 2,500만원은 고스란히 낙찰자의 손해가 될 것이다.

06

임차인 보호 규정, 많아도 꼭 살펴보아야 한다

임차인 보호 규정 한눈에 보기

임차인은 보호받는 규정이 많은 만큼 총체적으로 훑어볼 필요가 있다.

임차인은 다양한 방법으로 임차권을 공시하여 권리를 확보할 수 있다. 이렇듯 공시 방법이 다양한 이유는 임차인은 사회적 약자이므로 특별히 보호해야 하기 때문이다. 그렇지만 임차권은 권리분석을 할 때 입찰자에게 여간 부담스럽지 않은 부분이다.

임차인의 권리를 좀더 잘 이해하기 위해 민법과 주택임대차보호법이 어떤 과정을 겪으며 공시 방법을 만들어냈는지, 그 역사를 짚어보자.

민법 규정에 의해 임차인을 보호하다

민법은 채권 계약의 14개 전형 중 하나로 임대차를 규정하는데, 임대차계약을 체결하면 임차인에게는 당연히 임차권이 발생한다. 이때 임차권은 채권이고 채권은 특정인(임대인)에게만 권리를 주장할 수 있기 때문에, 부동산 물권의 변동으로 권리를 취득한 제3자에게 대항할 수 없게 된다.

그렇다고 무작정 임차인에게 대항력을 인정한다면 그 주택에 임대차가 있는지 확인할 방법이 없는 제3자는 예상 못한 피해를 입을 수도 있다. 그러니 문제는 '공시' 여부가 된다. 임차권을 공시하여 세상에 알릴 수만 있다면, 임차인에게 대항력을 인정하더라도 예상 못한 피해를 보는 제3자는 발생하지 않을 테니 말이다.

그래서 채권인 임차권을 공시할 수 있는 임차권등기에 관한 규정과 물권으로 공시할 수 있는 전세권에 관한 규정을 주택임대차보호법이 만들어지기 전부터 민법에서 규정해 놓은 것이다. 임차권을 등기하면 '채권'으로서의 임차권으로, 전세권을 등기하면 '물권'으로서의 전세권으로 제3자에게 대항할 수 있다.

주택임대차보호법이 탄생하다

임차권과 전세권을 등기하여 공시함으로써 제3자에게 대항할 수 있는 민법 규정은 예전부터 있었는데, 문제는 "임대인의 동의를 요한다"는 사실이었다.

임대차계약을 체결하면서 임대인에게 등기 절차에 협력해 달라고 하면 "다른 집을 알아보라"는 답이 돌아오기 일쑤였다. 결국 임대인이 등기 절차에 대한 협력을 거부하면 임차인은 임차권등기나 전세권등기를 할 수 없었다. 전셋집을 구하기 어려운 시기에는 임차인은 위험을 감수하고라도 주택을 임차해야 했다.

이처럼 사회적 약자인 임차인을 보호하기 위해 임대인의 동의 없이도 임차권을 공시할 수 있도록 제도적 길을 열어준 것이 바로 주택임대차보호법이다. 주택임대차보호법은 임차인이 주택을 인도받고 주민등록을 마치면 임차권이 공시된 것으로 보고 대항력을 인정했다. 결과적으로 임대인의 동의 없이도 민법 규정에 의해 임차권등기를 한 것과 동일한 효력을 부여한 것이다.

이렇게 임차인의 권리를 한층 강화시켜 주고도, 임차인에게 더욱 특별한 무기를 선물했다. 물권의 전유물이었던 우선변제권을 채권인 임차권에도 인정해 준 것이다. 이렇듯 영세서민을 보호해야 한다는 대의에 따라 소액임차인에게는 최우선변제권도 인정해 주었다.

공시 방법의 한계를 뛰어넘다

그런데 주택임대차보호법의 보호를 받는 임차권에도 치명적인 약점이 있었다. 주택임대차보호법의 규정에 의한 공시 방법(전입과 점유)은 실질적이고도 물리적인 방법이다. 주택을 물리적으로 점유하고 있어야 하고, 다른 주택으로 주민등록을 이전해서도 안 된다.

임차인이 '갑' 주택에 임차권등기를 했다고 해서 '을' 주택에 임차권등기를 또 할 수 없을까? 할 수 있다. 전세권자가 '갑' 주택에 전세권등기를 했다고 해서 '을' 주택에 또 전세권등기를 할 수 없을까? 할 수 있다. 임차인이 '갑' 주택에 주민등록을 두었다고 해서 '을' 주택에 또 주민등록을 둘 수 없을까? 주민등록을 동시에 두 주택에 두는 것은 현실적으로 불가능하다. 이러한 사정이 임대차 기간에는 급소로 작용하지 않지만, 임대차가 만기되었는데도 보증금을 돌려받지 못한 경우라면 임차인에게 치명적인 급소가 될 것이다.

임차권등기나 전세권등기로 권리를 공시한 임차인이라면 (보증금을 언제, 어떻게 받아낼 것인가의 문제는 둘째로 하고) 필요할 때 언제든지 이주할 수 있지만, 주택임대차보호법의 규정에 의해 실질적이고도 물리적인 방법으로 권리를 공시해 온 임차인은 이주할 수 없다. 이주와 동시에 주택임대차보호법 상의 공시 방법(대항 요건)을 상실하게 되기 때문이다.

물건(주택)을 실질적으로 점유하지 않고도 공시할 수 있다는 등기의 장점은 무엇으로도 대신할 수 없다. 결국 주택임대차보호법은 등기의 원칙마저 깨버렸다. 물론 임대차 기간이 끝나고도 보증금을 돌려받지 못한 경우로 제한하고 있기는 하지만, 임차권등기를 법원의 명령을 통해 임차인 단독으로 신청할 수 있게끔 길을 열어주었다.

민법의 규정에 의해 임차권등기를 보완하다

주택임대차보호법의 임차권등기 명령 규정에 의해 임차권이 등기되면 주택임대차보호법 상의 공시 방법인 대항 요건을 잃어도 임차인이 기존에 취득한 대항력과 우선변제권은 그대로 유지된다. 만약 대항력과 우선변제권을 취득하지 못하고 있었다면 임차권등기를 접수한 날 취득하게 된다.

그런데 이대로라면 민법 규정에 의한 임차권등기와 주택임대차보호법의 규정에 의한 임차권등기 사이에 불균형이 발생한다. 민법 규정에 의한 임차권등기는 원래 임차권을 채권으로서 공시하는 효력이 있었을 뿐, 우선변제권을 발생시키거나 유지시켜 주지는 않았기 때문이다.

이러한 혼란을 막기 위해, 민법에 의한 임차권등기의 효력을 주택임대차보호법에 의한 임차권등기의 효력과 같게끔 보완했다. 재미있는 것은 민법 규정이 개정된 것이 아니라 주택임대차보호법에 "민법에 따른 주택임대차등기의 효력에 관하여는 주택임대차보호법에 따른 주택임대차등기에 관한 규정을 준용한다"는 취지를 추가함으로써 민법의 임차권등기를 강화했다는 점이다.

이러한 과정을 거친 후 민법 규정에 의한 임차권등기는 실익이 전혀 없는 규정이 되어버렸다. 민법 규정은 주택임대차보호법 이전에 임차인이 채권으로서 임차권을 공시할 수 있도록 해주었지만, 주택임대차보호법 덕분에 임차인은 "더 손쉬운 방법으로 더 강력한 권리"를 확보할 수 있게 되었기 때문이다. 결국 민법의 임차권등기는 실생활에서는 거의 볼 수 없게 되었다.

07

>>>

주택임대차보호법과 다르지 않다
상가건물임대차보호법 한눈에 보기

주택 임차권과 동일하지만, 권리 취득 요건이 다르다.
주택임대차보호법과 비교해서 살펴보자.

상가건물임대차보호법의 대상은?

상가건물임대차보호법은 상가건물을 임대차할 경우에 적용되는 법인데, 상가건물이란 현행 소득세법 · 부가가치세법 · 법인세법에서 규정하는 사업자등록의 대상이 되는 건물을 가리킨다(상가건물임대차보호법 제2조 제1항). 그러니까 흔히 말하는 상가건물의 임차인이라도 종교, 자선단체, 동창회 등의 사무실처럼 사업자등록을 하지 않으면 이 법을 적용할 수 없다. 대신 사업자등록이 가능한 자연인(외국인 포함)과 법인 모두 이 법의 적용 대상이 된다.

보증금의 범위가 주택과 다르다

주택임대차보호법은 모든 주택임대차에 적용되지만, 상가건물임대차보호법은 임대차보증금의 한도를 규정해 놓았기 때문에 이 한도를 넘어서는 임대차에는 적용되지 않는다(상가건물임대차보호법 제2조 제1항).

▼ 상가건물임대차보호법의 적용 대상이 되는 보증금 한도

적용 지역	적용 보증금
서울특별시	9억원 이하
과밀억제권역(서울특별시 제외) 및 부산광역시	6억 9,000만원 이하
광역시(수도권정비계획법에 따른 과밀억제권역에 포함된 지역과 군 지역, 부산광역시 제외), 세종특별자치시, 파주시, 화성시, 안산시, 용인시, 김포시 및 광주시	5억 4,000만원 이하
그 밖의 지역	3억 7,000만원 이하

보증 금액이 큰 상가건물임대차의 임차인은 그만큼 큰 사업을 경영하고 있으니 민법의 특례를 적용하면서까지 보호해야 할 사회적 약자가 아니라고 여긴다. 그래서 상가건물임대차보호법의 적용 대상이 되는 보증금 한도를 넘는 임대차는 이 법의 적용을 받지 않으며, 대신에 기본법인 민법의 임대차 규정이 적용된다.

월차임의 환산

보증금 말고도 월세를 지급하는 임대차라면, 월세에 100을 곱한 금액을 보증금에 합해서 보증 금액을 환산한다. 예를 들어 서울시에 있는 건물인데 보증금이 3억원이고 월세가 700만원이라면 환산한 보증금은 10억원이 되므로 상가건물임대차보호법이 적용되지 않는다.

상가건물 임차인의 대항력은 주택 임차인과 같다

상가건물 임차인이 사업자등록을 신청하고 임차건물을 점유하면 그다음 날 0시에 대항력이 생기는데, 대항력의 효력은 주택임대차와 같다. 따라서 대항력이 있는 상가건물임차권은 경매로 매각되어도 소멸하지 않고 낙찰자에게 인수된다(제1원칙). 다만, 선순위로 '금전이 목적인 권리'가 있다면 그 권리를 보호하기 위해 대항력이 있는 임차권도 매각으로 소멸된다(제2원칙).

> 제3조(대항력 등) ① 임대차는 그 등기가 없는 경우에도 임차인이 건물의 인도와 부가가치세법 제8조, 소득세법 제168조 또는 법인세법 제111조에 따른 사업자등록을 신청하면 그다음 날부터 제3자에 대하여 효력이 생긴다. (개정 2013년 6월 7일)
> ② 임차건물의 양수인(그밖에 임대할 권리를 승계한 자를 포함한다)은 임대인의 지위를 승계한 것으로 본다.

상가건물의 우선변제권도 인정해 줄까?

주택 임차인이 동사무소에 전입신고하는 동시에 확정일자를 받아 우선변제권을 확보하듯이, 상가건물 임차인은 세무서에서 사업자등록을 신청하는 동시에 임대차계약서에 확정일자를 받을 수 있다. 확정일자를 받은 임차인은 경매 절차에서 다른 후순위 채권자보다 먼저 배당받을 수 있는 우선변제권을 얻는다 (상가건물임대차보호법 제5조).

주택임차권과 마찬가지로 상가건물임차권의 우선변제권도 대항력이 있어야 효력을 발휘한다. 즉 사업자등록을 신청하지 않은 임차인은 계약서에 확정일자를 받더라도 우선변제권이 인정되지 않는다.

최우선변제권도 인정될까?

상가건물의 소액임차인에게도 최우선변제권이 주어지는데, 그 효력은 주택임대차의 최우선변제권과 같다. 최우선변제권으로 배당받을 수 있는 금액의 한도는 임대건물가액(경매 비용을 뺀 실제 배당 금액)의 2분의 1이다. 2013년까지는 3분의 1이었는데, 2014년 1월 1일부터 2분의 1로 개정되었다. 따라서 등기상 2013년 12월 31일 이전에 물권을 얻은 채권자가 있다면, 기존의 규정대로 보장 금액은 3분의 1로 제한된다.

> 제14조(보증금 중 일정액의 보호) ① 임차인은 보증금 중 일정액을 다른 담보물권자보다 우선하여 변제받을 권리가 있다. 이 경우 임차인은 건물에 대한 경매 신청의 등기 전에 제3조 제1항의 요건을 갖추어야 한다.
> ③ 제1항에 따라 우선변제를 받을 임차인 및 보증금 중 일정액의 범위와 기준은 임대건물가액(임대인 소유의 대지가액을 포함한다)의 2분의 1 범위에서 해당 지역의 경제 여건, 보증금 및 차임 등을 고려하여 대통령령으로 정한다.(개정 2013년 8월 13일)

▼ 상가건물임대차의 최우선변제권 적용 금액

적용 기간	지역	최우선변제를 받을 환산 보증금의 범위	최우선변제를 받을 금액의 한도
2002년 11월 1일~ 2010년 7월 25일	서울특별시	4,500만원 이하	1,350만원
	수도권과밀억제권역(서울시 제외)	3,900만원 이하	1,170만원
	광역시(수도권과밀억제권역, 군 지역 제외) 안산시, 용인시, 김포시, 광주시	3,000만원 이하	900만원
	그 밖의 지역	2,500만원 이하	750만원

2010년 7월 26일~ 2013년 12월 31일	서울특별시	5,000만원 이하	1,500만원
	수도권과밀억제권역(서울시 제외)	4,500만원 이하	1,350만원
	광역시(수도권과밀억제권역, 군 지역 제외) 안산시, 용인시, 김포시, 광주시	3,000만원 이하	900만원
	그 밖의 지역	2,500만원 이하	750만원
2014년 1월 1일~ 2018년 1월 25일	서울특별시	6,500만원 이하	2,200만원
	수도권과밀억제권역(서울시 제외)	5,500만원 이하	1,900만원
	광역시(수도권과밀억제권역, 군 지역 제외) 안산시, 용인시, 김포시, 광주시	3,800만원 이하	1,300만원
	그 밖의 지역	3,000만원 이하	1,000만원
2018년 1월 26일~	서울특별시	6,500만원 이하	2,200만원
	과밀억제권역 및 부산광역시	5,500만원 이하	1,900만원
	광역시(수도권정비계획법에 따른 과밀억제 권역에 포함된 지역과 군지역, 부산광역시는 제외), 세종, 경기 안산, 용인, 김포, 광 주, 파주, 화성 포함	3,800만원 이하	1,300만원
	그 밖의 지역	3,000만원 이하	1,000만원

[수도권 과밀억제권역]
* 서울시 전체, 경기 의정부시 · 구리시 · 하남시 · 고양시 · 수원시 · 성남시 · 안양시 · 부천시 · 광명시 ·
  과천시 · 의왕시 · 군포시 · 시흥시(반월특수지역 제외)
* 인천광역시(강화군, 옹진군, 서구 대곡동 · 불로동 · 마전동 · 금곡동 · 오류동 · 왕길동 · 당하동 · 원당동, 인천경제자
  유구역 및 남동 국가산업단지는 제외)
* 남양주시(호평동 · 평내동 · 금곡동 · 일패동 · 이패동 · 삼패동 · 가운동 · 수석동 · 지금동 · 도농동만 해당)

상가건물임대차보호법은 주택임대차보호법에 비해 역사가 짧기 때문에, 최우선변제권의 적용 금액에 관한 규정이 개정된 것도 4차례뿐이다. 주택임대차와 마찬가지로 주의할 점은 적용 기간을 판단할 때 임대차가 시작된 시점이 아니라 최우선변제권을 행사할 대상 권리가 효력을 발생한 시점이 기준이 되어야 한다는 것이다.

주택임대차는 월세가 있어도 보증금만 가지고 소액임대차인지 여부를 판단하지만, 상가건물임대차는 월세에 100을 곱한 금액을 보증금에 합해서 산출한다. 서울시에서 보증금 3,000만원에 월세가 80만원인 상가임대차의 환산 보증금은 1억1,000만원이 되므로 소액임차인에 해당하지 않는다.

이렇게 계산해 보면 상가건물 임차인 중에 소액임대차에 해당하는 경우는 실제로 많지 않다. 또 소규모 상업에 종사하는 임차인 중에 사업자등록을 내지 않고 영업하는 사람들이 적지 않다는 사실을 감안하면, 이 규정은 그다지 도움이 되지 않을 것이다. 실제로도 상가건물 임차인 중 최우선변제권으로 배당받는 임차인을 자주 볼 수 없다.

소액임대차 여부는 환산보증금으로 판단하지만, 배당액은 실제 보증금을 한도로 한다는 것도 기억하자. 예를 들어 서울특별시에서 보증금이 500만원에 월세가 40만원인 임대차가 있다면 환산보증금은 4,500만원이 되어 일단 2,200만원까지 최우선변제권으로 배당받을 수 있다. 그러나 실제 보증금은 500만원에 지나지 않아 결국 배당받을 수 있는 금액은 500만원이 된다.

김샘의
현장분석

인천시 강화도 상가, 최우선변제권은?

강화군의 전용면적 54.45평 상가가 경매 중이다. 이 사건에서 근저당권과 (가)압류, 경매개시결정등기는 모두 금전이 목적이어서 매각으로 소멸하고 낙찰자에게 인수되지 않는다. 임차인이 있지만, 사업자등록일자가 최초 근저당권 설정일자보다 늦어 낙찰자가 매각대금을 완납하는 동시에 소멸된다.

최우선변제권이 있는 임차인은 유리하다

그렇다면 이 임차인은 보증금을 돌려받을 수 있을까? 확정일자에 의한 우선변제권을 가지고 있지만, 선순위 근저당권의 채권최고액이 26억원(공동담보)이고, 이번 매각의 최저입찰가격이 1억3,720만원이니 경매 비용까지 고려한다면 보증금을 모두 돌려받지 못할 수도 있다.

그러나 이 임차인은 소액임대차보증금 최우선변제권이 인정된다. 보증금이 1,000만원, 월세가 20만원이니까 환산보증금은 3,000만원이다. 최초 근저당권 설정 시점이 2015년 1월 29일인데, 이때 인천시 강화군(소액임차금 표 "그 밖의 지역")지역은 환산보증금이 3,000만원 이하인 경우 1,000만원까지 최우선변제권을 인정했다. 따라서 이 임차인은 최우선변제권을 인정받아 1,000만원을 선순위 근저당권자보다 우선하여 배당받는다. 참고로, 환산보증금을 산출할 때는 월세까지 고려하지만, 월세는 만기 때 돌려받을 돈이 아니므로 배당의 대상이 될 수 없다. 이상가가 최저매각가격에 낙찰된다면 다음과 같이 배당된다.

순위	권리자	권리 내용	배당 금액	진여 배당 재원	배당 사유
1		경매비용	70만원	1억 3,650만원	
2	우보OO	임차인	1,000만원	1억 2,650만원	소액임차 기준일: 2015년 1월 29일
3	양서농협	근저당	1억 2,650만원		근저당

▼ 인천시 강화도 상가, 최우선변제권이 인정되는 경우

REY AUCTION
■ Real Estate for You

관심물건 | 상담신청 | 법원정보 | 🖨인쇄

↟ 2016타경 23542[6]

인천지방법원 5계 전화 : (032)860-1605

관련물건번호	[1]	[2]	[3]	[4]	[5]	[6]

소 재 지	인천 강화군 길상면 초지리 ▒▒-▒▒ 강화상가▒▒▒▒▒ 2층 ▒▒▒ [일괄] ▒▒.					
경매구분	기일입찰	채 권 자	양서농협	매 각 기 일	2018-05-31 (10:00) [24 일전]	
용 도	상가(점포)	채무/소유자	김▒▒	접 수 일	2016-06-22	
감 정 가	280,000,000	청 구 액	3,531,761,254	경매개시일	2016-06-23	
최 저 가	137,200,000 (49%)	토지총면적	373 ㎡ (112,78평)	배당종기일	2016-09-19	
입찰보증금	10% (13,720,000)	건물총면적	180 ㎡ (54,45평)	조 회 수	금일1 공고후2 누적8	

구분	입찰기일	매각금액	결과
3차	2018-05-31	137,200,000	진행
	2018-03-23	137,200,000	변경
2차	2018-02-14	196,000,000	유찰
	2017-07-03	196,000,000	변경
1차	2017-05-29	280,000,000	유찰

↟ 임차조사

임차인	전입일	확정/배당요구	보증금/월세	용도/점유	비고
▒▒▒▒▒	2015-08-12	배당:2016-09-19	10,000,000 月200,000	점포 일부(2층중271,56 ㎡)	홍▒▒ 현황조사전 입:2015,08,24
기타참고	▶2층▒▒호.◆본건 현황조사차 현장에 임한 바, `유앤제이▒▒▒`라는 상호가 붙어있으며, 임차인 ▒▒▒▒ 주식회사의 여직원(20대후반 여자)를 면대한 바, 구체적인 임대차관계 현황은 잘 모른다고 진술하고 있으나. 상가건물임대차 현황서상 임차인 ▒▒▒▒▒주식회사(홍▒▒이)가 등재되어 있으니 참고하시기 바라며. 임대차관계 현황을 조사하고 배당권리 신고에 관한 안내서를 교부하여 안내하였음.본건 조사서의 조사내용은 상가건물임대차 현황서, 전입세대열람 내역서에 의한 조사사항으로 등록하였음.본건 매각부동산 건물 외벽에 `유치권 점유 중`이라는 현수막이 부착되어 있으니 참고하시기 바람 ▶▒▒▒▒ 주식회사:▒▒▒▒(주)는 2016,9,19,자 권리신고 및 배당요구신청서에서 임대차계약서상 퇴거시 인테리어 비용 35,000,000원을 추가로 청구함. ▶2층▒▒호.◆본건 현황조사차 현장에 임한 바, `▒▒▒▒(주)`라는 상호가 붙어있으며, 임차인 ▒▒▒▒ 주식회사의 직원(40대초반 남자)를 면대한 바, 구체적인 임대차관계 현황은 잘 모른다고 진술하므로, 배당권리 신고에 관한 안내서를 교부하여 안내하였음.본건 매각부동산 건물 외벽에 `유치권 점유 중`이라는 현수막이 부착되어 있으니 참고하시기 바람.					

↟ 등기권리

구분	권리명	접수일	권리자	금액	기타	소멸
집합	소유	2015-01-29	김▒▒			
	근저	2015-01-29	양서농협	2,600,000,000	말소기준권리	소멸
	근저	2015-01-29	양서농협	1,885,000,000		소멸
	가압	2015-08-21	처▒▒▒▒▒▒	721,700,000	2015 카합 10147 인천 부천	소멸
	임의	2016-06-24	양서농협	청구금액: 3,531,761,254	2016타경23542	소멸
	압류	2016-08-10	김포세무서			소멸
	압류	2017-04-13	김포세무서			소멸

참고사항	· 유치권 · 토지별도등기

만약 임차인에게 최우선변제권이 인정되지 않았다면, 임차인은 양서농협이 먼저 배당 받은 후 남는 재원이 없어 보증금을 한푼도 받지 못했을 것이다.

5

Chapter

등기부에는
등기되지 않는
권리들

김샘의 유튜브 특강 포인트

제7강 유치권

- 유치권의 성립요건
- 유치권의 피담보채권(견련성)
- 유치권 신고사례
- 유치권 해결 방법

제8강 법정지상권

- 법정지상권의 의미
- 법정지상권의 성립요건
- 미등기건물의 법정지상권
- 토지지분경매의 법정지상권

01 >>> 등기부에는 등기되지 않는 권리에는 무엇이 있을까?

등기부에 등기되지 않더라도 권리로 인정받고 효력을 발휘하는 권리들을 살펴보자.

부동산에 관련된 모든 권리가 반드시 등기부에 등기되는 것은 아니다. 등기할 수 없는 권리들도 있다. 특히 부동산 경매에서 문제가 되는 것으로는 유치권과 법정지상권, 분묘기지권 등이 있다.

▼ 등기부에 등기되지 않는 권리

유치권
법정지상권
분묘지기권

말소기준권리 이론에서는 특수권리라고 한다

말소기준권리 이론에 따르면 이를 '특수권리'라며 다른 방식으로 설명하고 있는데, 도대체 어떤 면이 특수하다는 것인지 궁금하다. 굳이 단어의 뜻을 따져보면 특수의 반대 개념은 '일반'일 텐데, 특수권리라고 부르는 권리가 있다면 일반권리도 있어야 하지 않을까? 그렇다면 등기할 수 있는 권리는 일반권리에 속할까?

말소기준권리 이론에서 이 권리들을 특수권리라고 하는 이유는 효력 발생 순위가 권리의 인수와 소멸에 영향을 미치지 않기 때문인 듯하다. 등기할 수 없는 권리이므로 당연히 등기를 접수한 일자나 순위 번호, 접수 번호가 있을 리 없다. 그러니 권리의 효력 발생 시점을 정확히 알 수 없다.

말소기준권리 이론은 각 권리의 본질을 이해하지 않고도 효력 발생 순위만으로 인수 또는 소멸 여부를 예측하기 위해 고안해 낸 편법이다. 그러므로 권리의 인수 또는 소멸이 효력 발생 순위와 무관하게 결정되는 권리는 말소기준권리의 체계에 따라 분석할 수 없다. 이는 말소기준권리 이론이 극복할 수 없는 한계인 셈이다.

그러나 말소기준권리 이론은 그 한계를 '특수권리'라는 말로 돌려서 인정하지 않는다. 워낙 특수한 권리이므로 예외적으로 분석하는 것이 당연하다는 것인데, 이는 사실이 아니다.

특수한 권리가 아닌 명확한 권리들

말소기준권리 이론에서 말하는 특수권리도 법률의 규정에 의한 것이다. 법률 규정에서는 각 권리의 본질을 아주 명확하게 설명하고 있다. 그러니 어떤 권리든 그 본질을 인정해 주면 된다(제1원칙). 그 과정에서 피해를 보는 선의의 제3자가 발생할 때에는 그 부분을 보정하면 된다(제2원칙). 민사의 대원칙은 언제나 예외가 없다. 임대차보호법에서 살펴본 최우선변제권처럼, 대의를 위해 예외를 인정할 만하다면 아예 관련 규정을 개정 또는 신설하여 예외를 본질로 바꿔 공고하는 한이 있더라도 말이다.

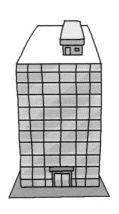

02

등기가 되지 않는 저당권

담보물권의 한 종류, 유치권

담보물권의 한 종류인 유치권은 등기를 할 수도 없고, 그럴 필요도 없는 권리다.

유치권은 일정한 요건을 갖추면 당연히 성립하는 법정담보물권이다. 남의 물건 또는 유가증권을 점유한 사람이 그 물건이나 유가증권에 관한 채권을 변제받을 때까지 누구에게도 넘기지 않고 점유(유치)할 수 있는 권리라고 규정되어 있다. 말이 어려우니, 유치권을 설명하는 가장 쉬운 사례를 들어보자.

유치권이란?

봉팔 씨가 사용하던 시계가 고장이 나는 바람에 수리업자인 미도 씨에게 수리를 맡겼다. 그런데 미도 씨가 시계를 고쳤는데도 봉팔 씨가 시계 수리비를 주지 않았다. 그래서 미도 씨는 "수리비를 주지 않으면 시계를 줄 수 없다"며 시계를 돌려주지 않겠다고 말했다. 이때 미도 씨가 가지는 권리가 유치권이다.

그러던 중에 봉팔 씨가 친구인 도균 씨에게 그 시계를 팔았다. 시계의 소유권을 갖게 된 도균 씨는 미도 씨를 찾아가서 "이제 그 시계의 주인은 나니까, 시계를 내놓으시오"라며 시계를 달라고 주장했다.

이런 경우 미도 씨는 어떻게 해야 할까? 수리비는 봉팔 씨에 대한 채권이고 시계의 소유권은 도균 씨에게 넘어갔으니 시계를 내주어야 할까?

그렇지 않다. 채무자가 아닌 도균 씨에게 수리비를 달라고 직접 청구할 수는 없지만 "누구든 수리비를 주지 않는다면 시계를 내줄 수 없다"며 시계를 계속 점유할 수는 있다. 이처럼 유치권은 그 물건의 소유자가 바뀌더라도 계속 행사할 수 있다.

[민법]
제320조 (유치권의 내용) ① 타인의 물건 또는 유가증권을 점유한 자는 그 물건이나 유가증권에 관하여 생긴 채권이 변제기에 있는 경우에는 변제를 받을 때까지 그 물건 또는 유가증권을 유치할 권리가 있다.
② 전 항의 규정은 그 점유가 불법행위로 인한 경우에 적용하지 아니한다.
제321조 (유치권의 불가분성) 유치권자는 채권 전부의 변제를 받을 때까지 유치물 전부에 대하여 그 권리를 행사할 수 있다.
제322조 (경매, 간이변제충당) ① 유치권자는 채권의 변제를 받기 위하여 유치물을 경매할 수 있다.
제328조 (점유상실과 유치권소멸) 유치권은 점유의 상실로 인하여 소멸한다.

유치권은 동산뿐만 아니라 부동산에도 성립한다. 예를 들어 건물의 신축 공사나 리모델링 공사를 한 건축업자에게 건물 주인이 공사비를 지급하지 않는다면, 건축업자는 그 건물을 유치할 수 있다.

유치권은 어떻게 성립할까?

유치권은 일정한 조건이 갖추어지면 당연히 인정된다. 앞에서 살펴본 근저당권, 지상권, 지역권, 전세권 등은 등기하면 되지만, 유치권은 등기할 수 없다. 근저당권, 지상권, 지역권, 전세권은 부동산을 목적으로 한 권리인 반면에, 유치권은 동산과 부동산 모두에 성립하니 등기를 조건으로 할 수 없기 때문이다. 또한 등기하려면 등기 의무자와 등기 권리자가 공동으로 신청해야 하는데, 공사비도 지급하지 않는 건물 소유자가 등기에 협력할 리 없을 것이다.

여기에서는 부동산에 관한 유치권만 살펴보자.

유치권의 피담보채권

유치권을 얻으려면 '그 부동산에 관하여' 발생한 채권이 있어야 한다. 따라서 공사업자가 공사 대금을 못 받은 경우, 본인이 공사비를 들여서 공사한 건물에 대해서는 유치권을 주장할 수 있다. 그러나 공사를 부탁한 건물 소유자가 다른 부동산을 가지고 있다고 한들, 다른 부동산에는 유치권을 발휘할 수 없다. 또 공사업자가 공사비는 모두 받았지만 건물 소유자가 예전에 빌려간 돈을 아직 갚지 않았다는 이유로 유치권을 주장할 수도 없다. 빌려간 돈은 그 부동산과 관련해서 발생한 채권이 아니기 때문이다.

간혹 건축 자재를 공급한 업자가 자재 대금을 받지 못했다는 이유로 유치권을 신고하는 경우가 있다. 공사업자와 체결한 약정에 따라 공사 현장에 시멘트와 모래 등의 건축 자재를 공급하여 발생한 건축자재대금채권은 매매계약에 따른 매매대금채권이지, 건물 자체에 관한 채권이라고 할 수 없으므로 유치권이 인정되지 않는다(대법원 2012년 1월 26일 선고 2011다96208 판결 '건물명도').

점유

유치권이라는 단어에서 알 수 있듯이, 부동산에 관한 채권이 있어도 부동산을 점유하지 않으면 유치권은 성립하지 않는다.

또 유치권이 성립하려면 부동산에 관한 압류가 효력을 발휘하기 전에 점유를 시작해야 한다. 즉 경매개시결정이 등기된 후에 성립한 유치권은 낙찰자에게 대항력이 없다. 따라서 이런 부동산을 낙찰받을 경우, 낙찰자는 유치권의 채권을 변제했는지 여부와는 상관없이 유치권을 주장하는 사람에게 부동산을 인도해 달라고 청구할 수 있다. 물론 이를 거부하면 법원에 인도 명령을 신청하고 강제집행을 통해 부동산을 인도받는다.

경매개시결정등기 후의 유치권 신고

간혹 "경매개시결정등기 후에 유치권을 신고하면 유치권은 성립하지 않는 거죠?"라는 질문을 받곤 한다. 유치권 신고는 유치권이 성립하는 요건이 아니다. 앞에서 살펴본 것처럼, 유치권은 부동산에 관한 채권을 담보하기 위해 부동산을 점유하면 성립하기 때문이다. 물론 성립 시점이 경매개시결정이 등기된 후라면 낙찰자에게 대항할 수 없다. 그러나 유치권의 성립과 신고를 혼동해선 안 된다.

경매가 개시되기 전이라면, 유치권자는 법원에 신고할 방법이 없다. 유치권은 등기나 신고를 요건으로 하는 권리가 아니기 때문이다. 다만, 부동산에 대한 경매 절차가 개시되면 법원은 부동산에 관해 권리를 가진 이해관계인들에게 자신의 권리를 법원에 신고하라고 알린다. 그때 권리자들은 법원에 자신의 권리를 신고하는데, 유치권자도 그중 하나다.

　따라서 경매 부동산에 대한 유치권은 경매개시결정이 등기된 후에 신고할 수밖에 없다. 신고는 신고일 뿐, 유치권을 신고하지 않아도 채권과 점유의 내용이 요건을 충족하면 유치권은 성립한다.

유치권은 어떤 효력이 있을까?

유치권은 물권이므로 누구에게나 주장할 수 있다. 즉 소유권이 이전되더라도 채권이 변제될 때까지 부동산을 인도하지 않겠다고 거부할 수 있다는 말이다. 그러니 유치권의 대상이 되는 부동산을 낙찰받았다면 공사 대금을 변제해 주어야 낙찰받은 부동산의 가치를 활용할 수 있을 것이다.

　법률적으로 따지면, 유치권의 채무가 양수인(낙찰자)에게 승계되지는 않는다. 따라서 유치권자는 낙찰자에게 직접 공사 대금을 지급해 달라고 청구할 수는 없다. 그러나 유치권자는 채권이 변제되지 않는 한 그 부동산을 다시 경매하도록 신청할 수 있다. 게다가 낙찰자는 채권이 변제되지 않으면 부동산을 사용할 수 없을 것이다. 그래서 낙찰자가 유치권의 피담보채권을 변제해 주는 경우가 많다.

임차인이 유치권을 주장한다면?

부동산 경매사건을 살펴보면, 유치권을 주장하는 사람이 부동산의 임차인인 경우가 많다. 임차인이 유치권을 주장할 수 없다는 직접적인 법률 규정은 없지만, 실제로 임차인에게 유치권이 인정되는 경우는 매우 드물다. 임차인이 주장하는 유치권의 유형을 살펴보자.

임대차보증금을 반환해 달라고 하는 경우

경매 절차에서 임차인이 보증금을 반환받지 못한 경우, 임대차보증금을 돌려받기 위해 유치권을 신고하는 경우가 많다. 그렇다면 임차인의 임대차보증금 반환청구권은 '그 부동산에 관하여' 발생한 채권일까?

판례는 임차인의 보증금반환청구권은 그 부동산에 관하여 발생한 채권이 아니라 "그 부동산을 목적으로 한 채권"이라 하여 유치권의 피담보채권이 될 수 없다고 한다. 말의 정확한 뜻은 몰라도 되지만, 임차인이 보증금을 돌려받지 못했다는 이유로 주장하는 유치권은 성립하지 않는다는 사실을 기억하면 된다.

> 임차보증반환청구권 또는 임대인이 건물 시설을 아니하기 때문에 임차인이 건물을 임차 목적대로 사용하지 못한 것을 이유로 하는 손해배상청구권은 구 건물에 관하여 생긴 채권이라 할 수 없으므로 그에 관한 유치권을 주장할 수 없다.
> (서울고법 1975년 6월 18일 선고 74나2637 제4민사부판결 '건물명도청구사건')

또 어떤 경우에는 임대인이 계약을 이행하지 않아 임차인에게 발생한 피해를 보상받기 위해 유치권을 주장하는 경우도 있는데, 이 역시 유치권의 피담보채권이 될 수 없다.

예를 들어 봉팔 씨가 식당을 운영하기 위해 가게를 알아보던 중에 미도 씨가 자기가 소유하고 있는 상가건물의 4층을 임차하라고 제안했다고 하자. 그런데 미도 씨의 상가건물은 엘리베이터가 없는 건물이라서 장사가 될 것 같지 않아 봉팔 씨는 그 제안을 거절했다. 그러자 미도 씨는 4층을 임차하면 건물에 엘리베이터를 설치해 준다고 했다. 엘리베이터만 있다면 4층이라도 장사가 잘될 것 같아 봉팔 씨는 임대차계약을 체결하고 장사를 시작했다. 그러나 미도 씨는 임대차보증금을 받고도 엘리베이터를 설치하지 않았고, 봉팔 씨는 장사가 안 되어 큰 손해를 보았다.

이런 경우 봉팔 씨는 미도 씨를 상대로 계약불이행에 따른 손해배상을 청구할 수 있다. 그러나 그 손해배상채권은 건물에 관하여 발생한 채권이 아니라서 유치권의 피담보채권이 될 수 없다.

권리금을 반환해 달라고 하는 경우

상업용 부동산의 권리금은 대개 건물의 소유자가 받지 않는다. 권리금은 새 임차인이 기존의 임차인에게 시설 및 영업권에 대한 인수 비용으로 지급하는 것이다. 따라서 권리금을 반환받기 위해 주장하는 유치권은 유치권의 피담보채권이 될 수 없다.

만약 권리금을 임대인이 받고 임대차가 만기되면 임대차보증금과는 별도로 권리금을 반환하기로 계약했다고 해도, 권리금반환청구권은 건물에 관해 생긴 채권이라 할 수 없으므로 유치권을 행사할 수 없다(대법원 1994년 10월 14일 선고 93다62119 판결 '건축명도등').

인테리어 비용을 반환해 달라고 하는 경우

민법 제626조(임차인의 상환청구권) ① 임차인이 임차물의 보존에 관한 필요비를 지출한 때에는 임대인에 대하여 그 상환을 청구할 수 있다.
② 임차인이 유익비를 지출한 경우에는 임대인은 임대차 종료 시에 그 가액의 증가가 현존한 때에 한하여 임차인의 지출한 금액이나 그 증가액을 상환하여야 한다. 이 경우에 법원은 임대인의 청구에 의하여 상당한 상환 기간을 허여할 수 있다.

필요비는 수선비나 보존비 등 건물을 보존하기 위해 지출한 비용이고, 유익비는 건물에 객관적인 가치를 더하기 위해 투입한 비용을 말한다. 예를 들어, 건물에 물이 새서 방수를 하거나, 보일러가 고장나서 고치거나 한 경우에는 필요비가 든 것이다. 주택 임차인이 집 앞 도로를 아스팔트로 포장했거나, 담장을 축조했거나, 방범창을 달거나 한 경우에는 유익비라고 한다.

임차인이 이러한 필요비와 유익비를 지출했다면, 임대차가 끝날 때 임대인은 임차인에게 그 비용을 반환할 의무가 있다. 임대인이 반환하지 않는다면 임차인은 이 비용을 피담보채권으로 하는 유치권을 주장하여 임대인 또는 양수인(낙찰자)에게 건물 반환을 거부할 수 있다.

경매사건에서 임차인이 주장하는 유치권은 인테리어 비용에 대한 청구가 많다. 신발장 및 다용도장 공사비, 기존 칸막이 철거 비용, 새로운 칸막이 공사 비용, 주방 인테리어 공사 비용 등 임차인이 건물을 사용하면서 자신의 이익을 위해 설치한 시설의 비용은 건물에 객관적 가치를 더하는 유익비로 볼 수 없으므로 유치권을 인정하지 않는 것이 대법원 판례다(대법원 1980년 10월 14일 선고 80다1851 판결 '건물명도 등').

원상회복 특약이 있는 경우

인터넷이나 시중에서 통용되는 임대차계약서 양식이나 공인중개사사무소에서 사용하는 임대차계약서 양식에는 "임대차가 종료된 때 임차인은 부동산을 원상으로 회복하여 임대인에게 반환한다"는 원상회복 의무가 들어가 있는 경우가 많다. 이 약정은 유익비 또는 필요비의 상환청구권을 미리 포기하는 특약이라고 볼 수 있으므로, 임차인은 유치권을 주장할 수 없다(대법원 1975년 4월 22일 선고 73다2010 판결 '가옥명도 등'). 따라서 임차인이 유치권을 신고한 경매 물건을 낙찰받았다면, 먼저 법원의 사건 기록을 열람하여 임차인이 제출한 임대차계약서에 이러한 특약이 있는지 살펴보는 것이 좋다.

공사대금채권은 언제 소멸될까?

유치권은 물권이므로 피담보채권이 소멸하면 함께 소멸한다. 유치권의 피담보채권은 대부분 공사 대금인데, 일반 민사채권의 소멸시효가 10년인 데 비해 공사대금채권은 3년이면 소멸된다. 즉 공사대금채권은 3년간 행사하지 않으면 소멸시효가 성립해서 채무자를 상대로 채권을 청구할 수 없다(민법 제163조).

그래서 유치권이 신고된 경매사건에서 공사가 3년보다 이전에 시공되었다면 유치권이 이미 소멸했다고 보고 입찰하는 경우가 종종 있다. 그러나 시효는 중단될 수도 있다는 사실을 명심해야 한다. 법원의 지급명령결정 또는 공사대금채권이 존재한다는 확정판결이 있거나, 채권자가 가압류를 집행했거나, 채무자가 채무를 승인했다면 시효는 중단된다. 법원의 결정이나 판결, 가압류는 입찰자가 확인해 볼 수도 있지만, 채무자가 채무를 인정한 사실은 당사자 간에 일어난 일이라 확인할 방법이 없다(대법원 2010년 4월 29일 선고 2009다 99105 판결 '손해배상(자)'). 따라서 유치권의 소멸시효를 공사 시기로 예측하는 것은 위험하다.

효력 발생 순위와 상관없이 유치권을 인정하는 법률적 근거는?

지금까지 권리분석을 할 때 민사의 대원칙, 즉 권리자는 권리를 행사할 때 선의(선순위)의 제3자에게 피해를 주면 안 된다는 원칙을 적용했다. 그렇다면 유치권의 경우는 어떨까?

 현실과 이론이 너무 다른 유치권

나부자가 시가 10억원 상당의 상가건물을 소유하고 있는데, 이미 오래전에 이 건물에 근저당권을 설정하고 박교수에게 6억원을 빌렸다. 최근 나부자는 상가건물의 가치를 높이기 위해 건설업자 김봉팔에게 의뢰하여 3억원 상당의 리모델링 공사를 마쳤다.

그런데 리모델링을 하면 임대가 잘되리라는 예상이 빗나가는 바람에 김봉팔에게 공사 대금을 주지 못했다. 돈을 받지 못한 김봉팔은 상가건물을 나부자에게 넘기지 않고 유치권을 주장했다. 그래서 임대 수익 말고는 별다른 수입이 없던 나부자는 박교수에게 이자를 지급하지 못하게 되었고, 박교수는 근저당권에 의해 상가건물에 대한 경매를 신청했다.

시가 10억원 상당의 상가건물이 경매된다면 입찰자는 낙찰 후 3억원을 유치권자인 김봉팔에게 지급해야 하니 그 금액을 뺀 금액으로 입찰할 것이다. 경매로 2억원의 이익을 얻으려 한다면 총 취득 금액은 8억원이 되어야 하는데, 낙찰 후에 변제해야 할 유치권 비용 3억원을 고려한다면 입찰 가격은 5억원이 될 것이다. 그렇게 되면 근저당권자인 박교수는 채권을 모두 배당받을 만한 재원이 확보되지 않아서 예상 못한 손해를 입게 된다. 근저당권을 설정할 때 나중에 유치권이 설정되리라고 알 수 없었던 박교수는 선의의 제3자이므로, 민사의 대원칙에 위배된다. 이는 현실적인 이야기다.

그렇다면 법률적으로 따져보자. 시가 10억원 상당의 상가건물에 3억원의 공사비가 들어갔다면 상가건물의 가치는 틀림없이 13억원 이상으로 높아졌을 것이다. 따라서 유치권 비용 3억원과 입찰자의 기대이익 2억원을 빼도 낙찰가격은 8억원 이상이 되므로, 선의의 제3자인 박교수는 아무 피해도 입지 않는다. 즉 유치권자에게 지급되는 돈은 공사 전의 가치에서 공제되지 않으며, 그 공사로 인해 올라간 가치를 공사업자에게 돌려주는 것이라서 선순위 담보권자들에게 피해가 발생하지 않기 때문에 민사의 대원칙에 위배되지 않는다.

　　이렇듯 이론과 현실이 달라서 유치권 폐지를 주장하는 사람이 많아졌고, 결국 등기된 부동산에 관한 유치권은 곧 폐지될 전망이다(2018년 5월 현재).

상사유치권이란?

상인 사이에 상행위에서 발생한 채권도 유치권의 피담보채권이 될 수 있다. 이를 '상사유치권'이라고 한다. 유치권의 대상은 반드시 채무자 소유의 물건이어야 하지만, 피담보채권과 점유물 사이에 관련이 있어야 하는 것은 아니다. 즉 그 물건에 대해 발생한 채권이 아니더라도 성립할 수 있다. 이는 앞에서 본 민사유치권과 구별되는 가장 큰 특징이기도 하다.

> 상법 제58조 (상사유치권) 상인 간의 상행위로 인한 채권이 변제기에 있는 때에는 채권자는 변제를 받을 때까지 그 채무자에 대한 상행위로 인하여 자기가 점유하고 있는 채무자소유의 물건 또는 유가증권을 유치할 수 있다. 그러나 당사자 간에 다른 약정이 있으면 그러하지 아니하다.

그런데 이럴 경우 앞에서 살펴본 '효력 발생 순위를 불문하고 유치권을 인정하는 법률적 근거'가 명분을 잃는다. 그 물건에 관해 발생한 채권이 아니라면 당연히 그 물건의 가치를 더해 주지 않았을 것이다. 그런데도 유치권을 인정한다면 선순위의 담보권자들이 피해를 볼 수밖에 없다. 이런 예상 못한 피해는 법률적으로 인정되지 않으므로, 상사유치권은 선순위의 담보권에 대항하지 못한다.

상사유치권이 채무자 소유의 물건에만 성립한다고 했는데, 이는 물건에 대해 채무자가 가지고 있는 담보가치만을 대상으로 하는 제한적인 물권이라는 의미다. 다시 말해 이미 제3자가 그 물건에 제한물권을 설정해 놓았다면 상사유치권은 이를 제한 나머지 소유권에만 성립한다는 뜻이다.

채무자가 소유한 부동산에 이미 저당권이 설정되어 있는데 채권자의 상사유치권이 성립한다면, 상사유치권자는 채무자 및 채무자로부터 부동산을 양도받거나 제한물권을 설정받은 사람에게는 대항할 수 있다. 그러나 먼저 저당권을 설정해 놓은 사람이나 저당권에 의한 임의 경매 절차로 부동산을 취득한 매수인에게는 대항할 수 없다(대법원 2013년 2월 28일 선고 2010다57350 판결 '유치권존재확인').

따라서 상사유치권보다 먼저 설정된 근저당권에 의해 경매가 시작되면, 상사유치권은 매각 후 소멸하기 때문에 낙찰자는 유치권자의 피담보채권을 변제할 의무가 없다.

경매 부동산의 유치권은 어떻게 해결해야 할까?

부동산 경매사건을 검색하다 보면 "유치권 신고 있음"이라는 문구와 자주 마주친다. 유치권이 성립된 물건을 낙찰받을 경우, 물건을 받기 위해 공사 대금을 대신 지급해야 하는 최악의 상황이 일어날 수도 있다.

그러나 유치권이 신고되었다고 해서 무조건 입찰을 포기해야 하는 것은 아니다. 유치권은 법원에 신고한다고 해서 성립하지도 않고 신고하지 않는다고 해서 인정받지 못하는 것도 아니니, 신고가 되었는지 여부는 중요하지 않다.

그보다는 유치권이 신고된 경매사건을 대하는 입찰자의 태도가 중요하다. 유치권이 신고되었다는 이유만으로 무조건 입찰을 피하면 좋은 수익을 놓칠 수도 있다. 한편, 명확한 근거도 없이 유치권 신고를 무시하고 입찰하는 것은 요행을 바라는 무모한 도박이 될 수도 있다.

유치권자를 만나라

그렇다면 어떻게 해야 할까? 우선 유치권을 주장하는 사람을 입찰하기 전에 만나볼 필요가 있다. 유치권을 주장하는 사람은 건물을 점유하고 있어야 하므로, 현장을 방문하면 유치권자를 만나거나 연락처를 얻을 수 있다. 현장에서 유치권을 주장하는 사람을 만날 수도 없고 연락처조차 얻을 수 없다면, 유치권 신고는 허위일 가능성이 높다.

유치권 변제 금액을 흥정하라

유치권을 주장하는 사람과 만나면 유치권 변제 금액을 흥정해야 한다. 낙찰받을 경우 얼마나 지급해야 부동산을 인도해 줄지 흥정하고, 금액이 결정되면 합의한 내용을 문서로 작성해 두도록 한다. 낙찰받은 후에 말을 바꿀 수도 있기 때문이다. 금액이 협의되고 확인서도 받았다면, 협의된 유치권 변제 금액만큼을 뺀 금액에 입찰하면 된다.

간혹 유치권을 주장하는 사람이 입찰 전에 미리 돈을 지급하고 유치권을 양수하라고 하는 경우가 있는데, 절대 받아들이면 안 된다. 유치권을 양수하면 내가 유치권자가 되고, 유치권을 유지하려면 그 부동산을 점유해야 한다. 뿐만 아니라 다른 사람이 낙찰받게 되면 낙찰자는 나를 상대로 명도(건물을 비워 넘겨주는 일)소송을 벌일 수도 있다.

유치권 분쟁은 '남의 싸움'이다. 나는 공사의 도급인도 아니고 수급인도 아니며 싸움의 과정을 처음부터 끝까지 지켜보지도 않았으니, 겉에서 보이는 모습만으로 유치권 여부를 속단하면 안 된다. 그러니 유치권을 주장하는 사람을 상대로 명확한 근거도 없이 싸워서 이길 생각은 하지 않는 편이 좋다.

경기도 파주시 아파트, 유치권이 성립할까?

경기도 파주시의 아파트 7채에 대해 채권자인 농협이 근저당권을 설정하고 경매를 신청했다. 이처럼 여러 개의 부동산에 하나의 채권으로 경매가 신청되면, 한꺼번에 매각하지 않아서 부동산의 가치가 떨어질 위험이 있는 등 특별한 사정이 없는 한 각각 매각하는 것이 원칙이다.

유치권이 신고된 아파트의 유치권 성립 여부는?

전입신고된 임차인도 없고, 등기상의 모든 권리도 매각으로 소멸되므로 낙찰자에게 넘어가는 권리도 없다. 그런데 현황조사서에 "현관문에 현대건설㈜가 유치권을 행사한다는 내용의 안내 표시가 부착되어 있음"이라는 문구가 있다. 유치권을 주장하는 현대건설이 사회적으로 인지도가 높은 건설회사이고, 현황조사 전부터 점유를 공시했다는 점에서 이 유치권은 성립할 가능성이 높다.

　유치권자가 별도로 유치권을 신고하지 않아서 피담보채권의 내용과 금액을 정확히 알 수는 없다. 그러나 아파트의 명칭과 2011년 8월 30일에 유치권자가 설정한 근저당권의 채권최고액이 36억원인 사실로 미루어 볼 때, 신축 공사 대금 약 30억원에 대한 채권이라고 추정할 수 있다.

　계산해 보니, 아파트 1채당 약 4억원 정도의 유치권 비용을 지불해야 하는 셈이다. 법률적으로 유치권자는 피담보채권이 모두 변제될 때까지 유치권을 행사할 수 있다. 그러므로 아파트 1채를 낙찰받고 4억원을 지급해도 현대건설이 공사 대금이 모두 변제되지 않았다는 이유로 인도를 거부하면 어쩔 도리가 없다. 그러니 이대로라면 아무도 입찰할 사람이 없다.

여러 개 부동산이 개별로 매각된다면?

이처럼 여러 개의 부동산이 개별로 매각될 때 유치권이 신고되었다면, 입찰 전

▼ 경기도 파주시 아파트, 유치권이 신고된 경우

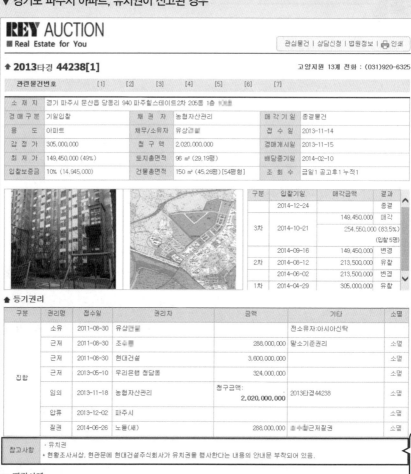

REY AUCTION
■ Real Estate for You

관심물건 | 상담신청 | 법원정보 | 🖨인쇄

♠ 2013타경 44238[1]

고양지원 13계 전화 : (031)920-6325

관련물건번호	[1]	[2]	[3]	[4]	[5]	[6]	[7]

소 재 지	경기 파주시 문산읍 당동리 940 파주힐스테이트2차 205동 1층 ■■		
경매구분	기일입찰	채 권 자	농협자산관리	매각기일	종결물건
용 도	아파트	채무/소유자	유상■■	접 수 일	2013-11-14
감 정 가	305,000,000	청 구 액	2,020,000,000	경매개시일	2013-11-15
최 저 가	149,450,000 (49%)	토지총면적	96 ㎡ (29,19평)	배당종기일	2014-02-10
입찰보증금	10% (14,945,000)	건물총면적	150 ㎡ (45,26평)[54평형]	조 회 수	금일1 공고후1 누적1

구분	입찰기일	매각금액	결과
	2014-12-24		종결
3차	2014-10-21	149,450,000	매각
		254,550,000 (83.5%)	
		(입찰 5명)	
	2014-09-16	149,450,000	변경
2차	2014-08-12	213,500,000	유찰
	2014-06-02	213,500,000	변경
1차	2014-04-29	305,000,000	유찰

♠ 등기권리

구분	권리명	접수일	권리자	금액	기타	소멸
집합	소유	2011-08-30	유상■■		전소유자:아시아신탁	
	근저	2011-08-30	조■■	288,000,000	말소기준권리	소멸
	근저	2011-08-30	현대건설	3,600,000,000		소멸
	근저	2013-05-10	우리은행 청담동	324,000,000		소멸
	임의	2013-11-18	농협자산관리	청구금액: 2,020,000,000	2013타경44238	소멸
	압류	2013-12-02	파주시			소멸
	질권	2014-06-26	노들(새)	288,000,000	■■■근저질권	소멸

참고사항	· 유치권 * 현황조사서상, 현관문에 현대건설주식회사가 유치권을 행사한다는 내용의 안내문 부착되어 있음.

> 거주자는 없으나 유치권이 성립된 경우

♠ 매각사례

인근물건	매각일자	감정가	매각가	응찰자수	매각가율
조리읍 아파트 건물40,83평 토지20,8평	2018-04-25	242,000,000	213,388,000	5	88,2%
조리읍 아파트 건물63,67평 토지32,43평	2018-04-25	320,000,000	257,100,000	5	80,3%
파주읍 아파트 건물25,69평 토지17,1평	2018-04-25	230,000,000	172,777,000	1	75,1%
조리읍 아파트 건물40,83평 토지20,8평	2018-04-25	217,000,000	175,555,555	4	80,9%
문산읍 아파트 건물30,76평 토지19,84평	2018-04-11	263,000,000	259,680,000	8	98,7%

에 유치권자를 만나서 아파트를 인도받는 대가로 얼마나 지급할지 '흥정'할 필요가 있다. 아파트가 매각되지 않으면 아쉬운 것은 현대건설이다. 입찰자야 다른 물건을 찾으면 그만이지만, 현대건설은 채권을 회수할 방법이 전혀 없기 때문이다. 더욱이 1순위로 근저당권을 설정한 농협(이 사건은 개별매각사건으로 매각대상 7개 물건 모두에 농협이 1순위로 근저당권을 설정했지만 각 물건의 근저당권을 개별로 양도하였고, 이 사례(물건번호 1)의 아파트는 조OO에게 양도한 경우임) 이 경매를 신청할 당시에 청구액이 20억원을 넘은 것으로 보아, 연체 이자까지 더해지게 되면 아파트 1채당 3억원 이상이 농협에 먼저 배당될 것이다.

따라서 현대건설은 낙찰자들에게 아파트를 인도하는 금액을 낮추어줄 이유가 충분하다. 이를테면 1채당 1억원만 지급하면 즉시 아파트를 인도해 주겠다고 약속할 수도 있다는 말이다. 그러면 입찰자들이 안심하고 낙찰받을 것이다. 흥정이 성사되면 그 내용을 문서로 남겨서 혹시 모를 분쟁에 대비하는 것이 좋다.

경남 사천시 아파트, 유치권은 소멸될까?

유치권자도 점유한 부동산에 대해 경매를 신청할 수 있고, 배당을 받을 수 있다. 이 경매사건은 유치권자인 ㈜원창호건설이 유치권확인청구소송에서 승소하여 경매를 신청했다. 피담보채권액은 1억 4,000만원이 넘는다. 아파트의 감정평가 금액은 8,100만원인데, 1회 유찰되어 최저매각가격이 6,480만원까지 내려간 상태에서 7명이 입찰했고 7,800여 만원에 낙찰되었다. 결국 유치권자는 피담보채권 전액을 배당받을 수 없다.

그러나 유치권에 의한 경매 역시 피담보채권이 완전히 변제되지 않더라도 낙찰자에게 인수되지 않는다. 금전채권에 의한 경매와 마찬가지로, 유치권자는 일반 채권자와 동일한 순위에 따라 배당을 받고 유치권은 소멸된다.

매수인이 인수할 수도 있는 유치권

다만 집행 법원은 이해관계를 따져서 매각조건변경결정을 통해 부동산에 걸린 부담을 없애지 않고 매수인이 인수하게끔 정할 수도 있다. 이런 경우에는 이 내용이 매각물건명세서에 명확히 기재된다. 따라서 입찰자는 매각물건명세서의 내용을 꼼꼼히 살펴서, 낙찰받은 후에 인수되는 부담은 없는지 판단해야 한다(대법원 2011년 6월 15일 자 2010마1059 결정 참고).

참고로, 유치권자는 소유자의 허락 없이 점유물을 보존에 필요한 행위 이상으로 사용하거나 대여하거나 담보로 제공할 수 없으며, 이를 위반하면 소유자는 유치권 소멸을 청구할 수 있다. 그래서 유치권자가 경매 주택에서 직접 거주하고 있다면 소유자가 유치권 소멸을 청구할 수 있다고 보는 사람도 있다.

주택을 점유한 유치권자는 주택에 거주할 수 있다

그러나 유치권을 행사하는 사람이 점유물인 주택에 거주하는 것은 특별한 사정

▼ 경남 사천시 아파트, 유치권자가 경매를 신청한 경우

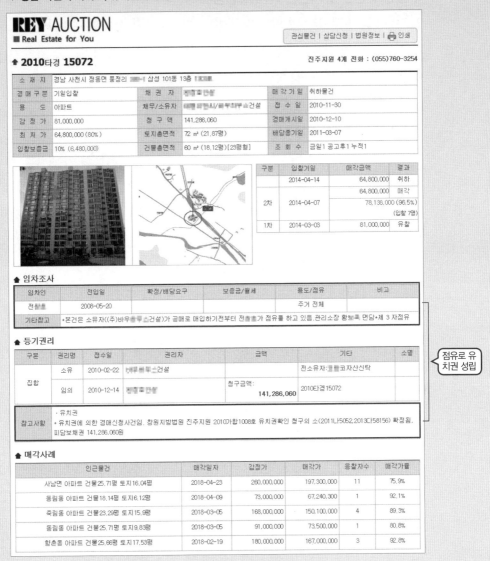

REY AUCTION
■ Real Estate for You

관심물건 | 상담신청 | 법원정보 | 🖶 인쇄

↟ 2010타경 15072

진주지원 4계 전화 : **(055)760-3254**

소 재 지	경남 사천시 정동면 풍정리 ███-█ 삼성 101동 13층 █████				
경 매 구 분	기일입찰	채 권 자	████████	매 각 기 일	취하물건
용 도	아파트	채무/소유자	███████/████████건설	접 수 일	2010-11-30
감 정 가	81,000,000	청 구 액	141,286,060	경매개시일	2010-12-10
최 저 가	64,800,000 (80%)	토지총면적	72 ㎡ (21.87평)	배당종기일	2011-03-07
입찰보증금	10% (6,480,000)	건물총면적	60 ㎡ (18.12평)[23평형]	조 회 수	금일1 공고후1 누적1

구분	입찰기일	매각금액	결과
	2014-04-14	64,800,000	취하
2차	2014-04-07	64,800,000	매각
		78,136,000 (96.5%)	
			(입찰 7명)
1차	2014-03-03	81,000,000	유찰

♠ 임차조사

임차인	전입일	확정/배당요구	보증금/월세	용도/점유	비고
전███	2008-05-20			주거 전체	
기타참고	•본건은 소유자((주)바우███건설)가 공매로 매입하기전부터 전███가 점유를 하고 있음.관리소장 황███ 면담•제 3 자점유				

♠ 등기권리

구분	권리명	접수일	권리자	금액	기타	소멸
집합	소유	2010-02-22	███████건설		전소유자:██코자산신탁	
	임의	2010-12-14	██████건설	청구금액: 141,286,060	2010타경 15072	
참고사항	•유치권 •유치권에 의한 경매신청사건임. 창원지방법원 진주지원 2010가합1008호 유치권확인 청구의 소 (2011나5052,2013다58156) 확정됨. 피담보채권 141,286,060원					

> 점유로 유
> 치권 성립

♠ 매각사례

인근물건	매각일자	감정가	매각가	응찰자수	매각가율
사남면 아파트 건물25.71평 토지16.04평	2018-04-23	260,000,000	197,300,000	11	75.9%
동림동 아파트 건물18.14평 토지6.12평	2018-04-09	73,000,000	67,240,300	1	92.1%
축림동 아파트 건물23.29평 토지15.9평	2018-03-05	168,000,000	150,100,000	4	89.3%
동림동 아파트 건물25.71평 토지9.83평	2018-03-05	91,000,000	73,500,000	1	80.8%
향촌동 아파트 건물25.66평 토지17.53평	2018-02-19	180,000,000	167,000,000	3	92.8%

이 없는 한 주택의 보존에 도움이 되는 행위로 볼 수도 있어서 유치권의 소멸을
청구할 수 없다(대법원 2009년 9월 24일 선고 2009다40684 판결 '점유권확인').

 이 사건은 낙찰된 후 매각결정기일에 채권자 ㈜○○○건설이 집행 법원
에 취하서를 제출했고, 결국 경매는 취하되었다.

부동산에 관한 유치권은 폐지될 전망

2018년 5월 현재, 그동안 말도 많고 탈도 많았던 유치권, 정확히 말하면 완공 후 등기를 마친 건물에 대한 유치권은 폐지될 전망이다. 유치권은 그 외의 부동산 권리들과 다른 공시 방법 때문에 많은 문제를 일으켰기 때문이다.

유치권이 악용되기 쉬운 이유

부동산에 관한 물권은 원칙적으로 등기부에 등기하여 공시함으로써 권리를 주장할 수 있는데, 유치권은 등기가 아니라 부동산을 점유하여 얻는 권리다. 또 일단 성립하면 다른 권리들의 성립 시점과는 관계없이 점유하고 있는 부동산의 반환을 거부할 수 있다는 특성이 있다. 따라서 경매 부동산의 유치권 여부는 입찰자에게 매우 민감한 문제다.

경매개시결정이 내려지면 그 부동산에 유치권을 주장하는 사람은 법원에 신고하는 것이 일반적이다. 문제는 낙찰받기 전에 법원에 신고된 유치권이 실제로 성립하는지 판단하기가 힘들다는 데 있다. 유치권 신고가 되어 있다는 사실을 알 수 있을 뿐, 도대체 어떤 채권으로 유치권을 신고했는지, 실제로 공사는 했는지, 공사 대금을 못 받은 것이 사실인지 판단할 만한 정보가 전혀 공개되지 않기 때문이다.

그래서 유치권은 경매 절차에서 공정한 진행을 방해하는 도구로 악용되는 경우가 더 많다. 소유자나 임차인, 심지어 전혀 관계가 없는 투자자조차 부동산이 경매로 매각되면 허위로 법원에 유치권을 신고해서 다른 입찰자들이 입찰하는 것을 방해하곤 한다.

유치권이 걸린 경매는 입찰하기 어렵다

유치권이 신고된 경매사건에서 법원이 미리 유치권의 성립 여부를 판단해 준다면 좋겠지만, 그러기가 힘들다. 민사는 분쟁 해결을 목적으로 하지만, 분쟁의 당사자가 법원에 분쟁을 해결해 달라고 요청하지 않으면 법원에서 개입할 수 없기 때문이다. 그런데 유치권 신고만으로는 분쟁이 발생했다고 볼 수도 없고, 분쟁이 있다고 해도 분쟁 당사자 중 누구도 해결해 달라고 요청하지 않기 때문에, 법원은 유치권 성립 여부를 미리 판단하여 매각물건명세서에 기재할 수 없다.

유치권이 신고되면 다른 입찰자들은 부담스럽게 느낀다. 유치권이 성립하면 낙찰대금 말고도 유치권 비용을 지급해야 하는 상황이 될 수도 있기 때문이다. 게다가 유치권을 정확히 분석해서 성립하지 않는다고 확신해도, 낙찰받은 후 잔금 대출을 받을 수 없는 경우가 많다. 은행에서 유치권 부담이 있는 부동산에 대해 대출을 꺼리기 때문이다.

결국 유치권 신고가 있는 부동산 경매는 유치권을 정확히 분석할 수 있는 지식과, 대출 없이도 낙찰대금을 지급할 수 있는 자금력을 갖춘 사람들만의 경쟁이 된다. 그런데 그런 사람은 많지 않다.

법무부는 이런 폐단을 막기 위해 2012년 11월에 유치권 폐지안을 담은 민법 개정안에 대한 공청회를 개최하는 등 각계의 의견을 수렴했고, 2013년 7월 "민법 일부 개정법률안"이 국회에 제출됐다. 국회를 통과하는 데 예상보다 많은 시간이 걸리고 있지만, 결국 등기된 부동산에 대한 유치권은 폐지될 것으로 보인다.

등기된 부동산에 대한 비용 지출로 인한 채권, 또는 그 부동산으로 인한 손해배상채권을 가진 자에게 유치권을 인정하지 않는 대신 부동산 소유자에 대하여 그 부동산을 목적으로 한 저당권의 설정을 청구할 수 있도록 하고, 신축중인 부동산 등 미등기 부동산의 경우에만 한시적으로 유치권이 인정될 전망이다.

유치권을 폐지하려면 민법뿐만 아니라 부동산등기법과 민사집행법도 일부 수정되어야 할 것이다. 어떻게 개정될는지 정확한 내용을 알기까지는 시간이 걸리겠지만, 유치권 폐지는 부동산 경매를 대중화하려는 입법부의 의지를 보여준다. 이 글을 읽고 있을 때에는 부동산 유치권이 이미 폐지되었을 수도 있다. 그렇다면 개정법이 시행되었는지, 시행되었다면 그 내용은 무엇인지 확인해보아야 할 것이다.

03
>>>

지상권과 법정지상권의 차이는?

등기하지 않고 성립하는 법정지상권

앞에서 살펴본 지상권과는 달리, 등기하지 않고도 성립하는 법정지상권이 있다.
어떻게 성립하고, 지상권과는 어떤 점이 다른지 살펴보자.

법정지상권이란?

앞에서 지상권은 지상권자와 지상권 설정자(토지 소유자)가 약정에 따라 등기하면 성립한다고 배웠다. 그런데 등기하지 않고 약정이 없더라도 법률이 정한 조건을 충족하면 성립한다고 보는 지상권도 있는데, 이를 '법정지상권'이라고 한다.

현행법상 법정지상권을 규정한 조문은 성문법 4항목과 불문법(관습법) 1항목이 있다. 실생활에서는 민법 제366조 저당물의 경매로 인한 법정지상권과 관습법상의 법정지상권이 적용된 경우가 대부분이다. 법정지상권은 규정한 조문에 따라 성립하는 원인이 다를 뿐, 일단 성립하면 효력은 똑같다.

법정지상권에는 어떤 것이 있을까?

법정지상권은 성립 원인에 따라 종류가 다양하다. 대개는 토지와 건물(또는 입목)의 소유권이 한 사람에게 속했다가 경매, 매매 등으로 토지와 건물의 소유자가 서로 달라진 경우에 토지 소유자가 건물 소유자에 대해 지상권을 설정해준 것으로 본다.

민법 규정에 따른 저당물의 경매로 인한 법정지상권

> 민법 제366조 (법정지상권) 저당물의 경매로 인하여 토지와 그 지상 건물이 다른 소유자에 속한 경우에는 토지 소유자는 건물 소유자에 대하여 지상권을 설정한 것으로 본다. 그러나 지료는 당사자의 청구에 의하여 법원이 이를 정한다.

민법 규정에 따른 전세권 설정에 의한 법정지상권

민법 제305조 (건물의 전세권과 법정지상권) ① 대지와 건물이 동일한 소유자에 속한 경우에 건물에 전세권을 설정한 때에는 그 대지 소유권의 특별 승계인은 전세권설정자에 대하여 지상권을 설정한 것으로 본다. 그러나 지료는 당사자의 청구에 의하여 법원이 이를 정한다.
② 전 항의 경우에 대지 소유자는 타인에게 그 대지를 임대하거나 이를 목적으로 한 지상권 또는 전세권을 설정하지 못한다.

가등기담보 등에 관한 법률의 규정에 따른 법정지상권

가등기담보 등에 관한 법률 제10조 (법정지상권) 토지와 그 위의 건물이 동일한 소유자에게 속하는 경우 그 토지나 건물에 대하여 제4조 제2항에 따른 소유권을 취득하거나 담보가등기에 따른 본등기가 행하여진 경우에는 그 건물의 소유를 목적으로 그 토지 위에 지상권이 설정된 것으로 본다. 이 경우 그 존속 기간과 지료는 당사자의 청구에 의하여 법원이 정한다.

입목에 관한 법률에 의한 법정지상권

입목에 관한 법률 제6조 (법정지상권) ① 입목의 경매나 그 밖의 사유로 토지와 그 입목이 각각 다른 소유자에게 속하게 되는 경우에는 토지 소유자는 입목 소유자에 대하여 지상권을 설정한 것으로 본다.
② 제1항의 경우에 지료에 관하여는 당사자의 약정에 따른다.

관습법상 법정지상권

관습법은 입법기관에 의해 법률로 제정된 것이 아니라, 오랫동안 관습적으로 인식되어 법률과 같은 효력을 갖는 사회규범을 말한다. 관습법상의 법정지상권은 토지와 건물의 소유자가 한 사람이다가 토지와 건물 소유자가 서로 달라진 경우에 건물을 철거한다는 등 특약이 없는 한, 건물 소유자가 등기 없이도 당연히 취득하는 지상권을 가리킨다.

법정지상권은 지상권과 효력이 같을까?

법률이 정하는 조건이 충족되면 지상권을 설정한 것으로 본다고 했으니, 당연히 지상권과 동일한 효력을 지닌다. 그러나 약정이 아니라 법률 규정에 의해 성립하므로 기간이나 지료에 관해 정해진 약정이 없다. 법정지상권의 기간은 지상권에 관한 규정 중 '기간의 약정이 없는 경우'에 관한 규정을 적용하면 된다. 그러나 지료는 당사자가 청구하여 법원에서 결정한다. 물론 당사자 간에 합의가 이루어지면 법원에서 결정할 필요가 없다.

법정지상권이 성립하려면?

[민법 제366조의 규정에 따른 법정지상권의 성립 요건]
1. 근저당권 설정 당시 이미 토지와 건물이 존재했어야 한다.
2. 근저당권 설정 당시 토지와 건물이 동일인의 소유에 속했어야 한다.
3. 저당물의 경매로 토지와 건물의 소유자가 달라질 때 법정지상권은 성립한다.

사실 법정지상권의 성립 요건은 각 규정에서 이미 설명하고 있다. 민법 제366조의 규정에 따르면 "저당물의 경매로 인하여 토지와 그 지상 건물이 다른 소유자에 속한 경우"다. 그러나 조건을 갖추어도 선의의 제3자에게 피해가 발생하면 인정되지 않는다는 민사의 대원칙은 법정지상권에도 적용된다. 즉 위의 성립 요건도 선의의 제3자에게 피해가 발생하지 않는 전형을 서술해 놓은 것에 불과하다. 우선 민법 제366조의 규정에 따라 성립하는 법정지상권을 그림으로 살펴보자.

▼ 토지 매각으로 인한 법정지상권

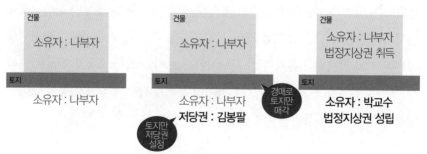

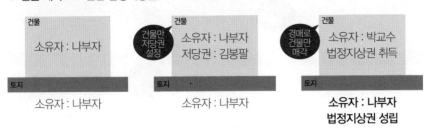

▼ 건물 매각으로 인한 법정지상권

건물	건물	건물
소유자 : 나부자	건물만 저당권 설정 ● 소유자 : 나부자 저당권 : 김봉팔	경매로 건물만 매각 ● 소유자 : 박교수 법정지상권 취득
토지	**토지**	**토지**
소유자 : 나부자	소유자 : 나부자	**소유자 : 나부자 법정지상권 성립**

위의 그림은 민법 제366조에 따라 저당물의 경매로 인한 법정지상권이 성립하는 기본적인 형태다. 2번째 그림의 경우, 낙찰자인 박교수는 토지소유권은 취득하지 못했지만 법정지상권이 성립하기 때문에 토지를 사용할 수 있으니 문제가 없다.

입찰자가 주의해야 하는 경우는 1번째 그림이다. 낙찰자인 박교수는 토지를 취득하고도, 기존의 건물 소유자인 나부자가 법정지상권을 가지기 때문에 토지를 사용할 수 없다. 따라서 법정지상권의 성립 여부는 입찰자에게 매우 중요한 문제가 된다.

그렇다면 법정지상권이 성립하는 과정에서 선의의 제3자가 피해를 입지 않으려면 어떤 조건들이 충족되어야 하는지 살펴보자.

제1요건: (근)저당권 설정 당시 이미 토지상에 건물이 존재했어야 한다

> 민법 제366조의 법정지상권은 저당권 설정 당시부터 저당권의 목적이 되는 토지 위에 건물이 존재할 경우에 한하여 인정되며, 건물 없는 토지에 대하여 저당권이 설정된 후 저당권설정자가 그 위에 건물을 건축하였다가 임의 경매 절차에서 경매로 인하여 대지와 그 지상 건물이 소유자를 달리하였을 경우에는 위 법조 소정의 법정지상권이 인정되지 아니할 뿐만 아니라 관습상의 법정지상권도 인정되지 아니한다.
> (대법원 1993년 6월 25일 선고 92다20330 판결 '건물철거 등')

박교수는 건물이 없는 나부자의 토지에 근저당권을 설정하고 돈을 빌려주었는데, 나부자가 그 토지에 건물을 신축했다. 그 후 나부자가 빚을 갚지 않자, 박

건물 신축

건물
소유자 : 나부자

건물
소유자 : 박교수
법정지상권
취득하지 못함

토지
소유자 : 나부자
근저당권 : 박교수

토지
소유자 : 나부자
근저당권 : 박교수

경매로
토지만
매각

토지
소유자 : 김봉팔
법정지상권 불성립

교수는 임의 경매를 신청했다. 이때 근저당권은 건물에는 효력을 미치지 못하기 때문에, 건물은 매각 대상에서 제외되는 것이 원칙이다. 따라서 낙찰자는 토지의 소유권만 취득할 수 있다.

이 토지가 매각된다면 법정지상권의 성립 요건은 일단 충족되는 셈이다. 토지가 경매되기 전에는 토지와 건물 모두 나부자의 소유였고, 그중 토지만 경매로 매각되어 "저당물의 경매로 인하여 토지와 그 지상 건물이 다른 소유자에 속한 경우"에 해당되기 때문이다.

그러나 이런 경우까지 법정지상권을 인정하면 근저당권자인 박교수가 예상 못한 피해를 입는다. 건물 소유자인 나부자에게 법정지상권이 인정된다면, 낙찰자는 토지소유권을 취득하고도 마음대로 토지를 사용할 수 없을 것이다. 그러니 아무도 이 경매사건에 입찰하지 않을 것이고, 이는 곧 근저당권자인 박교수가 배당받을 재원을 확보할 수 없다는 의미다. 박교수가 토지에 근저당권을 설정할 때에는 토지에 건물이 없었다. 박교수는 그 토지가 경매로 매각될 때 법정지상권이 성립하리라는 사실을 예측할 수 없었으니, 근저당권을 설정하면서 법정지상권의 부담을 받아들였다고 할 수 없다. 따라서 법률 규정에는 부합되지만, 선의의 제3자(박교수)를 보호하기 위해 법정지상권이 인정되지 않는다.

그렇다면 박교수가 근저당권을 설정할 때 건축법이 규정하는 '건물'의 요건을 완벽하게 구비하지는 않았지만 신축 공사가 진행 중이어서 장래에 완공될 건축물을 예측할 수 있었다면, 법정지상권에 관한 판단은 달라지지 않을까?

민법 제366조의 법정지상권은 저당권 설정 당시 동일인의 소유에 속하던 토지와 건물이 경매로 인하여 양자의 소유자가 다르게 된 때에 건물의 소유자를 위하여 발생하는 것으로서, 토지에 관하여 저당권이 설정될 당시 토지 소유자에 의하여 그 지상에 건물이 건축 중이었던 경우 그것이 사회관념상 독립된 건물로 볼 수 있는 정도에 이르지 않았다 하더라도 건물의 규모, 종류가 외형상 예상할 수 있는 정도까지 건축의 진전되어 있었고, 그 후 경매절차에서 매수인이 매각대금을 다 낸 때까지 최소한의 기둥과 지붕 그리고 주벽이 이루어지는 등 독립된 부동산으로서 건물의 요건을 갖춘 경우에는 법정지상권이 성립한다.

(대법원 2011년 1월 13일 선고 2010다67159 판결 '건물철거 등')

판례에서는 이러한 경우에 법정지상권을 인정한다. 공사가 완공될 건물의 규모나 종류를 예상할 수 있을 만큼 진행되었다면, 박교수는 근저당권을 설정하면서 법정지상권을 예측할 수 있었다. 그러므로 건물 소유자에게 법정지상권을 인정하더라도 박교수에게 예상 못한 피해가 발생한다고는 볼 수 없다. 이는 미등기건물인지, 불법 건물인지 여부가 법정지상권에 아무런 영향도 미치지 않는다는 뜻이기도 하다.

본조 소정의 법정지상권 성립에 있어서 지상 건물은 반드시 등기를 거친 것임을 필요로 하지 않는다.

(대법원 1964년 9월 22일 선고 63아62 판결 '건물철거 등')

결국 토지 경매사건에서 그 지상에 매각에서 제외되는 건물이 있다면, 근저당권을 설정할 때 그 건물이 있었는지 살펴보아야 한다. 그러나 건축물대장의 사용승인일(준공일)이나 등기부등본의 소유권보존등기일만으로 건물이 있었는지 판단하는 것은 매우 위험하다.

결국 "규모나 종류가 외형상 예상할 수 있는 정도까지 건축이 진전된 시점"이 언제인지 정확히 알 수 있어야 하는데, 이는 현실적으로 불가능할 뿐만 아니라 입증하기도 상당히 어렵다.

제2요건: (근)저당권 설정 당시 토지와 건물이 동일인의 소유에 속했어야 한다

나부자가 김미도에게 돈을 빌리면서 토지를 담보로 제공했는데, 그 토지 위에는 이미 강도균 소유의 건축물이 있었다. 김미도의 근저당권에 의해 토지가 경매되어 김봉식이 낙찰받은 경우, 법정지상권은 어떻게 될까?

이 경우 법정지상권은 성립하지 않는다. 법정지상권은 "저당물의 경매로 인하여 토지와 그 지상 건물이 다른 소유자에 속한 경우"에 성립하는데, 매각 전부터 이미 토지와 건물의 소유자가 달랐기 때문이다.

그렇다면 경매되기 전에 나부자가 강도균에게서 건물의 소유권을 취득했다면, 즉 토지와 건물이 모두 나부자의 소유가 된 후 토지가 경매로 매각되었다면 법정지상권은 성립할까?

우선 민법 규정에 따르면 성립한다. 분명 매각할 때 토지와 건물은 나부자의 소유였지만, 매각하면서 서로 다른 사람이 소유하게 되었기 때문이다.

그러나 토지 근저당권자 김미도가 근저당권을 설정할 때, 건물은 채무자인 나부자의 소유가 아니었다. 즉 김미도는 건물에 대한 근저당권을 설정하고 싶지 않았던 것이 아니라, 나부자의 소유가 아니었기 때문에 어쩔 수 없이 설정하지 못한 셈이다. 그러니 김미도가 법정지상권의 부담을 받아들였다고 보기는 어렵다. 그런데도 법정지상권을 인정한다면 김미도는 손해를 볼 테니, 이 경우 법정지상권은 인정되지 않는다.

제3요건: 경매로 토지와 건물이 다른 소유자에 속한 때

제1요건과 제2요건을 모두 충족하더라도 토지와 건물의 소유자가 달라지지 않으면 법정지상권은 따져볼 필요도 없다. 법정지상권은 토지와 건물의 소유자가 달라지는 시점(낙찰대금 납부 시점)에 발생하는 권리이기 때문이다.

그런데 경매로 토지만 매각되어 대금을 납부한 시점까지 건물 공사가 완공되지 않았다면, 그 건물에도 법정지상권이 성립할까?

공사 중인 건축물에 법정지상권이 성립하려면 독립된 건축물로 볼 수 있을 만큼 공사가 진행되어야 한다. 그런데 앞에서 살펴본 제1요건에서는 "사회관념상 독립된 건물로 볼 수 있는 정도에 이르지 않았다 하더라도 건물의 규모, 종류가 외형상 예상할 수 있는 정도까지" 공사가 진행되면 법정지상권을 인정한다고 했다.

왜 말이 달라진 것일까? 이는 법정지상권의 제1요건과 제3요건의 취지를 생각해 보면 알 수 있다.

제1요건은 근저당권자의 '예측 가능성'이 중요한데, 근저당권자가 나중에 완공될 건축물을 예측할 수 있다면 법정지상권을 인정하더라도 예상 못한 피해를 입는 것이 아니라는 말이다. 따라서 독립된 건축물로는 볼 수 없어도 '예측할 수 있는 정도'까지만 공사가 진행되면 요건을 충족하는 셈이다.

그러나 제3요건은 예측 가능성이 아니라 '성립'이 핵심이다. 법정지상권이 성립하려면 이로 인해 이익을 얻는 건물이 있어야 하는데, 이때 건물은 사회관념상 독립된 건물이어야 한다. 그렇다면 사회관념상 독립된 건물이란 어떤 것일까? 건축법에서는 "최소한의 기둥과 지붕, 주벽이 이루어져 있다면 독립된 건물로 볼 수 있다"고 밝히고 있다. 판례에서는 "기둥과 지붕, 주벽이 완공될 건축물 전체가 아니라 일부에만 이루어져" 있어도 법정지상권을 인정한다.

> [1] 독립된 부동산으로서의 건물이라고 하기 위하여는 최소한의 기둥과 지붕 그리고 주벽이 이루어지면 된다.
> [2] 신축 건물이 경락 대금 납부 당시 이미 지하 1층부터 지하 3층까지 기둥, 주벽 및 천장 슬라브 공사가 완료된 상태이었을 뿐만 아니라 지하 1층의 일부 점포가 일반에 분양되기까지 하였다면, 비록 토지가 경락될 당시 신축 건물의 지상층 부분이 골조 공사만 이루어진 채 벽이나 지붕 등이 설치된 바가 없다 하더라도, 지하층 부분만으로도 구분소유권의 대상이 될 수 있는 구조라는 점에서 신축 건물은 경락 당시 미완성 상태이기는 하지만 독립된 건물로서의 요건을 갖추었다고 본 사례
> (대법원 2003년 5월 30일 선고 2002다21592 판결 '지상권설정등기절차이행 · 임료 등')

민법 제366조에 따른 법정지상권의 성립 요건은 민법에 따른 법정지상권에만 국한되는 것이 아니다.

　　법정지상권의 종류는 토지와 건물의 소유자가 달라지는 경위에 차이가 있을 뿐이다. 한 소유자에게 속해 있던 토지와 건물(입목)이 서로 다른 소유자에게 속할 경우 지상권이 설정된 것으로 본다는 사실, 그 과정에서 선의의 제3자(근저당권자)가 피해를 보면 안 된다는 원칙은 마찬가지다.

선의의 제3자가 피해를 보는 경우는 일일이 나열할 수 없을 만큼 다양하다. 그 중에서도 대표적인 특징들을 정리한 것이 지금까지 살펴보았던 법정지상권의 성립 요건이라고 보면 된다. 그러니 무작정 암기할 것이 아니라 법정지상권의 본질과 민사의 법리를 이해해야 모든 경우의 권리분석을 할 수 있다.

　　법정지상권은 한 사람에게 속했던 토지와 건물이 서로 다른 소유자에게 속하는 순간 발생하는 권리이므로, 채권자가 토지와 건물의 소유자에게 돈을 빌려줄 때는 토지와 건물을 한꺼번에 담보하여 근저당권을 설정하는 것이 좋다. 그래야 채무자가 돈을 갚지 않을 경우, 토지와 건물을 한꺼번에 경매해서 법정지상권이 성립하지 않도록 막을 수 있다. 그런데 채권자가 토지에만 근저

당권을 설정하면 법정지상권의 부담을 받아들인 셈이 되므로, 피해가 발생하더라도 예상 못한 피해가 아니다.

그렇지만 근저당권을 설정할 때, 건물이 없거나 타인의 소유라서 어쩔 수 없이 토지에만 근저당권을 설정한 경우는 채권자가 법정지상권을 받아들였다고 볼 수는 없기 때문에 법정지상권을 인정하지 않는다.

경매로 인한 법정지상권과 관습상 법정지상권의 차이점

저당물의 경매로 인한 법정지상권과 관습상의 법정지상권은 어떻게 다를까? 실생활에서 발견할 수 있는 법정지상권은 저당물의 경매로 인한 법정지상권 (민법 제366조)과 관습상의 법정지상권이 대부분이다. 토지와 건물의 소유자가 달라진 경위에 따라 종류가 나뉘지만, 솔직히 그리 큰 의미는 없다. 법정지상권의 성립 여부와 그로 인해 이해관계인 간의 권리관계에 어떤 영향을 미치는지만 이해하면 된다. 그런데도 많은 사람들이 법정지상권의 종류를 정확히 구분하지 못해서 법정지상권 성립 여부를 판단하는 것을 어려워한다. 그러니 두 법정지상권의 차이점에 대해 살펴보자.

둘 다 일단 성립하면 법률적인 효력 면에서는 다를 게 없다. 그렇다면 어떤 차이점이 있고, 이를 구별하여 얻는 이익은 무엇일까?

아래와 같이 권리(또는 처분)들이 설정되어 있는 토지가 있다. 토지와 건물의 소유주가 같다는 가정하에 토지와 건물의 소유자가 달라지는 다양한 경위를 살펴보자.

【사례】 다음 경매사건에서 법정지상권은?

순위	권리자	권리
1	나부자	근저당권
2	박교수	근저당권
3	김봉팔	가처분
4	강도균	가압류

나부자의 근저당권에 의해 토지가 경매되는 경우

근저당권으로 토지 경매가 진행되어 낙찰되면 민법 제366조에서 규정하는 '저당물의 경매로 인한 법정지상권'이 문제가 된다. 저당 잡힌 물건이 경매되어 토지와 건물의 소유자가 달라졌기 때문이다. 이때 나부자가 근저당권을 설정할 때에도 건물이 있었다면 법정지상권이 성립한다.

박교수의 근저당권에 의해 토지가 경매되는 경우

이때에도 저당물의 경매로 인한 법정지상권이 문제가 된다. 그렇다면 지상 건물이 언제부터 있어야 법정지상권이 성립할까? 박교수의 근저당권에 의한 경매이므로, 박교수가 근저당권을 설정할 때 건물이 있었다면 법정지상권은 성립할까?

민법 제366조는 근저당권을 설정할 때 건물이 존재했어야 한다는 내용을 직접적으로 언급하지는 않았다. 그렇지만 토지에 근저당권을 설정할 때 건물이 없었는데도 법정지상권을 인정한다면 근저당권자가 예상 못한 피해를 보게 된다. 그러므로 법정지상권이 성립하려면 박교수의 근저당권이 아니라 나부자의 근저당권이 설정될 때부터 건물이 있어야 한다. 경매를 신청한 채권자는 박교수이지만 경매는 채권자 모두를 위한 것이므로, 그 과정에서 예상 못한 피해를 보면 안 되는 사람이 박교수만이라고 할 수는 없다.

강도균의 가압류채권에 의해 토지가 경매되는 경우

가압류채권은 강제경매가 된다. 이때 근저당권에 의한 경매가 아니므로 '저당물의 경매로 인한 법정지상권'은 문제가 되지 않는다. 그렇다고 해서 법정지상권이 성립되지 않는다는 말은 아니다. 이 경우에는 관습상의 법정지상권이 문제가 된다.

토지 또는 건물이 동일한 소유자에게 속하였다가 건물 또는 토지가 매매 기타의 원인으로 인하여 양자의 소유자가 다르게 된 때에 그 건물을 철거한다는 조건이 없는 이상 건물 소유자는 토지 소유자에 대하여 그 건물을 위한 관습상의 법정지상권을 취득한다.
(대법원 1984년 9월 11일 선고 83다카2245 판결 '건물철거 등')

판례에서 설명하듯, 관습상의 법정지상권은 "매매 기타의 원인"으로 토지와 건물의 소유자가 달라지는 경우에 성립한다. 이때 '매매 기타의 원인'은 적법한 모든 원인을 의미하므로 강제경매도 이에 속한다. 또한 경매로 매각되었으므로, 건물 소유자와 토지 낙찰자 사이에 건물을 철거한다는 특약이 있을 리도 없다.

그렇다면 강도균의 가압류채권에 의해 토지가 매각되었다고 해서, 건물이 언제부터 있었는지는 상관없이 무조건 관습상의 법정지상권이 성립할까?

그렇지는 않다. 이 경우에도 예상 못한 피해를 보는 권리자가 없어야 한다는 민사의 대전제는 여전히 존중되어야 한다. 따라서 나부자가 근저당권을 설정할 때 건물이 없었다면 법정지상권은 성립하지 않는다.

근저당권에 의한 경매로 토지와 건물의 소유자가 달라진다면 저당물의 경매로 인한 법정지상권이, 그 밖의 이유라면 관습상의 법정지상권이 문제가 된다. 그러나 두 종류의 법정지상권을 구별한다고 해서 달라질 것은 없다. 토지와 건물의 소유자가 달라진다면 그 종류와는 상관없이 법정지상권이 성립하는지 의심해 봐야 하고, 성립 요건이나 효력에는 아무 차이도 없다는 사실이 중요하다.

법정지상권의 성립 요건인 '토지와 그 지상 건물이 동일인 소유에 속하였는지'를 판단하는 기준이 되는 시기는 등기상 최선순위 권리의 설정일이다. 최선순위로 설정된 등기가 근저당권인지, 가압류인지, 강제경매개시결정인지는 상관없다. 이는 법정지상권의 종류와 등기상의 권리자 중 누가 경매를 신청했는지 여부와도 상관없이 동일하게 적용된다.

토지 낙찰 후 지상 건물은 어떻게 해야 할까?

지상 건물이 매각에서 빠진 토지를 낙찰받는다면 법정지상권의 성립 여부에 따라 취해야 할 조치가 달라진다.

법정지상권이 성립하는 경우

법정지상권이 성립하는 토지를 낙찰받았다면, 사실상 토지는 사용할 수 없다. 건물 소유자와 합의해서 건축물을 괜찮은 금액으로 매수할 수 있다면 좋겠지만, 그렇지 못하다면 건물 소유자에게 지료(토지 사용료)를 청구할 수 있다.

지료청구권은 법정지상권이 성립하는 토지의 소유자가 건물 소유자에 대해 행사할 수 있는 당연한 권리이므로, 건물 소유자와 따로 계약하지 않더라도 성립한다. 다만 지료의 액수는 당사자 간에 합의되지 않으면 법원에 청구하여 결정해야 한다. 정해진 규정은 없지만 대개는 토지의 차임(지대)에 해당하는 금액으로 결정된다. 그러나 토지에 건물이 있기 때문에 토지 소유자가 손해를 보는 것은 개인적인 사정이라서 지료에 참작되지 않는다.

> 가. 타인 소유의 토지 위에 소재하는 건물의 소유자가 법률상 원인 없이 토지를 점유함으로 인하여 토지의 소유자에게 반환하여야 할 토지의 차임에 상당하는 부당이득 금액을 산정하는 경우에, 특별한 사정이 없는 한 토지 위에 건물이 소재함으로써 토지의 사용권이 제한을 받는 사정은 참작할 필요가 없다.
> 나. 법정지상권자가 지급할 지료를 정함에 있어서 법정지상권 설정 당시의 제반 사정을 참작하여야 하나, 법정지상권이 설정된 건물이 건립되어 있음으로 인하여 토지의 소유권이 제한을 받는 사정은 참작·평가하여서는 안 된다.
> 다. 법정지상권이 있는 건물의 양수인으로서 장차 법정지상권을 취득할 지위에 있어 대지소유자의 건물 철거나 대지인도 청구를 거부할 수 있는 지위에 있는 자라고 할지라도, 그 대지의 점거 사용으로 얻은 실질적 이득은 이로 인하여 대지소유자에게 손해를 끼치는 한에 있어서는 부당이득으로서 이를 대지 소유자에게 반환할 의무가 있다.
> (대법원 1995년 9월 15일 선고 94다61144 판결 '지료 등')

당사자의 합의 또는 법원의 결정으로 지료가 결정되고도 건물 소유자가 2년분의 지료를 연체했다면, 토지 소유자는 즉시 법정지상권 소멸을 청구할 수 있다. 그렇게 되면 건물 소유자의 법정지상권은 소멸하고, 토지 소유자가 철거를 청구해도 거절할 수 없다. 이처럼 지료를 연체하여 법정지상권이 소멸되면, 건물 소유자에게는 지상물매수청구권도 인정되지 않는다.

> 민법 제283조 제2항 소정의 지상물매수청구권은 지상권이 존속 기간의 만료로 인하여 소멸하는 때에 지상권자에게 갱신청구권이 있어 그 갱신 청구를 하였으나 지상권설정자가 계약 갱신을 원하지 아니할 경우 행사할 수 있는 권리이므로, 지상권자의 지료 연체를 이유로 토지 소유자가 그 지상권소멸청구를 하여 이에 터 잡아 지상권이 소멸된 경우에는 매수청구권이 인정되지 않는다.
> (대법원 1993년 6월 29일 선고 93다10781 판결 '지료 등')

법정지상권이 성립하지 않는 경우

법정지상권이 성립되지 않는다면 토지 소유자에게 토지인도청구권(건물철거청구권)이 인정된다. 그렇게 되면 건물 소유자는 건물을 철거하고 토지를 돌려주어야 한다. 실제로 건물 소유자가 알아서 건물을 철거하는 경우는 거의 없어서, 토지 소유자가 건물철거소송을 통해 강제로 철거하는 경우가 대부분이다.

법정지상권이 성립되지 않는 경우에 토지 소유자는 건물철거청구권 말고도 지료청구권과 건물을 팔라고 요구할 수 있는 건물매도청구권을 함께 인정받는다고 오해하는 사람들이 많은데, 이는 잘못된 상식이다. 토지 소유자에게는 토지인도청구권만 인정받는다.

다만 건물이 철거되면 건물 소유자는 한 푼도 받지 못하고 건물을 잃게 되고, 건물 철거 비용까지 부담해야 한다. 그래서 토지 소유자가 비싼 지료를 요구하거나 헐값에 건물을 매도하라고 요구해도 거절할 수 없을 뿐이다.

경매 토지의 나무나 농작물은 어떻게 될까?

경매로 토지가 매각될 때 그 토지에 입목(나무)이나 농작물이 있는 경우도 있다. 매각 대상에 포함되어 있다면 아무 문제가 없지만, 매각 대상에 포함되지 않는다면 낙찰받은 후에 입목이나 농작물의 소유권은 어떻게 될까?

이는 나무나 농작물의 가치에 대한 문제가 아니라, 나무나 농작물로 인해 낙찰받은 토지를 사용할 수 없는 상황이 발생할 수 있기 때문에 큰 문제가 되기도 한다. 여러 가지 경우를 살펴보자.

나부자의 토지에 김봉식이 무단으로 나무를 심은 경우

이때 김봉식의 나무는 토지에 속하게 되니 나부자가 소유한다. 일단 나부자의 소유가 되었으니 토지가 어떻게 처분되는지에 따를 것이다. 그래서 토지소유권이 낙찰자에게 이전되면 나무도 당연히 낙찰자의 소유가 된다.

나부자의 토지를 김봉식이 임차하여 나무를 심은 경우

이런 경우는 김봉식의 나무는 토지에 속한 것이 아니므로, 토지와는 따로 소유권이 인정된다. 그러니 낙찰로 토지소유권이 이전되더라도 나무의 소유권은 김봉식에게 있다. 당연히 낙찰자는 토지의 사용과 수익에 문제가 생길 것이다. 그렇다면 법정지상권이 성립할까? 법정지상권은 한 소유자에게 속했던 토지와 나무가 각각 다른 소유자에게 속할 경우에 발생하므로, 처음부터 소유자가 달랐다면 법정지상권은 성립하지 않는다. 따라서 토지 낙찰자는 나무 소유자에게 나무를 이식하고 토지를 넘겨달라고 청구할 수 있다.

나부자의 토지에 나부자가 나무를 심은 경우

이 경우에 나무는 토지에 속하므로, 토지가 낙찰되면 소유권이 이전되는 동시에 나무도 낙찰자의 소유가 된다.

나부자의 토지에 나부자가 나무를 심고 따로 등기한 경우

나무도 부동산처럼 등기할 수 있다. 또 명인 방법을 통해 별도로 재산권을 공시할 수도 있다. '입목에 관한 법률'의 규정에 따라 나무를 등기하거나, 직접 이름을 새기거나, 이름표를 붙이는 등의 명인 방법으로 소유권이 별도로 있다고 공시했다면, 나무는 토지에 속하지 않는다. 따라서 토지 낙찰자는 나무 소유권을 취득할 수 없다. 이처럼 한 소유자에게 속했던 토지와 나무가 다른 소유자에게 속하게 되었다면 법정지상권이 성립한다. 그러나 이때에도 민사의 원칙에 따라 법정지상권 성립 여부를 판단해야 한다. 즉 나무가 심어지기 전에 토지에 근저당권이 설정되었다면 법정지상권은 성립하지 않는다.

경매 대상 토지에 농작물이 경작되는 경우

나무는 경우에 따라 낙찰자가 소유할 수도 있지만, 농작물은 어떤 경우에든 경작자의 소유다. 따라서 농작물이 재배되는 토지의 낙찰자는 농작물이 모두 수확된 이후에 토지를 사용·수익할 수 있다.

여기서 잠깐!

법정지상권에 따른 건물철거소송

법정지상권이 성립하지 않아서 토지 소유자에게 건물철거청구권이 주어지더라도, 철거될 때까지의 부당이득은 철거와는 또 다른 문제다. 토지 소유자가 낙찰대금을 내고 토지소유권을 취득하더라도 건물이 철거될 때까지는 상당한 시간이 걸릴 테니, 그동안 토지 소유자는 건물 때문에 손해를 본다. 그리고 그 손해는 건물 소유자에게 부당이득으로 청구할 수 있다.

그래서 어떤 투자자들은 법정지상권이 성립하지 않는 토지를 낙찰받아서 소유권을 취득하면 곧바로 건물철거소송과 부당이득반환청구소송을 한다. 승소하면 건물 철거를 강제집행하는 대신, 부당이득반환채권을 바탕으로 건물에 대해 강제경매를 신청한다. 물론 집행 법원에 의견서를 제출해서 건물 경매사건의 매각물건명세서에 '철거확정판결'이 내려졌다는 것을 기재하도록 하는 치밀함도 잊지 않는다.

토지 소유자가 건물 철거 강제집행을 신청하면 낙찰자는 건물을 잃어버리게 되니, 아무도 이 경매에 입찰하지 않는다. 수차례에 걸쳐 유찰되어 헐값이 되더라도 이 건물을 낙찰받고 안전할 수 있는 사람은 토지 소유자뿐이다.

경매가 개시되기 전, 또는 진행 중이라도 건물 소유자는 토지 소유자에게 지료(소송으로 확정된 부당이득금)를 지급하여 건물이 매각되지 않게 할 수 있다. 그런데 이렇게 되면 손해만 늘어날 뿐이다. 경매를 중지시키면 토지 소유자는 철거를 집행해 버릴 테고, 지료를 지급하여 경매를 막으면 한 푼도 받지 못하고 건물을 잃을뿐더러 지급한 지료마저 날리는 셈이니 선택의 여지가 없다.

서울시 강남구 도곡동 대지, 법정지상권이 성립할까?

서울시 강남구 도곡동의 대지가 경매로 나왔는데, 감정평가서의 사진을 보니 토지에 건물이 있으므로 법정지상권이 성립할 수도 있음을 감안해야 한다.

우선 저당권이 설정될 때에도 건물이 있었는지 확인해야 한다. 그런데 이 건물은 무허가 미등기건물이라 서류상으로는 언제 지어졌는지 알 수 없다. 게다가 서류가 아니라 사실상 건물이 있었던 시점을 기준으로 판단하므로, 사용승인일이나 소유권보존등기일만 살펴보는 것은 위험하다.

미등기건물은 임차인의 전입신고일을 살펴본다

다행스럽게도 건물이 신축된 시점을 가늠할 수 있는 단서로 임차인들의 전입신고일이 있다. 이 사건의 임차인은 모두 2명(이○○과 김이○은 부부관계이므로 1명으로 본다)인데, 이들의 전입신고 시점이 모두 2004년이라 최선순위 근저당권이 설정된 2008년보다 앞선다. 정확하게는 알 수 없지만, 토지에 근저당권이 설정되기 전부터 건물이 존재하고 있었음은 분명하다.

그렇다면 토지에 근저당권을 설정할 당시에 토지와 건물의 소유자가 한 사람이었는지 분석해야 한다.

그런데 현황조사서를 보니 건물의 소유자는 박○○으로 토지 소유자와 동일인이다. 법원 임차조사에는 "임차인 점유. 임차인 김인○의 진술에 의하면 1층은 자신이 임차 거주하고 있고 2층은 김이○이 임차 거주한다고 함. 소유자는 박○○이고 그와 임대차계약을 하였고 임차보증금은 1억원이라고 함"이라고 쓰여 있다.

이런 상황으로 미루어 볼 때, 이 토지는 매각하는 동시에 법정지상권이 성립하여 낙찰자는 낙찰대금을 모두 지급하고도 토지를 마음대로 사용할 수 없다. 다만 건물 소유자인 박씨를 상대로 지료를 청구할 수는 있다.

▼ 서울시 강남구 도곡동 대지, 법정지상권 성립 여부

REY AUCTION
■ Real Estate for You

관심물건 | 상담신청 | 법원정보 | 🖨 인쇄

♠ 2012타경 5446[2]

서울중앙지방법원 5계 전화 : (02)530-1817

관련물건번호	[1]	[2]

소 재 지	서울 강남구 도곡동 ●●-●●[일괄]-●●.				
경매구분	기일입찰	채 권 자	한국자산관리공사	매 각 기 일	종결물건
용 도	대지	채무/소유자	박●●	접 수 일	2012-02-16
감 정 가	421,600,000	청 구 액	759,157,196	경매개시일	2012-02-17
최 저 가	215,859,000 (51%)	토지총면적	68 ㎡ (20.57평)	배당종기일	2012-05-08
입찰보증금	10% (21,585,900)	건물총면적	0 ㎡ (0평)	조 회 수	금일1 공고후1 누적1

구분	입찰기일	매각금액	결과
	2013-10-08		종결
4차	2013-07-09	215,859,000	매각
		282,000,100 (66.9%)	
		(입찰 5명)	
3차	2013-06-04	269,824,000	유찰
2차	2013-04-30	337,280,000	유찰
1차	2013-03-26	421,600,000	유찰

♠ 임차조사

임차인	전입일	확정/배당요구	보증금/월세	용도/점유	비고
김●●	2004-02-27			주거 2층	
이●●	2004-02-27	확정:2006-11-28 배당:2012-05-01	68,000,000	주거 2층전부	
김●●	2004-12-02	확정:2006-10-31 배당:2012-03-26	100,000,000	주거 1층방3	
기타참고	▶959-57 ·임차인점유. 주택 1층 임차인 김●● 면담. 나머지 세대에 대하여 3회 방문하였으나 폐문부재이고, 방문한 취지 및 연락처를 남겼으나 아무런 연락이 없으므로 주민등록 전입된 세대만 임차인으로 보고함. ·이●● : 임차인 이●●은 사망하였으며, 주민등록전입신고일은 임차인의 처 김●●의 전입신고일임. 권리신고겸배당요구는 임차인의 아들 이●이 하였음. ▶959-60 ·임차인점유. 임차인 김●●의진술에의하면 1층은김●●가임차거주하고있고2층은김●●이임차거주한다고함. 소유자는 박●●이고박●과임대차계약을하였고임차보증금은1억원이라고함(2층임차인김●은6,800만원외임차보증금이있을것이라고함).				

♠ 등기권리

구분	권리명	접수일	권리자	금액	기타	소멸
토지	소유	2007-01-19	박●●		전소유자:이●●	
	저당	2008-06-30	우리은행 강남구청	288,000,000	말소기준권리	소멸
	지상	2008-06-30	우리은행 강남구청		30년	소멸
	압류	2008-12-16	강남구			소멸
	압류	2009-11-16	강남구청장 주택과			소멸
	근저	2009-11-17	신라저축은행 여신관리1팀	871,000,000		소멸
	근저	2009-12-14	신한은행 중화역	104,000,000		소멸
	압류	2011-07-12	강남구			소멸
	압류	2011-09-02	강남세무서			소멸
	가압	2011-10-06	노●●	107,500,000		소멸
	가압	2011-11-08	박●●	65,429,962		소멸
	압류	2011-11-24	강남구			소멸
	압류	2011-11-25	삼성세무서			소멸
	가압	2012-01-10	김●	100,000,000		소멸
	임의	2012-02-20	한국자산관리공사 담보채권정리	청구금액: 759,157,196	2012타경5446	소멸
	임의	2012-02-29	우리은행 여신관리부		2012타경6487	소멸
	압류	2012-04-02	서울시			소멸
	압류	2012-05-31	강남구			소멸

> **법정지상권이 성립하는 건물**

참고사항	·입찰외 · 법정지상권 ·지상권 지상에 매각대상 아닌 건축물 소재로 법정지상권 성립여지 있음 ·감정평가금액은 매각대상 아닌 건축물의 제한받는 경우의 단가를 적용함.

Chapter 5 : 등기부에는 등기되지 않는 권리들 257

법정지상권의 여러 사례

 토지와 건물에 저당권이 설정된 후 건물이 신축된 경우

김봉식은 나부자 소유의 토지와 건물에 근저당권을 설정하고 나부자에게 돈을 빌려주었다. 그리고 나부자는 김봉식에게 빌린 돈으로 건물을 철거하고 새로 건물을 신축했다. 그래서 기존의 건물 등기부는 사라지고 새로운 건물 등기부가 만들어졌다.

그렇다고 기존의 건물 등기부에 등기되어 있던 모든 권리가 자동으로 새 등기부에 기재되지는 않는다. 소유자인 나부자가 신축 건물에 김봉식이 근저당권을 설정하도록 협조한다면 김봉식은 다시 근저당권을 설정할 수 있겠지만, 나부자가 협조하지 않는다면 김봉식 혼자서는 근저당권을 설정할 수 없다.

이런 상태에서 김봉식의 근저당권에 의해 경매가 진행되면 신축 건물에는 근저당권의 효력이 미치지 않기 때문에 토지만 매각하게 된다. 이때 이도팔이 낙찰받으면 토지와 건물은 각각 이도팔과 나부자의 소유가 된다. 이런 경우 법정지상권은 성립할까?

일단 민법 제366조의 규정, 즉 "저당물의 경매로 인하여 토지와 그 지상 건물이 다른 소유자에 속한 경우"에 해당한다. 그러니 '원칙적으로' 법정지상권을 인정해야 할 것이다. 그렇다면 법정지상권을 인정함으로써 억울한 피해를 보는 사람이 없는지 살펴보자.

근저당권자 김봉식은 나부자에게 돈을 빌려줄 때 토지와 건물에 근저당권을 설정했고, 법정지상권에 대한 부담은 전혀 고려하지 않았을 것이다. 나부자가 돈을 갚지 않을 경우에는 토지와 건물을 한꺼번에 경매에 붙이면 되고, 토지와 건물의 소유자가 달라질 위험은 전혀 없었다. 이처럼 법정지상권이 성립하여 담보물의 교환가치가 떨어지는 부담을 받아들였다고 볼 만한 사정이 없는 경우에도 법정지상권을 인정한다면, 김봉식은 예상 못한 피해를 입을 수밖에 없다. 따라서 이런 경우 법정지상권은 인정되지 않는다.

동일인의 소유에 속하는 토지 및 그 지상 건물에 관하여 공동저당권이 설정된 후 그 지상 건물이 철거되고 새로 건물이 신축되어 두 건물 사이의 동일성이 부정되는 결과 공동저당권자가 신축 건물의 교환가치를 취득할 수 없게 되었다면, 공동저당권자의 불측의 손해를 방지하기 위하여, 특별한 사정이 없는 한 저당물의 경매로 인하여 토지와 그 신축건물이 다른 소유자에 속하게 되더라도 그 신축건물을 위한 법정지상권은 성립하지 않는다.
(대법원 2010년 1월 14일 선고 2009다66150 판결 '건물철거및토지인도')

서울시 용산구 서빙고동 대지, 신축 미등기건물이 있다면?

서울시 용산구 서빙고동에서 50㎡의 대지가 경매로 나왔는데 지상 건물은 매각에서 제외되었다. 이 토지의 법정지상권이 성립될까?

우선 등기상의 권리관계를 살펴보니, 신한은행의 근저당권을 기준으로 그 이후에 설정된 모든 권리는 매각으로 소멸된다. 문제는 이 토지를 낙찰받을 경우 법정지상권이 성립할지 여부다. 법정지상권이 성립한다면 낙찰자는 낙찰대금을 납부하고도 건물 철거를 청구할 수 없으니 토지를 온전히 활용할 수 없다.

신축된 건물임을 알 수 있는 권리

우선 토지와 건물의 소유자가 동일인인지 확인해야 하는데, 이 사건의 지상 건물 등기부등본을 보니 건물 소유자가 토지 소유자와 같다. 일단 법정지상권이 성립할 가능성은 한층 높아졌다.

그런데 등기부등본을 자세히 살펴보니, 이상한 점이 눈에 띄었다. 경매 신청 채권자인 강〇〇이 토지와 건물에 함께 근저당권을 설정해 두었는데, 건물은 매각에서 제외되었기 때문이다. 이 경우 십중팔구는 건물이 신축된 것이다. 이제 건물이 신축되었음을 짐작할 수 있는 근거를 찾아보자.

\[건물\] 서울특별시 용산구 서빙고동 |||			고유번호 1142-1996-355427	
【 표 제 부 】		(건물의 표시)		
표시번호	접 수	소재지번 및 건물번호	건 물 내 역	등기원인 및 기타사항
1 (전 2)	1986년4월2일	서울특별시 용산구 서빙고동 |||	목조초가지붕 단층주택 29.34㎡ 목조초가지붕 단층주택 4.36㎡	부동산등기법 제177조의 6 제1항의 규정에 의하여 2001년 04월 12일 전산이기

등기부 등본 (말소사항 포함) – 건물

등기부등본에 표기된 건물내역이 경매사건의 물건과 다른 경우

▼ 서울시 용산구 서빙고동 대지, 신축 미등기 건물을 제외한 토지만 경매된 경우

REY AUCTION
■ Real Estate for You

관심물건 | 상담신청 | 법원정보 | 🖨인쇄

♠ **2011타경 6492**

서울서부지방법원 7계 전화 : (02)3271-1327

소 재 지	서울 용산구 서빙고동 ▨▨				
경매구분	기일입찰	채 권 자	강▨▨	매각기일	종결물건
용 도	대지	채무/소유자	최▨▨	접 수 일	2011-04-22
감 정 가	182,000,000	청 구 액	150,000,000	경매개시일	2011-04-25
최 저 가	93,184,000 (51%)	토지총면적	50 ㎡ (15.12평)	배당종기일	2011-07-05
입찰보증금	10% (9,318,400)	건물총면적	0 ㎡ (0평)	조 회 수	금일1 공고후1 누적1

구분	입찰기일	매각금액	결과
	2013-11-21		종결
4차	2013-10-08	93,184,000	매각
		94,000,000 (51.6%)	
			(입찰1명)
3차	2013-09-03	116,480,000	유찰
2차	2013-07-30	145,600,000	유찰
1차	2013-06-25	182,000,000	유찰
	2013-04-16	182,000,000	변경

♠ 등기권리

구분	권리명	접수일	권리자	금액	기타	소멸
토지	소유	1991-10-11	최▨▨			
	근저	2006-11-17	신한은행 삼선교	66,000,000	말소기준권리	소멸
	근저	2008-07-03	강▨▨	150,000,000		소멸
	압류	2010-09-09	서울시용산구			소멸
	압류	2011-03-25	서울시용산구			소멸
	임의	2011-04-25	강▨▨	청구금액: 150,000,000	2011타경6492	소멸

참고사항	·입찰외 ·법정지상권 ·위반건축물 ·매각외 건물을 위한 법정지상권 성립 여지 있음

♠ 매각사례

인근물건	매각일자	감정가	매각가	응찰자수	매각가율
이태원동 대지 토지13.61평	2018-05-01	458,775,000	400,000,000	1	87.2%
이태원동 대지 토지0.52평	2018-04-17	18,060,000	12,345,000	2	68.4%
용문동 대지 토지12.4평	2018-04-03	299,710,000	271,530,000	8	90.6%
보광동 대지 토지7.31평	2017-11-21	215,113,000	172,109,000	1	80%
용산동3가 대지 건물24.32평 토지71.09평	2017-10-31	2,455,261,000	1,965,000,000	1	80%

기존 건물의 등기부등본이 말소되지 않은 경우에는?

건물 등기부등본의 표제부를 보니 "목조 초가지붕 단층주택"이라고 표시되어 있다. 매각 대상 부동산의 사진 정보에서 볼 수 있는 건물과는 전혀 다르다.

그렇다면 신한은행이 토지와 건물에 근저당권을 설정했고, 이후 소유자가 건물을 철거하고 주택을 신축했지만 기존 건물의 등기부가 그대로 남아 있다고 추정할 수 있다.

법원 현황조사서에 "본건 목적물 목조 초가지붕 단층주택은 멸실되고 없으며, 현재는 준공된 벽돌조 판넬 지붕의 단층주택 1동이 있으며, 2010년 11월에 준공되어 소유자가 전부(방 3개)를 점유하고 있음"이라는 문구를 보니 더욱 분명하다. 그러니 이 토지의 건물은 최초에 근저당권이 설정될 당시에는 존재하지 않던 건물이니 법정지상권이 성립하지 않는다.

이처럼 관련 서류를 꼼꼼히 살펴보기만 해도 법정지상권이 성립하는지 판단할 수 있는 경우가 많다.

토지에 저당권이 설정된 후 건물을 재축, 신축한 경우

토지와 건물을 소유하고 있는 강도균은 오래된 건물을 철거하고 현대식 건물을 신축하면 더 많은 임대수익을 얻을 것이라고 생각했다. 그런데 공사 비용이 부족해서 친구인 박교수에게 돈을 빌려달라고 부탁했다. 박교수는 강씨가 소유하고 있는 부동산에 근저당권을 설정하고 돈을 빌려주면 위험하지 않을 것으로 판단했다.

그런데 '어차피 철거할 건물에 괜히 비용을 들여 근저당권을 설정할 필요가 있을까?' 하는 생각이 들어서, 박교수는 토지에만 근저당권을 설정하고 돈을 빌려주었다.

그러나 강씨는 건물을 신축하고도 경기가 침체되어 기대한 만큼 임대수익을 올리지 못해서 박교수에게 이자를 지급하지 못했고, 결국 토지는 경매에 넘어갔다.

이런 상황에서 이도팔이 이 토지를 낙찰받는다면 법정지상권은 성립할까?

우선은 "저당물의 경매로 인하여 토지와 그 지상 건물이 다른 소유자에 속한 경우"에 해당한다. 그러면 근저당권자인 박교수가 법정지상권이 성립함으로써 토지의 담보가치가 떨어질 만한 위험을 받아들였는지 따져봐야 한다.

박교수는 법정지상권의 부담을 받아들인 것이 아니라, 어차피 철거될 건물이기 때문에 근저당권을 설정하지 않은 것뿐이다. 그러나 이는 개인적인 사정이고 법정지상권과는 아무 상관도 없다. 토지에 근저당권을 설정할 때 토지와 건물의 소유자가 같은데도 건물에 근저당권을 설정하지 않았다면, 그 이유가 어떻든 법정지상권은 성립한다.

단지 그 범위는 신축 건물이 아닌 기존 건물을 기준으로 결정된다. 기존 건물이 아닌 신축 건물을 기준으로 범위가 결정되면, 자칫 근저당권자인 박교수에게 예상 못한 손해가 발생할 수 있기 때문이다.

> 민법 제366조 소정의 법정지상권이 성립하려면 저당권의 설정 당시 저당권의 목적이 되는 토지 위에 건물이 존재하여야 하고, <u>저당권 설정 당시 건물이 존재한 이상 그 이후 건물을 개축, 증축하는 경우는 물론이고 건물이 멸실되거나 철거된 후 재축, 신축하는 경우에도 법정지상권이 성립하며,</u> 이 경우의 법정지상권의 내용인 존속 기간, 범위 등은 구 건물을 기준으로 하여 그 이용에 일반적으로 필요한 범위 내로 제한된다.
> (대법원 1991년 4월 26일 선고 90다19985 판결 '건물철거등')

토지 근저당권자가 토지 소유자가 건물을 건축하는 데 동의한 경우

토지 소유자인 강도균이 건물 신축 자금을 박교수에게 빌리면서 건물을 신축한다는 사실을 알렸고, 박교수가 토지에 근저당권을 설정했다고 하자. 그러면 박교수는 장래에 완공될 건물을 예측할 수 있었다고 볼 수 있다. 그러나 박교수가 장래에 완공될 건물을 예측할 수 있었다는 사정은 주관적이고 공시할 수도 없다.

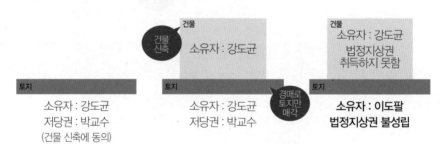

박교수의 근저당권에 의해 토지가 경매되면, 입찰자들은 토지에 근저당권이 설정되었을 때 건물이 있었는지 여부만 따져서 법정지상권의 성립 가능성을 판단할 것이다.

이런 경우에도 법정지상권을 인정한다면 낙찰자가 예상 못한 피해를 보게 된다. 그러므로 토지에 근저당권을 설정했을 때 건물이 존재하지 않았다면 법정지상권은 인정되지 않는다.

> 민법 제366조의 법정지상권은 저당권 설정 당시부터 저당권의 목적이 되는 토지 위에 건물이 존재할 경우에 한하여 인정되며, 토지에 관하여 저당권이 설정될 당시 그 지상에 토지 소유자에 의한 건물의 건축이 개시되기 이전이었다면, 건물이 없는 토지에 관하여 저당권이 설정될 당시 <u>근저당권자가 토지소유자에 의한 건물의 건축에 동의하였다고 하더라도 그러한 사정은 주관적 사항이고 공시할 수도 없는 것이어서 토지를 낙찰받는 제3자로서는 알 수 없는 것</u>이므로 그와 같은 사정을 들어 법정지상권의 성립을 인정한다면 토지 소유권을 취득하려는 제3자의 법적 안정성을 해하는 등 법률관계가 매우 불명확하게 되므로 법정지상권이 성립되지 않는다.
> (대법원 2003년 9월 5일 선고 2003다26051 판결 '건물등철거등')

서울시 강서구 화곡동 대지, 법정지상권이 성립될까?

서울시 강서구 화곡동에 교회 건물이 신축되던 중에 토지가 경매로 나왔다. 감정평가서의 사진으로 보면, 이 건물은 이미 기둥과 지붕이 있는 독립된 부동산으로서 건물의 요건을 갖추었다. 이처럼 건물이 신축 중인 토지의 경매사건에서는 지상 건물의 건축주가 누구인지, 언제부터 공사가 시작되었는지 판단하는 것이 중요하다.

근저당권 설정이 착공 시점보다 앞설 경우

구청에 확인해 보았더니 건축주와 토지 소유자가 같았다. 토지를 담보로 돈을 빌려 건축하는 경우, 대개 건축 허가→대출(근저당권 설정)→착공의 순서로 진행된다. 그러면 착공 시점이 토지등기부의 최초 근저당권 설정일보다 늦을 가능성이 높다.

물론 근저당권 설정 당시에 완공될 건축물의 규모와 종류를 예상할 만큼 공사가 진행되었다면, 건축 허가 시점과는 상관없이 법정지상권이 인정될 수도 있다. 그러나 건축물의 규모로 볼 때 허가 절차도 밟지 않고 자금을 확보하지도 않은 채 무턱대고 공사를 시작했을 가능성은 아주 낮다. 그러니 이 경우에는 토지 근저당권자인 우리은행이나 이해관계인과 접촉해서 정보를 파악하고 입찰을 결정해야 할 것이다.

법정지상권이 성립하지 않더라도 고려해야 할 점은 또 있다. 낙찰 후 건물철거 소송에서 승소하더라도 철거 비용을 내야 할 수 있다는 사실이다. 건물 소유자가 스스로 철거하지 않을 경우, 법원에 강제집행을 신청하여 낙찰자가 건물을 철거하고 그 비용을 건물 소유자에게 청구한다. 그런데 건물 소유자가 경제적인 능력이 없다면 사실상 받아낼 방법이 없다. 따라서 법정지상권이 성립하지

▼ 서울시 강서구 화곡동 대지, 법정지상권이 성립하지 않는 경우

REY AUCTION
■ Real Estate for You

관심물건 | 상담신청 | 법원정보 | 🖶 인쇄

♠ 2011타경 20444

서울남부지방법원 7계 전화 : (02)2192-1337

소 재 지	서울 강서구 화곡동 1000-0[일괄]-0, -0.				
경매구분	기일입찰	채 권 자	우리은행	매각기일	종결물건
용 도	대지	채무/소유자		접 수 일	2011-09-15
감 정 가	29,117,700,400	청 구 액	31,019,074,551	경매개시일	2011-09-19
최 저 가	18,635,328,000 (64%)	토지총면적	5,143 ㎡ (1555.67평)	배당종기일	2011-12-13
입찰보증금	10% (1,863,532,800)	건물총면적	0 ㎡ (0평)	조 회 수	금일1 공고후1 누적1

구분	입찰기일	매각금액	결과
	2013-06-28		종결
3차	2013-04-24	18,635,328,000	매각
		18,816,000,000 (64.6%)	
			(입찰1명)
2차	2013-03-20	23,294,160,000	유찰
	2012-10-30	23,294,160,000	변경
	2012-08-16	23,294,160,000	변경
	2012-07-11	23,294,160,000	변경

♠ 등기권리

구분	권리명	접수일	권리자	금액	기타	소멸
토지	소유	1992-06-08				
	근저	2008-07-11	우리은행 문정동	39,000,000,000	말소기준권리	소멸
	근저	2009-04-20	우리파이낸셜	7,800,000,000		소멸
	근저	2010-02-11	프라임상호저축은행	10,400,000,000		소멸
	압류	2010-10-25	서울시강서구 도시계획과			소멸
	압류	2010-11-26	서울시강서구 토목과			소멸
	근저	2011-04-04	파라다이스글로벌	2,951,000,000		소멸
	임의	2011-09-19	우리은행 여신관리부	청구금액: 31,019,074,551	2011타경20444	소멸
	압류	2012-06-29	서울시강서구			소멸
	압류	2012-07-18	서울시강서구			소멸

토지를 담보로 건축하는 경우 담보권자

참고사항	·입찰외 ·법정지상권 ·지상권 "매각물건1,2 지상에 건축중에 있는 미등기 상태의 제시외 건물(본 교회건물)이 있는바, 이로 인해 법정지상권 성립 여지 있음" ·매각물건1,2 지상에 건축중에 있는 미등기 상태의 제시외 건물(본 교회건물)이 있는바, 이는 매각대상에서 제외함

♠ 매각사례

인근물건	매각일자	감정가	매각가	응찰자수	매각가율
화곡동 대지 토지1.21평	2017-06-27	13,480,000	5,610,000	1	41.6%
방화동 대지 토지22.08평	2016-02-24	298,570,000	253,880,000	3	85%
방화동 대지 토지8.77평	2016-02-23	85,260,000	71,000,000	1	83.3%
내발산동 대지 토지13.61평	2015-09-01	342,900,000	275,000,000	1	80.2%
등촌동 대지 토지80.01평	2015-08-11	1,441,525,000	778,800,000	1	54%

않는다고 해서 안전한 것만은 아니다. 낙찰 후 건물을 철거할지, 협의 또는 강제집행으로 건물을 매수할지 결정하고, 그에 따른 비용까지 고려해야 하기 때문이다.

공동 소유 토지의 법정지상권

건물만 매각된 경우 | 나부자와 박교수가 공동으로 소유하고 있는 토지에 나부자 혼자서 소유한 건물이 있다고 하자. 이런 상황에서 이도팔이 건물만 낙찰받는다면 법정지상권을 취득할 수 있을까?

건물
소유자 : 나부자
건물만 매각

토지
소유자 : 나부자, 박교수
(공동 소유)

건물
소유자 : 이도팔
법정지상권 취득하지 못함

토지
소유자 : 나부자, 박교수
법정지상권 불성립

우선 건물 매각으로 인해 토지와 건물의 소유자가 달라졌는지 확인해야 한다. 토지 중 나부자의 지분을 기준으로 본다면 토지와 건물의 소유자가 달라진 것이지만, 박교수의 지분을 기준으로 본다면 매각 전부터 이미 토지와 건물의 소유자가 달랐던 셈이다.

　이런 경우에 법정지상권을 인정한다면 이도팔은 건물을 철거하지 않아도 된다. 그렇게 되면 박교수는 자신과 상관없는 일(나부자의 건물이 매각된 일)로 부당하게 법정지상권의 부담을 지게 된다. 따라서 이런 경우 박교수를 보호하기 위해 법정지상권은 인정되지 않는다.

> 토지 공유자의 한 사람이 다른 공유자의 지분 과반수의 동의를 얻어 건물을 건축한 후 토지와 건물의 소유자가 달라진 경우, 토지에 관하여 관습상의 법정지상권이 성립되는 것으로 보게 되면, 이는 토지 공유자의 1인으로 하여금 자신의 지분을 제외한 다른 공유자의 지분에 대하여서까지 지상권 설정의 처분 행위를 허용하는 셈이 되어 부당하다.
> (대법원 1993년 4월 13일 선고 92다55756 판결 '건물철거 등')

토지만 매각된 경우 | 그런데 나부자와 박교수가 공동으로 소유하던 토지에 나부자 혼자서 건물을 소유하고 있었는데, 그중 토지만 매각되면 어떨까?

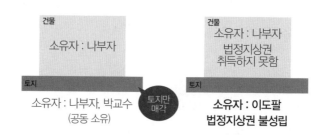

법정지상권을 인정한다면 토지를 매수한 이도팔은 나부자에게 건물 철거를 청구할 수 없기 때문에 토지를 온전하게 활용할 수 없다. 그러니 토지 낙찰 가격은 법정지상권의 부담만큼 낮아진다. 그렇게 되면 토지 공유자인 박교수는 자신의 소유도 아닌 건물 때문에 토지가 헐값에 넘어가니 부당하게 손해를 입는 셈이다. 따라서 이 경우에도 박교수를 보호하기 위해 법정지상권은 인정되지 않는다.

건물과 나부자의 토지 지분만 매각된 경우 | 공유 토지에 관한 법정지상권 사례 중에 가장 흔하게 볼 수 있는 사례다. 나부자의 채무로 부동산이 경매로 매각될 때, 채권자는 특별한 사정이 없는 한 채무자의 모든 재산에 대해 경매를 신청한다. 그러니 나부자의 토지 또는 건물 중 한쪽만 매각하는 경우는 없다.

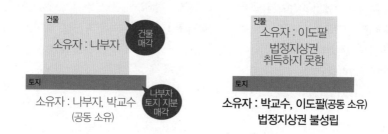

결론부터 말하면, 이런 경우에는 법정지상권이 성립하지 않는다. 법정지상권은 한 사람이 소유했던 토지와 건물이 각각 다른 소유자에게 속해야 발생하는

권리인데, 이 사례에서는 "매각으로 인해 토지와 건물의 소유자가 서로 달라지"지 않기 때문이다.

토지 지분 중 나부자의 지분을 기준으로 생각해 보면, 토지와 함께 건물까지 이도팔에게 매각되었으니 토지와 건물 모두 그의 소유가 되었다. 그러니 매각으로 인해 토지와 건물이 서로 다른 소유자에게 속하게 된 경우가 아니다. 반면 박교수의 지분을 기준으로 생각해 보면, 처음부터 토지와 건물의 소유자가 달랐으니 매각으로 인해 토지와 건물의 소유자가 달라진 것이 아니다.

따라서 이 경우에는 법정지상권의 규정 자체에 부합되지 않기 때문에 법정지상권이 인정될 여지가 없다.

구분소유적 공유 | 토지 지분에 대한 경매사건이라고 해서 무조건 법정지상권이 성립하지 않는 것은 아니다.

2인 이상이 토지를 매수하여 함께 소유권이전등기를 마쳤더라도, 공유자들이 사실상 토지를 나누어 사용한다면(이를 '구분소유적 공유 관계'라고 한다) 각각의 토지와 건물은 공유자들의 단독 소유라고 볼 수 있다. 예를 들어보자.

나부자와 박교수가 토지를 매수하여 소유권이전등기를 마친 다음, 나부자가 서쪽 절반을, 박교수가 동쪽 절반을 사용하기로 약정했다. 그리고 나서 각자 자기 몫의 대지에 건물을 신축했다면, 나부자와 박교수가 토지의 서쪽과 동쪽을 각각 소유하고 있는 셈이다. 이런 상황에서 박교수의 토지 지분이 이도팔에게 매각된다면 법정지상권은 어떻게 될까?

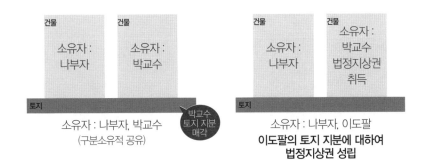

건물	건물
소유자 : 나부자	소유자 : 박교수

토지
소유자 : 나부자, 박교수
(구분소유적 공유)

박교수 토지 지분 매각

건물	건물
소유자 : 나부자	소유자 : 박교수 법정지상권 취득

토지
소유자 : 나부자, 이도팔
이도팔의 토지 지분에 대하여 법정지상권 성립

이 경우 박교수 소유의 토지와 건물 중 토지소유권만 이도팔에게 이전되었으니 법정지상권이 성립한다.

> 원고와 피고가 1필지의 대지를 공동으로 매수하여 같은 평수로 사실상 분할한 다음 각자 자기의 돈으로 자기 몫의 대지 위에 건물을 신축하여 점유하여 왔다면, 비록 위 대지가 등기부상으로는 원·피고 사이의 공유로 되어 있다 하더라도 그 대지의 소유 관계는 처음부터 구분소유적 공유 관계에 있다 할 것이고, 따라서 피고 소유의 건물과 그 대지는 원고와의 내부 관계에 있어서 피고의 단독 소유로 되었다 할 것이므로 피고는 그 후 이 사건 대지의 피고 지분만을 경락 취득한 원고에 대하여 그 소유의 위 건물을 위한 관습상의 법정지상권을 취득하였다고 할 것이다.
> (대법원 1990년 6월 26일 선고 89다카24094 판결 '건물철거 등')

문제는 구분소유적 공유가 등기상에 표시되지 않고 일반적인 공유와 똑같이 등기된다는 점이다. 결국 공유의 형태가 구분소유적 공유인지 판단하는 것은 사실에 따를 수밖에 없다. 구분소유적 공유 관계를 판단하는 기준에 대해 판례에서는 다음과 같이 설명한다.

> 구분소유적 공유 관계는 어떤 토지에 관해 그 위치와 면적을 특정하여 여러 사람이 구분소유하기로 하는 약정이 있어야만 적법하게 성립할 수 있고, 공유자들 사이에 그 공유물을 분할하기로 약정하고 그때부터 각자의 소유로 분할된 부분을 특정하여 각자 점유·사용하여 온 경우에도 구분소유적 공유 관계가 성립할 수 있지만, 공유자들 사이에서 특정 부분을 각각의 공유자들에게 배타적으로 귀속시키려는 의사의 합치가 이루어지지 아니한 경우에는 이러한 관계가 성립할 여지가 없다.
> (대법원 2009년 3월 26일 선고 2008다44313 판결 '지분소유권이전등기말소등기 등')

서울시 송파구 방이동 토지와 주택, 구분소유적 공유라면?

신○○과 심○○이 2분의 1씩 공유하고 있는 토지 중, 신씨의 토지 지분과 그가 단독으로 소유하고 있는 주택이 한꺼번에 경매에 나왔다. 이 사건은 앞에서 살펴본 '건물과 나부자의 토지 지분만 매각된 경우'와 비슷해서 법정지상권이 성립하지 않는다. 따라서 낙찰자는 심씨가 청구한다면 건물을 철거할 수밖에 없다고 속단하기 쉽다.

그런데 감정평가서의 지적개황도에서 특이한 점이 눈에 띈다. 매각되는 토지에 매각에서 제외된 건물이 있고, 건물의 소유자는 심씨로 토지의 또 다른 공유자다.

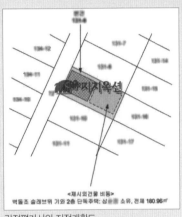

<제시외건물 비동>
벽돌조 슬래브위 기와 2층 단독주택; 심○○ 소유, 전체 180.96㎡

감정평가서의 지적개황도

이 경우 구분소유적 공유 관계를 의심해 볼 수 있다. 토지의 소유권이 공유로 등기되어 있어도 매각 대상인 건물과 토지는 채무자인 신씨의 단독 소유다. 그러므로 법정지상권이 성립하지 않고, 낙찰자는 건물을 철거할 필요가 없다.

그런데 구분소유적 공유 관계가 아니라면 문제가 되지 않을까? 꼭 그렇지만은 않다. 구분소유적 공유 관계가 아니라면 토지 공유자 심씨가 낙찰자에게 건물 철거를 청구할 수도 있다. 그러나 심씨도 법정지상권이 성립하지 않기는 마찬가지여서 낙찰자 역시 심씨에게 건물을 철거해 달라고 청구할 수 있다.

현장을 둘러보았더니, 매각 대상인 건물과 심씨 소유의 건물이 면적이나 구조, 용도, 건축 시점 등이 거의 비슷했다. 특별한 사정이 없는 한 심씨가 자신의 건물을 철거하면서까지 낙찰자에게 건물 철거를 청구하지는 않을 것으로 보인다.

▼ 서울시 송파구 방이동 토지와 주택, 구분소유적 공유의 경우

REY AUCTION
■ Real Estate for You

관심물건 | 상담신청 | 법원정보 | 🖨 인쇄

♠ 2011타경 20182

서울동부지방법원 4계 전화 : (02)2204-2408

소 재 지	서울 송파구 방이동 131-8 ▨▨				
경매구분	기일입찰	채 권 자	김깨▨	매각기일	종결물건
용 도	주택	채무/소유자	신채▨	접 수 일	2011-12-30
감 정 가	693,671,400	청 구 액	8,391,366	경매개시일	2012-01-02
최 저 가	355,160,000 (51%)	토지총면적	124 ㎡ (37.49평)	배당종기일	2012-03-12
입찰보증금	10% (35,516,000)	건물총면적	181 ㎡ (54.74평)	조 회 수	금일1 공고후43 누적43

구분	입찰기일	매각금액	결과
	2013-04-05		종결
4차	2013-01-07	355,160,000	매각
		450,000,000 (64.9%)	
			(입찰 10명)
	2012-11-19	355,160,000	변경
3차	2012-10-08	443,950,000	유찰
2차	2012-08-20	554,937,000	유찰
1차	2012-07-02	693,671,400	유찰

♠ 등기권리

구분	권리명	접수일	권리자	금액	기타	소멸
건물	소유	1999-07-26	신채▨		전소유자:김▨개	
	근저	2008-10-16	중소기업은행 호평	240,000,000		소멸
	근저	2010-07-27	중소기업은행 호평	120,000,000		소멸
	근저	2010-12-09	중소기업은행 호평	60,000,000		소멸
	근저	2011-04-27	김부▨	80,000,000		소멸
	가압	2011-11-02	김게▨	8,391,466		소멸
	강제	2012-01-02	김게▨	청구금액: 8,391,366	2011타경20182	소멸
	가압	2012-01-27	김▨투외6	64,034,723		소멸
	가압	2012-03-29	정▨투외3	62,934,179		소멸
	가압	2012-04-30	애니원캐피탈대부 영업1센터법무	3,821,436		소멸
	임의	2012-05-22	중소기업은행 여신관리부		2012타경8707	소멸
	압류	2012-07-17	국민건강보험 남양주가평지사			소멸

참고사항	· 지분매각, 법정지상권 · 1.일괄매각, 법정지상권 성립여부는 불분명. 2.지층은 공부상 창고 등이나 현황은 주거용으로 사용중임.

♠ 매각사례

인근물건	매각일자	감정가	매각가	응찰자수	매각가율
풍납동 주택 건물69.73평 토지63.83평	2017-09-25	1,465,809,330	1,658,700,000	3	113.2%
거여동 주택 건물11.43평 토지52.09평	2017-09-18	749,740,000	862,201,000	2	115%
마천동 주택 건물7.86평 토지16.08평	2017-04-17	281,515,600	205,500,000	4	73%
마천동 주택 건물12.1평 토지13.01평	2016-04-18	162,100,000	162,210,000	1	100.1%
거여동 주택 건물31.67평 토지21.02평	2016-02-22	293,808,500	211,500,000	5	72%

공동 소유 건물의 법정지상권

건물은 나부자와 박교수가 함께 소유하고, 토지는 나부자 혼자서 소유한 상태에서 강도균이 토지에 관해서만 저당권을 설정했다. 그후 토지에 설정된 근저당권에 의해 경매가 진행되어 김미도가 이 토지를 낙찰받은 경우에 법정지상권은 성립할까?

저당권을 설정하기 전에 토지 소유자 나부자가 박교수와 함께 건물을 신축했다면, 나부자는 자신뿐만 아니라 박교수에게도 토지의 이용을 인정한 셈이다. 저당권자 강도균도 건물을 빼고 토지만을 담보로 저당권을 설정했다면, 토지와 건물의 소유자가 서로 달라져서 법정지상권이 성립할 수 있다는 사실을 이미 알고 부담을 받아들였다고 본다. 그러므로 법정지상권을 인정해도 피해를 보는 선의의 제3자는 없다.

> 건물 공유자의 1인이 그 건물의 부지인 토지를 단독으로 소유하면서 그 토지에 관하여만 저당권을 설정하였다가 위 저당권에 의한 경매로 인하여 토지의 소유자가 달라진 경우에도, 위 토지 소유자는 자기뿐만 아니라 다른 건물 공유자들을 위하여도 위 토지의 이용을 인정하고 있었다고 할 것인 점, 저당권자로서도 저당권 설정 당시 법정지상권의 부담을 예상할 수 있었으므로 불측의 손해를 입는 것이 아닌 점, 건물의 철거로 인한 사회경제적 손실을 방지할 공익상의 필요성도 인정되는 점 등에 비추어 위 건물공유자들은 민법 제366조에 의하여 토지 전부에 관하여 건물의 존속을 위한 법정지상권을 취득한다고 보아야 한다.
> (대법원 2011년 1월 13일 선고 2010다67159 판결 '건물철거 등')

04

무덤은 함부로 이장할 수 없다

영원히 인정되는 분묘기지권

돌아가신 분을 기리는 무덤을 함부로 이장하지 않게 하는 권리가 분묘기지권이다.
경매사건에서는 어떻게 다루어야 할지 살펴보자.

분묘기지권이란?

분묘기지권이 성립한 토지는 낙찰받아도 온전히 사용할 수 없다.

분묘기지권이란 남의 토지에 분묘(무덤)를 둔 경우에 관습상 인정되는 법정지상권의 일종이다. 타인의 토지에 묘를 소유하고 있는 사람이 다른 곳으로 이장하지 않고 토지 소유자의 토지인도 청구를 거부할 수 있는 권리다. 이는 조상을 모시고 차례를 지내는 우리나라의 관습과 문화 때문에 생겨난 권리인 듯하다. 묘를 이장하는 것을 꺼리는 사람이 많기 때문에, 성문법 규정은 없지만 관습법에 따라 강한 영향력을 발휘하기도 한다.

분묘기지권이 성립한 토지를 낙찰받으면 사실상 그 토지를 온전히 사용하거나 수익을 낼 수 없으므로, 입찰자는 반드시 현장을 방문해서 묘가 있는지 꼼꼼히 살펴야 한다.

분묘기지권은 무조건 성립할까?

토지 소유자의 승낙을 얻어 설치한 분묘

토지 소유자의 승낙을 얻어 묘를 두었다면, 묘가 생기면서 무조건 분묘기지권이 성립한다.

토지 소유자의 승낙 없이 설치한 분묘

남의 토지에 승낙 없이 묘를 만든 경우에는 원칙적으로 분묘기지권이 인정되지 않는다. 그러나 20년간 평온하고 공연하게 점유했다면 시효가 성립하므로 분묘기지권이 성립한다. '평온하다'는 것은 점유를 취득하거나 보유할 때 법률상 용인되지 않는 폭력적인 행위를 하지 않았다는 뜻이다. 또한 '공연하다'는 것은 몰래 점유하지 않았다는 말이다.

그러나 분묘기지권은 봉분 등 묘가 있다고 인식할 수 있는 형태를 갖춘 경우에만 인정된다. 봉분이 없거나 몰래 묻혀 있어서 객관적으로 알 수 있을 만한 외형이 없다면 인정되지 않는다.

자기 소유의 토지에 설치한 분묘

토지 소유자가 자신의 토지에 묘를 쓴 후에 분묘기지에 대한 소유권을 유보(토지소유권은 이전하지만 분묘를 계속 둘 수 있는 분묘기지권은 그대로 분묘 소유자에게 두기로 함)하거나, 묘를 함께 이장한다는 특약을 하지 않고 토지를 처분했을 때에는 분묘기지권이 성립한다. 묘가 있는 토지를 낙찰받을 경우에 성립하는 분묘기지권은 대부분 이런 경우가 많다.

분묘기지권은 언제까지 인정될까?

분묘기지권은 기간이 따로 없다. 과장해서 말하면 '영원히' 인정된다. 분묘기지권의 존속 기간은 민법의 지상권 규정을 따르지 않는다. 당사자 사이에 약정이 있는 등 특별한 사정이 있으면 그에 따른다. 그러나 그렇지 않은 경우에는 권리자가 묘를 계속 지키고 가꾸어서 존속하는 동안에는 분묘기지권도 인정된다고 본다(대법원 2009년 5월 14일 선고 2009다1092 판결 '분묘철거 등'). 경매로 토지를 취득하면서 분묘 소유자와 기간을 정했을 리가 없으니, 경매로 취득한 토지의 분묘기지권은 영원히 인정된다고 생각해야 한다. 그렇기 때문에 법정지상권보다 분묘기지권이 훨씬 강력하다.

분묘기지권은 어디까지 인정될까?

분묘기지권은 묘가 있는 토지 전체에 영향을 미치는 것은 아니지만, 봉분만 인정하는 것도 아니다. 분묘기지권은 묘를 지키고 제사를 지내는 데 필요한 범위 내에서 타인의 토지를 사용할 수 있는 권리이므로, 묘의 터전뿐만 아니라 필요하다면 그 주위의 공터를 포함한 지역도 사용할 수 있다(대법원 2011년 11월 10일 선고 2011다63017 판결 '토지인도 · 손해배상(기)'). 간혹 묘가 있는 토지를 낙찰받아서 묘 소유자와 분쟁이 발생했을 때 봉분 주위에 울타리를 쌓거나 가축들을 방목해서 제사를 지내지 못하게 방해하는 사람도 있는데, 이는 분묘기지권의 판례에 따라 불이익을 당할 수도 있다.

그러나 분묘기지권의 효력이 미치는 범위에 속한다고 해서 새로운 묘를 만들 수는 없다. 새로운 봉분을 쌓는 것도 안 된다.(대법원 1997년 5월 23일 선고 95다 29086, 29093 판결 '분묘기지권 확인 · 분묘철거 등') 부부 중 배우자 한쪽이 먼저 사망하여 묘를 썼는데, 나중에 사망한 배우자를 합장하여 묘를 설치하는 것도 허용되지 않는다(대법원 2001년 8월 21일 선고 2001다28367 판결 '임대차보증금').

김샘의 현장분석

경기도 가평군 토지, 무덤이 있다면?

경매 토지에 묘가 있다면 무조건 분묘기지권이 성립한다고 생각하고 입찰 여부를 결정해야 한다. 남의 토지에 허락 없이 묘를 쓰고 아직 20년이 지나지 않았더라도, 토지의 전소유자가 이런 사정을 입증해 주리라고 기대하기는 어렵기 때문이다.

　　그렇다면 묘가 있는 토지는 무조건 입찰을 포기해야 할까? 그렇지는 않다. 대부분은 토지 한가운데에 묘를 쓰는 경우는 드물고, 주로 토지 한쪽에 치우쳐 있기 때문이다. 그러니 묘가 위치한 부분을 빼고도 활용할 만한 면적이 된다면 입찰을 고려해 볼 만하다.

묘가 있는 토지는 무조건 입찰을 포기해야 할까?

경춘고속도로가 개통되어 수도권의 접근성이 좋아진 데다가 풍광이 아름다워서 전원주택 부지로 각광받는 경기도 가평군 설악면의 농지가 경매에 나왔다. 면적은 1,000평 정도로 남서향으로 완만한 경사를 이루고 있으며, 토지의 모양도 길어서 200~250평씩 계단식으로 분할하여 4~5가구의 전원주택을 짓기에 안성맞춤이다. 용도 지역상 계획관리지역이고, 전기도 들어오고 진입도로도 닿아 있어서 허가를 받는 데도 문제는 없어 보인다.

그런데 매각물건명세서를 살펴보니, "지상에 분묘수기 소재(분묘기지권 성립 여부 불분명), 분묘로 인해 소유권 제한받는 경우 목록2의 단가는 4만원임"이라는 문구가 있다. 그러니 묘의 현황을 파악해야 한다. 감정평가서에 묘의 현황과 위치를 보여주는 사진이 첨부되어 있다.

▼ 경기도 가평군 토지, 분묘기지권이 성립하는 경우

REY AUCTION
■ Real Estate for You

관심물건 | 상담신청 | 법원정보 | 🖨 인쇄

♠ 2013타경 12221

의정부지방법원 16계 전화 : (031)828-0336

소 재 지	경기 가평군 설악면 미사리 █-█[일괄]█				
경매구분	기일입찰	채 권 자	동부신협	매각기일	종결물건
용 도	전	채무/소유자	홍██	접 수 일	2013-03-05
감 정 가	242,801,000	청 구 액	154,549,499	경매개시일	2013-03-06
최 저 가	79,562,000 (33%)	토지총면적	3,289 ㎡ (994.92평)	배당종기일	2013-06-04
입찰보증금	10% (7,956,200)	건물총면적	0 ㎡ (0평)	조 회 수	금일1 공고후1 누적1

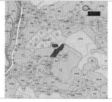

구분	입찰기일	매각금액	결과
	2014-09-05		종결
7차	2014-06-11	79,562,000	매각
		105,001,000 (43.2%)	
		(입찰 2명)	
6차	2014-05-07	99,452,000	유찰
5차	2014-02-26	99,452,000	매각
		101,010,000 (41.6%)	
		(입찰 1명)	

♠ 등기권리

구분	권리명	접수일	권리자	금액	기타	소멸
토지	소유	1994-02-03	홍██			
	근저	2008-08-14	동부신협	195,000,000	말소기준권리	소멸
	지상	2008-08-14	동부신협		30년	소멸
	가압	2013-01-10	신한카드	8,354,474	2013 카단 3 의정부 가평군법원	소멸
	임의	2013-03-19	동부신협	청구금액: 154,549,499	2013타경12221	소멸
	가압	2013-08-13	가평군농업협동조합 설악	14,459,358	2013 카단 136 의정부 가평군법원	소멸

참고사항	· 분묘 · 입찰외 · 일부맹지 · 농취증 ● 농지취득자격증명 필요, 목록2는 맹지임, 지상에 분묘수기 소재(분묘기지권 성립여부 불분명), 분묘로 인해 소유권 제한 받는 경우 목록2의 단가는 40,000원임, 전용허가를 받지 않고 토지현황이 변경된 경우 원상회복명령이 발하여질 가능성 있다는 설악면장의 회신서 있음, █████ ██중으로 부터 채무자겸소유자를 상대로 소유권이전등기 말소소송을 준비중이라는 주장의 낙찰불허 가신청서 접수.

♠ 매각사례

인근물건	매각일자	감정가	매각가	응찰자수	매각가율
설악면 전 토지1069.94평	2018-05-04	155,628,000	115,555,555	1	74.3%
청평면 전 토지55.86평	2018-05-02	98,613,780	108,480,000	1	110%
북면 전 토지1488.3평	2018-04-26	631,020,000	719,100,000	1	114%
가평읍 전 토지540.87평	2018-04-23	118,008,000	37,155,000	1	31.5%
설악면 전 토지12.1평	2018-04-12	2,080,000	4,210,000	3	202.4%

묘가 있는 토지

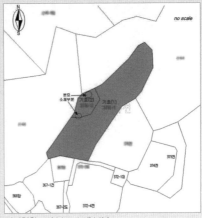

지적현황도의 분묘 소재 부분

묘를 제외하고도 활용할 만한 토지가 충분할 때

묘는 토지 한쪽에 치우쳐 있어서 분묘기지권이 성립하는 부분을 제외하고 나머지 토지를 활용하는 데 크게 문제가 없어 보인다. 토지의 감정평가금액은 2억 4,000만원이 넘는데, 최저매각가격은 1억원이 안 되니 평당 10만원꼴이다. 토목이나 조경 공사로 묘를 보이지 않게 가리면 800평은 활용할 수 있을 듯 보인다.

개발 행위 허가를 받아 기본적인 공사를 하고 필지를 분할한 후 그중 500평을 평당 25만원에 되판다면, 세금과 개발비용을 감안해도 투자금 전액을 회수할 수 있다. 그러고도 전원주택 부지 300평이 남는다.

분묘기지권은 토지를 원하는 모든 입찰자에게 똑같이 작용하는 부담이다. 묘가 없으면 땅값은 이렇게 싸지 않았을 것이다. 그러니 잘만 이용하면 위험이 오히려 기회가 될 수도 있다.

6

Chapter

부분마다 소유권이 있는
집합건물의 경매

점점 늘어나는 집합건물의 수요에 따라 자주 보는 집합건물에 대해 알아보자.

집합건물은 겉으로 보기에는 한 채의 건물이지만 독립적으로 사용이 가능한 각 부분에 각각 소유권이 인정되는 건물을 말한다. 아파트, 다세대주택(빌라), 연립주택, 상가 및 사무실용 빌딩 등이 있다. 경제발전과 더불어 인구의 도시 집중 현상이 두드러지면서 도시는 공간을 활용할 필요가 있었고, 그 결과 건물이 높아지게 되었다. 그래서 1984년에 '집합건물의 소유 및 관리에 관한 법률'이 제정되었고 폭발적으로 늘어난 집합건물을 관리하고 있다.

집합건물의 전유부분, 공유부분

집합건물은 크게 전유부분과 공유부분으로 나뉜다. 아파트를 예로 들어보자. 전유부분은 각 호실의 현관문 안쪽에 위치한 방이나 거실, 부엌, 화장실처럼 구조나 이용 면에서 독립성을 갖추고 있으며 단독소유권이 인정되는 공간을 말한다. 이때 전유부분에 대한 소유권을 '구분소유권'이라 하고, 구분소유권을 가지는 사람을 '구분소유자'라 한다.

공유부분은 전유부분을 제외한 공간으로 복도나 계단, 엘리베이터, 지하 주차장 등 구분소유자들이 공동으로 사용하고 소유하는 곳이다.

일반적으로 아파트는 분양 평수와 실평수가 다르다. 분양 평수가 33평이라면 실평수는 25평 정도가 되는데, 실평수는 전유부분만 가리키고, 분양 평수는 전유부분에 공유부분을 합한 면적을 말한다.

02 >>> 집합건물에는 대지권이 있다
대지사용권과 대지권등기

집합건물이 경매에 나오면 무엇부터 살펴보아야 할까?
기본적으로 권리분석 방법은 같겠지만 조금 더 신경 써야 할 부분을 알아보자.

대지사용권이란?

구분소유자가 전유부분을 소유할 때 건물의 대지에 대한 권리를 '대지사용권'
이라 한다. 예를 들어 200평의 대지에 20세대의 아파트가 건축되었는데 전유
부분의 면적이 같다면, 구분소유자는 대지에 대해 각자 10평(반드시 10평일 필
요는 없다)씩 대지사용권을 갖는 셈이다. 이때 정해진 위치의 10평을 소유하는
것이 아니라, 대지 전체 면적의 20분의 1에 해당하는 권리를 갖는다는 말이다.
흔히 말하는 대지 지분은 이 대지사용권 면적을 가리킨다.

> 집합건물의 소유 및 관리에 관한 법률 제20조 (전유부분과 대지사용권의 일체성) ① 구
> 분소유자의 대지사용권은 그가 가지는 전유부분의 처분에 따른다.
> ② 구분소유자는 그가 가지는 전유부분과 분리하여 대지사용권을 처분할 수 없다.
> 다만 규약으로써 달리 정한 경우에는 그러하지 아니하다.
> ③ 제2항 본문의 분리처분금지는 그 취지를 등기하지 아니하면 선의로 물권을 취득
> 한 제3자에게 대항하지 못한다.

그렇다고 해서 대지사용권의 면적이 반드시 전유부분의 면적 비율이어야 하는
것은 아니다. 집합건물 1동의 구분소유자들이 건물의 대지를 공유하고 있다
면, 각 구분소유자는 별도의 규약이 존재하는 등 특별한 사정이 없는 한 '공유
지분의 비율에 관계없이' 건물의 대지 전부를 용도에 따라 사용할 수 있는 권
리를 가진다.

대지사용권은 전유부분의 처분에 따른다

집합건물의 분양자가 전유부분의 소유권을 구분소유자들에게 모두 이전하고도, 대지는 일부 지분만 소유권이전등기를 하고 나머지 지분은 자신의 명의로 두는 경우가 있다. 이런 경우에 그 분양자 또는 보유 지분의 양수인이 구분소유자들에게 공유지분권을 주장하려면 전유부분과 대지사용권을 분리해서 처분할 수 있도록 규약에서 따로 정하는 등 특별한 사정이 있어야 한다(대법원 2013년 11월 14일 선고 2013다33577 판결 '토지지료').

대개 대지사용권은 전유부분의 처분에 따르기 때문에, 전유부분을 양도하면 따로 계약이 없어도 대지사용권 역시 양도된 것으로 본다. 또 별도로 규약을 정해 두지 않았다면 원칙적으로 전유부분과 분리하여 처분할 수 없다. 대지사용권만 양도하거나 저당권 등 담보물로 제공할 수 없다는 말이다.

그러나 대지사용권의 분리처분금지는 등기하지 않으면 선의로 물권을 취득한 제3자에게 대항력이 없다. 따라서 보통 대지사용권을 등기하는데, 이것을 '대지권등기'라고 한다.

대지권미등기란?

아파트나 빌라 같은 집합건물의 경매사건에서 "대지권미등기"라는 문구를 자주 접하는데, 대지권미등기란 무엇이고 어떤 문제가 있는 것일까?

대지권미등기는 말 그대로 대지사용권이 등기되지 않았다는 뜻이다. 대지사용권이 없다는 뜻은 아니다. 대지사용권이 없어서 대지권등기를 못했을 수도 있지만, 대지사용권이 있는데도 등기를 하지 않은 것일 수도 있기 때문이다.

대지권미등기의 경우, 대지권을 취득할 수 있을까?

그렇다면 "대지권미등기"라는 경고 문구가 있는 아파트나 빌라를 낙찰받을 경우, 낙찰자는 전유부분과 함께 대지권을 취득할 수 있을까? 감정평가서에 대지권이 함께 평가되어 있다면 대지권을 취득할 수 있고, 평가되어 있지 않다면 취득할 수 없다고 말하는 사람들이 많은데, 이는 사실이 아니다.

집합건물의 소유 및 관리에 관한 법률에 따르면 "구분소유자의 대지사용권은 그가 가지는 전유부분의 처분에 따른다"고 규정되어 있으니, 대지권이 있기만 하다면 감정평가서에서 제외되거나 미등기여도 낙찰자는 전유부분과 함께 대지권을 취득한다. 따라서 대지권미등기인 집합건물에 입찰할 때는 토지등기부등본을 확인하여 최초로 분양할 당시에 구분소유자가 대지권을 함께 취득했는지 알아보는 것이 좋다. 관리사무소나 근처의 공인중개사사무소를 방문하여 대지권이 미등기인 이유를 알아보는 것도 좋은 방법이다.

단, 대지권을 함께 취득하더라도 자동으로 대지권등기가 되는 것은 아니다. 미등기인 대지권을 등기하기 위해 전소유자들을 상대로 대지권등기 절차에 협력해 달라고 청구해야 하는 경우도 있으니, 잘 생각해서 입찰을 결정해야 한다.

대지권이 없으면 생기는 문제

그렇다면 대지권이 없는 집합건물을 낙찰받을 때 생기는 불이익은 무엇일까? 이는 법정지상권이 성립하지 않는 건물을 낙찰받을 때와 마찬가지다. 다시 말해 토지에 존립할 수 있는 권리가 없는 건물을 낙찰받은 셈이다. 이때 법정지상권이 성립하지 않는 단독 건물이라면 철거하고 토지 소유자에게 토지를 넘겨주어야 하지만, 집합건물이라면 상황이 다르다. 15층 아파트 건물에서 703호만 철거하는 것은 물리적으로 불가능하기 때문이다.

그래서 집합건물의 경우에는 토지 소유자에게 건물매도청구권이 인정된다. 즉 토지소유자는 집합건물의 전유부분을 소유하고 있는 구분소유자에게 해당 호실(전유부분)을 자기에게 매도하라고 청구할 수 있다.

> 집합건물의 소유 및 관리에 관한 법률 제7조 (구분소유권 매도청구권) 대지사용권을 가지지 아니한 구분소유자가 있을 때에는 그 전유부분의 철거를 청구할 권리를 가진 자는 그 구분소유자에 대하여 구분소유권을 시가로 매도할 것을 청구할 수 있다.

그러니 대지사용권이 없는 집합건물은 토지 소유자에게 다시 매도해도 이익이 남을 만큼 최저매각가격이 낮지 않다면 입찰에 참여하지 않는 것이 좋다.

03

>>>

전유부분의 등기부에서
확인할 수 없는 토지별도등기

전유부분의 등기부에 "토지별도등기 있음"이라는 문구가 발견되면
반드시 토지등기부를 확인해야 한다.

토지별도등기란?

앞에서 대지권은 전유부분과 분리하여 처분할 수 없다고 했는데, 처분에는 양
도(매매)만이 아니라 근저당권, 전세권, 지상권 등 모든 권리 설정 행위가 포함
된다. 따라서 아파트나 다세대주택과 같은 집합건물은 전유부분의 등기부등본
만 열람해 보면 토지등기부등본은 따로 열람할 필요가 없다. 어차피 토지를 별
도로 처분할 수 없는 데다, 전유부분에 대한 권리관계가 토지에도 고스란히 효
력을 발휘하기 때문이다.

그런데 전유부분의 등기부에는 기재되어 있지 않은 권리가 토지에는 설정되어
있는 일이 간혹 일어난다. 이를테면 대지권등기가 되기 전에 토지에 설정되어
있던 권리가 말소되지 않았는데 대지권이 등기되었다든가, 집합건물의 존립에
영향을 미치지 않는 한도 내에서 용익물권(지상권, 지역권)이 설정되는 경우가
있다.

토지별도등기 여부는 기재된다

대개 전유부분의 등기부등본을 열람했다면 토지등기부등본을 따로 살펴보지
않기 때문에 피해를 볼 수도 있다. 이런 피해를 방지하기 위해, 법원은 전유부
분의 등기부에 "토지별도등기 있음"이라는 경고 문구를 기재하여 토지등기부
등본을 살펴보게끔 한다.

전유부분의 등기부 또는 법원의 매각물건명세서에서 '토지별도등기'라는

문구를 보면, 반드시 토지등기부를 살펴보고 토지별도등기의 내용을 정확히 파악한 후 입찰을 결정해야 한다. 토지별도등기의 내용 때문에 전유부분을 취득한 후 재산권을 행사하는 데 문제가 생긴다면 입찰하지 않아야 한다.

토지별도등기가 득이 되는 경우

그러나 토지별도등기의 내용이 재산권 행사에 반드시 피해만 입히는 것은 아니다. 토지별도등기의 내용이 집합건물의 가치를 높이는 경우도 있기 때문이다. 예를 들어 상가건물이나 아파트 단지로 지하철 출입구가 바로 연결되면 지하철공사는 토지에 지상권을 설정한다. 이런 토지별도등기(지상권설정등기)는 재산권 행사를 방해하기보다는 오히려 집합건물의 가치를 아주 높여준다.

서울시 종로구 원서동 다세대주택, 토지별도등기는?

서울시 종로구 원서동의 4층 다세대주택이 경매로 나왔다. 주변에 경복궁이나 창경궁과 같은 고궁이 있고 북한산도 가까워서 주거환경이 쾌적하면서도 서울 도심과도 가깝다. 북촌한옥마을도 인접해 있어서 정취를 느낄 수도 있는 지역이다.

감정가는 1억 7,600만원이고 1회 유찰되어 최저매각가격이 1억 4,080만원으로 차감되었다. 현재 보증금 500만원에 월세 40만원의 임차인이 있는 상태다. 이 사건은 결국 취하되었지만 토지별도 등기가 있는 사건이다. 이제 권리분석상 하자가 없는지 살펴보자.

이 사건의 임차인은 한국주택은행의 근저당권 설정일보다 전입신고가 늦어서 낙찰자에 대한 대항력이 없고, 등기상의 모든 권리도 매각으로 소멸하기 때문에 권리 관계에는 문제가 없어 보인다.

토지별도등기가 있는 경매사건

그런데 등기부등본을 확인해 보니, 표제부에 토지별도등기가 있다고 기재되어 있다.

【 표 　 제 　 부 】	(전유부분의 건물의 표시)		
표시번호	접 수	건물번호	건 물 내 역	등기원인 및 기타사항
1	2000년11월13일	제 층 제 　호	철근콘크리트조 37.49㎡	도면편철장제3책151호

(대지권의 표시)			
표시번호	대지권종류	대지권비율	등기원인 및 기타사항
1	1, 2 소유권대지권	162.5분의 15.65	2000년9월30일 대지권 2000년11월13일
2			별도등기 있음 1토지(을구3번근저당권설정등기) 2000년11월13일

서울시 종로구 원서동 다세대주택의 집합건물등기부 표제부

▼ 서울시 종로구 원서동 다세대 주택, 토지별도등기가 있는 경우

REY AUCTION
■ Real Estate for You

관심물건 | 상담신청 | 법원정보 | 🖨 인쇄

♠ 2013타경 39057

서울중앙지방법원 8계 전화 : (02)530-1820

소 재 지	서울 종로구 원서동 1■-3■,-■ 궁전빌라트 4층 ■■ (현관문표기:■■■)				
경매구분	기일입찰	채 권 자	▲▲인터내셔널리미티트	매 각 기 일	취하물건
용 도	다세대(빌라)	채무/소유자	정◆◆/남■■	접 수 일	2013-11-14
감 정 가	176,000,000	청 구 액	132,037,124	경매개시일	2013-11-15
최 저 가	140,800,000 (80%)	토지총면적	16 ㎡ (4.73평)	배당종기일	2014-02-06
입찰보증금	10% (14,080,000)	건물총면적	37 ㎡ (11.34평)	조 회 수	금일1 공고후1 누적1

구분	입찰기일	매각금액	결과
	2014-06-26	140,800,000	취하
1차	2014-05-22	176,000,000	유찰

♠ 임차조사

임차인	전입일	확정/배당요구	보증금/월세	용도/점유	비고
김■■	2007-04-05	확정:2007-04-05 배당:2014-01-28	5,000,000 月400,000	주거 402호전부	
기타참고	●출입문에 호수표시가 되어있지 않고 인터폰에 호수표시(■■■호)가 부착되어 있었고 출입구 외벽에 ▣■빌라트가동으로 표기되어 있었음. 2회 방문했으나 폐문부재이고 방문취지 및 연락처 남겼으나 아무연락 없으므로 주민등록 전입세대만 임차인으로 보고함					

♠ 등기권리

구분	권리명	접수일	권리자	금액	기타	소멸
집합	소유	2000-11-13	남■■			
	근저	2000-11-24	한국주택은행 남대문지원	26,000,000	말소기준권리	소멸
	근저	2012-04-13	아메리카인터내셔날어슈어런스캄파니	78,018,562		소멸
	임의	2013-11-15	▲▲인터내셔널리미티트	청구금액: 132,037,124	2013타경 39057	소멸
참고사항	● 토지별도등기 ● 본건 ◆■호는 출입문에 ■■호로 표시되어 있으며, ◆■호(현황 표시 ■■호)에서 본건을 일부 점유 사용중임.					

토지별도등기
여부가 기재됨

♠ 매각사례

인근물건	매각일자	감정가	매각가	응찰자수	매각가율
창성동 다세대(빌라) 건물23.86평 토지13.12평	2018-04-18	546,000,000	501,000,000	1	91.8%
부암동 다세대(빌라) 건물29.08평 토지43평	2018-03-29	706,000,000	464,874,000	1	65.8%
옥인동 다세대(빌라) 건물14.06평 토지7.54평	2018-03-29	270,000,000	205,200,000	2	76%
신영동 다세대(빌라) 건물15.93평 토지15.45평	2018-02-22	215,000,000	218,750,990	7	101.7%
명륜1가 다세대(빌라) 건물18.14평 토지6.88평	2018-01-03	246,000,000	225,000,000	3	91.5%

| 3 | 갑구2번남두례지분 전부근저당권설정 | 2000년6월29일 제29854호 | 2000년6월29일 설정계약 | 채권최고액 금26,000,000원
채무자 남██
　서울 종로구 제동 ██-██
근저당권자 주식회사한국주택은행　110111-1480469
　서울 영등포구 여의도동 36-3
（ 남대문지원센터 ） |

종로구 다세대주택의 토지등기부 별도등기 내용

이 다세대주택은 2000년 11월 13일에 대지권등기가 되었는데, 그보다 앞서 2000년 6월 29일에 한국주택은행이 대지 지분에 근저당권을 설정했다. 즉 전유부분에는 효력이 미치지 않는 근저당권이 토지에만 별도로 설정되어 있는 것이다.

이처럼 대지에만 설정된 근저당권이더라도 어차피 매각 대상 부동산에 설정된 저당권이다. 그렇다면 저당권은 매각으로 소멸한다. 따라서 이 경매사건은 낙찰받더라도 인수해야 하는 부담이 전혀 없다.

경매절차에서 대지에 관한 저당권을 존속시켜 매수인이 인수하게 한다는 특별매각 조건이 정하여져 있지 않았던 이상, 설사 대지사용권의 성립 이전에 대지에 관하여 설정된 저당권이라고 하더라도 대지지분의 범위에서는 민사집행법 제91조 제2항이 정한 '매각부동산 위의 저당권'에 해당하여 매각으로 소멸하는 것이며, 이러한 대지지분에 대한 소유권의 취득이나 대지에 설정된 저당권의 소멸은 전유부분에 관한 경매절차에서 대지지분에 대한 평가액이 반영되지 않았다거나 대지의 저당권자가 배당받지 못하였고 하더라도 달리 볼 것은 아니다.

(대법원 2013년 11월 28일 선고 2012다103325 판결 '지료청구및부당이득금반환')

04 >>> 낙찰자가 부담할 수도 있는 집합건물의 연체 관리비

집합건물을 낙찰받았을 때 연체된 관리비 때문에 문제가 생기기도 한다.
어떻게 처리해야 할까?

집합건물의 연체 관리비를 낙찰자가 부담한다는 직접적인 법률 규정은 없다. 그러나 전 소유자가 지급하지 않은 관리비는 낙찰자가 대신 지급해야 할 수도 있다. 그러니 아파트나 빌라, 상가 등과 같은 집합건물에 입찰하기 전에 반드시 관리사무소에 연체 관리비가 있는지 알아보아야 한다.

우선 공용부분에 대한 연체 관리비를 낙찰자가 대신 부담하게 되는 법률적 근거를 살펴보자. 많은 사람들이 '공용부분의 연체 관리비는 낙찰자가 부담한다'는 직접적인 법률 규정이 있다고 알고 있는데, 그렇지는 않다. 집합건물의 소유 및 관리에 관한 법률 제18조에서 "공유자가 공용부분에 관하여 다른 공유자에 대하여 가지는 채권은 그 특별승계인에 대하여도 행사할 수 있다"고 규정하고 있을 뿐이다.

연체 관리비를 다 내야 할까?

100세대가 입주한 아파트 단지가 있는데, 1동 101호의 소유자인 김봉팔이 사업에 실패하여 관리비조차 납부하지 못했다. 납부하지 못한 관리비에는 당연히 공용부분에 대한 관리비도 포함되어 있었다. 이 경우 낙찰자는 연체 관리비를 다 내야 할까?

그런데 김봉팔이 연체한 관리비를 모두 납부할 때까지 아파트 단지 전체가 공용부분의 관리 비용을 지출하지 않을 수는 없다.

결국 나머지 전유부분의 소유자(공용부분의 공유자)인 99세대가 납부한 관리비로 공용부분의 관리 비용을 먼저 지출할 것이다. 그러면 99세대는 김봉팔 대신 지출한 비용에 대해 지급청구권을 갖게 된다. 이것이 집합건물의 소유 및 관리에 관한 법률 제18조에서 말한 "공유자가 공용부분에 관하여 다른 공유자에 대하여 가지는 채권"이 되는 셈이다.

낙찰자에게 공용부분 관리비를 청구할 수 있다

이때 김봉팔 소유의 아파트가 경매되어 나부자가 낙찰받는다면 나부자는 김봉팔의 특별승계인이 된다. 그러면 99세대는 나부자에게 김봉팔의 미납된 관리비 중 공용부분에 관한 관리비를 지급해 달라고 청구할 수 있다. 대부분의 아파트 단지는 관리사무소에서 아파트 관리를 대행하므로, 관리사무소에서 99세대를 대리하여 낙찰자 나부자에게 공용부분에 대한 미납된 관리비를 청구한다.

그러나 전유부분에 공급된 전기나 가스, 수도 등의 요금은 '공용부분에 관한' 채권이 아니다. 설령 그 비용을 다른 공유자들이 대신 지불했더라도 그 채권은 김봉팔에게만 청구할 수 있을 뿐이고, 집합건물의 소유 및 관리에 관한 법률 제18조를 적용할 수 없다. 그래서 전용부분에 관한 관리비는 낙찰자에게 인수되지 않는다는 명제가 성립한다.

집합건물의 소유 및 관리에 관한 법률 제18조가 규정하듯이, 관리사무소는 실사용자인 전 소유자와 낙찰자 모두에게 공용부분의 연체 관리비를 청구할 수 있다. 연체 관리비는 낙찰자에게 '당연히' 인수되는 채무도 아니고, 낙찰자는 법률적으로는 공용부분에 대한 관리비만을 납부할 의무가 있다.

낙찰자가 연체 관리비를 모두 부담하게 되는 이유

그러나 현실은 다르다. 문제는 명도 과정에서 발생할 수 있다. 아파트의 경우 명도는 반드시 이삿짐이 나가야 한다. 그런데 공용부분뿐만 아니라 전용부분에 대한 관리비까지 포함하여 미납된 금액이 있다면 관리사무소에서는 이삿짐이 나가지 못하게 막는다.

낙찰자에게는 공용부분에 대한 관리비만 청구할 수 있지만, 실사용자인 전 소유자에게는 모두 청구할 수 있기 때문에, 전 소유자를 상대로 완납을 요구하며 이삿짐 반출을 막을 수 있다. 전 소유자가 관리비를 지불할 돈이 없다며 이사를 포기하면 그만큼 명도는 지연된다. 그렇게 되면 정작 아쉬운

건 낙찰자다. 그래서 낙찰자가 모든 연체 관리비를 부담하게 되는 경우가 비일비재하게 일어나곤 한다.

따라서 연체 관리비 전액을 부담하게 될 가능성을 고려하여 입찰 가격을 매겨야 손해를 보지 않는다. 연체 관리비는 낙찰 후 입주 가능한 시점까지 늘어날 금액을 합해서 산출해야 한다.

가스, 수도, 전기 등의 미납 요금 처리법

전유부분에 공급되었던 가스, 수도, 전기 등에 대한 미납 요금은 공급자에게 전화하여 경매로 소유권이 이전되었다고 알리고 더 이상 청구하지 말라고 요구하면, 낙찰대금을 완납한 날 이전에 발생한 미납 요금에 대해서는 낙찰자에게 청구하지 않는다. 이때 명도가 이루어진 날이 아니라, 낙찰대금을 완납하여 법적으로 소유권을 취득한 날을 기준으로 미납 요금이 탕감된다. 그러나 이미 공급이 중단된 경우라면 재공급을 위해 필요한 설비비 등은 낙찰자가 부담해야 한다.

사회복지법인, 학교법인, 의료법인 소유 부동산

특정법인의 부동산은 개인의 소유처럼 처분할 수 없고 허가가 필요하다.
어디서 어떻게 허가를 받아야 하는지 알아보자.

사회복지법인, 의료법인, 학교법인에서 부동산을 처분할 때는 따로 허가를 받아야 한다(사회복지사업법 제23조 제3항, 의료법 제48조 제3항, 사립학교법 제28조 제1항 참조). 법인의 종류에 따라 부동산 처분에 대한 허가권자와 절차가 달라지지만, 그 효력은 똑같다. 그러니 여기에서는 법인의 종류와 상관없이 관련된 판례와 사례를 살펴보도록 하자.

처분에 관해 허가받아야 한다

사회복지법인, 학교법인, 의료법인(여기에서는 '특정법인'으로 통칭)이 부동산을 처분하려면 시·도지사(학교법인은 관할청)의 허가를 받아야 하는데, 경매 절차에 의해 매각될 때도 마찬가지다. 따라서 특정법인이 소유한 부동산에 대해 경매가 진행되었는데 최고가매수신고인이 부동산을 취득하는 허가를 받지 못하면, 경매 법원은 매각불허가결정을 내려야 한다.

그런데 처분 허가를 신청하는 권한이 소유자인 특정법인에 있으니, 낙찰자는 매각불허가결정을 막을 방법이 없다. 처분 허가를 신청해 달라고 부탁해봐야, 자기 소유의 부동산이 경매되도록 협조해 주지는 않을 것이다.

> 강제경매 절차에 있어서 최고가매수신고인은 경락 기일에 경락 허가를 받을 경매 절차상의 권리가 있을 뿐 직접 집행채권자나 채무자에 대하여 어떠한 권리를 가진다고 할 수는 없으므로, 최고가매수신고인이 집행채무자인 학교법인을 대위하여 감독청에 대하여 기본 재산의 처분에 관한 허가 신청을 대위 행사할 수는 없다.
> (대법원 1994년 9월 27일 선고 93누22784 판결)

매각대금이 완납된 경우

경매 법원이 특정법인이 소유한 부동산을 처분하는 데 허가가 필요하다는 사실을 간과하고 경매를 진행했다면, 특정법인이 주무관청의 허가를 받아야 한다는 규정을 어기고 기본 재산을 매도한 셈이니 그 매각은 효력이 없다. 부동산 임의경매 절차에서 특정법인이 소유한 부동산이 낙찰되어 낙찰대금이 완납되었어도, 주무관청의 허가가 없다면 부동산 소유권은 낙찰인에게 이전되지 않는다(대법원 2003년 9월 26일 자 2002마4353 결정 '부동산인도명령' 참고).

심지어 낙찰대금을 완납하고 소유권이전등기까지 마쳤어도 적법한 원인에 의한 등기가 아니므로 효력이 없다(대법원 1994년 1월 25일 선고 93다42993 판결 '소유권이전등기말소' 참고).

담보 제공에 대해 허가를 받은 경우

특정법인은 부동산을 담보로 제공하는 행위도 허가를 받아야 한다. 허가를 받아서 근저당권을 설정했는데 근저당권에 의해 경매(매각)가 진행되는 경우에도 매도에 대한 허가를 받아야 한다면, 근저당권 설정에 대한 허가는 사실상 의미가 없을 것이다. 따라서 허가를 받고 설정한 근저당권에 의해 경매가 진행될 때는 또다시 허가를 받을 필요가 없다(대법원 1966년 2월 8일 자 65마1166 결정 참조).

그러나 담보로 제공하도록 허가를 받았더라도 경매 절차가 그 담보권에 의해 개시된 것이 아니라면 따로 허가를 받아야 한다(대법원 1977년 9월 13일 선고 77다1476 판결 '소유권이전등기말소' 참조). 다만 낙찰대금이 모두 근저당권자에게 배당되어 근저당권이 소멸되었다면, 그 근저당권에 의한 임의 경매와 다를 바가 없다고 볼 수 있기 때문에 별도의 허가가 필요하지 않다(대법원 1993년 7월 16일 선고 93다2094 판결 '소유권이전등기말소등').

매각불허가에 따른 입찰 보증금의 반환 여부

앞에서 말한 이유로 매각불허가가 결정되면, 낙찰자는 입찰 보증금을 돌려받을 수 있을까?

특정법인이 소유한 부동산을 허가 없이 낙찰받았다면, 민사집행법 제121조 제2호의 "최고가매수신고인이 부동산을 매수할 능력이나 자격이 없는 때"에 해당하므로 입찰은 무효가 된다. 이는 입찰 행위를 처음부터 없었던 것으로 본다는 의미이므로 집행 법원이 보증금을 몰취할 근거도 없는 셈이니, 낙찰자는 보증금을 돌려받을 수 있다.

그러나 집행 법원이 경매사건의 매각에 허가가 필요하다는 것을 특별 매각 조건으로 정하고 매각물건명세서에 기재했다면, 이를 어겨서 생긴 불이익은 전적으로 입찰자의 책임이기 때문에 보증금을 돌려받을 수 없다.

 서울시 영등포구 신길동 다세대주택, 절대 입찰하면 안 될까? 남부9계 2012-33003

서울시 영등포구 신길동에 있는 다세대주택이 남양통신의 강제경매 신청으로 매각이 결정되었다. 등기상으로는 권리가 전혀 설정되어 있지 않았는데, 무려 8번이나 유찰된 끝에 낙찰되었다.

임차인 김○○은 현황조사에서 1996년 12월 12일에 전입신고와 동시에 확정일자를 받았다고 주장했다. 그러나 권리신고 및 배당요구서에 첨부된 임대차계약서에는 확정일자가 없었다. 따라서 임차인은 매각대금에서 배당을 받을 수 없다. 대신 낙찰자는 임차인의 보증금을 모두 반환해야 하는 부담을 인수한다. 이러한 위험은 매각물건명세서에도 분명하게 기재되어 있다.

점유자의 성명	점유부분	정보출처 구분	점유의 권원	임대차 기간 (점유기간)	보증금	차임	전입신고일자, 사업자등록신청 일자	확정일자	배당요구 여부 (배당요구 일자)
김재갑	전부	현황조사	주거 임차인	1996.12~	150,000,000원		1996.12.12	1996.12.12	
	전부	권리신고	주거 임차인	2009.08.22.~	280,500,000원		1996.12.12.		2012.12.28

〈비고〉
김재갑 : 전소유자이며 2009.08.31.현소유자인 사회복지법인에 증여로 소유권을 이전하였고 배당요구를 하였으나 확정일자가 없어서 임차권을 매수인이 인수할 가능성이 농후함

매각물건명세서에는 임차권을 인수해야 함이 명시되어 있다.

임차인의 보증금은 2억 8,000만원이 넘고 감정평가금액이 3억 700만원이라는 점을 감안하면, 끝내 낙찰되지 않을 것 같았다. 결국 2명이 입찰하여 낙찰되었다. 권리분석에 실수가 있었거나 임차인이 허위라고 판단했을 것이다.

부동산의 소유자는 전라남도○○○복지재단으로 사회복지법인이다. 따라서 허가 없이 낙찰받는다면 매각은 불허될 것이다.

매각물건명세서에는 "사회복지법인의 기본 재산으로 주무관청(전라남도)의 허가가 필요함"이라는 문구가 표시되어 있다. 아직 처분에 대한 허가를 받지 않았으며, 이를 간과하고 낙찰받을 경우 보증금을 돌려받지 못할 수도 있다고 경고한 셈이다.

결국 이 경매사건은 매각이 불허되었다. 역시 처분에 관한 허가가 문제였던 것으로 보인다. 임차인의 보증금을 반환해 주어야 하는 부담에다가 처분에 관한 허가까지, 재매각 절차가 진행되더라도 특별한 사정이 없는 한 입찰하면 안 되는 사건이다.

입찰할 때
배당 꼼꼼히
점검하기

01 >>> 배당의 기본원칙과 권리의 배당순서

배당에도 원칙이 있다

부동산 경매를 하는 목적은 강제 매각을 통해 채권자가 배당을 받기 위해서다.
기본적으로 어떤 원칙에 따라 배당이 주어지는지 살펴보자.

왜 입찰자가 배당을 알아야 할까?

배당이란 낙찰대금을 채권자들에게 나누어주어 채권을 만족시키는 절차를 말한다. 낙찰가격이 높아서 그 대금으로 모든 채권을 만족시켜 줄 수 있다면 굳이 배당 방법을 알 필요가 없겠지만, 대부분의 경매사건은 낙찰대금보다 채권액을 모두 합한 금액이 더 많다. 사정이 이렇다 보니 배당에는 누구도 불만을 가질 수 없는 합리적인 방법이 필요하다.

간혹 "배당은 채권자들끼리 누가 얼마만큼의 돈을 얼마나 먼저 받느냐의 문제라서 낙찰자와는 무관한 것이 아니냐?"는 질문을 받곤 한다. 그러나 꼭 그런 것만은 아니다. 임차권은 경매 절차에서 배당을 받을 수도 있고, 낙찰자에게 인수될 수도 있다.

또 어떤 상황에서는 두 가지 권리를 모두 행사할 수도 있는데, 이처럼 두 권리를 모두 행사하는 경우라면 그 임차인이 배당을 얼마나 받을 수 있는지에 대한 분석은 매우 큰 의미를 지닌다. 낙찰자는 결국 그 임차인이 배당받지 못한 나머지 보증금에 대해서만 반환의 의무를 인수하기 때문이다.

배당의 방법을 이해함으로써 얻는 이익은 경매에만 국한되는 것은 아니다. 주택이나 상가를 임차하는 경우 등기부등본을 참고하여 '보증금을 안전하게 돌려받을 수 있을지'를 판단하는 데도 유용하다. 어쩌면 부동산을 목적으로 하는 모든 법률 행위는 배당 방법에 대한 이해가 뒷받침되어야 한다고 해도 과언은 아니다.

302

배당에도 원칙이 있다

배당 절차에서도 선순위의 채권자를 우선적으로 배려한다. 그러나 선순위 채권자를 우선으로 배려한다고 해서 무조건 선순위 채권자부터 채권을 전액 배당해 준다는 의미는 아니다. 금전이 목적인 권리 중에는 물권도 있고 채권도 있는데, 배당을 할 때는 물권은 물권의 본질대로, 채권은 채권의 본질대로 인정해 주어야 한다.

물권은 어떻게 배당할까?

물권은 우선변제권이 있는데, 경매 절차에서 다른 채권자보다 우선적으로 변제받을 권리가 인정된다는 말이다. 또 물권은 아니지만 물권처럼 우선변제권이 인정되는 권리도 있다. 어떤 것들이 있는지 살펴보자.

> (근)저당권: 민법에서 규정한 물권으로, 우선변제권을 인정한다
> 전세권: 민법에서 규정한 물권으로, 매각으로 소멸하는 경우 우선변제권을 인정한다.
> 담보가등기: 경매 절차에서는 저당권과 같다는 규정에 따라 우선변제권을 인정한다.
> 임차권: 등기된 임차권 또는 확정일자를 받은 임차권이라면 우선변제권을 인정한다.

이런 권리들은 선순위의 우선변제권이 있는 채권에 전액 배당한 후에 재원이 남으면 그다음 순위에 배당한다. 후순위 채권자의 배당까지 흡수하여 선순위의 채권을 만족한다는 의미에서 '흡수배당'이라고도 한다.

내가 먼저 가져간다~.

다른 후순위 채권보다 우선해서 돈을 모두 돌려받는다.
흡수배당

채권은 어떻게 배당할까?

배당받을 자격이 있는 권리 중에 우선변제권이 인정되지 않는 채권은 '채권자 평등의 원칙'에 따라 순위에 상관없이 모든 채권자가 평등하게 배당받는다. 이는 '똑같이' 받는 것이 아니라 '공평하게' 받는 것으로 '안분배당'이라고 한다.

안분은 각 채권 금액의 비율에 따라 고르게 나눈다는 뜻이다. 예를 들어 100원짜리 채권을 갖고 있는 2명의 채권자에게 배당해 줄 재원이 90원밖에 없

우린
나눠 가져야 해…….

채권

안분배당

다면 두 채권자 모두에게 45원씩 배당해 주어야 공평할 것이다. 그런데 100원짜리 채권과 200원짜리 채권을 가지고 있는 2명의 채권자에게도 90원을 똑같이 나누어 45원씩 배당한다면 공평할까? 공평하게 배당하려면 채권액의 비율에 따라 100원짜리 채권자에게 30원을, 200원짜리 채권자에게 60원을 배당해야 한다.

▼ 안분배당 공식

$$배당금액 = \left(\frac{당사자의\ 채권액}{안분할\ 모든\ 채권액의\ 합} \right) \times 배당재원$$

배당할 때 권리의 우선순위는 어떻게 분석해야 할까?

배당의 기본 원칙만으로는 배당 방식을 이해하기가 쉽지 않다. 그러니 사례를 통해 살펴보자. 물권이 아닌 권리 중에도 우선변제권을 갖는 채권이 있지만, 여기에서는 설명의 편의를 위해 우선변제권이 있는 모든 권리를 '물권'으로, 그 외의 권리를 '채권'으로 통칭하겠다.

경매 부동산에 설정된 권리가 둘뿐이라면 배당을 예상하기가 그리 어렵지 않겠지만, 실제로는 수십 개씩 권리가 설정된 경매사건도 많다. 그러나 너무 걱정할 필요는 없다. 권리가 2개뿐인 경우와 크게 다르지 않다. 그저 같은 작업을 몇 번 더 한다고 생각하면 된다.

낙찰 가격: 1억 6,900만원

	순위	권리자	권리 내용	권리 금액	배당 금액	잔여 배당 재원
	1	갑	소유권 이전			1억 6,900만원
❶	2	을	근저당	5,000만원	5,000만원	1억 1,900만원
❷	3	병	가압류	4,000만원	2,800만원	9,100만원
❸	4	정	가압류	2,000만원	1,400만원	7,700만원
❹	5	무	전세권	5,000만원	5,000만원	2,700만원

❺ 6	기	근저당	3,500만원	2,700만원	0
❻ 7	경	가압류	2,500만원	0	0
8	병	강제경매			

❶ '을'의 근저당권은 우선변제권이 있으므로 후순위의 모든 채권과 물권보다 우선하여 배당한다.

❷ '병'의 가압류채권은 채권자 평등권에 의해 후순위의 모든 채권, 물권과 안분배당한다.

'병'의 배당금액= $\left(\dfrac{4,000}{4,000+2,000+5,000+3,500+2,500} \right)$ ×119,000,000원=2,800만원

(잔여배당재원: 9,100만원)

❸ '정'의 가압류채권은 채권자 평등권에 의해 후순위의 모든 채권, 물권과 안분배당한다.

'정'의 배당금액= $\left(\dfrac{2,000}{2,000+5,000+3,500+2,500} \right)$ ×91,000,000원=1,400만원

(잔여배당재원: 7,700만원)

❹ '무'의 전세권은 우선변제권이 있으므로 후순위의 모든 채권과 물권보다 우선하여 배당한다.

❺ '기'의 근저당권은 우선변제권이 있으므로 후순위의 모든 채권과 물권보다 우선하여 배당한다. 다만, 배당 잔액이 2,700만원에 불과하므로 채권 전액을 배당받을 수는 없다.

❻ '경'의 가압류채권은 채권자 평등권에 의해 후순위의 모든 채권, 물권과 안분배당해야 하지만, 이미 배당 재원이 없으므로 한 푼도 돌려받지 못한다. 이로써 이 경매사건의 배당은 종결된다.

서울시 은평구 갈현동 아파트, 선순위 물권과 후순위 물권의 배당은?

서울시 은평구 갈현동의 64평형 아파트가 경매에 나왔다. 감정가액은 5억 4,000만원이고, 2회 유찰되어 3억 8,111만원에 매각되었다. 이 아파트에는 전입신고한 임차인이 없었다. 등기부등본을 살펴보니 영동농협과 도선동새마을금고가 각각 근저당권을 설정했다.

영동농협이 근저당권에 의해 임의경매를 신청한 후 서울 은평구청에서 압류를 집행했다. 구청이 압류를 집행했다면 체납된 지방세가 있을 것이다. 그러나 그 세금이 당해세(경매나 공매의 목적이 되는 부동산에 부과된 국세, 지방세 및 그 가산금)인지, 일반세라면 법정 기일이 언제인지, 일반 입찰자들은 알 수가 없다. 체납 세금에 대한 배당 방식은 나중에 다시 살펴보기로 하고, 이 사건에서는 은평구청의 압류를 제외한 배당 순서를 살펴보자.

근저당권의 배당은 어떻게 될까?

영동농협은 근저당권자라 우선변제권이 있는데, 선순위로 설정된 다른 권리가 없으니 가장 먼저 배당을 받는다. 도선동새마을금고도 근저당권자라서 우선변제권을 가지고 있지만, 영동농협이 선순위이므로 먼저 배당받고도 남는 재원이 있다면 받을 수 있을 것이다.

이 아파트가 4억 5,000만원에 낙찰되었다고 하면 배당은 다음과 같다.

순위	권리자	권리 내용	권리 금액	배당 금액	잔여 배당 재원
1	경매 비용			450만원	4억 4,550만원
2	영동농협	근저당	4억 3,800만원	4억 3,800만원	750만원
3	도선동새마을금고	근저당	6,000만원	750만원	0

5,250만원 손실

▼ 서울시 은평구 갈현동 아파트, 물권을 배당하는 경우

↟ **2013**타경 **20720**

서울서부지방법원 8계 전화 : (02)3271-1328

소 재 지	서울 은평구 갈현동 ▨▨-▧ 현재트윈빌 101동 6층 ▨▧▨				
경매구분	기일입찰	채 권 자	영동농협	매 각 기 일	종결물건
용 도	아파트	채무/소유자	구계▧	접 수 일	2013-10-21
감 정 가	540,000,000	청 구 액	372,509,642	경매개시일	2013-10-22
최 저 가	345,600,000 (64%)	토지총면적	68 ㎡ (20.72평)	배당종기일	2014-01-03
입찰보증금	10% (34,560,000)	건물총면적	170 ㎡ (51.46평) [64평형]	조 회 수	금일1 공고후1 누적1

구분	입찰기일	매각금액	결과
	2014-12-12		종결
3차	2014-06-24	345,600,000	매각
		381,110,000 (70.6%)	
			(입찰 3명)
2차	2014-05-20	432,000,000	유찰
1차	2014-04-15	540,000,000	유찰

♠ 등기권리

구분	권리명	접수일	권리자	금액	기타	소멸
집합	소유	2003-07-21	구계▧		전소유자:김▨▧	
	근저	2010-10-08	영동농협 삼성로	438,000,000	말소기준권리	소멸
	근저	2010-10-14	도선동(새)	60,000,000		소멸
	임의	2013-10-23	영동농협	청구금액: 372,509,642	2013타경20720	소멸
	압류	2014-01-22	서울시은평구			소멸

선순위 물권이
먼저 배당됨

♠ 매각사례

인근물건	매각일자	감정가	매각가	응찰자수	매각가율
불광동 아파트 건물43.68평 토지22.76평	2018-04-03	393,000,000	85,025,000	2	21.6%
신사동 아파트 건물25.46평 토지12평	2018-04-03	365,000,000	195,990,000	1	53.7%
수색동 아파트 건물24.65평 토지10.15평	2018-03-13	325,000,000	352,999,990	2	108.6%
구산동 아파트 건물42.73평 토지16.45평	2017-12-26	370,000,000	358,999,900	4	97%
녹번동 아파트 건물23.84평 토지9.4평	2017-12-12	350,000,000	320,000,000	1	91.4%

김샘의
현장분석

서울시 노원구 상계동 아파트, 선순위 물권과 후순위 채권의 배당은?

서울시 노원구 상계동의 전용면적 18.3평 아파트가 경매로 매각되었다. 주변에 대단위 아파트단지가 형성되어 있고, 전철역과도 가까우며, 중랑천과 인접해 있고 생활편의시설도 잘되어 있어 신혼부부에게 인기가 있는 지역이다.

임차인 없이 소유자가 거주하고 있으며, 국민은행의 근저당권과 신한카드의 가압류가 걸려 있다. 국민은행이 경매를 신청할 당시 채권 청구액은 1억 7,873만 2,177원이었지만, 연체 이자율이 높아서 배당이 실시될 때에는 청구액이 채권최고액이 될 것으로 보인다. 이 경우에 배당은 어떻게 될까?

물권과 채권의 배당은 어떻게 될까?

국민은행은 근저당권자로 우선변제권이 있으니 후순위의 다른 권리보다 먼저 배당을 받는다. 남는 재원이 있다면 후순위 가압류채권자인 신한카드에 배당된다. 이 사건은 모두 8명이 입찰해서 1억 9,899만 9,999원에 낙찰되었다.

순위	권리자	권리 내용	권리 금액	배당 금액	잔여 배당 재원	
1	경매 비용			200만원	1억 9,699만 9,999원	
2	국민은행	근저당	2억 400만원	1억 9,699만 9,999원	0	손실
3	신한카드	가압류	714만 1,942원	0	0	한 푼도 못 받음

이 경매사건은 낙찰 금액이 부족해서 신한카드는 물론 선순위 근저당권자인 국민은행조차도 채권을 모두 배당받지 못한다.

▼ 서울시 노원구 상계동 아파트, 선순위 물권과 후순위 채권의 경우

REY AUCTION
■ Real Estate for You

관심물건 | 상담신청 | 법원정보 | 🖨 인쇄

♠ 2013타경 25309

서울북부지방법원 3계 전화 : (02)910-3673

소 재 지	서울 노원구 상계동 ▨▨ 상계주공 1027동 3층 ▨▨▨				
경 매 구 분	기일입찰	채 권 자	국민은행	매 각 기 일	종결물건
용 도	아파트	채무/소유자	김▨▨	접 수 일	2013-10-17
감 정 가	225,000,000	청 구 액	178,732,177	경매개시일	2013-10-18
최 저 가	180,000,000 (80%)	토지총면적	48 ㎡ (14.37평)	배당종기일	2013-12-30
입찰보증금	10% (18,000,000)	건물총면적	61 ㎡ (18.3평)	조 회 수	금일1 공고후1 누적1

구분	입찰기일	매각금액	결과
	2014-08-08		종결
2차	2014-05-19	180,000,000	매각
		198,999,999 (88.4%)	
			(입찰 8명)
1차	2014-04-14	225,000,000	유찰

♠ 등기권리

구분	권리명	접수일	권리자	금액	기타	소멸
집합	소유	2000-07-12	김▨▨		전소유자:윤열건	
	근저	2010-04-27	국민은행 창동	204,000,000	말소기준권리	소멸
	가압	2013-04-05	신한카드	7,141,942	2013 카단 2215 서울북부	소멸
	임의	2013-10-18	국민은행 여신관리집중센터	청구금액: 178,732,177	2013타경25309	소멸

선순위 물권이 먼저 배당됨

♠ 매각사례

인근물건	매각일자	감정가	매각가	응찰자수	매각가율
상계동 아파트 건물8.87평 토지5.06평	2018-04-16	145,000,000	131,230,000	2	90.5%
월계동 아파트 건물14.97평 토지9.84평	2018-04-16	270,000,000	256,780,000	15	95.1%
하계동 아파트 건물21.38평 토지10.53평	2018-04-09	395,000,000	453,999,000	6	114.9%
공릉동 아파트 건물2.53평 토지1.08평	2018-04-09	37,200,000	37,200,000	1	100%
중계동 아파트 건물15.42평 토지7.53평	2018-03-26	297,500,000	161,000,000	1	54.1%

서울시 구로구 궁동 연립, 선순위 채권과 후순위 물권의 배당은?

서울시 구로구 궁동의 전용면적 25.49평 연립이 경매로 나왔다. 전용면적은 아파트 33평형과 동일하지만, 대지지분이 무려 64.13평이다. 따라서 재개발을 기대해 볼 만하다.

감정가는 5억 3,000만원인데 2회 유찰되어 3억 3,920만원에 낙찰되었다. 임차 조사를 보니 소유주가 전부 점유하고 있으며 임대차 관계는 알 수 없다고 되어 있다. 이 경매물건의 배당은 어떻게 되는지 알아보자. 등기부등본에는 선순위로 가압류가, 후순위로 근저당권이 설정되어 있다.

가압류와 근저당권의 배당은?

일단 선순위의 가압류부터 살펴보자. 가압류는 금전채권에 대한 보전처분으로 우선변제권이 인정되지 않으니, 채권자 평등 원칙에 따라 '모든 채권자와 공평하게' 배당받을 자격이 있다. 따라서 선순위이지만 후순위 근저당권과 안분하여 배당을 받는다.

후순위의 근저당권은 우선변제권이 인정되지만, 우선변제권이란 모든 채권자보다 우선한다는 뜻이 아니라 후순위 또는 일반 채권자보다 우선한다는 뜻이므로 선순위의 가압류채권에 대해서는 대항력이 없다.

안분배당에 의한 배당 결과

이 경매사건은 3억 4,108만 8,800원에 낙찰되었다. 경매 비용을 지급하고 남은 배당 재원이 3억 4,000만원이라고 할 때, 배당 금액을 계산해 보자.

$$유 \circ \circ \ (가압류) \ 배당액 = \left(\frac{580,000,000}{580,000,000 + 35,000,000} \right) \times 340,000,000 = 320,650,407원$$

$$김 \circ \circ \ (근저당) \ 배당액 = \left(\frac{35,000,000}{580,000,000 + 35,000,000} \right) \times 340,000,000 = 19,349,593원$$

▼ 서울시 구로구 궁동 연립, 선순위 채권과 후순위 물권의 경우

REY AUCTION
■ Real Estate for You

관심물건 | 상담신청 | 법원정보 | 🖨 인쇄

♠ 2013타경 19219

서울남부지방법원 5계 전화 : (02)2192-1335

소 재 지	서울 구로구 궁동 ▨▨▨ 반도주택 1▨.				
경매구분	기일입찰	채 권 자	김▨▨	매각기일	종결물건
용 도	다세대(빌라)	채무/소유자	홍▨▨	접 수 일	2013-07-03
감 정 가	530,000,000	청 구 액	35,000,000	경매개시일	2013-07-08
최 저 가	339,200,000 (64%)	토지총면적	212 ㎡ (64.13평)	배당종기일	2013-09-17
입찰보증금	10% (33,920,000)	건물총면적	84 ㎡ (25.49평)	조 회 수	금일1 공고후1 누적1

구분	입찰기일	매각금액	결과
	2014-06-05		종결
3차	2014-03-18	339,200,000	매각
		341,088,800 (64.4%)	
			(입찰 1명)
2차	2014-02-12	424,000,000	유찰
1차	2014-01-08	530,000,000	유찰

♠ 등기권리

구분	권리명	접수일	권리자	금액	기타	소멸
집합	소유	1981-06-16	홍▨▨			
	가압	2010-09-29	유▨▨	580,000,000	말소기준권리 2010 조단 1960 서울가정법원	소멸
	근저	2013-05-02	김▨▨	35,000,000		소멸
	임의	2013-07-08	김▨▨	청구금액: **35,000,000**	2013타경 19219	소멸

♠ 매각사례

인근물건	매각일자	감정가	매각가	응찰자수	매각가율
궁동 다세대(빌라) 건물17.63평 토지12.28평	2018-02-07	195,000,000	173,000,000	3	88.7%
가리봉동 다세대(빌라) 건물4.46평 토지3.63평	2018-01-17	45,000,000	50,500,000	4	112.2%
고척동 다세대(빌라) 건물5.06평 토지3.85평	2017-08-30	36,000,000	28,830,000	9	80.1%
항동 다세대(빌라) 건물31.75평 토지25.68평	2017-08-09	350,000,000	312,000,000	3	89.1%
개봉동 다세대(빌라) 건물20.6평 토지17.98평	2017-06-28	240,000,000	235,280,000	6	98%

순위	권리자	권리 내용	권리 금액	배당 금액	잔여 배당 재원
1	경매 비용			108만 8,800원	3억 4,000만원
2	유○○	가압류	5억 8,000만원	3억 2,065만 407원	1,934만 9,593원
3	김○○	근저당	3,500만원	1,934만 9,593원	0

안분배당 손실

손실

선순위 채권과 후순위 물권이 안분배당하는 이유

선순위의 채권과 후순위의 물권이 걸려 있는 경우에 안분배당을 하는 이유는 무엇일까? 어떤 사람들은 "물권이 채권에 우선하기 때문"이라고 주장하지만, 이는 오해다.

'물권은 채권에 우선한다'는 원칙이 있는 것은 사실이지만, 이 원칙을 배당에 적용하면 순위를 불문하고 언제나 물권이 채권보다 먼저 배당받을 것이다. 그렇다고 물권이 우선이지만 채권이 선순위이니까 물권과 채권 모두 사이 좋게 안분배당을 한다는 식으로 법이 모호할 리는 없다.

물권은 공시하지 않은 채권에 언제나 우선한다. 물권인 소유권이 변경되면 부동산에 채권으로 존재하던 임차권은 소멸된다. 그러나 대항 요건을 구비하거나 등기함으로써 공시된 임차권은 소멸하지 않는다. 금전채권도 마찬가지라서, 채권 발생 시점이 선순위라도 등기(공시)하지 않았다면 등기된 모든 물권과 채권이 먼저 배당받고 난 후 남는 재원이 있을 경우 배당받을 수 있다.

가압류를 집행하여 채권을 공시했다면 가압류등기일의 순위에 따라 배당에 참여할 수 있지만, 우선변제권이 아닌 채권자 평등권에 따르게 된다.

서울시 은평구 불광동 다세대주택, 선순위 채권과 후순위 채권의 배당은?

서울시 은평구 불광동의 다세대주택이 경매로 매각됐다. 감정가는 8,400만원인데, 4회나 유찰되어 2명이 입찰했고 낙찰가는 3,999만원이다. 또한 최선순위로 등기된 가압류보다 선순위로 전입신고한 세대주가 있다. 만약 이 세대주가 임차인이라면 낙찰자는 임대차를 승계한다. 여기에서는 배당의 방식에 대해서만 살펴보자.

가압류 청구 금액보다 실제 채권액이 적은 경우

등기상 바이더웨이의 가압류 청구 금액은 2,000만원이지만, 경매를 신청한 채권 청구액은 480만원에 불과하다. 경매 신청 전에 일부를 상환한 것으로 보인다. 이처럼 가압류 청구 금액보다 실제 채권액이 적은 경우에는 실제 채권액을 기준으로 배당된다. 그러나 가압류는 가압류 채권자의 청구 금액 내에서 효력을 갖기 때문에, 실제 채권액이 더 크다면 등기상 청구 금액을 기준으로 배당된다.

가압류끼리의 집행 순위는 의미가 없다

이 경매의 경우, 우선변제권이 있는 물권은 없고 채권자 평등권이 있는 가압류 채권이 2건 있다. 이 경우에는 안분배당을 하므로, 배당의 순위나 금액을 산정할 때 채권자들의 가압류 집행 순위는 아무 의미도 없다.

만약 이 사건의 낙찰 가격이 6,800만원이고 경매 비용이 100만원이라면, 두 가압류채권자의 배당 금액은 다음과 같다.

유〇〇 (가압류) 배당액 $= \left(\dfrac{88,611,766}{88,611,766+4,800,000} \right) \times 67,000,000 = 63,557,186$원

바이더웨이 (가압류) 배당액 $= \left(\dfrac{4,800,000}{88,611,766+4,800,000} \right) \times 67,000,000 = 3,442,814$원

▼ 서울시 은평구 불광동 다세대주택, 채권을 배당하는 경우

REY AUCTION
■ Real Estate for You

관심물건 | 상담신청 | 법원정보 | 🖨 인쇄

♦ 2013타경 21273　　　　　　　　　　서울서부지방법원 7개 전화 : (02)3271-1327

소 재 지	서울 은평구 불광동 3■4■ 삼환빌라 2층 ■■■				
경매구분	기일입찰	채 권 자	바이더웨이	매각기일	종결물건
용　　도	다세대(빌라)	채무/소유자	박계■	접 수 일	2013-10-25
감 정 가	84,000,000	청 구 액	4,800,000	경매개시일	2013-10-28
최 저 가	34,406,000 (41%)	토지총면적	15 ㎡ (4.53평)	배당종기일	2014-01-08
입찰보증금	10% (3,440,600)	건물총면적	29 ㎡ (8.91평)	조 회 수	금일1 공고후1 누적1

구분	입찰기일	매각금액	결과
	2015-12-30		종결
6차	2015-10-13	34,406,000	매각
		39,999,999 (47.6%)	
			(입찰 2명)
	2015-09-08	34,406,000	변경
5차	2014-10-28	34,406,000	매각
		43,600,000 (51.9%)	
			(입찰 4명)

♠ 등기권리

구분	권리명	접수일	권리자	금액	기타	소멸
집합	소유	2001-03-13	박계■			
	가압	2012-06-04	정■■	88,611,766	말소기준권리 2012 카단 895 춘천 강릉	소멸
	가압	2012-12-26	바이더웨이	20,000,000	2012 카단 57924 서울중앙	소멸
	강제	2013-10-28	바이더웨이	청구금액: 4,800,000	2013타경21273	소멸
	강제	2013-12-13	정■■		2013타경25008	소멸

> 가압류 청구금액이 실제 채권액보다 많은 경우

♠ 매각사례

인근물건	매각일자	감정가	매각가	응찰자수	매각가율
응암동 다세대(빌라) 건물25.64평 토지14.72평	2018-05-01	290,000,000	247,000,000	2	85.2%
신사동 다세대(빌라) 건물13.46평 토지5.11평	2018-04-17	131,000,000	106,330,000	1	81.2%
응암동 다세대(빌라) 건물16.63평 토지9.27평	2018-04-17	166,000,000	122,000,000	3	73.5%
역촌동 다세대(빌라) 건물16.92평 토지9평	2018-04-17	245,000,000	212,001,100	1	86.5%
대조동 다세대(빌라) 건물12.51평 토지7.86평	2018-04-17	171,000,000	165,100,000	1	96.5%

▼ 배당표

순위	권리자	권리 내용	권리 금액	배당 금액	잔여 배당 재원
1	경매 비용			100만원	6,700만원
2	정○○	가압류	8,861만 1,766원	6,355만 7,186원	344만 2,814원
3	○○더웨이	가압류	480만원	344만 2,814원	0

314

체납 세금의 배당

02

>>>

체납된 세금은 배당 방식이 다르다

경매 부동산에 체납 세금이 있는 경우, 일반적인 채권이나 물권과는
배당 순위를 정하는 방식이 다르다. 어떻게 다른지 살펴보자.

경매로 매각되는 부동산 또는 그 소유자에게 체납된 세금이 있다면, 세무서나 시·군·구청은 부동산의 매각대금에서 정해진 규칙에 따라 받을 수 있다. 그런데 체납 세금의 배당 순위를 결정하는 방식은 일반적인 채권이나 물권과는 다르다.

세금은 국세와 지방세로 나뉘고 다시금 당해세와 일반세로 구분되는데, 배당 순위를 결정할 때 체납된 세금이 국세인지, 지방세인지는 큰 의미가 없다. 그러나 당해세인지, 일반세인지는 중요한 문제가 된다.

국세와 지방세, 당해세와 일반세?

국세는 국가에서 징수하는 세금으로, 등기부에 압류를 집행하면 압류권자(교부권자)는 세무서가 된다. 이와 달리 지방세는 지방자치단체가 징수하는 세금으로, 등기부에 압류를 집행하면 압류권자는 지방자치단체가 된다.

당해세는 그 부동산에 부과된 세금을 가리킨다. 국세인 당해세는 상속세, 증여세, 종합부동산세가 있고, 지방세인 당해세는 재산세, 자동차세, 도시계획세, 공동시설세가 있다. 그 외에 당해세가 아닌 세금은 모두 일반세로 분류된다.

이 중 자동차세는 자동차가 압류되었을 경우에 한해 당해세가 된다. 다시 말해서 자동차세를 체납한 사람이 소유한 부동산을 매각하는 경매 절차에서 자동차세는 당해세가 아니지만, 그 자동차를 매각하면 당해세가 된다는 뜻이다.

체납 세금의 배당 순위는?

체납한 세금의 배당 순위는 등기상의 압류일이 아니라 특수한 규칙에 따라 결정된다. 따라서 등기상에 압류를 집행하지 않은 체납 세금이어도 배당에서는 선순위가 될 수도 있다.

당해세의 배당 순위

우선 당해세의 배당 순위는 주택 또는 상가의 소액임차보증금, 3개월분의 임금, 3년분의 퇴직금, 재해보상금 등의 최우선변제권보다는 후순위이지만, 임차인의 우선변제권을 포함해서 담보물권보다는 선순위다. 그러니 당해세는 부과된 시점이 근저당권의 설정일보다 늦어도 배당을 먼저 받는다.

일반세의 배당 순위

일반세는 세목에 따라 세법이 정한 법정 기일이 있는데, 이에 따라 배당 순위가 결정된다. 즉 일반세는 '법정 기일에 설정된 근저당권'으로 보고 배당 순위를 분석하면 된다.

[세금의 법정 기일]
1. 자진신고하는 세금의 법정 기일
(1) 자신신고하고 체납한 세금의 법정 기일 – 자진신고일
(2) 누락하여 자진신고한 경우의 누락분에 대한 법정 기일 – 신고의무일
   (자진신고하는 세금은 과세의 원인이 발생한 날로부터 일정 기간 안에 신고하여야 한다는 규정이 있고, 그 기간의 만료일을 신고의무일이라 함.)
(3) 자진신고하지 않은 경우의 법정 기일 – 고지서 발급일
2. 자진신고하는 세금 외 세금의 법정 기일 – 고지서 발급일

체납 세금은 이처럼 일반적인 개인 채권과는 다른 규칙에 따라 배당 순위가 결정된다. 이러한 규정에는 '세금은 국민 모두를 위해 징수하는 것이므로, 개인의 채권보다는 당연히 우선되어야 한다'는 공익 우선의 이념이 담겨 있다.

당해세와 일반세의 배당 순위는 왜 다를까?

그렇다면 당해세와 일반세의 배당 순위를 결정하는 방식은 왜 다를까? 이는 예측 가능성 때문이다. 당해세는 부동산에 부과되는 세금이라서, 부동산의 담보물권을 취득하는 사람은 담보권을 설정할 당시에는 당해세가 체납되지 않았더라도 앞으로 체납될 경우 자신의 담보물권보다 우선한다는 것을 예측할 수 있다.

상속세와 증여세는 당해세인가?

그런데 한 가지 이치에 맞지 않는 법 논리가 있다. 상속세와 증여세는 '부동산에 대하여 부과되는 세금'이니 당해세가 되지만, '예측 가능성'이 있다는 주장은 인정하기 어렵다. 모든 부동산이 상속되거나 증여되는 것은 아니기 때문에, 담보물권을 취득하는 사람이 앞으로 당연히 상속세나 증여세가 부과되리라고 예측하는 것은 무리가 있다.

결국 헌법재판소에서 불합치 판결이 나서, 현재는 상속세와 증여세는 국세기본법의 규정이 있지만 당해세 우선 규정을 적용하지 않는다. 다만, 담보권을 설정할 때 이미 상속세와 증여세가 부과되어 있었다면 당연히 담보권보다 우선한다.

일반세는 당해세처럼 무조건 선순위로 배당받는 것이 아니라 법정기일을 기준으로 배당의 순위가 결정된다. 일반세는 당해세처럼 예측할 수 있는 세금이 아니기 때문이다. 또한 압류일이 아닌 법정 기일로 순위를 결정하는 이유는 법정기일이 지났다면 등기상 압류가 공시되지 않더라도 체납자(부동산 소유자)의 동의 또는 협조로 세금이 부과되었다는 사실을 파악할 수 있기 때문이다.

임대차 권리분석 집중 사례

서울시 강서구 화곡동 다세대주택, 보증금 인상분은 반환해야 할까?

서울시 강서구 화곡동의 전용면적 18.57평짜리 다세대주택이 경매로 나왔다. 감정가가 1억 6,000만원이었는데, 4회나 유찰됐지만 4명이 입찰하여 3회차 최저가를 넘긴 8,260만원에 매각됐다. 감정가의 절반 정도의 가격이다. 화곡동은 다세대주택의 수요가 비교적 많은 지역이라 4회나 유찰되는 경우는 드문데, 반지하라서 유찰이 반복된 것으로 판단된다. 전세보증금 3,000만원, 월세 30만원의 세입자가 있으니 장기적으로 볼 때 괜찮은 투자라 할 수 있다. 권리분석상 하자는 없는지 확인해 보자.

임차인인 권○○은 2007년 6월 27일에 전입신고를 했고, 그다음 날인 2007년 6월 28일에 대항력을 취득했다. 한편 영등포농협도 임차인이 대항력을 취득한 날에 근저당권을 설정했는데, 임차인의 대항력 발생 시점은 새벽 0시라서 일과 시간에 효력이 발생한 근저당권보다 선순위다. 따라서 낙찰자는 권씨가 배당으로 반환받지 못한 임대차의 보증금이 있을 경우 반환해 주어야 한다.

임차인의 대항력

그런데 매각물건명세서에 다음과 같은 문구가 있다.

> 권영숙: 1. 2005년 12월 20일자 작성의 임대차계약서는 전소유자 하○○과의 계약임.
> 2. 2008년 12월 30일자 작성의 임대차계약서에 전소유자 하○○과 계약한 임대차보증금 2,000만원을 승계하기로 하고, 현소유자 오○○과 임대차보증금 1,000만원, 차임 30만원에 계약함(실제 임대차보증금은 3,000만원임)

서울시 강서구 화곡동 다세대주택의 매각물건명세서 문구

매각물건명세서에 따르면, 임차인 권씨는 2005년 12월 20일에 작성한 임대차계약서를 법원에 제출했다. 그런데 전입신고일은 2007년 6월 27일로 계약서 작성

▼ 서울시 강서구 화곡동 다세대주택, 임대차 존속 기간 중 보증금 인상의 경우

REY AUCTION
■ Real Estate for You

관심물건 | 상담신청 | 법원정보 | 🖨 인쇄

⬆ 2013타경 23652

서울남부지방법원 5계 전화 : (02)2192-1335

소 재 지	서울 강서구 화곡동 █████,████ 성문빌라 지층 ████				
경매구분	기일입찰	채 권 자	영등포농협	매각기일	종결물건
용 도	다세대(빌라)	채무/소유자	오██	접 수 일	2013-08-12
감 정 가	160,000,000	청 구 액	140,688,525	경매개시일	2013-08-14
최 저 가	65,536,000 (41%)	토지총면적	37 ㎡ (11.28평)	배당종기일	2013-11-05
입찰보증금	10% (6,553,600)	건물총면적	61 ㎡ (18.57평)	조 회 수	금일1 공고후1 누적1

구분	입찰기일	매각금액	결과
	2014-10-21		종결
5차	2014-08-05	65,536,000	매각
		82,600,000 (51.6%)	
			(입찰 4명)
4차	2014-07-01	81,920,000	유찰
3차	2014-05-28	102,400,000	유찰
2차	2014-04-16	128,000,000	유찰
1차	2014-03-18	160,000,000	유찰

⬆ 임차조사

임차인	전입일	확정/배당요구	보증금/월세	용도/점유	비고
권██	2007-06-27	배당:2013-10-14	30,000,000 월 300,000	주거 전부	
기타참고	*폐문부재로 안내문 남겨두고 왔으나 아무연락이 없어 점유관계 미상이나 전입세대열람내역서상 소유자세대 아닌 세대주 권 ██의 주민등록등본이 발급되므로 일응 임대차관계조사서에 권██를 일응 임차인으로 등재. 권██ : 05.12.20.자 작성의 임대차계약서는 전소유자 하██과의 계약임. 2008.12.30.자 작성의 임대차계약서에 전소유자 하██과 계약한 임대차보증금 2000만원을 승계하기로 하고 현 소유자 오██과 임대차보증금 1000만원, 차임 30만원에 계약함(실제 임대차보증금은 3000만원임)				

⬆ 등기권리

구분	권리명	접수일	권리자	금액	기타	소멸
집합	소유	2006-10-04	오██		전소유자:하██	
	근저	2007-06-28	영등포농협 양평	86,400,000	말소기준권리	소멸
	근저	2008-03-19	영등포농협 양평	78,000,000		소멸
	근저	2013-05-07	김██	78,000,000		소멸
	임의	2013-08-14	영등포농협 양평	청구금액: 140,688,525	2013타경23652	소멸

> 전입신고일에 밀려 후순위로 밀려남

⬆ 매각사례

인근물건	매각일자	감정가	매각가	응찰자수	매각가율
화곡동 다세대(빌라) 건물15.44평 토지7.21평	2018-05-02	170,000,000	130,160,000	5	76.6%
화곡동 다세대(빌라) 건물13.28평 토지7.07평	2018-05-01	130,000,000	102,170,000	11	78.6%
화곡동 다세대(빌라) 건물12.19평 토지6.11평	2018-05-01	132,000,000	118,990,000	5	90.1%
등촌동 다세대(빌라) 건물10.38평 토지8.06평	2018-04-17	85,000,000	82,220,002	4	96.7%
화곡동 다세대(빌라) 건물16.25평 토지8.28평	2018-04-17	151,000,000	128,400,000	2	85%

시점보다 무려 1년 6개월이나 늦다.

1년 6개월 동안 전입신고 없이 거주하다가 뒤늦게 신고했을 가능성이 전혀 없는 것은 아니지만, 전입신고일과 영등포농협의 근저당권 설정일이 하루 차이라는 점이 미심쩍어 보인다. 소유자 오씨가 영등포농협으로부터 대출받을 수 있도록 임차인이 잠시 다른 주소로 전출했다가, 영등포농협이 임차인 조사를 끝낸 직후 바로 재전입했을 가능성도 있다는 말이다.

물론 이와 같은 사정은 낙찰자와는 아무 상관 없다. 최초 전입이든 재전입이든 간에, 현재 유효한 권씨의 전입신고일은 등기상 최선순위 설정일보다 앞서 있기 때문이다. 그렇다면 권씨가 배당받지 못한 임대차보증금이 있을 경우, 이를 반환할 의무가 낙찰자에게 인수된다는 점은 분명하다.

부동산을 담보로 돈을 빌려주는 입장이라면 부동산에 선순위로 전입신고된 임차인이 있는지 조사해야 하며, 근저당권설정등기는 반드시 임차인 조사를 한 당일에 접수해야 한다는 교훈을 보여주는 경매사건이다. 영등포농협이 임차인 조사를 마친 당일에 근저당권설정등기를 접수했다면 임차인보다 후순위로 밀리는 불이익은 당하지 않았을 것이다.

임차인의 배당금

임차인 권○○은 배당요구 종기 전에 배당요구서를 제출했다. 확정일자를 받지 않아 우선변제권은 인정되지 않지만, 소액임차인으로서 최우선변제를 받는 데는 문제가 없다.

영등포농협이 근저당권을 설정한 2007년 6월 28일에 적용되던 규정에 따르면, 서울시의 소액임차보증금 범위는 4,000만원 이하이고 최우선변제를 받을 수 있는 금액의 한도는 1,600만원이다. 따라서 임차인 권씨는 배당 절차에서 임대차보증금 3,000만원 중 1,600만원을 가장 먼저 배당받을 수 있다.

임대차보증금반환채무의 인수

그렇다면 낙찰자는 임차인이 배당받지 못한 임대차보증금 1,400만원을 모두 반환할 의무가 있을까? 일반적인 경우라면 그렇겠지만, 이 사건과 같이 임대차가 유지되던 도중에 보증금이 인상되었다면, 인상분에 대한 대항력 발생 시점은 따로 따져보아야 한다.

권씨의 처음 임대차보증금은 2,000만원이었는데, 1,000만원을 인상한 시점은 2008년 12월 30일로 등기상 최선순위 설정일보다 늦다. 그렇다면 인상된 1,000만원에 대한 반환 의무는 낙찰자에게 인수되지 않기 때문에, 낙찰자는 권씨의 미배당 보증금 1,400만원 중 400만원만 주면 된다.

등기상의 권리는 모두 근저당권으로, 어떠한 경우에도 낙찰자에게 인수되지 않는다. 따라서 입찰을 원하는 금액에서 임차인에게 반환해 주어야 하는 400만원을 뺀 금액으로 입찰하면 낙찰자에게 인수되는 부담은 없다. 낙찰가 8,260만원으로 배당표를 작성해보면 다음과 같다.

▼ 예상 배당표   낙찰가: 8,260만원

순위	권리자	권리 내용	권리 금액	배당 금액	잔여 배당 재원
1		경매 비용		약 250만원	8,010만원
2	권○○	임차인	3,000만원	1,600만원	6,410만원
3	영등포농협	근저당	8,640만원	6,410만원	0원
4	영등포농협	근저당	7,800만원	0원	0원
5	김○○	근저당	7,800만원	0원	0원

현장사례

대구시 중구 봉산동 근린상가, 일부에만 설정된 전세권은?

대구 중구의 근린상가가 경매에 나왔다. 감정가액은 7억 4,800만원이었는데, 1회 유찰되어 5억 2,300만원으로 떨어졌다.

등기상 가장 선순위의 권리는 권○○의 전세권으로, 이보다 먼저 전입신고 한 임차인은 없다. 권씨는 권리신고 및 배당요구서를 제출하여 배당받을 수 있다. 지금까지 공부했던 대로라면 선순위에 있는 배당받을 권리보다 늦게 설정된 권리는 모두 매각으로 소멸하므로, 낙찰자에게 인수되는 권리는 없다고 판단할 수도 있다. 그러나 전세권은 다른 물권과 달리 부동산의 일부에도 설정할 수 있는 특성이 있다.

그런데 등기부등본을 열람해 보니 권씨는 2007년 2월 26일에 박○○이 설정한 전세권을 양수했다. 그런데 박씨가 설정한 전세권의 범위를 보니 "건물 3층 중 서쪽 약 46.28㎡"다. 이처럼 전세권의 범위가 부동산 일부에 국한된 경우, 전세권의 효력이 미치지 않는 부분은 전세권과 상관없다. 그러니 전세권의 효력이 미치는 부분과 미치지 않는 부분으로 나누어서 분석해야 한다.

3	전세권설정	2007년2월26일 제5274호	2007년2월12일 설정계약	전세금 금42,000,000원 범 위 주거용, 건물 3층중 서쪽 약46.28㎡ 존속기간 2007년 2월 27일부터 2009년 2월 26일까지 반환일 2009년 2월 26일 전세권자 박○○ 　　　대구 수성구 ○○○○○동 　　　○○○호 도면편철장2007책76호
3-1	3번등기명의인표시변경	2012년10월24일 제25860호	2012년6월29일 전거	박○○의 주소 대구광역시 수성구 ○○○○○, 　　　○○동 ○○○○로 (○○○동)
3-2	3번전세권이전	2012년10월24일 제25861호	2012년10월23일 매매	전세권자 권○○ 　　　대구광역시 수성구 청호로 ○○, ○○동 　　　○○호

등기부등본에서 전세권을 확인하니 부분적으로 설정되어 있다.

등기상의 권리분석

우선 근저당권이나 가압류는 낙찰자에게 인수되지 않고, 후순위로 등기된 전세 권(2013년 9월 16일)과 가처분은 그보다 선순위로 금전이 목적인 권리가 설정되어 있으니 매각으로 소멸한다. 따라서 등기상 낙찰자에게 인수되는 권리는 없다.

▼ 대구시 중구 봉산동 근린상가, 여러 권리가 얽혀 있는 경우

REY AUCTION
■ Real Estate for You

관심물건 | 상담신청 | 법원정보 | 🖨 인쇄

♠ 2013타경 23914

대구지방법원 6계 전화 : (053)757-6776

소 재 지	대구 중구 봉산동 ▒▒-▒▒				
경매구분	기일입찰	채 권 자	김▒▒	매각기일	취하물건
용 도	근린시설	채무/소유자	김▒▒	접 수 일	2013-11-11
감 정 가	748,479,400	청 구 액	62,509,451	경매개시일	2013-11-12
최 저 가	523,936,000 (70%)	토지총면적	241 ㎡ (72.81평)	배당종기일	2014-01-21
입찰보증금	10% (52,393,600)	건물총면적	384 ㎡ (116.31평)	조 회 수	금일1 공고후1 누적1

♠ 임차조사

임차인	전입일	확정/배당요구	보증금/월세	용도/점유	비고
권▒▒		확정:2013-09-16 배당:2013-11-29	85,000,000	주거 301호	전세권자
권▒▒		배당:2013-11-29	50,000,000	주거 302호	전세권자 등기부상:4200만
김▒▒	2013-04-26		5,000,000 ⓟ150,000	점포 2층	▒미디어
김▒▒	2013-09-27	확정:2013-09-27 배당:2014-01-16	10,000,000	점포 1층전부	▒▒아트앤디자인
전▒▒	2013-10-02	확정:2013-10-02 배당:2014-01-17	9,000,000	점포 2층전부	▒▒갤러리
유▒▒	2013-10-25		5,000,000 ⓟ500,000	점포	▒▒애드
엄▒▒	2013-10-28	확정:2013-10-28 배당:2014-01-08	9,000,000	점포 1층일부	▒▒광고디자인

♠ 등기권리

구분	권리명	접수일	권리자	금액	기타	소멸
건물	소유	2006-12-06	김▒▒			
	전세	2007-02-26	권▒▒	42,000,000	존속기간:2009.02.26	
	근저	2013-06-04	송라신협	650,000,000	말소기준권리	소멸
	근저	2013-06-04	김▒▒	120,000,000		소멸
	가압	2013-06-20	여▒▒	2,863,320	2013 카단 4477 대구	소멸
	가압	2013-09-13	대구신용보증재단 범어동	46,750,000	2013 카단 6881 대구	소멸
	근저	2013-09-16	SD페이퍼	185,000,000		소멸
	전세	2013-09-16	권▒▒	85,000,000	존속기간:2015.07.29	소멸
	가압	2013-09-17	신용보증기금 대구	59,500,000	2013 카단 6975 대구	소멸
	가압	2013-09-26	홍▒▒	60,551,840	2013 카단 7125 대구	소멸
	가압	2013-10-01	대구은행 여신관리부	88,000,000	2013 카단 7202 대구	소멸
	가압	2013-10-14	서울보증보험	37,941,424	2013 카단 7220 대구	소멸
	가압	2013-10-30	농협은행 두류	21,302,761	2013 카단 7897 대구	소멸
	압류	2013-10-31	북대구세무서			소멸
	가처	2013-10-31	신용보증기금 대구		2013 카단 20125 대구 SD페이퍼 저당가처	소멸
	임의	2013-11-12	김▒▒	청구금액: 62,509,451	2013타경 23914	소멸
	가압	2013-11-15	신한카드 대구채권팀	7,709,941	2013 카단 8318 대구	소멸
	가압	2013-12-10	농협은행 대구여신관리	16,490,865	2013 카단 9013 대구	소멸
	가압	2014-01-28	근로복지공단	30,405,120	2014 카단 30101 대구	소멸
	임의	2014-04-02	송라신협		2014타경 5500	소멸

> 인수와 소멸의 판단기준 (2013-06-04 송라신협 행)

> 후순위 전세권은 소멸 (2013-09-16 권▒▒ 전세 행)

임차인 분석

임대차는 전세권과 마찬가지로 부동산의 일부에도 성립할 수 있기 때문에, 권씨의 전세권과 효력이 미치는 범위가 중복되지 않는 임차권이 있을 수도 있다. 그런 임차권에 대해서 권씨의 전세권은 없는 것으로 보고 권리를 분석해야 한다. 다시 말해 등기상 최선순위로 설정된 권리는 권씨의 전세권이 아니라 송라신협의 근저당권이라고 보고 인수와 소멸을 판단해야 한다는 말이다.

> 건물의 일부를 목적으로 하는 전세권은 그 목적물인 건물 부분에 한하여 그 효력을 미치므로, 건물 중 일부(2층 부분)를 목적으로 하는 전세권이 임차인이 대항력을 취득하기 이전에 설정되었다가 경락으로 인하여 소멸하였다고 하더라도, 임차인의 임차권이 전세권의 목적물로 되어 있지 아니한 주택 부분(1층의 일부)을 그 목적물로 하고 있었던 이상 경락으로 인하여 소멸한다고 볼 수는 없다.
> (대법원 1997년 8월 22일 선고 96다53628 판결 '건물명도 등')

송라신협의 근저당권 설정일(2013년 6월 4일)보다 먼저 사업자등록을 마친(2013년 4월 26일) 임차인 김○지는 배당요구를 하지 않았으므로, 낙찰자는 김씨의 임대차에 대해 임대인의 지위를 승계해야 한다.

유치권

이 부동산에는 유치권이 신고되어 있는데, 임차인으로서 배당요구서를 제출한 김○남이 신고한 것이다. 이 건물의 보전등기 시점은 2006년이고, 법원 현황조사서에는 김○남이 2013년 9월부터 점유·사용하고 있다는 내용이 있다. 그러므로 이 건물의 공사 대금이나 유익비가 아니라 영업 장소 권리금이나 시설비에 대해 유치권을 주장하는 것이라고 추측할 수 있다. 이는 건물의 객관적인 가치를 증가시킨 유익비가 아니기 때문에 유치권이 성립하지 않는다.

그러니 입찰하기 전에 현장을 둘러보고 김씨가 주장하고 있는 유치권의 피담보채권이 무엇인지 면밀히 살펴볼 필요가 있다.

서울시 서대문구 홍제동 아파트, 무상임대차확인서가 있다면?

서울시 서대문구 홍제동의 32평형 아파트가 경매로 나왔다. 감정가는 3억 9,500만원인데 2회 유찰되었다. 최저매각가격은 2억 5,280만원으로 감정가 대비 64%로 떨어졌지만, 3차 매각절차에서 무려 18명이 입찰표를 제출해 3억 2,850만원에 매각됐다. 2차 최저매각가격을 넘는 금액이다.

임차조사를 보았더니 선순위로 전입신고된 소유자 아닌 세대주가 있다. 권리분석 상 각별한 주의가 필요한 부분이다.

이 아파트에는 함○○이 선순위로 전입신고를 했지만, 확정일자가 중소기업은행의 근저당권 설정일보다 늦기 때문에 경매 절차에서 보증금을 전액 배당받을 수는 없어 보인다. 그렇게 되면 낙찰자는 함씨가 배당받지 못한 나머지 보증금을 반환해 주어야 한다. 그러니 입찰자는 원하는 가격에서 함씨의 임대차보증금 1억 5,000만원을 뺀 금액으로 입찰해야 손해를 보지 않을 것이다.

무상임대차확인서가 있으면 어떻게 될까?

그런데 매각물건명세서를 보니 "경매신청채권자로부터 임차인 함○○의 처는 소유자 박○○의 동생이며, 대출 당시 무상으로 위 부동산을 사용하고 있다는 무상임대차확인서를 작성했으므로 배당 배제를 바란다는 신청서를 제출함"이라는 문구가 눈에 띈다.

점유자의 성명	점유부분	정보출처 구분	점유의 권원	임대차 기간 (점유기간)	보증금	차임	전입신고일자, 사업자등록신청 일자	확정일자	배당요구 여부 (배당요구 일자)
함○○	전부	현황조사	주거 임차인	2006.12-	150,000,000	없음	2006.12.26	미상	
	전부	권리신고	주거 임차인	2006.12.26-	200,000,000		2006.12.26.	2013.09.30.	2013.11.07

〈비고〉
함○○ : 1.최초 계약은 2006.12.26.일 이전이었으며 2009.12.15.보증금 50,000,000을 증액하면서 재계약서를 작성했으나, 최초 계약서는 파기한 것으로 생각된다는 임차인의 보정서가 제출됨. 2.경매신청채권자로부터 임차인 함○○의 처는 소유자 박○○의 동생이며 대출당시 무상으로 위 부동산을 사용하고 있다는 무상임대차확인서를 작성했으므로 배당배제를 바란다는 신청서를 제출함.

무상임대차확인서 작성 여부가 기재되어 있다.

▼ 서울시 서대문구 홍제동 아파트, 무상임대차확인서가 있는 경우

REY AUCTION
■ Real Estate for You

관심물건 | 상담신청 | 법원정보 | 🖨 인쇄

♠ 2013타경 17755

서울서부지방법원 2계 전화 : (02)3271-1322

소 재 지	서울 서대문구 홍제동 82 한양 105동 15층 ▉▉▉					
경매구분	기일입찰	채 권 자	중소기업은행	매각기일	종결물건
용 도	아파트	채무/소유자	박▉▉	접 수 일	2013-09-03
감 정 가	395,000,000	청 구 액	217,300,000	경매개시일	2013-09-04
최 저 가	252,800,000 (64%)	토지총면적	42 ㎡ (12.8평)	배당종기일	2013-11-18
입찰보증금	10% (25,280,000)	건물총면적	85 ㎡ (25.64평)[32평형]	조 회 수	금일1 공고후1 누적1

구분	입찰기일	매각금액	결과
	2014-09-24		종결
3차	2014-07-08	252,800,000	매각
		328,500,000 (83.2%)	
		(입찰18명)	
2차	2014-06-03	316,000,000	유찰
1차	2014-04-29	395,000,000	유찰

♠ 임차조사

임차인	전입일	확정/배당요구	보증금/월세	용도/점유	비고
함▉▉	2006-12-26	확정:2013-09-30 배당:2013-11-07	150,000,000	주거 전부	
기타참고	*임차인 함▉▉이 전부 점유함. 임차인의 처 000의 설명과 주민등록등본 참고하여 조사 •함▉▉:최초 계약은 2006.12.26.일 이전 이었으며 2009.12.15.보증금 50,000,000을 증액하면서 재계약서를 작성했으나, 최초 계약서는 파기한 것으로 생각된다는 임차인 의 보정서를 제출. 경매신청채권자로부터 임차인 함▉▉의 처는 소유자 박▉▉의 동생이며 무상으로 사용하고 있다는 무상임대 차확인서를 작성했으므로 배당배제를 바란다는 신청서를 제출함				

> 무상임대차 확인서를 확인해야 함

♠ 등기권리

구분	권리명	접수일	권리자	금액	기타	소멸
집합	소유	2006-12-13	박▉▉		전소유자:이▉▉	
	근저	2009-01-30	중소기업은행 홍제동	276,000,000	말소기준권리	소멸
	임의	2013-09-04	중소기업은행 여신관리부	청구금액: 217,300,000	2013타경17755	소멸

♠ 매각사례

인근물건	매각일자	감정가	매각가	응찰자수	매각가율
북가좌동 아파트 건물36.56평 토지20평	2018-04-17	870,000,000	872,999,999	17	100.3%
홍은동 아파트 건물21.63평 토지9.12평	2017-12-12	271,500,000	217,200,000	1	80%
홍은동 아파트 건물29.29평 토지10.2평	2017-12-05	330,000,000	274,150,000	1	83.1%
연희동 아파트 건물34.7평 토지13.95평	2017-11-07	640,000,000	605,750,000	9	94.6%
홍은동 아파트 건물19.44평 토지12.05평	2017-11-07	276,000,000	245,087,000	2	88.8%

이처럼 근저당권자가 담보로 제공된 건물의 담보가치를 조사할 때 임차인이 임대차 사실을 부인하거나 임차 보증금의 액수에 대해 스스로 불리한 진술을 하고 확인서 등을 작성해 줄 수 있다. 나중에 건물 경매 절차에서 임대차의 대항력에 대한 진술을 번복하거나, 진술한 보증금 액수를 초과하는 임차보증금반환채권을 주장하면서 배당을 요구하거나, 낙찰자에게 인도하기를 거부하는 것은 특별한 사정이 없는 한 허용하지 않는다(서울지방법원동부지원 2000년 11월 30일 선고 2000가단8695 판결, 대법원 2000년 1월 5일 자99마4307 결정, 대법원 1997년 6월 27일 선고 97다12211 판결 참조).

따라서 특별한 사정이 없는 한 임대차는 낙찰자에게 인수되지 않을 것으로 보인다. 다만 임차인이 아니라는 확인서를 임차인 본인이 아니라 임대인이 작성했다면, 임차인과는 아무 상관이 없다. 임대인이 대출을 받는 과정에서 담보 부동산의 가치를 높게 평가받기 위해 채권자에게 허위로 확인서를 작성했을 수도 있는데, 그것까지 임차인이 책임질 수는 없기 때문이다.

간혹 매각물건명세서의 문구가 모호해서 무상임대차확인서를 작성한 사람이 누구인지 명확하지 않을 때가 있다. 이때는 무상임대차확인서를 받은 채권자에게 확인서를 작성한 사람이 임차인 본인인지, 임차인이 아니라 임대인이 작성한 것이라면 임차인의 인감도장을 날인하고 인감증명서가 첨부되었는지 반드시 확인해야 한다.

현장사례

서울시 성북구 성북동 단독주택, 전세권자가 임차인으로서의 배당만 요구한다면?

서울시 성북구 성북동에 있는 대지 47.52평 단독주택이 경매로 매각되었다. 우선 경매 절차에서 아무런 권리도 신고하지 않은 변○○은 임차인이긴 해도 전입신고일이 수원새마을금고의 근저당권 설정일보다 늦으니 낙찰자에게 부담이 인수되지 않는다.

또 다른 임차인 김○○은 근저당권이 설정되기 전에 전입신고를 했고, 며칠 지나지 않아 또다시 전세권을 설정했다. 설정 시기와 보증금 액수가 똑같은 것으로 미루어 보아, 하나의 임대차에 대해 임차권과 전세권의 2가지 방법으로 공시한 것으로 보인다.

이처럼 임차인이 주택임대차보호법의 규정에 따른 대항력을 갖추고 등기상의 전세권등기로 권리를 공시한 경우라도 일단은 각각 독립된 권리로 본다. 즉 임차권이 소멸한다고 해서 전세권이 소멸하는 것도 아니고, 그 반대의 경우도 마찬가지다.

민사집행법 제91조 제3항은 "전세권은 저당권 · 압류채권 · 가압류채권에 대항할 수 없는 경우에는 매각으로 소멸된다"라고 규정하고, 같은 조 제4항은 "제3항의 경우 외의 전세권은 매수인이 인수한다. 다만 전세권자가 배당요구를 하면 매각으로 소멸된다"라고 규정하고 있고, 이는 저당권 등에 대항할 수 없는 전세권과 달리 최선순위의 전세권은 오로지 전세권자의 배당요구에 의하여만 소멸되고, 전세권자가 배당요구를 하지 않는 한 매수인에게 인수되며, 반대로 배당요구를 하면 존속 기간에 상관없이 소멸한다는 취지라고 할 것인 점, 주택임차인이 그 지위를 강화하고자 별도로 전세권설정등기를 마치더라도 주택임대차보호법상 임차인으로서 우선변제를 받을 수 있는 권리와 전세권자로서 우선변제를 받을 수 있는 권리는 근거 규정 및 성립 요건을 달리하는 별개의 권리라고 할 것인 점 등에 비추어 보면, 주택임대차보호법상 임차인으로서의 지위와 전세권자로서의 지위를 함께 가지고 있는 자가 그중 임차인으로서의 지위에 기하여 경매 법원에 배당요구를 하였다면 배당요구를 하지 아니한 전세권에 관하여는 배당요구가 있는 것으로 볼 수 없다.

(대법원 2010년 6월 24일 선고 2009다40790 판결 '손해배상(기)')

▼ 서울시 성북구 성북동 단독주택, 전세권자가 임차인으로서의 배당만 요구하는 경우

REY AUCTION
■ Real Estate for You

관심물건 | 상담신청 | 법원정보 | 🖶 인쇄

♠ 2013타경 29142

서울중앙지방법원 3계 전화 : (02)530-1815

소 재 지	서울 성북구 성북동 ███-██					
경매구분	기일입찰	채 권 자	수원(새)	매각기일	종결물건	
용 도	주택	채무/소유자	고█☆	접 수 일	2013-08-20	
감 정 가	542,759,310	청 구 액	259,000,000	경매개시일	2013-08-21	
최 저 가	347,366,000 (64%)	토지총면적	162 ㎡ (49평)	배당종기일	2013-11-05	
입찰보증금	10% (34,736,600)	건물총면적	149 ㎡ (45.07평)	조 회 수	금일1 공고후1 누적1	

구분	입찰기일	매각금액	결과
	2014-06-10		종결
3차	2014-04-08	347,366,000 403,880,000 (74.4%) (입찰 2명)	매각
2차	2014-03-04	434,207,000	유찰
1차	2014-01-28	542,759,310	유찰

♠ 임차조사

임차인	전입일	확정/배당요구	보증금/월세	용도/점유	비고
김██☆	2008-03-06	확정:2008-03-17 배당:2013-09-13	90,000,000	주거 2층전부	전세권자
변███	2010-05-24			주거 미상	
기타참고	+임차인점유, 2회 방문하였으나 폐문부재이고, 방문한 취지 및 연락처를 남겼으나 아무런 연락이 없으므로 주민등록 전입된 세대만 임차인으로 보고함. +김██☆ : 김██☆은 전세권자로서 전세권설정등기일은 2008.3.17.				

♠ 등기권리

구분	권리명	접수일	권리자	금액	기타	소멸
건물	소유	2002-02-21	고█☆		전소유자:최█대외1	
	전세	2008-03-17	김██	90,000,000	존속기간:2010.03.21	
	근저	2009-07-03	수원(새)	348,600,000	말소기준권리	소멸
	임의	2013-08-22	수원(새)	청구금액: 259,000,000	2013타경29142	소멸
토지	소유	2002-02-21	고█☆		전소유자:최█대외1	
	근저	2009-07-03	수원(새)	348,600,000	말소기준권리	소멸
	임의	2013-08-22	수원(새)		2013타경29142	소멸

> 전세권에 의한 배당이 아니라 임차인으로서의 배당을 요구함

참고사항	· 先전세권 · 소멸되지않는권리 건물: 을구 순위 13번 전세권설정등기(2008.3.17.등기, 접수번호:14200)는 말소되지 않고 매수인에게 인수됨(단, 전세권자가 임차인으로서 배당요구함) · 제시외건물포함

전세권이 아니라 임차인으로서 배당을 요구하면?

김씨는 2013년 9월 13일에 배당요구서를 제출했는데, 법원은 주택임대차보호법의 규정에 따른 임차인으로서 제출했다고 보았다. 즉 전세권을 바탕으로 한 배당요구서는 제출되지 않은 것으로 해석한 것이다. 그렇다면 선순위의 전세권은 매각으로 소멸하지 않고 낙찰자에게 인수되는데, 이는 매각물건명세서에도 분명히 기재되어 있다.

※ 등기된 부동산에 관한 권리 또는 가처분으로 매각허가에 의하여 그 효력이 소멸되지 아니하는 것
건물: 을구 순위 13번 전세권설정등기(2008.3.17.등기, 접수번호:14200)는 말소되지 않고 매수인에게 인수됨(단, 전세권자가 임차인으로서 배당요구함)
※ 매각허가에 의하여 설정된 것으로 보는 지상권의 개요
해당사항 없음
※ 비고란
제시외건물포함

매각물건명세서에 임차인으로서 배당을 요구했음이 명시되어 있다.

그러나 전세권은 민법에 따른 물권이고, 물권은 등기상 말소되지 않더라도 피담보채권이 소멸하면 같이 효력을 잃는 부종성(附從性)이라는 특성이 있다. 따라서 부동산의 등기상 전세권은 낙찰자에게 인수되지만, 김씨가 선순위로 확정일자를 받은 임차인으로서 보증금을 전액 배당받으면 전세권도 효력을 잃는다.

그런데 전세권이 효력을 잃었다고 해서 낙찰자가 말소등기를 할 수 있는 것은 아니므로, 전세권자의 협조를 얻어야 한다. 전세권자가 협조하지 않으면 소송을 통해 전세권등기를 말소해야 하므로, 입찰자는 최악의 경우에는 소송까지 해야 한다는 사실을 알고 그에 드는 시간과 비용, 수고를 생각해서 입찰가를 정하는 것이 좋다.

서울시 중랑구 면목동 다세대주택, 위험해 보이지만 안전한 경매사건

며칠 전에 필자가 운영하는 인터넷카페의 회원이 전화를 했다. 그리고 사건번호를 알려주더니, 전세권과 가처분등기, 임차권 모두 낙찰자에게 인수되는 사건인데 낙찰받은 사람이 있다며, 자신이 권리분석을 잘못한 것인지 확인하고 싶어 했다.

등기상 가장 선순위는 안○자의 전세권인데, 매각물건명세서를 보면 안씨는 배당요구를 하지 않은 것으로 되어 있었다. 최선순위의 전세권자가 배당을 요구하지 않았다면, 이는 '금전이 목적인 권리'가 아니기 때문에 낙찰자에게 인수된다. 뿐만 아니라 김○○의 가처분등기와 이○○의 임차권도 그보다 선순위로 설정된 '금전이 목적인 권리'가 없으니 낙찰자에게 인수되는 것으로 보였다.

개명한 임차인을 확인하라

그러나 매각물건명세서를 꼼꼼히 살펴보니 비고란에서 중요한 문구가 보인다. 전세권자 안씨는 전세권을 설정한 후 안○연으로 개명했고, 또 다른 임차인인 이씨는 안씨의 배우자였다. 이 경매사건을 신청한 채권자는 안씨다.

점유자의 성명	점유부분	정보출처 구분	점유의 권원	임대차 기간 (점유기간)	보증금	차임	전입신고일자, 사업자등록신청 일자	확정일자	배당요구 여부 (배당요구 일자)
안○자	주택용건물 전부	등기사항전부 증명서(법정 국)	전세권자	1997.5.8.~1998.5.8.	40,000,000				
이○○	B01호	현황조사	미상 임차인	미상	미상	미상	1997.06.11	미상	

〈비고〉
안○자 : 개명후 안○연으로 신청채권자임 이○○ : 전세권자 안○연(개명전:안○자)의 배우자

개명한 사실이 매각물건명세서에 명시되어 있다.

정리해 보면, 이 경매사건의 임차인은 안씨 1명뿐이고, 안씨가 경매를 신청했으니 따로 전세권에 대한 배당요구를 하지 않았을 것이다. 따라서 전세권은 '금전이 목적인 권리'가 되어 매각으로 소멸하고, 소멸되는 전세권보다 후순위로 설정된 김씨의 가처분등기도 낙찰자에게 인수되지 않는다. 결국 낙찰자에게 인수되는 권리가 전혀 없는 안전한 경매사건이었다.

▼ 서울시 중랑구 면목동 다세대주택, 권리자가 개명한 경우

REY AUCTION
■ Real Estate for You

관심물건 | 상담신청 | 법원정보 | 🖨 인쇄

♠ 2013타경 16152　　　　　　　　　　서울북부지방법원 7계 전화 : (02)910-3677

소 재 지	서울 중랑구 면목동 □□ 그린빌라 B동 지하층 □□□				
경매구분	기일입찰	채 권 자	안○○	매각기일	종결물건
용 도	다세대(빌라)	채무/소유자	강○○	접 수 일	2013-06-26
감 정 가	90,000,000	청 구 액	40,000,000	경매개시일	2013-08-01
최 저 가	46,080,000 (51%)	토지총면적	18 ㎡ (5.34평)	배당종기일	2013-10-11
입찰보증금	10% (4,608,000)	건물총면적	34 ㎡ (10.41평)	조 회 수	금일1 공고후1 누적1

구분	입찰기일	매각금액	결과
	2014-07-29		종결
4차	2014-06-02	46,080,000	매각
		49,080,000 (54.5%)	
			(입찰 1명)
3차	2014-04-28	57,600,000	유찰
2차	2014-03-24	72,000,000	유찰
1차	2014-02-24	90,000,000	유찰

♠ 임차조사

임차인	전입일	확정/배당요구	보증금/월세	용도/점유	비고
안○○			40,000,000	주거 전부	등기부상
이○○	1997-06-11			미상	안○○의 배우자
기타참고	• 통합민원 발급 담당자 진술에 의하면 `지하층 비이호`는 검색이 안됨 • 현황조사를 위하여 현장을 방문. 폐문부재로 소유자 및 점유자를 만나지 못하여 안내문을 투입하였으나 아무 연락이 없어 점유자 확인 불능임. 전입세대주 이만희를 발견하여 주민등록표에 의하여 작성하였음 • 안윤자 : 개명후 안서연으로 신청채권자임				

♠ 등기권리

구분	권리명	접수일	권리자	금액	기타	소멸
집합	전세	1997-05-09	안○○	40,000,000	말소기준권리 존속기간:1998.05.08	소멸
	가처	1998-03-27	김○○		1998 카단 7691 서울북부	소멸
	소유	2013-07-11	강○○			소멸
	강제	2013-08-02	안○○	청구금액: 40,000,000	2013타경16152	소멸

참고사항	· 先전세권

♠ 매각사례

인근물건	매각일자	감정가	매각가	응찰자수	매각가율
면목동 다세대(빌라) 건물10.49평 토지5.9평	2018-04-30	147,000,000	143,610,000	2	97.7%
면목동 다세대(빌라) 건물14.98평 토지6.93평	2018-04-16	235,000,000	185,222,000	4	78.8%

이처럼 매각물건명세서에는 초보자가 놓치기 쉬운 중요한 정보가 담겨 있는 경우가 많다. 법원에서 공개한 모든 서류를 빠짐없이 살필 수만 있어도 이미 초보자는 아니라고 할 수 있다.

서울시 강서구 화곡동 다세대주택, 보증금 증액 시점이 명확하지 않아도 괜찮을까?

서울시 강서구 화곡동의 전용면적 19.42평인 다세대주택이 경매로 나왔다. 감정가는 1억 8,000만원이었는데, 2회 유찰되어 최저매각가격이 1억 1,520만원으로 떨어졌다. 그리고 3회차 매각에서 4명이 응찰해 1억 4,000만원에 낙찰되었다. 낙찰가는 2위 입찰자의 응찰액과 1,000만원 이상 차이가 났다고 하는데 낙찰자는 이 경매사건의 임차인이었다. 무슨 사연이 숨어 있는 것일까?

등기상 최선순위로 설정된 권리는 인천수협의 근저당권인데, 이 근저당권과 함께 후순위의 모든 권리는 매각으로 소멸한다.

임차인 유○○은 등기상 최선순위 설정일보다 빨리 전입신고를 했고 확정일자도 받았다. 임대차보증금은 1억원인데, 2007년 최초의 임대차계약에서는 7,500만원이었고 이후 보증금은 2,500만원이 늘어서 다시 확정일자를 받았다. 그런데 그 시점이 인천수협의 근저당권과 강서구의 압류보다 늦어서, 늘어난 2,500만원은 후순위로 배당받게 된다. 결국 임차인 유씨는 보증금 중 2,500만원을 배당받지 못한다.

순위	권리자	권리 내용	권리금액	배당금액	잔여배당재원
1		경매 비용		약120만원	1억 3,880만원
2	유○○	임차인(최초 계약분)	7,500만원	7,500만원	6,380만원
3	인천수협	근저당	3억 7,700만원	6,380만원	0원
4	강서구	압류	? 원	0원	0원
	유○○	임차인(증액분)	2,500만원	0원	0원

보증금을 증액한 시점이 명확하지 않은 경우

그런데 이 경매에는 함정이 있다. 유씨가 보증금을 증액한 시점이 명확하지 않다는 것이다. 증액분에 대해 2차로 확정일자를 받은 것이 2013년 9월 16일인데, 이미 경매가 개시된 후였다. 법원의 문건접수현황을 보니, 법원에서 '경매가 개시되

▼ 서울시 강서구 화곡동 다세대주택, 보증금 증액 시점이 명확하지 않은 경우

REY AUCTION
■ Real Estate for You

관심물건 | 상담신청 | 법원정보 | 🖶 인쇄

♠ 2013타경 18919[3]

서울남부지방법원 1계 전화 : (02)2192-1331

| 관련물건번호 | [1] | [2] | [3] | [4] |

소 재 지	서울 강서구 화곡동 ◯◯-◯◯ 삼성그린타운 A동 2층 ◯◯◯				
경매구분	기일입찰	채 권 자	인천수협	매각기일	종결물건
용 도	다세대(빌라)	채무/소유자	서◯◯/문◯◯	접 수 일	2013-07-01
감 정 가	180,000,000	청 구 액	309,343,688	경매개시일	2013-07-03
최 저 가	115,200,000 (64%)	토지총면적	30 ㎡ (8.94평)	배당종기일	2013-09-23
입찰보증금	10% (11,520,000)	건물총면적	64 ㎡ (19.42평)	조 회 수	금일1 공고후1 누적1

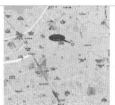

구분	입찰기일	매각금액	결과
	2014-07-31		종결
3차	2014-04-08	115,200,000	매각
		140,010,000 (77.8%)	
			(입찰 4명)
2차	2014-03-06	144,000,000	유찰
1차	2014-02-05	180,000,000	유찰
	2013-11-14	180,000,000	변경

♠ 임차조사

임차인	전입일	확정/배당요구	보증금/월세	용도/점유	비고
유◯◯	2007-05-18	확정:2007-05-18 배당:2013-09-16	100,000,000	주거 전부	
기타참고	•임차인점유. 폐문부재로 안내문을 남겨두고 왔으나 아무연락이 없어 점유관계 미상이나 전입세대열람내역서상 소유자세대 아닌 세대주 유◯◯의 주민등록등본이 발급되므로 임대차관계조사서에 유◯◯를 임차인으로 등재함				

> 보증금 증액 시점이 명확하지 않음

♠ 등기권리

구분	권리명	접수일	권리자	금액	기타	소멸
집합	소유	2003-09-05	문◯◯		전소유자:박◯◯	
	근저	2012-03-16	인천수협	377,000,000	말소기준권리	소멸
	압류	2012-12-10	강서구			소멸
	임의	2013-07-05	인천수협 채권관리팀	청구금액: 309,343,688	2013타경18919	소멸
	가압	2013-08-28	연신내(새)	134,000,000		소멸

♠ 매각사례

인근물건	매각일자	감정가	매각가	응찰자수	매각가율
화곡동 다세대(빌라) 건물15.44평 토지7.21평	2018-05-02	170,000,000	130,160,000	5	76.6%
화곡동 다세대(빌라) 건물13.28평 토지7.07평	2018-05-01	130,000,000	102,170,000	11	78.6%
화곡동 다세대(빌라) 건물12.19평 토지6.11평	2018-05-01	132,000,000	118,990,000	5	90.1%
등촌동 다세대(빌라) 건물10.38평 토지8.06평	2018-04-17	85,000,000	82,220,002	4	96.7%
화곡동 다세대(빌라) 건물16.25평 토지8.28평	2018-04-17	151,000,000	128,400,000	2	85%

었으니 권리신고를 하라'는 취지의 통지서가 유씨에게 송달된 시점이 2013년 7월 29일이었다. 이 통지에 따라 유씨가 배당요구를 한 것이 2013년 9월 16일이었다.

임차인이 경매가 개시된 사실을 알고 법원에 배당요구를 한 날 임대차보증금을 늘렸을 리는 없다. 보증금을 증액한 후 증액분에 대해 추가로 확정일자를 받아야 한다는 사실을 몰랐거나 잊고 있다가, 경매가 개시되고서야 급하게 확정일자를 받은 것으로 보인다.

보증금 증액 시점을 알 수 있는 방법

그렇다면 정확히 보증금을 증액한 시점은 언제일까? 법원에서 공개한 서류를 아무리 살펴보아도 확정일자만 있을 뿐 증액 시점에 대해서는 언급이 없다.

점유자의 성명	점유부분	정보출처 구분	점유의 권원	임대차 기간 (점유기간)	보증금	차임	전입신고일자. 사업자등록신 청일자	확정일자	배당요구 여부 (배당요구 일자)
유■■		현황조사	주거 임차인				2007.05.18		
	■■호 전체	권리신고	주거 임차인	2007.5.18.~2015.5.17.	일억원		2007.5.18.	2007.5.18.	2013.09.16
〈비고〉 유■■ : 확정일자 2007.5.18.일자 보증금 칠천오백만원, 확정일자 2013.9.16.일자 보증금 일억원									

매각물건명세서에 확정일자만 나오고, 보증금 증액 시점을 알 수 없다.

만약 보증금을 증액한 시점이 등기상 최선순위 설정일인 2012년 3월 16일보다 빠르다면, 증액된 보증금 2,500만원은 낙찰자가 반환해야 한다. 유씨의 임대차가 개시된 날과 등기상 최선순위 설정일은 무려 5년 가까이 차이가 난다. 그사이에 보증금이 인상되었을 가능성이 크다는 말이다.

다행스럽게도 유씨가 직접 낙찰을 받았기 때문에, 보증금을 증액한 시점을 정확히 알고 입찰가를 산정했을 테니 예상 못한 피해를 보지는 않았을 것이다. 입찰자 중 2위와 3위의 금액이 1억 2,000만원대 후반이었던 반면, 유독 유씨의 입찰가만 높았던 것도 증액 시점에 대해 알고 있었기 때문이었을 것으로 보인다.

현장사례

서울시 은평구 갈현동 다세대주택, 낙찰대금 외의 부담금은?

서울시 은평구 갈현동의 다세대주택이 경매로 매각되었다. 감정평가금액 대비 최저매각가격이 21%까지 차감되었고, 이미 2번이나 낙찰되었다가 낙찰자가 잔금을 지급하지 않아 재매각되었다. 재매각되는 경우라면 매우 주의해서 권리분석을 해야 한다. 보증금을 포기하면서까지 잔금을 지급하지 않은 데는 분명 이유가 있기 때문이다.

후순위 임차인과 선순위 근저당권을 고려해야 한다

임차인 정○○은 등기상 최선순위 설정일보다 앞서 전입신고를 했다. 이는 정씨가 보증금을 전액 돌려받지 못한다면 낙찰자가 반환해야 한다는 뜻이다. 그런데 이○○이 근저당권을 설정한 후에 확정일자를 받았기 때문에 2순위로 밀렸다.

근저당권의 채권최고액이 8,400만원이고 임차인 정씨의 임대차보증금이 1억 5,000만원이니, 경매 비용을 200만원이라고 가정했을 때 낙찰가가 2억 3,600만원(경매 비용+근저당채권 최고액+임대차보증금)을 넘지 않는다면 그 차액을 낙찰자가 반환해야 한다.

결국 8,600만원에서 2억 3,600만원 사이의 금액으로 낙찰되면 낙찰자가 부담해야 하는 금액은 똑같이 2억 3,600만원인 셈이다. 따라서 2억 3,600만원의 가치가 없다면 8,600만원 이하로 떨어지기를 기다려야 한다.

▼ 낙찰대금에 따른 낙찰자의 부담금

낙찰 가격	8,600만원	1억원	2억원	2억 3,600만원
경매 비용	200만원	200만원	200만원	200만원
이○○ 근저당 배당액	8,400만원	8,400만원	8,400만원	8,400만원
임차인 정○○ 배당액	0	1,400만원	1억 1,400만원	1억 5,000만원
낙찰자 인수 보증금	1억 5,000만원	1억 3,600만원	3,600만원	0
낙찰자 부담금 총액 (낙찰 가격+인수 보증금)	2억 3,600만원	2억 3,600만원	2억 3,600만원	2억 3,600만원

▼ 서울시 은평구 갈현동 다세대주택, 낙찰대금 외의 부담금이 있는 경우

REY AUCTION
■ Real Estate for You

관심물건 | 상담신청 | 법원정보 | 🖨 인쇄

♠ 2012타경 3032

서울서부지방법원 7계 전화 : (02)3271-1327

소 재 지	서울 은평구 갈현동 ●-● 보성넥스빌 3층 ●●●				
경매구분	기일입찰	채 권 자	이●구	매각기일	종결물건
용 도	다세대(빌라)	채무/소유자	김●●	접 수 일	2012-02-16
감 정 가	245,000,000	청 구 액	84,000,000	경매개시일	2012-02-17
최 저 가	51,381,000 (21%)	토지총면적	47 ㎡ (14.23평)	배당종기일	2012-05-02
입찰보증금	20% (10,276,200)	건물총면적	81 ㎡ (24.6평)	조 회 수	금일1 공고후1 누적1

구분	입찰기일	매각금액	결과
	2014-06-26		종결
10차	2014-04-01	51,381,000	매각
		53,280,000 (21.7%)	
			(입찰 2명)
9차	2014-02-25	64,226,000	유찰
		64,226,000	매각
8차	2013-11-12	79,550,000 (32.5%)	
			(입찰 1명)

♠ 임차조사

임차인	전입일	확정/배당요구	보증금/월세	용도/점유	비고
정●●	2008-03-06	확정:2010-12-21 배당:2012-03-13	150,000,000	주거 방3	

> 후순위 임차인

기타참고	•임차인 정●●이 본건 목적물(방3개) 전부를 점유함. 임차인의 남편이라는 설명부담 자의 진술과 주민등록등본을 참고로 하여 조사함.

♠ 등기권리

구분	권리명	접수일	권리자	금액	기타	소멸
집합	소유	2005-12-29	김●●		전소유자:●●●	
	근저	2010-11-26	이●구	84,000,000	말소기준권리	소멸
	가압	2011-01-12	농협중앙	23,936,072		소멸
	임의	2012-02-17	이●구	청구금액: 84,000,000	2012타경 3032	소멸
	압류	2012-03-02	서울시은평구			소멸
	근저	2012-03-05	유●●	50,000,000		소멸
	압류	2012-07-13	고양세무서			소멸
	압류	2012-10-02	국민건강보험공단 성동			소멸

참고사항	•재매각 •건물명칭:보성넥스빌

♠ 매각사례

인근물건	매각일자	감정가	매각가	응찰자수	매각가율
응암동 다세대(빌라) 건물25.64평 토지14.72평	2018-05-01	290,000,000	247,000,000	2	85.2%
신사동 다세대(빌라) 건물13.46평 토지5.11평	2018-04-17	131,000,000	106,330,000	1	81.2%
응암동 다세대(빌라) 건물16.63평 토지9.27평	2018-04-17	166,000,000	122,000,000	3	73.5%
역촌동 다세대(빌라) 건물16.92평 토지9평	2018-04-17	245,000,000	212,001,100	1	86.5%
대조동 다세대(빌라) 건물12.51평 토지7.86평	2018-04-17	171,000,000	165,100,000	1	96.5%

결국 낙찰자는 얼마를 부담했을까?

이 사건은 결국 5,328만원에 낙찰되었다. 그렇다면 낙찰자는 이 다세대주택에 대한 모든 권리를 온전하게 취득하려면 얼마나 부담해야 할까?

순위	권리자	권리 내용	권리 금액	배당 금액	잔여 배당 재원
1		경매 비용		약 200만원	5,128만원
2	이○○	근저당	8,400만원	5,128만원	0원
3	정○○	임차인	1억 5,000만원	0원	0원
이하 생략					

배당표에서 알 수 있는 것처럼 낙찰대금 외에 정씨의 임대차보증금 1억 5,000만원을 인수해야 하므로, 결국에는 2억 328만원에 취득한 셈이다.

낙찰자의 입주 시기는?

그렇다면 낙찰자는 언제 이 빌라에 입주할 수 있을까? 낙찰자가 임대차 존속 기간 중에 임대인의 지위를 승계했다면 임대차가 끝날 때까지 기다려야 한다. 이미 해지된 임대차에 대한 보증금 반환 의무만 인수한 것이라면 언제든지 임차인에게 보증금을 반환하고 주택을 인도해 달라고 청구할 수 있다.

임대차 주택이 경매되는 경우, 대항력을 갖춘 임차인이 임대차 기간이 끝나지 않았는데도 경매 법원에 배당요구를 하면 더 이상 임대차를 유지하지 않겠다는 의사를 보인 셈이다. 그러니 특별한 사정이 없는 한 임대차를 해지했다고 보면 된다. 경매 법원은 규정에 따라 배당요구에 대한 통지를 임대인에게 보내는데, 이것이 도착한 즉시 임대차 관계는 해지된다(대법원 1996년 7월 12일 선고 94다37646 판결 '배당이의').

임차인은 배당요구종기 전에 배당요구서를 제출했으니, 낙찰자는 이미 해지된 임대차에서 임차인에 대한 보증금 반환 의무만 승계한 것이다. 따라서 보증금을 돌려주면 언제든지 주택을 돌려달라고 청구할 수 있다.

서울시 동대문구 장안동 아파트, 임차인이 누구인지 모른다면?

서울 동대문구 장안동의 39평형 아파트가 경매로 나왔다. 감정가는 3억 9,500만원이었는데, 무려 5번이나 유찰된 끝에 최저매각가격이 감정가 대비 33%까지 떨어졌다. 6회차에 1억 2,943만원으로 낙찰되었다. 더욱이 응찰자는 1명에 불과했다.

임차인이 권리를 신고하지 않는다면?

그런데 등기상 최선순위 설정일보다 선순위로 전입신고한 김○○은 경매 절차에서 법원에 어떤 권리도 신고하지 않았다. 법원도 현황조사서에 "본건 현황조사를 위하여 현장을 방문, 입구에 공동 현관 호출기 시스템이 설치되어 있어 해당 호수 호출하였으나 무반응하여 점유자 확인 불능임"이라고 밝혔다.

임차인이 법원에 권리신고를 하지 않았더라도 그 요건을 갖추고 있다면 임차권이 인정된다. 김씨가 임차인이라면 낙찰자에게 임대인의 지위가 승계될 것이다. 문제는 임대차보증금조차 알 방법이 없다는 것이다. 낙찰자에게 임대차가 인수되더라도 보증금이 얼마인지 알아야 그 보증금을 감안하여 입찰가를 산정할 텐데, 아무 정보도 없으니 여간 부담스럽지 않다.

금융기관이 선순위 근저당자라면 확인하라

이런 경우에는 선순위 근저당권자가 해법이 될 가능성이 높다. 특히 근저당권자가 금융기관이라면 대출해 줄 때 임차인을 조사하는데, 이 과정에서 소유자가 아닌 전입신고인이 있다면 임차인이 아니라는 취지의 확인서를 받아둔다. 물론 임차인이라고 주장한다면 대출을 해주지 않는다.

따라서 선순위 근저당권자인 도림2동새마을금고에 전화해서 사건 번호를 일러주고 김씨에 대한 정보가 있는지 확인해 보면 간단하게 문제를 해결할 수 있다. 그러나 도림2동새마을금고조차 김씨에 대한 정보가 없다면, 입찰은 과감하게 포기하는 편이 좋다.

▼ 서울시 동대문구 장안동 아파트, 명확하지 않은 임차인이 있는 경우

REY AUCTION
■ Real Estate for You

관심물건 | 상담신청 | 법원정보 | 🖶 인쇄

♠ 2013타경 12945

서울북부지방법원 7계 전화 : (02)910-3677

소 재 지	서울 동대문구 장안동 ▨▨ 형인허브빌 301동 4층 ▨▨▨				
경매구분	기일입찰	채 권 차	도림2동(새)	매각기일	종결물건
용 도	아파트	채무/소유자	연▨▨	접 수 일	2013-05-21
감 정 가	395,000,000	청 구 액	84,920,380	경매개시일	2013-05-22
최 저 가	129,434,000 (33%)	토지총면적	53 ㎡ (15.9평)	배당종기일	2013-08-01
입찰보증금	10% (12,943,400)	건물총면적	105 ㎡ (31.74평) [39평형]	조 회 수	금일1 공고후1 누적1

구분	입찰기일	매각금액	결과
	2014-08-19		종결
6차	2014-06-02	129,434,000	매각
		133,188,000 (33.7%)	
			(입찰 1명)
5차	2014-04-28	161,792,000	유찰
4차	2014-03-24	202,240,000	유찰
3차	2014-02-24	252,800,000	유찰
2차	2013-12-30	316,000,000	유찰

♠ 임차조사

임차인	전입일	확정/배당요구	보증금/월세	용도/점유	비고
김▨▨	2007-12-03			미상 미상	
기타참고	*본 건 현황조사를 위하여 현장을 방문, 입구에 공동현관호출기 시스템이 설치되어 있어 해당호수 호출하였으나 무반응하여 점유자 확인 불능임.전입세대주 연▨▨(소유자),김▨▨를 발견하여 주민등록 표에 의하여 작성하였음				

> 임차인과
> 보증금을
> 확인할수
> 없음

♠ 등기권리

구분	권리명	접수일	권리자	금액	기타	소멸
집합	소유	2005-07-12	연▨▨			
	근저	2009-06-29	도림2동(새)	91,000,000	말소기준권리	소멸
	근저	2011-06-17	정▨▨	45,000,000		소멸
	압류	2012-02-08	서울시동대문구			소멸
	임의	2013-05-22	도림2동(새)	청구금액: 84,920,380	2013타경12945	소멸
	압류	2013-06-07	국민건강보험공단 동대문지사			소멸

♠ 매각사례

인근물건	매각일자	감정가	매각가	응찰자수	매각가율
이문동 아파트 건물18.13평 토지6.88평	2018-04-30	330,000,000	342,510,000	7	103.8%
답십리동 아파트 건물25.71평 토지13.84평	2018-03-26	740,000,000	883,599,900	7	119.4%
답십리동 아파트 건물25.63평 토지9.32평	2018-03-26	430,000,000	474,643,260	6	110.4%
이문동 아파트 건물25.68평 토지8.85평	2018-03-26	405,000,000	330,324,000	1	81.6%
이문동 아파트 건물34.67평 토지11.35평	2018-02-26	460,000,000	485,000,000	2	105.4%

서울시 동작구 본동 다세대주택, 배당요구종기 이후의 배당요구는?

서울시 동작구 본동의 전용면적 11.12평 다세대주택이 경매로 나왔다. 감정가는 1억 6,000만원이었는데, 2회 유찰을 거쳐 8,192만원에 낙찰되었다. 그런데 어찌된 일인지 낙찰자가 잔금을 지급하지 않아 재매각되었고, 1회 유찰된 후 6,553만원에 낙찰되었다.

이 물건은 비교적 신축건물이고 지하철역과도 가깝다는 장점이 있는 반면, 건물의 최고층이라는 단점도 있다. 그런데 왜 유찰이 반복되고 재매각까지 되어 감정가 대비 41%에 겨우 낙찰되었을까?

등기상 설정되어 있는 권리도 근저당권 1건뿐이고, 선순위 임차인이 있기는 하지만 근저당권보다 확정일자가 앞서 있고 배당요구서도 제출했다. 언뜻 보기에는 전혀 위험하지 않아 보인다.

배당요구종기 이후의 배당요구

그러나 꼼꼼히 살펴보니 임차인 김ㅇ림이 배당요구종기(2013년 6월 17일) 이후인 2013년 7월 31일에 배당요구서를 제출했다. 배당요구종기 이후의 배당요구는 무효라서 제출하지 않은 셈이나 마찬가지다. 따라서 김ㅇ림은 배당에 참여할 수 없고, 모든 채권자들에게 배당하고 재원이 남더라도 김ㅇ림이 아닌 소유자에게 배당될 것이다. 대신 낙찰자는 김ㅇ림의 임대차보증금 7,500만원에 대한 반환 의무를 포함하여 임대인의 모든 권리와 의무를 승계해야 한다.

매각물건명세서를 꼼꼼히 살펴야 실수하지 않는다

먼저 낙찰받은 유ㅇㅇ은 권리분석 과정에서 이 사실을 놓친 것으로 보인다. 그래서 낙찰받은 지 이틀 후 법원에 매각불허가를 신청했다. 법원은 이유가 없다고 판단하여 매각허가를 결정했고, 유씨는 즉시 항고장을 제출했다. 그러나 이것 역시 기각되어 800만원이 넘는 입찰 보증금을 돌려받지 못하고 포기했다.

▼ 서울시 동작구 본동 다세대주택, 배당요구종기 이후에 배당요구를 한 경우

REY AUCTION
Real Estate for You

관심물건 | 상담신청 | 법원정보 | 🖨 인쇄

♦ 2013타경 10919

서울중앙지방법원 6계 전화 : (02)530-1818

소 재 지	서울 동작구 본동 ■■■■■빌3차 5층 ■■■					
경 매 구 분	기일입찰	채 권 자	영동농협	매 각 기 일	종결물건	
용 도	다세대(빌라)	채무/소유자	현성■■■	접 수 일	2013-03-25	
감 정 가	160,000,000	청 구 액	124,208,231	경매개시일	2013-03-26	
최 저 가	65,536,000 (41%)	토지총면적	26 ㎡ (8평)	배당종기일	2013-06-17	
입찰보증금	20% (13,107,200)	건물총면적	37 ㎡ (11.12평)	초 회 수	금일1 공고후1 누적1	

구분	입찰기일	매각금액	결과
	2014-08-07		종결
6차	2014-05-28	65,536,000	매각
		82,560,000 (51.6%)	
			(입찰 3명)
5차	2014-04-23	81,920,000	유찰
4차	2013-12-04	81,920,000	매각
		101,120,000 (63.2%)	
			(입찰 1명)

♦ 임차조사

임차인	전입일	확정/배당요구	보증금/월세	용도/점유	비고
김■■	2009-04-21	확정:2011-04-11 배당:2013-07-31	75,000,000	주거 전부	변경전:김■■
기타참고	*3회 방문하였으나 폐문부재이고,방문한 취지및 연락처를 남겼으나 아무런 연락이 없으므로 주민등록 전입된 세대만 임차인으로 보고함.				

> 배당요구
> 종기 후에
> 배당요구

♦ 등기권리

구분	권리명	접수일	권리자	금액	기타	소멸
집합	소유	2008-05-28	■■시 ■■			
	근저	2011-06-14	영동농협 압구정로데오	144,000,000	말소기준권리	소멸
	임의	2013-03-27	영동농협	청구금액: 124,208,231	2013타경10919	소멸
	압류	2013-07-08	중부세무서			소멸
참고사항	·유치권 ·재매각 ·특별매각조건 매수보증금 20%					

♦ 매각사례

인근물건	매각일자	감정가	매각가	응찰자수	매각가율
상도1동 다세대(빌라) 건물11.82평 토지11.48평	2018-05-03	175,000,000	141,999,999	1	81.1%
사당동 다세대(빌라) 건물18.34평 토지8.77평	2018-04-26	170,000,000	161,118,000	3	94.8%
신대방동 다세대(빌라) 건물8.93평 토지5.68평	2018-04-25	150,000,000	126,999,900	9	84.7%
상도동 다세대(빌라) 건물21.37평 토지11.3평	2018-03-22	292,000,000	366,660,000	13	125.6%
상도동 다세대(빌라) 건물17.39평 토지10.38평	2018-02-28	290,000,000	320,000,000	16	110.3%

다시 진행된 재매각 절차에는 무려 3명이나 입찰했고, 낙찰가와 임대차보증금의 합이 감정평가금액에 육박한다는 점으로 보아 유씨와 같은 실수를 저지른 것으로 보인다.

법원은 매각물건명세서에 객관적인 사실만을 기록하고, 그로 인해 발생될 결과는 따로 기록하지 않는다. 배당요구종기 후에 배당요구를 하더라도 그 날짜만 기록할 뿐이다. 그러니 배당요구의 효력이 없음을 분명히 표시해 주는 친절함을 기대하면 안 된다. 이 경매사건처럼 대항력과 확정일자가 모두 선순위인 임차인이 배당요구를 했다면 배당요구종기를 다시 한 번 확인해야 할 것이다.

허위인 유치권

한편 법원의 문건접수기록을 보니 2014년 3월 4일에 김○웅이 유치권을 신고했다. 그런데 이미 3회나 유찰된 후 4회차 매각에서 유씨가 낙찰받은 후였다. 경매개시결정 직후 집행관이 현황을 조사할 때에는 유치권 주장이 전혀 없었던 것으로 보아 허위일 가능성이 높다. 현황 조사 이후 유치권이 성립했더라도, 경매개시결정으로 압류 효력이 발생한 후에 성립한 유치권으로는 낙찰자에게 대항할 수 없다.

그러나 이 경우에는 더욱 안전한 '보험'이 있다. 유치권과 임차인의 대항력은 모두 점유를 요건으로 하는데, 상식적으로 11평 남짓의 다세대주택을 유치권자와 임차인이 함께 점유하고 있다는 주장은 이해하기 어렵다. 즉 유치권이 성립한다면 이 부동산은 유치권을 주장하는 김○웅이 점유하고 있다는 뜻인데, 이는 임차인 김○림이 이 부동산을 점유하고 있지 않다는 의미이므로 임차권이 인정될 수 없다. 한편 감정평가금액이 1억 6,000만원인 빌라에 유익비가 7,500만원 이상 들었을 리도 없다.

이 사건에서 유치권이 성립한다면 낙찰자는 유치권의 피담보채권을 변제해 주는 대신 반환해 주어야 한다고 여겼던 임대차보증금 7,500만원을 주지 않아도 될 것이다. 물론 유치권이 성립할 가능성은 매우 희박해 보인다.

서울시 양천구 목동 다세대주택, 전입신고/ 전세권/근저당권의 날짜가 같다면?

서울시 양천구 목동에 있는 전용면적 18.86평, 감정가 2억 5,000만원의 다세대주택이 감정가 대비 51%까지 떨어진 가격인 1억 2,800만원에 낙찰되었다.

전세권과 확정일자까지 받은 전세권자

임차인 조○○은 전입신고와 동시에 확정일자도 받았고, 같은 날 전세권까지 설정했다. 임차인이 취할 수 있는 안전조치로는 '필요 이상'이라고 할 만큼 완벽하다. 그리 번거로운 일도 아니고 손해 보는 일도 없지만, 전세권을 설정한 마당에 굳이 확정일자까지 받아둘 필요는 없었을 것이다. 확정일자로 보장받을 수 있는 유일한 권리는 우선변제권인데, 전세권은 당연히 우선변제권을 포함하고 있기 때문이다.

단독주택이라면 확정일자와 달리 건물에 설정한 전세권의 효력이 대지에 미치지 않는다는 약점이 있지만, 집합건물에 설정한 전세권은 그 효력이 대지에도 미치기 때문에 이 경우에 불이익을 볼 일은 없다.

전세권 설정일에 근저당권을 설정하는 경우는?

재미있는 사실은 임차인이 전세권을 설정한 날, 관악농협이 후순위로 근저당권을 설정했다는 점이다. 감정평가금액이 2억 5,000만원인 다세대주택에 보증금이 1억원인 전세권을 선순위로 두고도 금융기관에서 채권최고액 1억 5,000만원짜리 근저당권을 설정한 것은 매우 드문 일이다.

단순한 실수인지, 아니면 2011년 5월에 이 다세대주택의 시세가 지금에 비해 현저히 높았던 것인지는 확인하지 못했지만, 최저매각가격이 1억 2,800만원까지 떨어진 지금으로서는 관악농협이 큰 손실을 피할 수 없을 것으로 보인다.

▼ 서울시 양천구 목동 다세대주택, 전입신고 · 전세권 · 근저당권의 날짜가 같은 경우

REY AUCTION
■ Real Estate for You

관심물건 | 상담신청 | 법원정보 | 🖨인쇄

♠ 2013타경 20172

서울남부지방법원 11계 전화 : (02)2192-1302

소 재 지	서울 양천구 목동 ███-█ 정진빌라 2층 ████				
경매구분	기일입찰	채권자	조███	매각기일	종결물건
용 도	다세대(빌라)	채무/소유자	박███	접수일	2013-07-11
감 정 가	250,000,000	청구액	100,000,000	경매개시일	2013-07-15
최 저 가	128,000,000 (51%)	토지총면적	33 ㎡ (9.91평)	배당종기일	2013-09-26
입찰보증금	10% (12,800,000)	건물총면적	62 ㎡ (18.86평)	조회수	금일1 공고후1 누적1

분리(정진빌라 제 **2층** 제 **202호**)

구분	입찰기일	매각금액	결과
	2014-09-02		종결
4차	2014-06-18	128,000,000	매각
		167,890,000 (67.2%)	
		(입찰11명)	
3차	2014-05-15	160,000,000	유찰
2차	2014-04-03	200,000,000	유찰
1차	2014-03-05	250,000,000	유찰

♠ 임차조사

임차인	전입일	확정/배당요구	보증금/월세	용도/점유	비고
조██	2011-05-20	확정:2011-05-20 배당:2013-07-25	100,000,000	주거 전부	
기타참고	*폐문부재로 이해관계인을 만날 수 없어 안내문 현관에 투입, 7월29일 임차인의 처,본인들이 이사건 채권자겸 임차인이며 소유자와는 연락이 안되고 있으며 별지 임대차관계조사서 내용과 같이 전화로 설명				

♠ 등기권리

구분	권리명	접수일	권리자	금액	기타	소멸
집합	소유	2011-05-20	박███		전소유자:윤███	
	전세	2011-05-20	조███	100,000,000	말소기준권리 존속기간:2013.05.20	소멸
	근저	2011-05-20	관악농협 신대방	150,000,000		소멸
	임의	2013-07-15	조███	청구금액: 100,000,000	2013타경20172	소멸
	압류	2014-02-05	서울시양천구			소멸

참고사항 · 유치권
1. 2014.4.22.자로 김진주로부터 공사미수채권 3,200,000원 유치권신고가 있으나 유치권성립 여부 불분명 2. 2014.5.8.자로 관악농업협동조합으로부터 김진주의 유치권에 대한 권리배제신청서가 접수됨.

> **임차인의 전입신고일과 근저당권의 설정일이 같으면 근저당권이 선순위**

♠ 매각사례

인근물건	매각일자	감정가	매각가	응찰자수	매각가율
신정동 다세대(빌라) 건물23.71평 토지6.35평	2018-05-02	260,000,000	205,000,000	1	78.8%
신월동 다세대(빌라) 건물14.54평 토지10.97평	2018-05-02	94,000,000	78,550,000	1	83.6%
목동 다세대(빌라) 건물18.26평 토지9.8평	2018-04-25	176,000,000	123,530,000	1	70.2%
목동 다세대(빌라) 건물13.94평 토지7.92평	2018-04-18	190,000,000	162,830,000	4	85.7%
신월동 다세대(빌라) 건물12.45평 토지6.18평	2018-04-18	129,000,000	104,700,000	2	81.2%

전세권을 바탕으로 한 경매 신청

이 경매를 신청한 채권자는 조씨인데, 법원에서 임의경매사건이라고 밝힌 것으로 보아 전세권을 바탕으로 신청한 것임을 알 수 있다. 조씨가 임대차보증금반환청구소송에서 승소하고 그 판결에 의해 경매를 신청했다면 강제경매라고 했을 것이다. 따라서 이 전세권은 배당요구를 한 셈이어서 보증금을 전액 배당받지 못하더라도 매각으로 소멸한다.

그리고 주택임대차보호법에 의한 대항력은 전입신고한 그다음 날 발생하는데, 이 경우에는 전세권은 물론 근저당권보다도 후순위이기 때문에 역시 낙찰자에게 인수되지 않는다.

이처럼 임차권과 전세권이 모두 낙찰자에게 인수되지 않는다는 것은 다세대주택이 1억원 이하로 낙찰되면 조씨는 임차인으로서 완벽한 권리를 확보하고도 보증금을 잃는 다소 불합리한 결과가 발생할 수도 있다는 뜻이다.

전세권은 여러 가지 능력이 있기는 하지만, 일단 하나를 사용하면 다른 능력을 보완적으로 사용할 수 없다. 그러니 배당을 요구하여 우선변제권을 행사하면 보증금을 전부 돌려받지 못하더라도 소멸한다. 그러나 주민등록과 점유로 발생하는 대항력과 확정일자로 발생한 우선변제권은 서로 다른 권리라서, (물론 확정일자에 의한 우선변제권은 언제나 대항력을 전제로 인정되지만) 배당요구로 우선변제권을 행사하더라도 보증금을 모두 돌려받지 못했다면 보완적으로 대항력을 행사해서 낙찰자에게 반환해 줄 것을 청구할 수 있다.

그런데 임차인 조씨는 대항력을 관악농협의 근저당권보다 늦게 취득한 셈이어서 낙찰자에게 대항할 수 없다. 다행히 이 경매는 4회차 매각 절차에서 3회차 최저매각가격보다 높은 1억 6,789만원에 낙찰되었다.

▼ 배당표

순위	권리자	권리 내용	권리 금액	배당 금액	잔여 배당 재원
1		경매 비용		약 230만원	1억 6,559만원
2	조○○	전세권	1억원	1억원	6,559만원
3	관악농협	근저당	1억 5,000만원	6,559만원	0원

현장사례

서울시 중랑구 면목동 주상복합아파트, 등기상의 주소와 전입신고한 주소가 다르다면?

서울 중랑구 면목동의 36평형 주상복합아파트가 경매로 나왔다. 아파트 단지가 크지는 않지만, 교통이 좋고 대형 마트가 인접해 있는 것이 장점이다. 감정가는 3억 5,000만원이었고, 1회 유찰되어 최저매각가격은 2억 8,000만원으로 떨어진 상태에서 3억 1,830만원에 매각됐다.

권리신고 내용과 현황조사서 결과가 다른 경우

이○○은 2011년 7월 28일에 전입신고를 한 임차인으로 권리신고를 했다. 그러나 집행관의 현황조사서를 확인해 보니, 이 아파트에는 전입 세대가 없는 것으로 표시되어 있다.

점유자의 성명	점유부분	정보출처 구분	점유의 권원	임대차 기간 (점유기간)	보증금	차임	전입신고일자, 사업자등록신청 일자	확정일자	배당요구 여부 (배당요구 일자)
이＿＿	전부(방3칸)	권리신고	주거 임차인	2011.7.31.부터 2013.7.31.까지	200,000,000		2011.7.28.	2011.8.12.	2014.06.12

매각물건명세서 상 이○○의 권리신고 내용

■ 점유관계
소재지	1. 서울특별시 중랑구 사가정로41길 ＿ 동 ＿층 ＿＿호 (면목동,면목1차두산아파트)
점유관계	미상
기타	• 본 건 현황조사를 위하여 현장을 방문. 입구에 공동현관호출기 시스템이 설치되어 있어 해당호수 호출하였으나 무반응하여 점유자 확인 불능임 • 전입세대열람 미발견

■ 부동산현황
• 통합민원 발급 창구 담당자의 말 : ＿동'은 없다
• 현황 : '＿＿동'입

집행관 현황조사서의 점유 현황

이씨가 주장하는 전입신고일은 등기상 최선순위 설정일보다 빠르다. 확정일자 또한 선순위로 받아두긴 했지만 배당요구종기 후에 배당을 요구했으니 배당받을 수는 없다. 만약 이씨의 권리신고 내용이 사실이라면, 낙찰자는 이씨에게 임대차보증금 2억원을 반환해 주어야 한다.

일반적으로 임차인이 전입신고를 했다고 주장하더라도, 전입세대열람 결과 등

▼ 서울시 중랑구 면목동 주상복합아파트, 권리신고와 현황조사서의 주소가 다른 경우

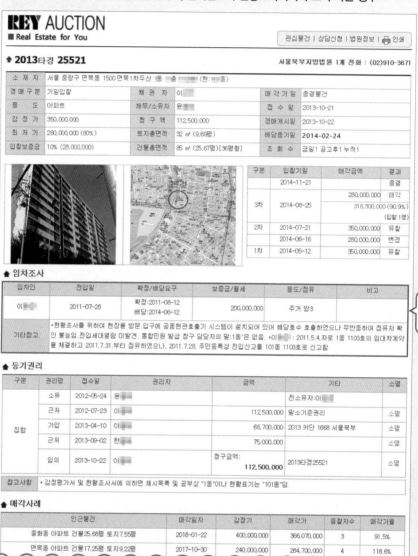

REY AUCTION
■ Real Estate for You

관심물건 | 상담신청 | 법원정보 | 🖨 인쇄

♠ 2013타경 25521

서울북부지방법원 1계 전화 : (02)910-3671

소 재 지	서울 중랑구 면목동 1500 면목1차두산 ▨동 ▨층 ▨▨▨ (현 : ▨동)				
경매구분	기일입찰	채 권 자	이▨	매각기일	종결물건
용 도	아파트	채무/소유자	윤▨	접 수 일	2013-10-21
감 정 가	350,000,000	청 구 액	112,500,000	경매개시일	2013-10-22
최 저 가	280,000,000 (80%)	토지총면적	32 ㎡ (9.69평)	배당종기일	**2014-02-24**
입찰보증금	10% (28,000,000)	건물총면적	85 ㎡ (25.67평)[36평형]	조 회 수	금일1 공고후1 누적1

구분	입찰기일	매각금액	결과
	2014-11-21		종결
3차	2014-08-25	280,000,000	매각
		318,300,000 (90.9%)	
			(입찰1명)
2차	2014-07-21	350,000,000	유찰
	2014-06-16	280,000,000	변경
1차	2014-05-12	350,000,000	유찰

♠ 임차조사

임차인	전입일	확정/배당요구	보증금/월세	용도/점유	비고
이▨▨	2011-07-28	확정:2011-08-12 배당:2014-06-12	200,000,000	주거 방3	
기타참고	* 현황조사를 위하여 현장을 방문,입구에 공동현관호출기 시스템이 설치되어 있어 해당호수 호출하였으나 무반응하여 접유자 확인 불능함,전입세대열람 미발견, 통합민원 발급 창구 담당자의 말:1동'은 없음. * 이▨▨ : 2011.5.4.자로 1동 1103호의 임대차계약을 체결하고 2011.7.31.부터 점유하였으나, 2011.7.28. 주민등록상 전입신고를 101동 1103호로 신고함				

> **등기부등본과 현황이 다름**

♠ 등기권리

구분	권리명	접수일	권리자	금액	기타	소멸
집합	소유	2012-05-24	윤▨		전소유자:이▨▨	
	근저	2012-07-23	이▨	112,500,000	말소기준권리	소멸
	가압	2013-04-10	이▨	68,700,000	2013 카단 1668 서울북부	소멸
	근저	2013-09-02	한▨	75,000,000		소멸
	임의	2013-10-22	이▨	청구금액: 112,500,000	2013타경25521	소멸
참고사항	* 감정평가서 및 현황조사서에 의하면 제시목록 및 공부상 "1동"이나 현황표기는 "101동"임					

♠ 매각사례

인근물건	매각일자	감정가	매각가	응찰자수	매각가율
중화동 아파트 건물25.68평 토지7.55평	2018-01-22	400,000,000	366,070,000	3	91.5%
면목동 아파트 건물17.25평 토지9.22평	2017-10-30	240,000,000	284,700,000	4	118.6%

재 내역이 없다면 임차인으로서 보호받을 수 없기 때문에 입찰할 때 안심해도 좋다. 그러나 이 경우에는 현황조사서에서 간과해선 안 되는 문구가 눈에 띈다. 주민센터의 통합민원 발급 창구 담당자는 "이 아파트에 1동은 없으며 실제로는 101동"이라고 말했다는 것이다.

이 아파트는 등기부에 "제1동"으로 표시되어 있지만, 실제로 외벽에는 101동으로 표시되어 있다. 그렇다면 이씨는 등기상 표시가 아닌 현황상 표시에 따라 전입신고를 했을 가능성이 높다. 주민센터에서 101동으로 전입세대를 열람해 보니, 이씨가 주장한 전입신고일에 한 세대(세대주는 이씨가 아님)가 전입신고가 되어 있었다.

임차인은 보호받을 수 있을까?

그러면 이처럼 등기상의 주소와 전입신고한 주소가 다를 경우, 임차인은 보호받을 수 있을까? 이에 대한 판례를 보자.

> 주택임대차보호법 제3조 제1항에서 주택의 인도와 더불어 대항력의 요건으로 규정하고 있는 주민등록은 거래의 안전을 위하여 임대차의 존재를 제3자가 명백히 인식할 수 있게 하는 공시 방법으로 마련된 것이라고 볼 것이므로, 주민등록이 어떤 임대차를 공시하는 효력이 있는가의 여부는 일반 사회통념상 그 주민등록으로 당해 임대차 건물에 임차인이 주소 또는 거소를 가진 자로 등록되어 있는지를 인식할 수 있는가의 여부에 따라 결정된다. (중략)
>
> 임차인이 임대차계약을 체결함에 있어 그 임차주택을 등기부상 표시와 다르게 현관문에 부착된 호수의 표시대로 그 임대차계약서에 표시하고, 주택에 입주하여 그 계약서상의 표시대로 전입신고를 하여 그와 같이 주민등록표에 기재된 후 그 임대차계약서에 확정일자를 부여받은 경우, 그 임차주택의 실제 표시와 불일치한 표시로 행해진 임차인의 주민등록은 그 임대차의 공시 방법으로 유효한 것으로 볼 수 없어 임차권자인 피고가 대항력을 가지지 못하므로, 그 주택의 경매 대금에서 임대차보증금을 우선변제받을 권리가 없다.
>
> (대법원 1996년 4월 12일 선고 95다55474 판결)

이 판례대로라면 이 아파트는 낙찰받아도 임대차가 낙찰자에게 인수되지 않을 것이다.

그런데 또 다른 판례는 좀 다른 견해를 보이고 있다.

부동산등기부상 건물의 표제부에 '에이(A)동'이라고 기재되어 있는 연립주택의 임차인이 전입신고를 함에 있어 주소지를 '가동'으로 신고하였으나 주소지 대지 위에는 2개 동의 연립주택 외에는 다른 건물이 전혀 없고, 그 2개 동도 층당 세대수가 한 동은 4세대씩, 다른 동은 6세대씩으로서 크기가 달라서 외관상 혼동의 여지가 없으며, 실제 건물 외벽에는 '가동', '나동'으로 표기되어 사회생활상 그렇게 호칭되어 온 경우, 사회통념상 '가동', '나동', '에이동', '비동'은 표시 순서에 따라 각각 같은 건물을 의미하는 것이라고 인식될 여지가 있고, 더욱이 경매 기록에서 경매 목적물의 표시가 '에이동'과 '가동'으로 병기되어 있었던 이상, 경매가 진행되면서 낙찰인을 포함하여 입찰에 참가하고자 한 사람들로서도 위 임대차를 대항력 있는 임대차로 인식하는 데에 아무런 어려움이 없었다고 할 것이어서 임차인의 주민등록은 임대차의 공시 방법으로 유효하다.

(대법원 2003년 6월 10일 선고 2002다59351 판결)

설령 다른 주소로 전입신고를 했더라도 사회통념상 같은 부동산으로 인식된다면 임차인으로서 보호받을 수 있다는 말이다.

그러므로 이 경매사건에서 이씨가 전입신고한 101동이 사회통념상 등기상의 1동으로 인식될 여지가 충분한지에 대한 판단은 입찰자의 몫이다. 그러나 투자의 전제는 '안전'이므로, 필자는 이런 경우에 입찰을 권유하지 않는다.

여기서 잠깐! 이 책이 출간된 후 법원은 이씨가 101동으로 전입신고 한 사실을 발견하여 배당요구종기를 2014년 6월 30일로 연장했고, 이에 이씨는 6월 12일에 배당요구를 하여 우선변제권이 인정됐다. 법원은 매각물건명세서에도 이씨를 임차인으로 표시했는데, 공부와 현황상의 표시가 일치하지 않아 생길 수 있는 분쟁을 사전에 막는 조치로 보인다.

2

Special

부동산 권리분석
종합 사례

경기도 파주시 근린상가, 진입도로가 포함될까?

경기도 파주시 야당동의 대지 310평, 건평 296평의 근린상가가 매각되었다. 감정가는 약 16억 6,440만원이었는데, 여러 번의 유찰을 거쳐 11억 6,000만원에 낙찰되었다. 낙찰자는 성공적인 경매를 한 것일까?

금전이 목적인 권리는 소멸한다

등기상 최선순위인 일산신협의 근저당권과 함께 모든 권리는 '금전이 목적인 권리'이므로 매각되면 소멸한다.

임차인 김○○은 이 상가건물의 일부를 보증금 3,000만원에 월세 없이 사무실로 사용하고 있지만, 사업자등록을 하지 않아 상가건물임대차보호법의 보호를 받을 수 없다. 주거용으로 사용하고 있는 최○○은 법원에 권리신고를 하지 않아서 보증금은 물론 임차인으로 보아야 할지도 확인할 길이 없다. 임차인이라고 해도 전입신고일이 최선순위(일산신협 근저당권) 설정일보다 늦기 때문에 낙찰자에게 대항할 수 없다.

지적도에서 의심스러운 부분을 발견하다

지적도 상의 진입도로 현황

그런데 경매사건을 분석하다 보니, 지적도에서 의심스러운 부분을 발견했다. 지적현황도를 보면, 본건 (1)~(3)이 이 사건의 매각 토지이고, 그 진입도로는 별색 테두리선으로 표시했다. 그런데 진입도로가 두 필지(226-87과 226-59)로 분리되어 있다.

물론 국가(지방자치단체 포

▼ 경기도 파주시 근린상가, 진입도로 문제

REY AUCTION
■ Real Estate for You

관심물건 | 상담신청 | 법원정보 | 🖨 인쇄

↟ 2011타경 14547

고양지원 6계 전화 : (031)920-6316

소 재 지	경기 파주시 야당동 ▓▓▓▓▓▓▓▓▓▓▓ (현 ▓▓▓▓▓▓▓▓▓)[일괄]▓▓▓ ▓▓				
경매구분	기일입찰	채 권 자	일산신협	매각기일	종결물건
용 도	근린시설	채무/소유자	최▓▓	접 수 일	2011-05-17
감 정 가	1,726,490,650	청 구 액	951,906,650	경매개시일	2011-05-18
최 저 가	845,980,000 (49%)	토지총면적	1,025 ㎡ (310.06평)	배당종기일	2011-08-16
입찰보증금	10% (84,598,000)	건물총면적	945 ㎡ (285.73평)	조 회 수	금일1 공고후1 누적1

> 따로 지적도를 확인해보니 진입도로에 의심스러운 부분이 발견됨

구분	입찰기일	매각금액	결과
	2014-06-19		종결
		845,980,000	매각
4차	2014-04-08	1,160,000,000 (67.2%)	
			(입찰1명)
3차	2014-03-04	1,208,543,000	유찰
	2013-12-24	1,208,543,000	변경
	2012-01-26	816,539,000	변경
	2011-12-22	816,539,000	변경

♠ 임차조사

임차인	전입일	확정/배당요구	보증금/월세	용도/점유	비고
김▓▓			30,000,000	사무실	▓▓▓▓▓▓▓▓▓▓▓ 전국동지회
권▓▓	2011-01-28			주거,영업소	
최▓▓	2011-03-31		50,000,000 ᄆ500,000	미상	진국
최▓▓	2011-04-06			미상	
박▓▓	2011-05-27			미상	
원▓▓	2011-05-27			미상	
권▓▓	2011-08-01	배당:2011-08-16	40,000,000 ᄆ100,000	주거 나동2층전부	

♠ 등기권리

구분	권리명	접수일	권리자	금액	기타	소멸
건물	소유	2009-12-02	최▓▓			
	근저	2010-03-25	일산신협	1,157,000,000	말소기준권리	소멸
	근저	2010-07-08	이▓▓외1	150,000,000		소멸
	근저	2010-12-28	권▓▓	120,000,000		소멸
	임의	2011-05-18	일산신협	청구금액: 951,906,650	2011타경14547	소멸
	가압	2011-07-08	북파주농협	16,030,577		소멸
	가압	2011-07-19	현대캐피탈 일산채권센터	28,526,640		소멸
	가압	2011-07-28	KB국민카드	14,838,353		소멸
	압류	2011-11-17	국민건강보험공단 파주지사			소멸
	압류	2013-02-19	파주세무서			소멸
	압류	2013-03-12	파주시			소멸

함) 소유의 도로도 두 필지 이상으로 나뉘는 경우가 없지는 않지만, 이 근린상가의 진입도로는 도로의 정중앙을 기준으로 토지가 양쪽으로 나뉘어 다른 번지로부터 분할된 형태다.

두 대지의 소유자가 이 도로를 국가에 기부채납(국가 또는 지방자치단체가 무상으로 재산을 받아들임)한 상태라면 문제될 것이 없지만, 여전히 개인 소유라면 낙찰자는 진입도로에 대한 분쟁으로 난처해질 수 있다. 진입도로의 소유자에게 사용 승낙을 받고 신축한 건물을 낙찰받더라도, 진입도로에 대한 사용권까지 매각 대상에 포함되는 것은 아니므로 진입도로의 소유자가 통행을 방해할 수 있다. 진입도로의 등기부등본을 확인해 보니 개인이 소유하고 있고, 파주시청에 확인해 보니 기부채납된 토지는 아니라고 한다(간혹 기부채납되고도 등기상 국가로 소유권 이전이 안 되어 있는 경우도 있다).

진입도로의 토지이용계획확인원을 열람해 보니, "건축법 제2조 제1항 제11호 나목에 따른 도로(도로 일부 포함)"라고 표시되어 있다.

지역지구등 지정여부	「국토의 계획 및 이용에 관한 법률」에 따른 지역·지구등	계획관리지역
	다른 법령 등에 따른 지역·지구 등	군사기지 및 군사시설기타(11미터위임(09.05.14))〈군사기지 및 군사시설 보호법〉,제한보호구역(전방지역:25km)(08.12.30)〈군사기지 및 군사시설 보호법〉
「토지이용규제 기본법 시행령」 제9조제4항 각호에 해당되는 사항		〈추가기재〉 건축법 제2조제1항제11호나목에 따른 도로(도로일부포함)

토지이용계획확인원에 도로로 인정된다고 명시되어 있다.

이는 '건축 허가 또는 신고 시에 지방자치단체의 장이 위치를 지정하여 공고한 도로'라는 뜻이다. 이렇게 공고되어 도로대장에 등재된 토지는 개인 소유라고 해도 건축법상 도로로 인정된다. "도로 일부 포함"이라고 표시되어 있다면 말 그대로 토지 전체가 아니라 일부만 도로로 인정된다는 뜻이므로, 시·군·구청의 건축과를 방문하면 구체적으로 어느 부분인지 도면을 확인할 수 있다.

파주시청 건축과에 문의한 결과, 이 근린상가에 진입하는 데는 아무 문제도 없음을 확인할 수 있었다. 그러므로 낙찰자가 권리를 행사하는 데 문제가 될 만한 부분이 전혀 없는 안전한 경매사건이다.

서울시 광진구 구의동 다세대주택, 경매개시결정등기 후 근저당권이 설정되었다면?

서울 광진구 구의동의 전용면적 23.2평 다세대주택이 경매로 나왔다. 감정가는 3억원이었는데 2회 유찰을 거쳐 1억 9,200만원에 낙찰되었다. 참고로 이 경우처럼 건축된 지 20년이 넘은 건물의 최고층이라면 누수는 없는지 입찰 전에 확인해 보는 것이 좋다.

임차인 분석

이 다세대주택에 전입신고가 된 소유자 외의 세대주는 이○임과 이○철이 있는데, 두 사람은 법원에 권리신고를 하지 않았다.

경매신청채권자인 신라저축은행이 법원에 제출한 가족관계증명서에 따르면, 이○임은 소유자 동생의 부인이고, 이○철은 소유자의 동생이다. 그러나 형제나 부모자식 관계에서도 요건만 충족한다면 임대차는 성립하므로, 부부관계가 아니라면 가족이라는 사실만으로 임대차가 아니라고 단정할 수는 없다. 이처럼 전입신고가 된 소유자가 아닌 세대가 법원에 권리신고를 하지 않아서 임차인인지 알 수 없다면, 일단 임차인으로 보고 권리분석을 하는 편이 좋다.

이○임과 이○철은 전입신고일이 최선순위 근저당권의 설정일보다 늦으므로, 임차인이라고 해도 낙찰자에게 부담이 인수되지 않는다.

등기상의 권리분석

등기상의 모든 권리는 '금전이 목적인 권리'로, 매각으로 소멸하여 낙찰자에게 인수되지 않는다.

그런데 이 사건에서 특이한 점은 경매개시결정등기 후에 근저당권이 설정되었다는 것이다. 가압류는 보전처분의 일종으로 담보권을 설정하지 않고 돈을 빌려주었다가 채무자가 변제하지 않을 경우에 채권자가 혼자서 집행하는 것이라서, 경매개시결정등기 후에라도 등기되는 경우가 많다. 채무 변제를 미루는

▼ 서울시 광진구 구의동 다세대주택, 경매개시결정등기 후 근저당권이 설정된 경우

REY AUCTION
■ Real Estate for You

관심물건 | 상담신청 | 법원정보 | 🖨 인쇄

♠ 2011타경 19762

서울동부지방법원 1계 전화 : (02)2204-2405

소 재 지	서울 광진구 구의동 ███-██ 궁전빌라 가동 3층 ███				
경 매 구 분	기일입찰	채 권 자	신라저축은행	매 각 기 일	종결물건
용 도	다세대(빌라)	채무/소유자	이██	접 수 일	2011-12-23
감 정 가	300,000,000	청 구 액	153,287,671	경매개시일	2011-12-26
최 저 가	192,000,000 (64%)	토지총면적	47 ㎡ (14.31평)	배당종기일	2012-03-02
입찰보증금	10% (19,200,000)	건물총면적	77 ㎡ (23.2평)	조 회 수	금일1 공고후1 누적1

구분	입찰기일	매각금액	결과
	2014-05-09		종결
3차	2014-02-03	192,000,000	매각
		227,899,000 (76%)	
			(입찰 8명)
2차	2013-12-16	240,000,000	유찰
1차	2013-11-04	300,000,000	유찰
	2012-06-18	300,000,000	변경
	2012-04-30	300,000,000	변경

♠ 임차조사

임차인	전입일	확정/배당요구	보증금/월세	용도/점유	비고
이██	2010-11-03			주거	
이██	2011-08-11			주거	
기타참고					

• 목적물 소재지에 출장한 바, 문이 잠겨있고 거주자가 부재중이여서 조사하지 못 하였음, 관할 동사무소에 주민등록등재자를 조사한 바, 소유자 이██, 세대주 이██, 이██이 등재되어있음 •이██, 이██ : 실제 임대차관계 및 대항력 유무는 불분명

> 인수되지 않는 임차권

♠ 등기권리

구분	권리명	접수일	권리자	금액	기타	소멸
집합	소유	2000-06-01	이██		전소유자:김██	
	근저	2010-06-17	정██	175,500,000	말소기준권리	소멸
	가압	2011-03-14	신라저축은행 압구정동	87,107,683		소멸
	강제	2011-12-26	신라저축은행	청구금액: 153,287,671	2011타경19762	소멸
	근저	2012-03-07	함██	40,000,000		소멸
	임의	2012-09-10	화곡신협		2012타경15606	소멸

> 우선변제권 없는 근저당권

♠ 매각사례

인근물건	매각일자	감정가	매각가	응찰자수	매각가율
구의동 다세대(빌라) 건물16.4평 토지11평	2018-04-16	263,000,000	253,880,000	5	96.5%
중곡동 다세대(빌라) 건물36.35평 토지17.54평	2018-04-02	390,000,000	333,300,000	9	85.5%
중곡동 다세대(빌라) 건물21.84평 토지11.95평	2018-04-02	250,000,000	210,000,000	1	84%
중곡동 다세대(빌라) 건물14.16평 토지9.07평	2018-04-02	288,000,000	261,000,000	3	90.6%
중곡동 다세대(빌라) 건물21.84평 토지15.25평	2018-03-12	404,000,000	347,658,000	4	86.1%

채무자를 믿고 기다리다가 채무자의 재산이 경매되면 그제야 사태의 심각성을 깨닫고 가압류를 집행하는 것이다.

그러나 근저당권은 채권자가 돈을 빌려주면서 채무자의 협조를 얻어 등기하는 담보물권이므로, 경매개시결정등기 후에 근저당권이 설정되는 것은 매우 이례적이다.

민사집행법이 "매각 부동산 위의 모든 저당권은 매각으로 소멸된다(제91조 제2항)"라고 직접적으로 규정하고 있으니, 함○○의 근저당권도 낙찰자에게 인수되지 않는다.

배당의 순서는?

문제는 배당의 순서다. 배당의 기본 원칙에 따르면 선순위의 가압류와 후순위의 근저당권은 서로 안분배당을 한다. 따라서 신라저축은행과 함씨가 안분배당을 받는다고 분석하는 이도 적지 않다.

그러나 함씨의 근저당권은 경매개시결정으로 압류의 효력이 발생한 부동산에 대해 취득한 담보권이니, 우선변제권을 인정받지 못한다. 민사집행법 제92조 제1항은 "제3자는 권리를 취득할 때에 경매 신청 또는 압류가 있다는 것을 알았을 경우에는 압류에 대항하지 못한다"라고 규정하고 있다. 이미 경매개시결정이 등기된 부동산에 근저당권을 설정하면서 경매 신청이 있다는 사실을 알지 못했을 리는 없다.

민사집행법 제148조(배당받을 채권자의 범위) 제147조 제1항에 규정한 금액을 배당받을 채권자는 다음 각 호에 규정된 사람으로 한다.
1. 배당요구의 종기까지 경매 신청을 한 압류채권자
2. 배당요구의 종기까지 배당요구를 한 채권자
3. 첫 경매개시결정등기 전에 등기된 가압류채권자
4. 저당권 · 전세권, 그 밖의 우선변제청구권으로서 첫 경매개시결정등기 전에 등기되었고 매각으로 소멸하는 것을 가진 채권자

* 민사집행법은 경매 절차에서 배당받을 채권자의 범위를 제148조로 규정하고 있다.

만약 함씨가 경매개시결정등기 전부터 가지고 있던 채권으로 가압류를 집행한 후 적법한 절차에 따라 배당요구를 했다면, 근저당권에 근거한 우선변제권은 인정받지 못하더라도 민사집행법 제148조 제2호의 채권자로서 신라저축은행과 안분하여 배당받을 수 있었을 것이다.

    그러나 법원의 문건접수내역을 열람해 보니 함씨는 권리신고나 배당요구를 한 적이 없다. 그러니 모든 채권자에게 배당하고 재원이 남아도 함씨는 배당받을 수 없다.

배당

이 사건은 모두 8명이 입찰하여 2억 2,789만 9,000원에 낙찰되었고, 배당표는 다음과 같다. (근저당권의 채권최고액을 실채권액으로 본다.)

▼ 배당표

순위	권리자	권리 내용	권리 금액	배당 금액	잔여 배당 재원
1		경매 비용		약 200만원	2억 2,589만 9,000원
2	정○○	근저당	1억 7,550만원	1억 7,550만원	5,039만 9,000원
3	신라저축은행	가압류	8,710만 7,683원	5,039만 9,000원	0원

서울시 광진구 자양동 다세대주택, 근저당권 설정 후 소유권이전을 했다면?

서울시 광진구 자양동의 전용면적 15.17평 다세대주택이 경매로 나왔다. 감정가는 2억 9,000만원이었는데, 2회 유찰된 후 1억 8,560만원에 낙찰되어 낙찰가율이 65%였다. 과연 좋은 물건을 낙찰받은 것일까?

임차인 분석

법원의 조사에 따르면 2명의 임차인이 있었는데, 주민등록에 등재된 세대주는 조○경 1인이고 조○옥은 조○경의 모친인 것으로 되어 있다.

임대차계약은 반드시 주민등록상의 세대주만 할 수 있는 것이 아니다. 주민등록상 남편이 세대주라면 세대주 명의로 임대차계약을 하는 것이 일반적이지만, 그렇지 않은 경우도 많다. 이처럼 세대주와 임대차계약의 당사자가 서로 다른 경우, 법원은 두 사람을 모두 임차인으로 표시한다. 그러나 주민등록상 한 세대를 구성하고 있다면 세대원 중 가장 빠른 전입신고일을 기준으로 대항력이 발생한 시점을 판단한다.

임차인의 세대원 중에서 최초 전입자인 조○길의 전입신고일은 2009년 5월 14일로, 등기상 최선순위인 한국주택은행의 근저당권 설정일보다 늦다. 따라서 임대차는 매각으로 소멸하여 낙찰자에게 인수되지 않는다. 그러나 확정일자를 받아두었고 배당요구종기 전에 배당요구서를 제출했으니, 한국주택은행에 이어 2순위로 배당을 받을 수 있다.

등기상의 권리분석

등기상 설정된 권리는 모두 근저당권과 (가)압류로, 매각으로 소멸하여 낙찰자에게 인수되는 권리는 없다.

이 경매사건처럼 근저당권이 설정된 후에 부동산의 소유권이 이전된 경우에 권리분석 결과가 달라지는지 질문하는 경우가 있다. 원칙적으로, 나중에 발

▼ 서울시 광진구 자양동 다세대주택, 근저당권 설정 후 소유권이전을 한 경우

REY AUCTION
■ Real Estate for You

관심물건 | 상담신청 | 법원정보 | 🖶 인쇄

♠ 2012타경 598

서울동부지방법원 3계 전화 : (02)2204-2407

소 재 지	서울 광진구 자양동 ███-█ 나동 2층 ████				
경매구분	기일입찰	채 권 자	현대스위스3저축은행	매각기일	종결물건
용 도	다세대(빌라)	채무/소유자	김███	접 수 일	2012-01-11
감 정 가	290,000,000	청 구 액	123,978,293	경매개시일	2012-01-12
최 저 가	185,600,000 (64%)	토지총면적	38 ㎡ (11.51평)	배당종기일	2012-03-26
입찰보증금	10% (18,560,000)	건물총면적	50 ㎡ (15.17평)	조 회 수	금일1 공고후1 누적1

구분	입찰기일	매각금액	결과
	2014-04-25		종결
3차	2014-01-27	185,600,000	매각
		188,890,000 (65.1%)	
			(입찰 3명)
2차	2013-12-09	232,000,000	유찰
1차	2013-10-28	290,000,000	유찰

♠ 임차조사

임차인	전입일	확정/배당요구	보증금/월세	용도/점유	비고
조███	2009-05-14	확정:2009-05-14 배당:2012-03-16	40,000,000	주거 전부	아들 조███ 전입일
조███	2010-04-12			주거	조███의 딸
기타참고	*임차인의 모 조순옥 진술,관할 동사무소에 주민등록등재자를 조사한 바,세대주 조은경이 등재되어있음.(전입세대열람내역 최초 전입자 조영길2009.5.14.)				

→ 후순위 임차권

♠ 등기권리

구분	권리명	접수일	권리자	금액	기타	소멸
집합	근저	1990-06-07	한국주택은행 중화동	9,100,000	말소기준권리	소멸
	소유	2002-08-03	김███		전소유자:김███	
	가압	2011-03-14	현대스위스3저축은행 NPL사업부	124,294,987		소멸
	압류	2011-10-13	창원시성산구			소멸
	가압	2011-11-23	박██	100,000,000		소멸
	강제	2012-01-12	현대스위스3저축은행 엔피엘사업부	청구금액: 123,978,293	2012타경598	소멸
	가압	2012-03-13	평택상호저축은행	895,720,479		소멸
	압류	2012-06-28	서울시광진구			소멸
참고사항	* 대금지급기한 후 지연이자 연20%					

→ 최선순위 근저당권

→ 안분배당

생했거나 변경된 권리는 선순위 권리에 영향을 미치지 않는다. 그러므로 김○○
의 소유권이전등기는 없는 것으로 보고 권리를 분석하면 된다.

배당

3명이 입찰하여 1억 8,889만원에 낙찰되었다. 경매 비용으로 약 250만원을 제하
고 한국주택은행과 임차인 조○옥이 순위에 따라 배당받은 후, 현대스위스3저
축은행 이후의 모든 채권자는 안분하여 배당을 받는다(단, 체납세액을 알 수 없는
창원시 성산구와 서울시 광진구에 대한 배당은 고려하지 않았다.)

▼ 배당표

순위	권리자	권리 내용	권리 금액	배당 금액	잔여 배당 재원
1		경매 비용		약250만원	1억 8,639만원
2	한국주택은행	근저당	910만원	910만원	1억 7,729만원
3	조○옥	임차권	4,000만원	4,000만원	1억 3,729만원
4	현대스위스3 저축은행	가압류	1억 2,429만 4,937원	1,523만 5,908원	
	박○○	가압류	1억원	1,225만 7,867원	
	평택상호 저축은행	가압류	8억 9,572만 479원	1억 979만 6,225원	

서울시 강서구 화곡동 다세대주택, 중복 경매사건은?

서울시 강서구 화곡동의 다세대주택 7채가 동시에 경매로 나왔다. 채권자가 7채에 공동으로 근저당권을 설정한 후 경매를 신청했고, 법원은 개별 매각을 결정한 것이다. 권리분석상 하자가 없는지 살펴보자.

임차인 분석

임차인 조○○은 신한은행의 근저당권보다 전입신고일이 늦어서 경매 절차에서 보증금을 전액 배당받지 못하더라도 낙찰자에게 그 부담이 인수되지 않는다.

토지별도등기

등기부등본을 열람해 보니 표제부에 토지별도등기가 있다고 되어 있다. 그렇다면 토지등기부를 열람하여 그 내용이 무엇인지 확인해야 한다.

순위번호	등 기 목 적	접 수	등 기 원 인	권 리 자 및 기 타 사 항

3	근저당권설정	2001년6월1일 제39826호	2001년6월1일 설정계약	채권최고액 금120,000,000원
				채무자 백○○
				  서울 강서구 화곡동 ○○○ ○○빌라 ○○○호
				근저당권자 주식회사신한은행 ○○○○○-○○○○○○○
				  서울 중구 태평로2가 ○○
				  (○○○○지점)
				공동담보 건물 서울특별시 강서구 화곡동 ○○○-○○

토지별도등기를 확인하니 근저당권이 설정되어 있었다.

토지별도등기는 다세대주택이 건축되기 전부터 설정되어 있던 근저당권에 관한 것이었다. 이처럼 토지에만 설정되어 있어도 근저당권은 매각으로 소멸한다는 원칙을 따르기 때문에 낙찰자에게 그 부담이 인수되지 않는다.

가처분등기

근저당권자인 ○○러스가 경매를 신청한 뒤, 신용보증기금은 2건의 가처분을 집행했다. 이 가처분은 신한은행의 근저당권보다 후순위로 집행되었으므로, 낙찰자는 잔금을 납부하고 가처분등기를 말소할 수 있다. 그러나 등기를 말소한다고

▼ 서울시 강서구 화곡동 다세대주택, 중복 경매사건의 경우

REY AUCTION
■ Real Estate for You

관심물건 | 상담신청 | 법원정보 | 🖨 인쇄

♠ **2013타경 20981[1]**

서울남부지방법원 10계 전화 : (02)2192-1340

관련물건번호		[1]	[2]	[3]	[4]	[5]	[6]	[7]

소 재 지	서울 강서구 화곡동 ▨▨-▨▨▨내빌리지 2층 ▨▨▨					
경매구분	기일입찰	채 권 자	북플러스	매 각 기 일	종결물건
용 도	다세대(빌라)	채무/소유자	벽▨▨	접 수 일	2013-07-19
감 정 가	303,000,000	청 구 액	350,000,000	경매개시일	2013-07-23
최 저 가	155,136,000 (51%)	토지총면적	42 ㎡ (12.64평)	배당종기일	2013-10-04
입찰보증금	10% (15,513,600)	건물총면적	76 ㎡ (22.94평)	조 회 수	금일1 공고후1 누적1

구분	입찰기일	매각금액	결과
	2014-12-12		종결
4차	2014-08-12	155,136,000	매각
		166,960,000 (61.7%)	
		(입찰 5명)	
3차	2014-07-08	193,920,000	유찰
2차	2014-06-05	242,400,000	유찰
1차	2014-04-23	303,000,000	유찰

♠ 임차조사

임차인	전입일	확정/배당요구	보증금/월세	용도/점유	비고
조▨▨	2004-12-02	확정:2004-12-02 배당:2013-08-21	90,000,000	주거 전부	2차보증금:일억(확정일 자없음)
기타참고	*임차인의 남편, 임대차관계 조사서 내용과 같이 설명, 소유자 본인, 각 세대별 임대차관계는 서류를 봐야 알 수 있으며, 501호 독립세대 김▨▨는 아는 지인으로 함께 거주하고 있으며 세입자는 아니라고 설명, 201호 임차인의 남편, 1천만원을 증액하여 현재 임차보증금은 1억원이며 애초부터 임차인은 채인 조▨▨으로 계약을 하였다고 설명, 401호 임차인, 중간에 임차보증금을 3천만원 증액하여 현재 임차보증금은 1억5백만원이라고 설명				

♠ 등기권리

구분	권리명	접수일	권리자	금액	기타	소멸
집합	소유	2001-10-17	벽▨▨			
	근저	2002-01-04	신한은행 종로6가	120,000,000	말소기준권리	소멸
	근저	2010-05-25	신한은행 종로6가	120,000,000		소멸
	근저	2013-07-12	박▨▨	100,000,000		소멸
	근저	2013-07-12	북플러스	250,000,000		소멸
	임의	2013-07-23	북플러스	청구금액: **350,000,000**	2013타경20981	소멸
	가압	2013-07-25	신용보증기금 영등포	89,505,000	2013 카단 7342 서울서부	소멸
	가처	2013-08-28	신용보증기금 영등포		2013 카단 7437 서울남부 박윤숙 저당가처	소멸
	가처	2013-08-28	신용보증기금 영등포		2013 카단 7437 서울남부 북플러 스저당가처	소멸
	가압	2013-11-14	아주캐피탈	5,835,080	2013 카단 10029 서울남부	소멸
	임의	2013-11-26	신한은행 여신관리부		2013타경32410	소멸
	압류	2014-01-03	서울시강서구			소멸
	가압	2014-02-17	북플러스	250,000,000	2013 카단 71460 서울남부	소멸

> 중복 경매로 사해행위 취소와 상관없이 유효함

참고사항	· 토지별도등기 · 별도등기있음.1토지(을구3번 근저당권설정등기)

해서 안전하다는 뜻은 아니다.

신용보증기금은 빌라의 소유자인 백〇〇이 박〇〇과 〇〇러스에 근저당권을 설정해 준 행위가 사해행위라며 취소해 달라고 청구했다. 만약 가처분의 본안소송에서 신용보증기금이 승소하면 박씨와 〇〇러스의 근저당권은 취소되어 효력을 잃는다. 또 〇〇러스의 근저당권에 의한 경매도 효력이 없어지므로 낙찰자는 소유권을 잃는다.

중복 경매는 한 건만 유효하면 된다

그러나 경매가 개시된 후 또 다른 근저당권자인 신한은행이 경매를 신청했다. 신용보증기금의 가처분은 소유권과는 무관하고, 신한은행의 근저당권은 사해행위와 무관하다. 즉 신한은행의 근저당권에 의한 경매는 가처분의 본안소송 결과에 아무런 영향도 받지 않는다.

이처럼 중복 경매사건의 경우에는 경매 중 한 건만 유효해도 낙찰자는 소유권을 잃지 않는다. 〇〇러스가 신청한 경매로만 본다면 입찰을 피해야겠지만, 신한은행이 중복 경매를 신청하면서 안전하게 낙찰받을 수 있게 된 셈이다.

3

부동산 권리분석
유튜브 동영상

특 집

1강 말소기준권리

- 말소기준권리란?
- 매각물건명세서
- 인수와 소멸의 기본 원리
- 말소기준권리 적용 사례

2강 지상권

- 지상권의 인수와 소멸
- 선순위 지상권
- 후순위 지상권
- 담보권 강화를 위한 지상권

3강 가등기

- 소유권이전청구권 가등기
- 담보가등기
- 가등기권자에 대한 법원의 최고
- 가등기의 인수와 소멸

4강 가처분

- 보전처분
- 가압류와의 차이
- 가처분 본안소송
- 가처분 등기의 인수와 소멸

5강 전세권

- 전세권의 2가지 권능
- 전세권자의 의사 표시
- 인수되는 선순위 전세권
- 소멸되는 선순위 전세권

6강 임대차 보호법

- 임차인의 대항력
- 임차인의 우선변제권
- 인수되는 선순위 임차권
- 배당의 함정

7강 유치권

- 유치권의 성립요건
- 유치권의 피담보채권(견련성)
- 유치권 신고사례
- 유치권 해결방법

8강 법정지상권

- 법정지상권의 의미
- 법정지상권의 성립요건
- 미등기건물의 법정지상권
- 토지지분경매의 법정지상권